지그 지글러의 **성공학 바이블**

# 정상에서 만납시다

— 지그 지글러의 **성공학 바이블** —

# 정상에서 만납시다

S E E   Y O U   A T   T H E   T O P

지그 지글러 지음 ㅣ 이은정 옮김

**핀라이트**
PINLIGHT

# 정상에서 만납시다

**초판 1쇄 발행** 1999년 3월 10일
**개정 4판 2쇄 발행** 2023년 8월 3일

**지은이** 지그 지글러
**옮긴이** 이은정
**발행인** 권윤삼
**발행처** 도서출판 산수야
**출판 브랜드** 핀라이트

**등록번호** 제2002-000278호
**주　소** 서울시 마포구 월드컵로165-4
**전　화** 02-332-9655
**팩　스** 02-335-0674

**ISBN** 978-89-8097-573-0　03320

값은 뒤표지에 있습니다. 잘못된 책은 바꿔드립니다.

www.sansuyabooks.com
sansuyabooks@gmail.com
도서출판 산수야는 독자 여러분의 의견에 항상 귀 기울입니다.

# 사랑하는 아내에게

빨간 머리, 내 아내이자
50년 이상 내 인생이 되어 준 사람……
최고의 것은 아직 끝나지 않았다.

# 추천의 글

『정상에서 만납시다』 이번 개정판 작업은 지금까지 해왔던 개정판 작업과 조금 다르다. 이전의 개정 작업들이 지금은 고인이 된 지그 지글러가 직접 다듬고 수정한 내용을 반영한 것이었다면, 이번 개정 작업은 다음 두 가지 측면에서 큰 변화를 반영하였다.

첫째, 『정상에서 만납시다』를 '핀라이트'라는 새로운 출판 브랜드에서 출간했다. '핀라이트'는 산수야 출판사가 지그 지글러의 성공 철학을 바탕으로 자기계발과 리더십, 비즈니스 관련 도서를 출판하는 브랜드다.

둘째, 본문 번역 내용이 원서와 다른 부분들을 검토하여 원서의 의미를 최대한 살리고 우리말 문맥이 어색한 문장들을 수정했다. 특히, 지그 지글러가 『정상에서 만납시다』 원서에서 사용한 중요 키워드인 'Integrity'와 'Attitude'의 우리말 번역을 수정하였다. 지금까지 '성실' 또는 '정직'으로 번역되었던 'Integrity'를 '인테그리티'로, '자세'로 번역되었던 'Attitude'를 '태도'로 바꿨다. 'Attitude'는 문맥에 따라 일부는 '정신자세'로 바꿨다.

지그 지글러가 사용한 'Attitude'는 '몸의 자세'보다 '마음의 자세', 즉 정신자세와 태도를 의미하는 것이 확실하기 때문에 재론의 여지가 없다. 그러나 'Integrity'는 조금 다르다. 인테그리티는 『정상에서 만납시다』를 이해하는 중요한 단어다. 그럼에도 '정직'이나 '성실'의 의미로는 담아낼 수 없는 '완전함'을 함의하는 'Integrity'를 우리말로 옮길 마땅한 단어가 없다. 이번 개정판에서는 영문 단어의 의미를 그대로 담고 있는 '인테그리티'를 사용했다.

지그 지글러는 인테그리티를 지닌 사람이다. 단순히 성공한 세일즈맨, 동기부여가가 아니라 자신의 삶을 책에서 이야기하는 내용과 정확히 일치시킨 사람이라는 말이다. 『정상에서 만납시다』를 읽으면 자신의 인생에서 사랑과 낙관, 열정을 끊임없이 추구하는 지그 지글러의 인테그리티를 발견할 수 있다.

동기부여나 자기계발, 성공에 관한 많은 책들이 있지만 『정상에서 만납시다』가 특별한 이유를 크게 세 가지로 정리할 수 있다.

첫째, 책 제목의 특별함이다. '정상에서 만납시다See you at the top'라는 제목은 그 자체만으로 독자에게 영감을 불러일으키고 긍정적인 자기암시를 준다. 책꽂이에 꽂혀 있는 『정상에서 만납시다』는 매일매일 독자를 새롭게 한다. 그리고 끊임없이 자신의 인생에서 진정한 정상은 어디일까를 고민하게 한다. '정상에서 만납시다'라는 표현이 주는 강한 지향성은 비록 독자가 책을 펼쳐 내용을 읽지 않더라도 살아 움직이며 결과를 만든다.

둘째, 저자의 특별함이다. 지그 지글러는 자신의 성공 철학이 기독교 신앙에서 나온 것임을 분명히 하고 다른 가치와 타협하지 않는다. 지그 지글러는 입으로 성공을 파는 사람이 아니다. 그는 자신의 삶과 말과 행동을 일치시키려고 치열하게 노력하는 구도자다. 그래서 『정상에서 만납시다』는 독자를 향한 책이기도 하지만 지그 지글러 자신을 향한 책이기도 하다.

마지막으로 독자의 특별함이다. 이 책을 읽는 독자는 특별하다. 처음에는 성공을 위한 특별한 노하우, 정상을 향한 초고속 엘리베이터를 찾고자 이 책을 읽지만 결국에는 엘리베이터가 없다는 사실을 깨닫고 계단을 이용하여 우직하게 정상으로 향하는 사람들이다. 그들은 자신과 다른 사람, 올바른 가치와 태도, 목표와 실행에 집중하여 계단을 오르면 모두가 함께 정상에 설 수 있다는 사실을 안다.

지그 지글러의 성공 철학을 이해하면 아무리 높은 정상이라도 자신의 자리에서 계단을 만들어 정상으로 올라갈 수 있다. 『정상에서 만납시다』의 비범함이 여기에 있다. 『정상에서 만납시다』는 다른 책들처럼 성공하는 특별한 방법을 제시하고 가르쳐 주는 것이 아니라 정상을 향한 계단을 스스로 만들 수 있게 이끌어 준다.

그 정상을 향해 가는 길은 지그 지글러가 풍부한 사례와 재미있는 이야기로 친절하게 안내해 줄 것이다.

이제 지그 지글러는 고인이 되었다. 앞으로 『정상에서 만납시다』는 저자의 손에 의해 내용이 첨삭되지 못하고 우리 시대 고전이 되어 전해질 것이다. 산수야 출판사가 이 책의 한국어판을 독점 출간하고 있다는 사실이 복되고 영광스럽다.

### See you at the top
"정상에서 만납시다!"

발행인 권윤삼

# 『정상에서 만납시다』
# 25주년 개정판을 내며

솔직히 말하면 나는 『정상에서 만납시다』 개정판을 낼 것인지에 대해 상당히 고민을 했다. 그러나 이 책을 업데이트하고 몇 가지는 바꿔야 할 중요한 이유가 있었다.

첫 번째, 공산주의는 전 소비에트 연방에 존재하지 않으니 그 주제와 관련된 정보는 빼버렸다.

두 번째, 대인 관계 단원에 있는 부부 관계에 대해서는 유용한 내용을 담으면서 논쟁거리가 되지 않게 했다.

세 번째, 목표 단원에 나와 있는 예제 중 하나가 잘못되어 수정해야 했다. 이 밖에도 『정상에서 만납시다』가 처음 출간된 이후로 바뀐 것들을 업데이트하는 것도 중요하다고 생각했다.

개정판에 대해 염려되는 부분이 있다면 그건 바로 이 책이 이미 여러 나라의 언어로 번역되었으며, 58번째 인쇄를 목전에 두고 전 세계적으로 200만 부 이상 팔렸다는 사실이다. 게다가 이 책이 처음으로 출판된 지 25년이 흐른 지금에도 매년 수천 권의 하드 커버판이 팔리고 있다. 작가와 출판업자들은 전 세계에서 날아오는 수천 통의 편지들이 증명해 준 것처럼 이런 극적인 효과를 계속 발휘해 온 책을 개정하는 데 적극적이지 못했다. 그러나 더 좋은 책을 만들 수 있을 것 같다는 강렬한 느낌이 결국 변화를 불러오게 만들었다.

가족과 내 경력에 대해 최근 근황을 말하자면 우선 나의 활동 분야가 연설에서 저술로 옮겨갔다는 사실을 언급해야 할 것 같다. 이제는 매년 50개 기업에서만 강연하지만, 주일학교의 경우 매년 45번 강연하며 아이들을 가르친다. 게다가 더 많은 청중들과 접하기 위해 우리 회사에 트레이닝 프로그램을 설립하기도 했다. 때때로 사람들은 내게 언제쯤 은퇴할 것인지 묻는다. 심지어 내가 이미 은퇴했다는 소식을 들었다는 사람도 있다. 이런 질문에 대한 대답은 한결같다. "잘못 알고 계시네요. 제가 '재발사'하는 모습을 보셨어야 했는데. 내가 그 일에 몰두할 때까지 느슨하게 하지도, 속도를 늦추지도, 조용히 하지도, 포기하지도 않을 겁니다. 솔직히 말해 이제야 발동이 걸렸거든요."

예전보다 더욱 재미있고 일도 많으며, 현재 하는 일에 좀 더 흥미를 느끼고 있다. 이렇게 즐거운 일을 왜 그만둬야 하는지 모르겠다. 특히 내가 여전히 많은 사람들의 삶에 중요한 역할을 맡고 있다는 메일을 받고서는 더욱 그렇다.

우리 가족의 상황을 얘기하자면 '빨간 머리'라는 애칭을 가진 아내(실제로 그녀의 이름은 진이다.)와 나는 53주년 결혼기념일을 자축했다. 우리에겐 네 명의 아이들이 있고 네 명의 손주 그리고 세 명의 또 다른 손주가 있는데, 다들 가까운 거리에 살고 있다. 장녀인 진 수잔 지글러 위트메이어Jean Suzanne Zigler Witmeyer는 1995년 5월 13일 하나님 곁으로 떠났다. 우리 가족의 가슴에 큰 구멍이 생긴 것과 다름없다. 그러나 이 사건으로 우리 가족은 하나로 뭉치게 됐고 믿음은 더욱더 강해졌다.

우리가 톰이라고 부르는 아들 존 토머스<sup>John Thomas</sup>는 지그 지글러 회사의 사장이며, 둘째 딸 신디와 결혼한 사위 리처드 오츠<sup>Richard Oates</sup>는 우리 회사 부사장이자 최고 운영 책임자다. 막내딸 줄리 지글러 노먼<sup>Julie Zigler Norman</sup>은 내 책과 신문 컬럼의 편집자다. 신디는 '에밋 오츠'와 바쁜 나날을 보내고 있으며 베일러 병원에서 자원봉사자로 활동하고 있다. 1999년 5월 신디는 베일러 병원 동물 치료 부서에서 '올해의 자원봉사자'로 뽑히기도 했다.

아내와 나는 예전보다 여행도 자주 가고, 더 많은 시간을 함께 보낸다. 1946년 하나님이 내게 주신 멋진 아내와 함께 아름다운 가정을 꾸릴 수 있는 은총을 받은 게 아직도 믿어지지 않는다. 더욱더 사랑하게 되고, 더 많은 것을 함께하며, 많은 이야기를 나누며 즐겁게 보내고 있다.

하나님은 정말 고마운 존재다.

지그 지글러 Zig Zigler

## 나의 믿음

당신이 다른 사람이 원하는 것을 가질 수 있도록 돕는다면
당신도 원하는 모든 것을 가질 수 있다.

# 머리말

『정상에서 만납시다』의 페이지를 펼칠 때마다 뭔가 '다르다'라는 단어가 마음속에 떠오를 것이다. 표지의 제목부터 색다른데, '끝'이라는 단원으로 시작하는 것이 매우 특이하게 느껴진다. 이 책은 '느낌' '중요한 문제' '기술'에서 다른 책들과 다르다. 나는 당신을 '조종'하면서 당신이 메시지를 분명히 이해할 수 있도록 강한 문구나 짤막한 농담, 800여 개의 예제, 유추를 넣어 두었다. 다른 사람이 원하는 걸 가질 수 있게 돕는다면 당신도 모든 걸 가질 수 있다는 점을 강조함에 따라 오늘날 경쟁사회에서 '차별화된' 주제를 이야기할 것이다.

작가의 입장에서 말하자면 전반적으로 이 책은 다른 책들과 확실히 다르며 효과적이다. 그러나 처음부터 내 목적이 '다른' 책을 쓰는 것은 아니었다. 연설하면서 책을 썼기 때문에 달라진 것이다. (내가 의심스러운 눈으로 토론의 화두를 던지는 사람이 된 기분이다. 딱히 기록을 정한 건 아니지만 독자들을 긴장하게 만들었으니까.)

몇 년에 걸쳐 이 책의 원제인 '비스킷, 벼룩, 과장된 악수'에 대해

3,000번 넘게 연설을 해 왔다. 처음에는 이 책을 소재로 45분간 프레젠테이션을 하면 충분했다. 몇 년이 지나자 45분간의 이야기가 이렇게 두꺼운 책, '아이 캔¹ can' 코스로 확장되었다. 나는 학교와 교회에서 '아이 캔' 코스를 가르치며, 일 년에 두 번 텍사스, 댈러스에서 3일 과정인 '본 투 윈' 세미나를 개최한다.

『정상에서 만납시다』에서 여러 가지 주제를 다루었지만 주목적은 사랑, 믿음, 낙관, 열정에 대한 내 생각을 전달하는 것이다. 오늘날 많은 사람들이 진정한 사랑과 믿음이 무엇인지 제대로 모르고 있다. 자신의 솔직한 기분과 어떤 일에 대한 열정을 표현하는 데 소극적이기 때문에 이 점은 특히 중요하다.

사랑에 대해 말하자면 난 하나님과 아내, 우리 가족, 동료 그리고 미국을 사랑한다. 믿음으로 말하자면 우리는 미래를 알 수 없지만 적어도 우리 미래를 누가 쥐고 있는지는 알고 있다. 그래서 나는 항상 감사한 마음으로 당당하게 미래로 나아간다. 과거는 용서되었고 또 잊혀졌다고 성경에 나와 있다. 이 부분은 우리의 과거를 말한다. 예수 그리스도는 이렇게 말했다. "너희는 좀 더 풍요로운 삶을 살게 될 것이다." 이 부분은 우리의 현재를 말한다. 요한복음 3:16에 보면 우리 삶은 영원히 지속될 것이라고 했다. 마찬가지로 이 부분은 우리의 미래를 말하고 있다. 과거가 용서되고, 현재도 안정적이며, 미래도 확실하게 보장된 지금 낙천적이지 않아야 할 이유가 있는가?

『정상에서 만납시다』는 하나의 철학이지만 이 속에 지루한 이론은 거의 없다. 아이디어, 절차, 기술 같은 건 살아가면서 배우게 된다. 이 책은 사회 전 분야 최고 전문가들과의 개인적인 관계뿐만 아니라 평생해 온 영업 활동과 인재 개발 경험을 모두 담고 있다. 이 책에 있는 아이디어와 기술을 이용한다는 말은 우리가 남의 이론을 듣고 배우는 게 아니라 남의 경험에서 배운다는 뜻이다. 이것이야말로 성장할 수 있는 가장 실용적인 방법이다. 왜냐하면 개개인이 직접 경험하면서 배운다는 것은 시간 낭비일 뿐만 아니라 배우는 과정에서 좌절감을 느낄 수 있기 때문이다.

인생이라는 게임을 시작했을 때 이 책이 있었다면 나도 좀 더 빨리 발전하고 좋은 결과를 얻었으리라 확신한다. 내가 2,000시간 이상을 투자해서 저술한 『정상에서 만납시다』의 철학을 이용한다면 당신도 여러 방면에서 풍요로운 삶을 영위할 수 있다.

당신도 이 책이 한 번 읽어서 끝낼 책이 아니라고 열정적으로 강조하는, 전 세계에 있는 『정상에서 만납시다』의 독자처럼 되기를 바란다. 언제든지 책을 집어 들고 아무 페이지나 열어 제대로 된 마음의 양식을 얻기 위해 한 단원을 읽거나 처음부터 끝까지 읽어볼 수 있다. 그런 후에 시작하는 것이다.

하나님의 은총이 당신과 함께하기를 바란다. 당신이 이 책에 나와 있는 아이디어를 활용한다면 반드시 '정상에서 만날 수 있다.'

## 나의 믿음

당신도 뭔가를 이루게 되어 있고,
성공하게 되어 있으며,
위대해질 수 있는 가능성을 부여받았다.

# 헌사

지금까지 나를 물심양면으로 도와주었던 모든 사람들에게 헌사로 고마운 마음을 대신하기에는 부족함이 많다. 이들 중 특히 몇몇에게는 큰 도움을 받았기 때문에 지면을 통해서라도 꼭 고마움의 표현을 하고 싶다.

어느 누구보다도 먼저 곁에서 헌신적으로 가정을 가꾸어 주고 풍요로운 생활의 가치를 깨닫게 해 준 아내에게 고마운 마음을 전하고 싶다. 그녀의 사랑은 수많은 환경의 변화에도 불구하고 늘 변함이 없었으며, 지금도 내 삶의 동기를 유발시키는 원천이 되고 있다.

독실한 신앙인의 모습을 보여 주었던 어머니는 확신에 찬 믿음과 의지, 숭고한 자기 희생을 통해 내 삶의 디딤돌 역할을 해 주셨으며, 이 책을 쓰는 데 필요한 많은 조언을 아끼지 않으셨다.

후견인 존 R. 앤더슨 부부는 내 생활의 지표를 마련해 준 분들이다. 그분들은 깊은 사랑과 이해심으로 나를 친아들처럼 보살펴 주었으며, 필요하다고 생각될 때는 서슴없이 엄중한 벌도 내리셨다.

월튼 헤이닝 씨는 삶의 지혜와 올바른 생활인의 태도를 가르쳐 주었으며, 대중에 대한 공포심을 극복할 수 있도록 용기를 길러주셨다. 한편 나의 첫 번째 세일즈 매니저였턴 빌 크랜포드 씨와의 만남은 일상적인 세일즈맨과의 관계를 뛰어넘은 것이었다. 또한 P. C. 머렐 씨와 함께 보낸 결코 짧지 않은 기간은 더없이 소중한 시간이었다. 그는 나에게 자신감을 심어 주었다.

할 클라우스 씨는 자신의 회사를 앞세워 내가 전국적으로, 더 나아가 세계적으로 명성을 떨칠 수 있도록 도와주었으며, 유능한 강연자와 작가가 되도록 길을 모색해 주었다. 강연장에서 자주 만나는 동료인 카벳 로버트, 보브 리처드, 빌 고브, 딕 가드너, 켄 맥팔랜드, 그리고 과거에 자주 만났으나 지금은 고인이 된 찰리 쿨렌도 언제나 격려와 칭찬을 하며 영감을 주었다.

나의 생활 철학인 '지그맨십Zigmanship'을 확립하는 데 필요한 충고와 도움, 찬사와 확신을 준 버니 로프칙은 내 인생과 직업에 중요한 역할을 했다.

친한 친구이자 강연 동료였던 댄 벨루스는 이 책을 쓸 때 자신의 경험을 아낌없이 제공해 주었다. 또한 캐롤 필립스는 글을 쓰는 방법과 각별한 지도로, 이 책을 효과적으로 펴낼 수 있는 원동력을 주었다.

원고를 끝까지 정리해 준 패티 본드, 개인 비서 조리타 시밍턴에게도 진심으로 고마움의 말을 전한다. 앤 앤더슨은 바쁜 일상에서도 예수 그리스도의 필요성을 나에게 가르쳐 주었다. 그에게도 역시 진심으로 고마움을 전한다.

그리고 항상 나를 지켜보면서 많은 도움을 베풀어 준 형제와 누이들에게 깊은 애정을 보낸다. 우리는 언제나 서로 존경하고 사랑하고 격려하면서 살아왔다. 나의 이 작은 노력이 그들 모두에게 가치 있는 것이 되기를 소망한다.

마지막으로 자녀들과 기쁨을 함께하고 싶다. 언제나 적극적으로 뒷바라지를 해 주는 첫째 수잔, 행동파 둘째 신디, 그 뒤를 이은 줄리, 그리고 막내인 아들 톰은 나에게 젊음의 생기를 되찾아 주는 존재들이다. 그 아이들은 제각기 독특한 개성으로 나에게 많은 즐거움을 주었다. 때때로 작은 마찰을 일으키지만 그들 모두가 하나님이 주신 선물이라고 생각하기 때문에 나는 언제나 감사한 마음뿐이다.

　　이렇듯 지금까지 열거한 모든 이에게 다시 한번 깊은 고마움을 전하며, 여기에 이름을 다 밝히지는 못했지만 당신이 생각하는 것 이상으로 내가 감사한다는 것 또한 알아주면 좋겠다.

　　여러분 모두에게 행운과 하나님의 은총이 있기를 기도한다. 그리고 나는 여러분들과 정상에서 만날 수 있기를 간절히 바란다.

지그 지글러 *Zig Ziglar*

# 차례

# 01

## 정상으로 가는 여섯 계단
**Stairway to the Top**

### 01. 다르게 생각하라 _31
보스턴행 2시 20분 비행기 | 그림 한 장의 가치가 말 한 마디의 가치와 비교될 수 있을까? | 최대한 아이디어를 떠올려라 | 당신과 함께 쓴 책 | 성공의 비결 | 능력은 중요하다 —신뢰는 더 중요하다 | 정상으로 가는 여섯 계단과 당신의 현재 위치

### 02. 성공의 기회는 지금이다 _46
당신은 과거이며 미래의 존재다 | 자동차 시동을 켜라! | 쓰레기 같은 사고방식 | 지금부터 미래가 시작된다 | 패배자의 변명 | 위대한 사람은 타고난 것이 아니라 선택과 훈련으로 창조된다 | 희망이라는 이름에 사로잡히지 마라 | 결점을 극복하고 성공한 사람의 모습은 아름답다 | 그것은 당신 손에 달려 있다 | 이제 와서 떠나지 마라 | 납작한 용기에 구워진 비스킷 | 반쯤 마음먹은 사람들과 곧 행동할 후보자 | 꼭 그런 것만은 아니다 | 풍선을 파는 사람

# 02

## 당신의 이미지가 당신의 미래를 결정한다
### Your Self-Image

# 03

## 다른 사람들과 함께 성공하라
### Your Relationship With Others

# 04

## 목표를 알면 성공이 보인다
### Goals

# 05

## 올바른 태도가 성공의 시작이다
### Attitude

# 06

# 정상은 일을 통해 성취된다
Work

# 07

## 원하는 대로 이루어진다
**Desire**

## 그것은 사실이다.

과거의 일과 미래의 일은
우리 내면에 있는 것과 비교해 봤을 때 아무것도 아니다.

– 랄프 왈도 에머슨 (Ralph Waldo Emerson)

## 그리고

당신의 능력을 사용할 수 있는 사람은 오직 당신 자신뿐이다.
이건 멋지고 놀라운 책임이다.

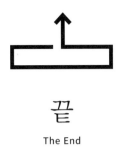

# 끝

The End

　'끝' 페이지로 책을 시작하는 것은 흔한 방법이 아니다. 이 책도 '평범하지 않다.' 이 책은 당신 자신과 가족, 미래에 대한 이야기이며 사람들에게 더 많은 것을 주면서 어떻게 더 많은 것을 얻을 수 있는지를 다루고 있다. 이렇게 책을 시작하는 것은 부정적인 생각, 부정적인 행동, 부정적인 반응의 '끝' 또는 적어도 '끝의 시작'을 의미한다. 패배와 낙담의 끝이기도 하며, 당신이 가질 자격이 있고 더 많이 얻을 수 있음에도 적은 것에 만족하는 소극적인 자세의 끝이기도 하다. 이제 평범하고 사소한 일로 고민하는 소심한 사람들에게 영향 받는 일도 끝났다. 다시 말해 이 책을 읽는 오늘은 세상에서 가장 치명적인 질병인 '경직된 태도<sup>Hardening of the Attitudes</sup>'가 영원히 끝나는 날이다.

　당신은 승리하기 위해 태어났다.

## 목표

- 당신의 마음을 열고, 당신의 상상력을 자극하며, 당신을 생각하는 사람으로 만든다. 당신의 호기심을 불러일으키고 당신의 현재 위치에 대한 잘못된 감정을 일깨워준다.
- 당신이 인생에서 진정으로 소망하는 것이 무엇인가를 확실히 깨우치고, 그것을 얻기 위해 취해야 할 일련의 행동을 도표화한다.
- 당신의 내부에 잠자는 거대한 잠재 능력을 일깨운다.
- 실패에 대한 당신의 결점을 인정하고, 그것을 극복할 수 있도록 도와준다.

Chapter

# 정상으로 가는 여섯 계단

**Stairway to the Top**

# 01

## 다르게 생각하라

The 'More' Way of Life

### 보스턴행 2시 20분 비행기

여기는 뉴욕. 존 존스는 보스턴에 갈 일이 있어 공항에서 비행기 표를 구입했다. 몇 분의 여유 시간을 확인한 존은 건너편에 있는 체중계로 가서 동전을 넣고 올라섰다. 그러자 운세가 적힌 종이가 나왔다. "당신의 이름은 존 존스, 몸무게는 63kg, 2시 20분 보스턴행 비행기를 탈 예정."

이렇게 정확할 수 있을까! 당황한 존은 다시 한번 동전을 넣고 체중계에 올랐다. 이번에도 마찬가지였다. "당신의 이름은 여전히 존 존스, 몸무게도 여전히 63kg, 여전히 2시 20분 비행기를 타고 보스턴에 갈 예정."

존은 자신의 상황을 정확히 알고 있는 운세 종이에 매우 놀랐지만, 곧 체중계에 어떤 속임수가 있다고 확신했다. 그래서 체중계를 속여보기로 했다. 화장실로 가서 옷을 갈아입은 후, 다시 한번 체중계에 돈을 넣고 올라섰다. "당신의 이름은 여전히 존 존스, 몸무게도 여전히 63kg, 그러나 2시 20분 보스턴행 비행기를 놓침."

이 책은 존처럼 보스턴행 2시 20분 비행기를 놓친 사람이나 개인 사정으로 목적지에 도착하기도 전에 중도 하차한 사람들을 위한 책이다. 그리고 행복한 인생에 필요한 많은 것들을 놓친 당신에게 권하고 싶은 책이다. 우리는 살면서 주어진 것 이상을 얻을 자격이 있고 또 얻을 수 있다. 이런 것들을 얻을 수 있도록 돕는 게 바로 이 책의 목적이다.

나는 책을 쓰면서 각 단어가 지닌 무게와 생각의 가치, 말하고자 하는 요점을 신중하게 고려하였다. 또한 당신이 책을 읽을 때 당신과 미래에 대해 우리 둘만의 회의장에서 개인적인 토론을 하는 것처럼 느끼도록 심혈을 기울였다. 그래서 나는 이 책이 주는 희망과 낙관주의 메시지를 당신이 개인적인 문제로 받아들이기를 희망한다. 그런 의도로 이 책을 썼다.

나는 희망, 성공, 행복, 믿음 그리고 열정이라는 씨앗을 이 책의 시작과 함께 뿌렸다. 이제는 이 씨앗들에게 '물'을 주고 '비료'를 주면서 몇 가지를 더 추가할 예정이다. 따라서 당신이 책의 끝부분을 읽을 때쯤이면 그 씨앗들도 추수할 만큼 자랄 것이다. 그러면 책에 나와 있는 메시지를 충분히 활용하고 따를 수 있다.

이 책은 P.M.A.<sup>긍정적인 정신자세</sup>에 관한 책이지만 그 이상의 것을 다루고 있다. 한마디로 『정상에서 만납시다<sup>See You At The Top</sup>』는 P.L.A.<sup>긍정적인 생활태도</sup>에 대한 책이다. 긍정적인 생활태도는 긍정적인 믿음의 힘으로 긍정적인 사고를 긍정적인 행동으로 옮기는 데 꼭 필요한 요소다. 사람은 3차원적인 존재(육체적, 정신적, 영적)이므로 이 책에서는 세 가지를 모두 갖춘 인간을 다룬다. 이것이야말로 앞으로 이 책에서 설명할, 유일하게 성공할 수 있는 방법이다.

## 그림 한 장의 가치가
## 말 한 마디의 가치와 비교될 수 있을까?

한 장의 그림은 천 마디 말과 같다고 한다. 수많은 사람들이 앵무새처럼 이 말을 되풀이하며, 그보다 더 많은 사람들이 이것을 진리처럼 생각한다.

그런데 이 말을 믿는 사람은 남자든 여자든 링컨의 「게티스버그 연설」이나 「권리장전」을 읽어 보지 못한 사람들인 것 같다. 시편 23편을 제대로 읽거나 이해하지 못했으며, 주기도문조차 제대로 읽지 못했을지도 모른다. 물론 연설문이나 시편 등은 '말'들로 되어 있다. 그것도 평범한 말이 아니라 여러 국가의 운명, 역사의 향방, 수백만 사람들의 일생을 바꾼 것이다.

특정한 말이 삶에 어떤 방식으로 중대한 효과를 미치는지 확실히 보여 주는 실례가 있다. 몇 년 전 「피터라 불리는 사나이A Man Called Peter」라는 영화가 제작됐다. 그 영화의 한 장면은 지금도 잊을 수 없다. 피터 마샬 역을 맡은 배우가 확신과 믿음에 대해 설교하고 있었다. 그 장면의 촬영이 끝났지만 카메라는 계속 돌아갔다. 영화를 찍던 스태프들이 자리에서 일어나 배우의 명연기를 칭찬하려고 모여들었다.

군중 속에 마조리 램뷰라는 여배우도 있었다. 마조리 역시 그를 축하해 주려고 무대로 향했을 때, 사람들은 그녀가 감정적으로 이 상황에 몰입했다는 사실을 쉽게 알 수 있었다. 다행히 카메라는 계속 돌아가고 있었다. 당시 마조리 램뷰는 자동차 사고로 일 년 동안 한 발자국도 걸을 수 없는 상태였다.

그러나 마조리는 믿음과 격려에 관한 설교를 들었을 때, 그 말이 전달하는 메시지에 동화되었다. 심지어 그녀는 그 메시지를 믿었고, 자리에서 일어나 걸었으며, 또 걷게 되었다.

이 책에 나와 있는 '말'들이 역사를 바꾸거나, 이 말들이 미치는 영향이 마조리 램뷰의 경우처럼 극적이다는 뜻은 아니다. 하지만 이 책에서 제시한 철학이 당신의 인생을 상당 부분 바꿀 수 있다는 건 분명하다. 『정상에서 만납시다』에 대해 각계각층에서 놀라울 정도로 많은 감사장을 보낸다는 것은 '태어날 때부터 승리자'라는 개념이 당신에게 어울린다는 사실을 증명하고 있다. 여기 한번쯤 생각해야 하는 그림을 살펴보자! 이 그림에서 몇 개의 정사각형이 보이는가?

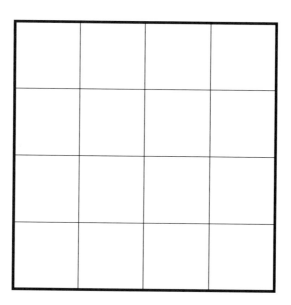

16개라고 말했다면 그럭저럭 평균 수준이라고 볼 수 있다. 17개가 보인다면 선두 그룹에 속하지만 그 역시 정답은 아니다. 답을 말하기 전에 좀 더 자세히 살펴보라.

자, 이젠 다음 페이지를 보자.

# 정사각형은 모두 몇 개인가?

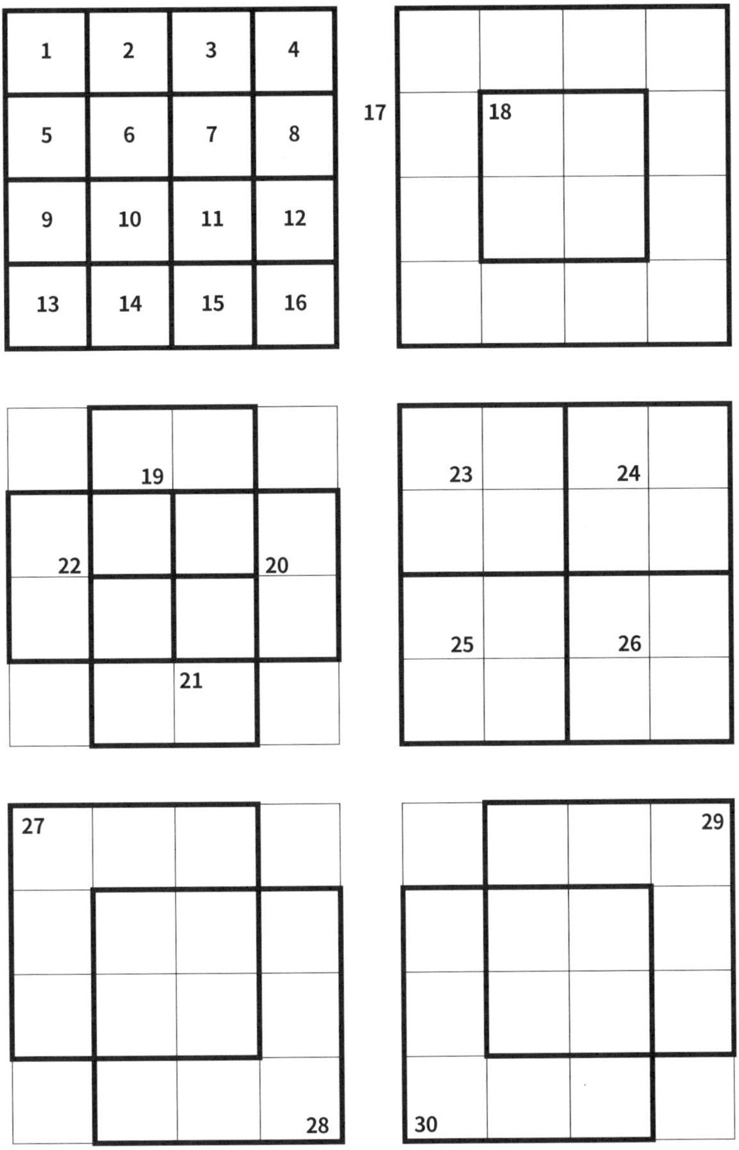

| | | | |
|---|---|---|---|
| 1 | 2 | 3 | 4 |
| 5 | 6 | 7 | 8 |
| 9 | 10 | 11 | 12 |
| 13 | 14 | 15 | 16 |

17

18

19

20

21

22

23    24

25    26

27

28

29

30

여기서 보면 알겠지만 총 30개의 정사각형이 존재한다. 이 책이 이미 당신 손에 있기 때문에 안 본 사이 누가 추가로 그려 넣을 수는 없다. 나는 그대로 보여 주었을 뿐이다. 여기에서 두 가지 중요한 점을 알 수 있다. 첫째, 책을 좀 더 자세히 들여다보면 대충 읽었을 때보다 더 많은 것이 보인다. 그렇지 않은가? 정사각형 그림에서는 확실히 그랬다. 당신과 당신의 잠재력, 당신의 미래도 마찬가지다. 둘째, 누군가 우리에게서 확실한 사실을 끌어내 주어야 한다는 것, 확실하지 않은 것은 그보다 더 자주 지적해 주어야 한다는 사실이다.

교육의 목적이 '끌어내는 것' '뽑아내는 것'이기 때문에 이 책의 목적 역시 당신 내면에 있는 잠재능력을 '끌어내는 것'이다. 나는 당신이 이 책에서 보다 많은 것들을 끄집어낼 것이라고 확신한다. 그러나 그것보다 중요한 것은 당신이 얻는 것보다 이 책이 당신에게서 끌어낼 것이 더 많다는 사실이다.


## 최대한 아이디어를 떠올려라

이 책을 읽으면서 우리가 함께 있다는 걸 느꼈으면 좋겠다. 내가 개인적으로 당신과 대화를 나누고 질문을 주고받는 것처럼 말이다. 대부분 질문은 '예/아니오'로 대답할 수 있다. 대답이 필요한 질문을 받으면 여유를 가지고 답을 신중하게 생각해 주었으면 한다. 부디 이 책을 얼마나 빨리 읽을 것인지, 이 책에서 얼마나 '얻어낼 수 있을' 것인지에만 신경 쓰지 않기를 바란다.

당신은 이 책이 당신에게서 얼마나 많은 것을 '끄집어낼 수 있는지'에 집중해야 한다. 처음에는 이 책이 굉장히 빠르게 읽힐 것이다. 그 후에 읽을 때는 좀 더 풍요로운 삶의 방식에 도움이 될 영감과 정보를 추가로 얻을 수 있다. 연설에 귀를 기울이고 책을 읽거나 라디오를 들을 때, 당신의 상상력을 '자극'해 주는 뭔가를 읽었거나 들었을 가능성이 크다. 이럴 때 "그러니까 생각나네요." 혹은 "아이디어가 떠올랐어요."라고 했던 경험들이 있을 것이다.

나중에 다시 한번 생각해도 좋다. 방금 전까지만 하더라도 분명히 생각났던 아이디어나 사고들을 갑자기 기억하지 못할 수도 있다. 이는 대다수 사람들의 공통된 특성이기에 '아이디어 노트'를 준비하는 게 바람직하다. 이 책과 비슷한 크기나 들고 다니기 쉬운 크기면 좋을 것이다. 여기 나와 있는 '아이디어 노트' 샘플처럼 페이지를 반으로 나누라. 화살표가 있다면 도움이 되겠지만 특별히 중요한 사항은 아니다.

아이디어 노트는 『정상에서 만납시다』와 함께 항상 가지고 다녀야 한다. 이 책이 여러 가지 생각들과 아이디어를 '유발시킬' 수도 있기 때문이다. 실제로 이런 아이디어와 생각들이 떠오를 때면 읽기를 멈추고 아이디어 노트에 생각이나 아이디어를 기록하라. 이렇게 하면 당신은 적극적인 독자가 될 수 있고, 감각을 더 많이 활용하며 책에 좀 더 집중할 수 있다. 한 시인은 이렇게 표현했다.

"들으면 곧 잊어버린다. 보고 들으면 기억한다. 보고 듣고 직접해 볼 때야 비로소 이해하고 성공하게 된다."

『정상에서 만납시다』를 두 번째 읽을 때에는 처음보다 더 많은 생각과 아이디어를 얻을 수 있다. 특히 하루를 시작하기 전이나 잠자기 전에 매일 몇 분씩만 읽는다면 더욱 그럴 것이다.


### 당신과 함께 쓴 책

당신의 생각과 아이디어를 기록하려면 검은색과 붉은색 펜이 필요하

**아이디어를 기록하지 않으면
잊어버린다!**

**2**

**1**

**아이디어 노트**

다. 책을 처음 읽을 때 1이라고 써 있는 아이디어 노트부터 붉은색 펜을 이용하여 시작한다. 그다음 번에 읽을 때에는 검은색 펜을 이용해 아이디어 노트에 2라고 써 있는 부분에서 시작하라. 페이지 윗부분으로 올라갈수록 당신의 삶은 상징적으로 '붉은색'에서 '검은색'로 옮겨가는 셈이다.

책에서 의미가 있다고 생각하는 부분은 줄을 긋고 표시해 두기 바란다. 기록해 놓은 생각과 아이디어와 함께 표시를 해둔 부분은 이 책이 '개인적인 것'이며 당신만의 책이라는 의미가 된다. 이런 기록들을 간직하고 계속해서 참고 자료로 이용한다면 당신만의 자산이 된다.

자기가 알고 있는 지식들을 전부 기억하는 사람은 없기 때문에 이렇게 기록하고 간직하는 건 무척 중요한 일이다. 이렇게 하면 당신과 내가 이 책을 공동 저술한 셈이 된다. 다시 말해 '우리의 책'이 되는 것이다. 이는 분명히 우리의 승리다. 그렇지 않은가?

### 성공의 비결

정직, 성품, 믿음, 충성심, 인테그리티$^{Integrity}$, 사랑은 건강과 부 그리고 행복을 조화롭게 하는 성공의 주춧돌이다. 살아가면서 앞으로 나아갈 때 혹은 위로 올라갈 때, 위의 원칙 중에 한 가지로 타협을 보려고 한다면 우리는 실패할 수밖에 없다.

남을 속이거나 위조를 하면 돈을 벌어들일 수야 있겠지만 진정한 친구를 얻기는 힘들고 마음도 편치 못할 것이다. 그건 성공이 아니다. 이런 말을 한 사람에게 박수를 보내고 싶다. "한 단계 한 단계 제대로 올라가는 사람이 결국 높은 곳에 올라간다." 건강을 해쳐가며 돈을 많이 번다면 무슨 소용이 있을까. 높은 자리로 올라가는 과정에서 가족을 멀리한 기업의 임원도 성공한 사람은 아니다. 그렇게 해서 얻은 것은 죽을 때 가지고 갈 수도 없고 누군가에게 남기지도 못한다.

시간이 지나고 성공한 사람들을 많이 만날수록 나는 이런 기본 원리들이 우리가 보유한 가장 중요한 성공의 무기라는 사실을 확신하게 되었다. 능력은 중요한 자기 자본이다. 그러나 상대에게 믿음을 주는 것은 더욱 중요하다. 진실을 입증하면 어떠한 위기 상황이 닥치더라도 거래처 사람들과 건강, 부, 행복을 좌우하는 사람들은 망설임 없이 우리를 도와줄 것이다.


## 능력은 중요하다―신뢰는 더 중요하다

나는 당신에게 여행을 하면서 만났던 사람들, 다시 말해 품위 있고 설득력을 갖췄으며 재능도 겸비한 데다가 영리하기까지 한 사람들의 '진실'을 말해 주려고 한다. 그들은 이익이 될 만한 거래를 먼저 좇으며 쉬운 돈벌이에만 관심을 둔다. 심지어 법을 요리조리 피해서라도 돈벌이가 되는 일이라면 서슴지 않는다. 그들은 처음부터 어느 정도 기반을 가지고 시작했기 때문에 높이 올라갈 곳도 없다. 오히려 이런 사람들은 갖추고 있던 기반을 무너뜨리기 쉽다. 그들은 풍족한 삶을 유지하는 데만 급급할 뿐 자신의 재능을 발휘해야 하는 단계를 제대로 거치지 않는다.

기초가 약한 사람들은 초라한 인생을 면치 못한다. 이들의 대다수는 풍요로운 삶을 위해 자신의 재능을 충분히 사용할 수 있는 과정을 제대로 밟지 않는다. 성공의 열쇠를 쥐고 있는 것은 자신이지, 자신의 일에 달려있는 게 아니다. 밑바닥에서 꾸준히 한 계단씩 올라가는 게 정상으로 가는 지름길이다. 성공과 행복은 기회의 문제가 아니라 선택의 문제다. 앞서 말한 이들은 이런 사실을 알지 못한다. 자신이 원하는 건 스스로 선택해야 한다.

당신이 어떤 사람이 되고 싶은지, 혹은 어떤 걸 갖고 싶은지 리스트를 만들어 보라. 나중에 이 리스트에 몇 가지 아이템을 추가할 수도 있다. 처음 시작하는 사람으로서 당신은 좀 더 훌륭한 친구, 개인적인 성장, 건강, 많은 돈, 행복, 안전, 여가 시간, 자기 계발의 기회, 마음의 평화, 진정한 사랑, 경쟁력, 동료들에게 좀 더 헌신할 수 있는 능력 등을 원하게 된다.

다음 페이지에는 당신이 원하는 것, 당신이 좀 더 소망하는 것의 리스트가 적혀 있는 '미래의 성공자' 문을 향한 계단이 있다. 나는 당신이 '올바른 길'에서 벗어나지 않도록 이 계단을 자주 이용할 생각이다. 어떤 자질이나 특성이 있어야 원하는 것을 얻을 수 있는지 반복해서 설명할 필요는 없지만, 우리는 무언가를 자주 잊기 때문에 두 번 이상 상기시켜 줘도 나쁠 건 없다.

당신이 원하는 게 또 있을지도 모르지만 일단 리스트에 올린 것이 있다면 분명 풍요롭고 보상받는 삶을 살게 될 것이다.

지금 이 순간 당신은 원하는 걸 모두 갖고 있는 게 아니며, 그것을 앞으로 소유하기를 희망하고 있을 가능성이 높다. 다행히도 그것을 모두 얻을 수 있으며, 생각했던 것보다 훨씬 더 많이 얻을 수 있다. 분명 가능성이 있다고 생각한다. 그러나 역도 선수가 되려면 엄청난 근육질이어야 하거나 근육을 발달시켜야 한다. 이처럼 인생에서 소중한 것이 들어 있는 금고를 열거나, 당신이 원하고 또 가질 자격이 있는 것을 얻으려면 특별한 뭔가를 갖추거나 계발시켜야 한다.


## 정상으로 가는 여섯 계단과 당신의 현재 위치

내가 설명한 '좋은' 것을 당신도 충분히 가질 수 있다. 그러나 열거해

놓은 것을 간절히 원한다면 반드시 여섯 단계를 거쳐야 하며 이를 확실히 이해해야 한다. 야구 선수가 베이스를 모두 밟지 않으면 아웃되는 것처럼 당신도 여섯 단계 중 하나라도 건너뛰면 아웃된다.

나의 친한 친구이자 뛰어난 세일즈맨인 가드너Dick Gardner는 이 단계들을 '언덕gradient'이라고 불렀으며, 다음 예를 들면서 자신이 하려는 말을 강조했다.

선을 보러 간 남성이 여성을 보자마자 키스하려고 한다면 구혼자로서의 기회를 잃게 된다. 단순한 수학을 푼 단계에서 곧장 기하학에 도전하려는 학생은 난감한 상황에 부딪힌다. 구매 가능성이 높은 잠재고객에게 자신을 소개한 세일즈맨이 그 자리에서 바로 '주문서를 작성'하려고 한다면 나쁜 인상을 줄 뿐만 아니라 거래는 실패로 돌아간다.

구혼한 남성이나 학생 그리고 세일즈맨은 너무 많은 단계 혹은 언덕을 건너뛰었고, 결국엔 실패라는 고배를 마셨다. 각 단계를 제대로 거쳤다면 성공할 기회를 더 많이 거머쥘 수 있었을 텐데 말이다. 한편, 어떤 사람들은 그 단계를 빠르게 거쳐가기도 한다. 이 단계를 모두 밟으면 원하는 것을 좀 더 확실하게 얻을 수 있다.

정상으로 향하는 계단 옆에는 정상까지 올라가는 엘리베이터가 있다. 그러나 그림에서 보다시피 엘리베이터에는 '고장'이라는 표시가 붙어 있다. 내가 서 있는 바로 이 자리에서 정상으로 향하는 엘리베이터는 항상, 그리고 앞으로도 고장이 나 있을 것이다. 영업이사인 존 해먼드John Hammond는 정상으로 가려면 계단을 이용해야 하고 한 번에 한 칸씩 올라가야 한다고 강조했다. 다행히도 계단은 바로 당신 앞에 놓여 있으므로 어디에 계단이 있고 어떤 것이 있는지 정상으로 올라가기 전에 얼마나 많은 계단을 올라가야 하는지 등을 알 수 있다.

정상으로 향하는 계단을 오르기 시작할 때 처음으로 거치는 단계는 건전한 자기 이미지 계발이다. 두 번째 단계는 남들과 효과적으로 공존해 가는 법을 배우고 그들의 능력과 가치를 인정하는 일이다. 세 번째 단계에서는 강한 목표 의식을 세워야 한다. 집을 지을 때도 계획을 세워야 하는데 하물며 인생을 설계할 때는 오죽하겠는가. 계획과 목표를 세우는 것은 삶을 살아가는 데 필수다. 네 번째 단계에서는 올바른 정신자세를 갖추고, 다섯 번째 단계에서는 일하려는 의지를 갖춰야 한다.

『정상에서 만납시다』를 읽으면서 당신은 대가를 지불하는 게 아니라 진정한 혜택을 누리고 있다는 걸 느끼게 된다. 이를 강조하는 이유는 성공을 위해 치러야 할 대가가 실패로 치러야 할 대가보다 훨씬 저렴하기 때문이다. 인생에서의 성공과 실패를 비교해 봤을 때도 이는 분명한 사실이다. 그렇다고 오해는 하지 마라. 일은 꼭 해야 한다. 단, 고되게 일하느냐 기쁘게 일하느냐는 당신이 마음먹기에 달렸다. 여섯 번째 단계에선 앞질러 나가려는 강한 욕구를 갖춰야 한다. '원하는 것'을 많이 가지고 자유로운 환경에 있을 때 자신의 운명을 조정할 수 있다.

다행히 당신은 이미 성공을 위해 필요한 특성을 모두 갖추고 있다. 정직, 성품, 믿음, 충성심, 인테그리티, 사랑을 어느 정도 갖고 있다. 당신은 자신과 동료의 어떤 면을 좋아한다. 목표와 올바른 정신자세를 갖추고 일도 하며 욕심도 있다. 그렇다면 당신이 정말 해야 하는 일이란 뭘까? 당신의 능력을 활용하여 각 특성이 성장할 기회를 주는 것이다. 이미 가진 것을 좀 더 많이 활용하면 할수록 그것은 진정으로 당신의 재산이 된다. 성공하는 데는 한 사람의 전부가 필요하다.

다음의 두 이야기가 바로 이런 점을 강조하고 있다. 시골 도로에서 길을 잃은 젊은 부부가 농부를 발견했다. 그들은 차를 세우고 이렇게 물었다. "죄송한데요, 이 길로 쭉 가면 어디가 나오죠?" 나이 든 농부는 이렇게 대답했다. "이 길을 따라 가면 자네가 원하는 곳은 어디든지 갈 수 있을 걸세. 방향만 제대로 찾는다면 말이지." (물론 그게 올바른 길일 수도 있지만 그 자리에 서 있는다면 어떤 목표라도 이룰 수 없다.)

젊은 회사 중역이 다음 날 있는 중요한 회의 자료를 집으로 가져왔다. 그런데 5분마다 다섯 살짜리 아들이 일을 방해했다. 몇 번 반복해서 방해를 받자, 그는 세계 지도를 그린 조간신문을 몇 조각으로 잘랐다. 아들에게 그 조각으로 지도를 맞춰보라고 했다. 아이가 지도를 완성시키려면 어느 정도 시간이 걸릴 테니 자신은 그 안에 일을 끝마칠 거라 생각했다.

그러나 예상과는 달리 몇 분도 지나지 않아 맞추기를 끝냈다고 아들이 자랑했다. 그는 매우 놀라며 빨리 끝낼 수 있었던 비결을 물었다. 아이는 이렇게 말했다. "지도 뒷면에 남자 얼굴이 있었어요. 그래서 종이를 뒤집어서 남자 얼굴을 맞추려고 했지요. 얼굴을 제대로 맞추니까 지도가 완성됐어요." 더 이상 무슨 말이 필요한가. 올바른 길에 접어들면 당신의 세상도 올바르게 된다.

**생각**: 위로 가려면 모든 단계를 거쳐야만 한다. 단, 그 위에 둥지를 틀 필요는 없다. "떡갈나무를 오르는 방법은 두 가지가 있다. 직접 기어오르거나 도토리 위에 앉아서 나무가 자라도록 기다리는 것이다." 당신이 올라갈 수 있도록 도와주는 것이 이 책의 목적이다.

# 02

# 성공의 기회는 지금이다

The Time is Now

## 당신은 과거이며 미래의 존재다

오래전, 나이 많은 인디언이 소유한 오클라호마 땅에서 석유가 발견된 일이 있었다. 그는 평생 가난에 허덕이며 살았지만 석유가 나오는 바람에 거부가 되었다. 부자가 되자 우선 캐딜락 여행용 차를 구입했다. 당시 여행용 차들은 뒤쪽에 타이어가 두 개 더 달려 있었다. 그러나 이 인디언은 그 지역에서 가장 큰 차를 원했기 때문에 네 개의 타이어를 추가했다. 그는 에이브러햄 링컨형의 실크 모자를 쓰고 머리를 땋았으며, 나비넥타이에 큰 시가를 물고 다녔다. 그러고는 매일 같이 근처의 무덥고 먼지가 자욱한 오클라호마의 작은 목초 지대 마을로 드라이브를 즐겼다.

그는 사람들에게 차를 보여주며 자랑하고 싶었다. 마을을 지나갈 때마다 사람들과 인사를 나누기 위해 여기저기를 두리번거렸고, 하루 종일 마을을 돌면서 사람들과 이야기를 나누었다. 여기서 흥미로운 것은 그는 교통사고를 낸 적이 없다는 점이다. 이유는 간단하다. 그가 소유한 덩치 크고 멋있는 자동차 앞에서 두 마리의 말이 차를 끌고 있었으니까.

## 자동차 시동을 켜라!

그 지역의 기술자에 의하면 자동차 엔진에는 아무 문제가 없었다고 한다. 다만, 나이 든 인디언이 자동차 키를 이용해 시동 켜는 방법을 몰랐을 뿐이다. 그 차는 내부에 백 마리의 말이 있었다. 앞으로 나갈 준비가 되어 있고, 또 나가고 싶어 하는 말들이었다. 그러나 그는 두 마리 말만 바깥에서 이용했다. 많은 사람들이 백 마리 말이 있는 안을 보지 못하고 바깥에서 자동차를 끄는 두 마리 말만 보는 실수를 한다. 심리학자들은 우리가 실제로 사용하는 능력은 가진 것의 2~5% 정도라고 말한다.

올리버 웬델 홈즈Oliver Wendell Holmes는 이렇게 말했다. "미국의 가장 큰 비극은 천연 자원의 낭비가 아닙니다. 물론 비극이긴 하지요. 그렇지만 가장 큰 비극을 꼽는다면 역시 인재 낭비라고 할 수 있죠." 홈즈는 다음과 같은 사실을 지적했다. 사람들은 자신만의 음색을 지니고 무덤으로 간다는 사실을 말이다. 따라서 안타깝지만 가장 아름다운 멜로디는 결코 연주할 기회를 얻지 못하는 것이다.

오래전 나는 임종 직전에 자기 땅에서 황금 광산이나 유전을 발견하는 게 가장 비극적인 일이라고 생각했다. 그러나 지금은 개개인 내부에 숨어 있는 어마어마한 잠재력을 발견하지 못하는 것이야말로 엄청난 비극이라고 생각한다. 내 친구 메이저 루벤 실버링Major Reuben Silvering이 말했듯 "10센트 동전과 20달러치 금 조각이 바다 밑에 침식한다면 그 둘의 가치는 다를 바가 없다." 이 동전을 바다에서 꺼내 목적대로 이용할 때 비로소 가치가 생기는 법이다. 당신의 가치는 스스로 내면에 도달하는 법을 배우고 그 안에 있는 거대한 잠재력을 사용할 때 비로소 완전하게 활용할 수 있다.

이 책을 통해 당신의 잠재력을 좀 더 완전하게 활용할 수 있도록 돕고자 한다. 이 책으로 내면에 있는 황금 광산이나 유전을 발견하기 바란다. 당신의 '천연 자원'은 지구에 존재하는 천연 자원과는 달리 사용되지 않을 때 무참히 낭비되고 '고갈'된다. 이런 맥락에서 내 목적은 당신의 재능을 행동으로 옮기도록 유도하는 데 있다. 그리하면 당신과 많은 사람들이 당신이 제공하는 것들로써 즐길 것이다. 당신의 재능은 의심할 여지가 없다. 당신은 분명히 재능을 가지고 있으니 이제부터 그 재능을 마음껏 활용하라. 풍족할 수도 그 반대일 수도 있는 지금의 상황에서 당신은 진정한 풍요를 누리게 될 것이다.

## 쓰레기 같은 사고방식

여러 해 전에 어떤 철학자가 이렇게 말했다. "당신은 이 자리를 원했기 때문에 여기에 있는 겁니다." 나는 이 말에 깊은 감명을 받아 사람들에게 즐겨 해 주었다. 그러나 얼마 후에 그 말이 옳지 않다는 것을 깨닫게 되었다.

어느 날 밤 나는 앨라배마의 버밍엄에서 미시시피 머리디언으로 운전했다. 그다음 날 아침엔 꼭 머리디언에 도착해야만 했다. 도로 공사 중이었기 때문에 길도 물을 겸 주유소에 잠깐 들렀다. 주유소 직원은 가장 빠른 길을 가르쳐 주었고 심지어 약도까지 그려 주었다. 약도대로만 간다면 머리디언엔 시간 내에 충분히 도착할 것이라고 말했다.

그가 준 약도를 정확하게 따라갔지만 한 시간 후에는 오히려 원래 있는 곳보다 72km 정도 더 멀어지게 되었다. 이 경우 내가 원해서 그곳에 간 것일까? 그건 아니다. 누군가가 길을 잘못 가르쳐 줬기 때문에 그곳까지 가게 된 것이다.

당신도 마찬가지다. 당신이 파산했거나, 좌절감에 빠졌거나, 우울하거나, 가족 혹은 직장 동료와 사이가 좋지 않다고 가정해 보자. 당신이 이런 상태나 환경을 진심으로 원했기 때문에 이렇게 됐다고 말할 순 없다. 어쩌면 누군가 당신에게 부정적인 영향력을 발휘하고 쓰레기 같은 생각들로 고생하게 만드는 엉뚱한 방향을 가르쳐 주었을 가능성도 있다. 당신의 모든 고민거리나 부분적인 문젯거리도 그 책임을 남에게 지운다는 생각을 해선 안 된다. 왜냐하면 앞으로 알게 되겠지만 당신의 과거 역시 누군가가 '책임' 추궁을 할 수도 있으며, 앞으로의 성장과 발전 역시 당신 어깨에 같은 무게로 놓일 수 있기 때문이다.

예를 들어 남부의 대도시 중 예전에는 쓰레기장으로 쓰이던 곳이 있었다. 그러나 지금은 멋진 쇼핑센터가 들어섰다. 100년이 넘는 동안 사람들은 이 장소를 '쓰레기장'으로만 여겨 왔다. 그러나 지금부터 약 25년 전, 진보적인 사고방식을 가진 시민들이 이곳을 아름답고 새로운 쇼핑센터로 '보기' 시작했다. 그 순간부터 사람들은 이곳에 더 이상 쓰레기를 버리지 않았고, 양질의 깨끗한 흙을 가져다 오랫동안 쓰레기장으로 사용한 곳에 조심스럽게 뿌렸다. 사람들은 지반이 튼튼해질 때까지 거대한 기계로 땅을 굳혔다. 바로 이 위에 어마어마하고 웅장한 쇼핑센터를 지은 것이다. 툭 터놓고 말해서, 이 쇼핑센터는 쓰레기 위에 지은 셈이다.

내가 왜 이 이야기를 하느냐면 세월이 흐르면서 사람들이 당신의 마음속에 '쓰레기'를 버릴지도 모르기 때문이다. 그러나 그 쓰레기가 당신의 마음속에 쌓인 게 중요하지 않다. 일부러 그랬든 몰라서 그랬든 당신에게 한계점을 그어놓았다고 해도 큰일이 생기는 건 아니다. 당신은 이런 '쓰레기'를 없앨 수 있다.

그래서 이렇게 말해 주려고 한다. "생일 축하합니다." 왜냐하면 오늘이야말로 앞으로 펼쳐질 새로운 인생의 첫 번째 날이니까. 과거는 끝났다. 이 책을 지금까지 읽었다는 사실은 앞으로 당신이 전도유망한 미래를 위해 열심히 기초를 쌓아가고 있다는 증거가 아닐까.

여기서 경고 하나! 당신의 마음속에는 이미 오랫동안 '쓰레기'들이 쌓여 왔을지도 모른다. 우리는 이 사실을 알아야 한다. 영양실조에 걸린 사람이 한 끼 정도 균형 잡힌 식사를 했다고 치자. 그 사람이 아무리 많이 먹어도, 아무리 좋은 음식을 먹는다 해도 한 끼 정도의 식사만으로는 건강을 완전히 회복할 수 없다.

당장 우리가 할 일은 이런 '쓰레기'들을 긍정적인 사고방식과 올바른 정신자세로 덮어 버리는 것이다. 그러나 어떤 '쓰레기'들은 계속해서 밖으로 삐져나와 당신을 다시 한번 '쓰레기 같은 생각들'로 고생하게 만들 가능성이 높다. 그래도 이 책을 계속 읽어야 한다. 왜냐하면 당신이 이 내용들을 흡수할수록 오래된 쓰레기들이 더욱 깊이 묻히기 때문이다.

우리는 부정적인 사회에 살고 있기 때문에 매일 같이 새로운 쓰레기가 마음속으로 쏟아져 들어올 수밖에 없다. 친구나 아는 사람을 통해 우연히 이야기를 들음으로 쓰레기가 쌓일 수도 있다. 라디오나 텔레비전도 예외가 아니어서 우리의 마음속에 새로운 쓰레기를 집어넣게 된다. 자, 우린 또 쓰레기 같은 '생각'이라는 문제에 직면하게 되었다.

이제 우리가 해야 할 일은 무엇인가? 처음과 같이 이 책을 계속 읽어라. 쓰레기들을 없애는 방법이 이 책 곳곳에 자세히 나와 있다. 그 점은 내가 장담한다.

## 지금부터 미래가 시작된다

심리학에서 흥미 있는 새로운 연구가 진행되어 왔다. 그 연구는 오래된 쓰레기를 들추거나 일부러 끄집어내어 '흠집을 드러내지' 않는 대신 미래의 희망을 다룬다. 문제가 무엇인지에 매달리기보다는 해결책에 집중하는 태도를 말하며, 그 결과는 엄청나다.

윌리엄 글래서Willam Glasser가 쓴 『실패없는 학습』이란 재미있는 책이 있는데, 이 책이야말로 가장 기본적인 철학을 따르고 있다. 이 책에서 그는 좌절과 패배, 실망, 실패밖에 모르는 젊은이들에게 필요한 프로그램을 설명한다. 글래서 박사는 미래에 대한 희망을 주제로 다루고 있지 그들의 문제와 과거에 그들이 어떤 사람이었는지를 다루지는 않는다. 긍정적인 방법을 선택해 학생들을 격려해 주면서 그는 놀라운 결과를 얻었다.

사도 바울은 성경에서 2,000년 후의 후세들에게 이렇게 조언을 해 준다. "과거의 일들을 잊고 앞으로 계속 전진할 겁니다." 중요한 것은 바울이 로마 감옥의 사형수 방에서 죽음을 앞두고 이 글을 썼다는 사실이다. 바울은 생존의 전쟁터에서 살아남기 위해 싸웠다는 것을 강조했다. 내 방식도 비슷하다. 이기는 게 전부가 아니다. 이기기 위해 기울이는 노력이 중요하다는 사실을 강조하고 싶다.


## 패배자의 변명

흥미로운 사실이 하나 있다. 우리는 쓰레기 같은 사고라는 함정에 빠지게 될 때, '패배자의 변명'이라는 구실을 생각해 낸다. 미식축구 경기를 보러 직접 경기장에 가거나 텔레비전에서 경기를 본 사람이라면 패배자의 변명이 어떤 건지 이해가 될 것이다.

우연히 지역 팀 선수들이 경기하는 모습을 보았다. 마침 이들은 주장이 중앙에서 공을 낚아채 올바르게 잡으라고 신호를 보냈을 때 곤란한 상황에 처했다. 공격수가 수비수 뒤로 돌아가 팔을 뻗어 패스를 받은 후, 엔드 존을 향해 달려갔다. 수비수는 얼른 전열을 가다듬고 공격수를 맹렬히 추격한다. 그러나 공격수가 엔드 존에서 20야드 정도 떨어진 곳에 다다랐을 때, 수비수는 이제 공격수를 따라잡지 못할 거라는 사실을 깨닫게 된다. 관중석에 있는 사람들도 그 사실을 알고 있다. 그때부터 수비수는 다리를 절뚝거리며 천천히 뛰게 된다. 관중석에 있는 사람들은 "저 선수가 따라잡지 못하는 건 당연해. 저 봐, 절뚝거리잖아."라고 한 마디씩 한다. 이게 바로 패배자의 변명이다. 당신은 어떤가?

## 위대한 사람은 타고난 것이 아니라 선택과 훈련으로 창조된다

자신의 능력을 최대한 발휘하려면 우선 패배자의 변명부터 없애야 한다. 대표적인 패배자의 변명은 다음과 같다. "전 세일즈맨의 자질이 없어요." "전 타고난 의사, 변호사, 예술가, 건축가, 기술자가 아니에요."

여기서 나는 이 점을 강조하고 싶다. 나는 여행을 하면서 호주의 시골 마을 신문에서 북미와 유럽의 대도시 신문까지 두루 읽었다. 여성이 아들과 딸을 낳았다는 기사는 읽었지만 세일즈맨, 의사, 변호사, 예술가, 기술자를 낳았다는 소식은 듣지도 보지도 못했다. 그러나 의사, 변호사, 세일즈맨들이 죽었다는 소식은 들었다. 이들은 '태어나지는' 않았지만 '죽기는' 했으므로 분명히 살아가는 동안 자신이 선택하고 훈련을 연마해서 원하는 사람이 된 것이다. '타고난' 의사가 당신의 배를 수술하게 할 것인가? 아니면 '타고난' 변호사가 법정에서 당신을 변호하게 하겠는가?

실제로 여성이 성공자나 실패자를 낳은 경우는 보지 못했다. 아들이나 딸이면 몰라도 말이다. "제 힘으로 성공한 사람입니다."라고 말하는 사람은 봤다. 하지만 지금껏 여성이든 남성이든 "저 때문에 실패했어요." 라고 말하는 사람은 보지 못했다. 그들은 집게손가락을 들어 이렇게 말했다. "부모님 때문에 행복하거나 성공한 게 아닙니다." 어떤 이들은 교사와 설교자, 경영자의 잘못을 탓한다. 또 어떤 이들은 피부색이나 종교부터 시작해 가방끈의 차이 혹은 신체 장애 등 모든 것에 잘못을 돌린다. 나이가 아주 많다, 너무 어리다, 뚱뚱하다, 말랐다, 키가 작다 등 혹은 환경이 나쁜 장소에 살고 있다고 비난을 한다. 심지어 자신이 태어난 달이나 별자리가 안 좋다고까지 말하는 사람들도 있다. 개인적으로 별자리는 전혀 믿지 않지만 별을 만드신 분은 전적으로 믿고 있다.

패자의 변명 역시 '쓰레기'라고 생각한다. 인생에서 당신의 '몫'이 많든 적든 상관없이 분명 그 위에 뭔가를 견고하게 지을 수 있다.

자신이 소수 그룹에 속하지 않아서 혹은 여성이 아니라서 차별 받는다고 주장하는 사람들도 있다. 사람들은 아직도 자신이 고민거리가 있거나 성공하지 못한 것에 대해 사회에 손가락질을 하고 남 탓으로 돌리기도 한다. 여기서 우리는 한 가지 사실에 주목해야 한다. 누군가를 향해 손가락질을 한다면 그보다 세 배나 많은 손가락이 당신을 향할 것이라는 사실을 말이다.

성공과 행복은 바로 당신에게서 시작된다. 이 책이 전달하는 메시지에 동화되면 될수록 스스로 미래를 조정할 수 있다는 사실을 알게 될 것이다. 그리고 당신 내부에 깃들어 있는 엄청난 잠재력을 처음으로 발견할 것이다.


**희망이라는 이름에 사로잡히지 마라**

살아가면서 이런 말을 듣는 건 슬픈 일이다. "그 사람처럼 말하고, 뛰고, 노래하고, 춤추고, 생각하고, 집중할 수 있다면……" 말끝은 점차 흐려진다. 다시 말해 "그 사람만큼의 능력을 가졌다면 내가 뭘 못 하겠어?" 자신의 능력을 사용하지 못한다면 남의 능력을 가진다 해도 쉬운 일조차 못한다. 이는 자신을 기만하는 행위이며 자신에게조차 솔직하지 못한 태도다.

신중하게 행동하지 않으면 당신도 우리나라 어디에서나 쉽게 만나는 '희망이라는 이름에 사로잡힌 포로'가 되고 만다. 이런 사람들은 길을 걷다 돈 가방을 줍기 바란다. 당장의 명성과 재산을 움켜쥘 그런 일확천금을 꿈꾸는 것이다.

해변가나 항구에서 아직 떠나지도 않은 배가 순항하기를 바라는 사람들을 볼 수 있다. 그렇다. 이들이야말로 희망이라는 이름에 사로잡힌 포로들이자, 남의 능력과 재능을 부러워하고 꿈꾸는 사람들이다.

당신은 이미 성공에 필요한 능력을 구비하고 있다. 인생은 당신이 소유한 것을 이용하기만 한다면 더 많은 것들이 생길 것이라는 사실을 끊임없이 확신시켜 준다. 마찬가지로 본인의 능력을 제대로 이용하지 않는다면 오히려 잃어버리게 된다는 사실도 제시하고 있다.


## 결점을 극복하고 성공한 사람의 모습은 아름답다

아름다운 사람들이란 재미와 게임으로 점철된 '훌륭한 삶'을 보여 주고, 해외여행을 하면서 의심쩍은 도덕적 행위를 즐기는 '제트족'들이 아니다. 내가 생각하는 진정한 '아름다운 사람들'이란 일상생활에서 쉽게 볼 수 있다. 소아마비나 실명의 고통으로 고생하기도 한다. 이들에겐 패배자의 변명이 없으며, 노력하는 과정에 상당히 적응을 잘하고 성공하며 행복해 한다. 이들의 인종과 신념, 피부색은 다양하다. 초등학교 중퇴부터 박사까지 교육 배경도 가지각색이다.

믿기 힘들 정도로 어려운 장애조건 때문에, 아니 그런 장애가 있는데도 성공한 사람들을 많이 봐 왔다. 이들 이야기는 우리가 접할 수 있는 이야기 중에서 가장 감동적이다. 예외 없이 이 사람들은 '사람은 무엇인가를 이룰 수 있고, 성공을 향해 전진하게 돼 있으며, 위대해질 가능성의 씨앗을 부여받았다'는 사실을 믿는다. 이렇게 믿으면 당신은 어떤 문제가 생겨도 남을 탓할 필요가 없다는 사실을 알게 된다.

당신 스스로 자신을 도울 수 있다는 사실을 깨닫게 될 때 승승장구하게 된다. 이 일을 하면서 성공하지 않은 사람은 있어도 성공할 수 없는 사람은 보지 못했다. 내가 말하고 싶은 건 바로 이것이다. 지금 이 순간부터 당신의 현재와 미래는 바로 당신 손에 달려 있다. 이 사실을 받아들여야 한다!


## 그것은 당신 손에 달려 있다

여기서 우화를 하나 들겠다. 내가 말하고자 하는 바를 이해하기 한층 쉬울 것이다.

이탈리아의 아름다운 도시 베니스의 정경이 보이는 작은 언덕에 천재라고 불리는 노인이 살았다. 소문에 따르면 어떤 질문을 던져도 이 노인은 대답할 수 있다고 한다. 어느 날 두 소년이 노인을 속일 수 있을 거라 생각하고 작은 새를 한 마리 잡아서 달려갔다. 한 소년이 새를 자신의 손바닥 안에 두고 노인에게 이 새가 살았는지 죽었는지 물었다. 일말의 망설임 없이 노인은 이렇게 대답했다.

"얘야, 그 새가 살아 있다고 말하면 넌 손에 힘을 주어서 그 새를 죽이려고 하지 않겠니. 새가 죽었다고 말하면 손을 활짝 펴 새를 날려 줄 테고 말이다. 살고 죽는 건 바로 네 손에 달려 있단다."

이와 같은 이야기를 조금의 주저함 없이 당신에게 해 주고 싶다. 실패의 씨앗이든 성공의 잠재력이든 모두 당신에게 달려 있다. 당신은 능력 있는 손을 소유하고 있다. 그렇지만 그것만으로는 부족하다. 그 능력의 대가를 보상받기 위해서는 당신의 손을 사용해야만 한다.

## 이제 와서 떠나지 마라

이 책을 통해 많은 이야기를 들려줄 셈이다. 왜냐하면 우리 인생 자체가 끝이 없는 이야기니까 말이다. 어떤 방법이든 총동원해서 당신이 이 책에 계속 관심을 두고 긴장감을 놓치지 않게 할 작정이다.

이유는 간단하다. 눈으로는 분당 200에서 400단어를 읽을 수 있지만 마음으로는 분당 800에서 1,800단어 정도를 읽을 수 있다. 그러므로 여분의 시간에 수천 개의 쓸데없는 생각이 든다. 어떤 하루를 보냈는지도 셀 수 없이 다양한 만큼 독서를 통한 학습 방법도 다양하다는 사실과 이것을 한곳으로 결합하면 당신의 마음이 왜 방황하는지도 쉽게 이해할 수 있다. 실제로 몇 페이지를 읽고서도 내용을 전혀 이해하지 못하는 일도 가능하다.

예를 들어 이 책을 읽는 동안 당신은 이미 짤막짤막하나마 나를 떠나 여기저기를 돌아다녔다. 그동안 애들을 돌보고, 학생을 가르치며, 판매를 하고, 축구 게임에 참여하며, 화장실에 가는 등 많은 일들을 했다. 믿지 못하겠다면 이미 읽었던 페이지 아무 데나 돌아가서 신중하게 한번 읽어 보라.

이상하게도 처음에 읽었을 때 놓친 몇몇 단어들, 생각들 혹은 아이디어들을 볼 수 있을 것이다. 결코 당신의 지성을 모욕하는 게 아니다. 솔직히 당신이 영리하면 영리할수록 이런 일은 자주 일어난다. 물론 좀 더 영리하고 야망이 클수록 이런 일의 발생 횟수를 줄이기 위해 더욱 노력하는 것도 사실이다.

이 책의 저자로서 나는 당신이 이 단락을 읽으면서 이런 '여행'을 하지 않았기를 바랄 뿐이다. (당신이 이미 읽은 두 페이지를 다시 한번 읽기를 '감히' 요청한다.)

정신이 잠깐 산만해질 수 있다는 사실을 알면 당신에게 와 닿는 요점을 강조하기 위해 펜을 사용하라는 내 충고를 받아들이기가 한결 쉽다. 이런 아이디어나 생각들을 아이디어 노트에 기록한다면 당신은 '수동적인' 독자가 아니라 '적극적인' 독자가 된다. 이는 평가를 내리는 데 큰 도움이 된다. 여기 나온 정보를 다시 한번 읽어 보고 평가를 내리는 게 중요하다.

미국의 어느 명문 대학에서 새로운 정보를 한 번 접한 사람은 2주가 지나면 그 정보의 2%밖에 기억하지 못한다는 사실을 발표했다. 반면 같은 정보를 6일 연속해서 반복 학습한 사람은 2주가 지난 후 그 정보의 62%를 기억한다는 결과가 나왔다. 그러나 그보다 더 중요한 사실이 있다. 같은 정보에 접하는 횟수가 많아지면 많아질수록 당신은 그에 따라 행동으로 옮길 가능성이 높다.

당신이 행동을 취하게 하는 것, 그게 바로 내 목적이다. 행동이란 학습의 실행이다. "믿음을 행동으로 옮기지 않으면 소용이 없다"라는 말처럼 실천에 옮기지 않는 학습은 학습이 아니다.

## 납작한 용기에 구워진 비스킷

이야기를 하면서 하나씩 짚어갈 때 사람들은 예전에 들었거나 이미

이 비스킷은 부풀려고 했는데
납작한 용기에 구웠기 때문에 납작하단다.

알고 있다고 고개를 끄덕인다. 그럴 때마다 나는 말하는 것을 멈추고 왜 고개를 끄덕였는지 묻고 싶은 충동에 휩싸이곤 한다. 당신이 배운 것으로 뭔가를 할 때까지, 혹은 뭔가를 하지 않는 한 진짜로 배운 게 아니다.

책을 읽지 않는 사람은 읽을 수 없는 사람보다 나을 게 없다. 성공의 원칙과 성공에 필요한 정보를 알고 있지만 이용하려고 하지 않는 사람은 그것을 모르는 사람보다 나을 게 없다. 당신은 '뭔가를 할' 생각이 아닌가? ("그렇다"라고 하라!)

"그렇다"라고 대답을 했기 때문에 일단은 "축하합니다, 당신은 성공하셨군요!"라고 말하려 한다. 성공은 목적지가 아니라 여정이고, 당신이 여행하는 방향이기 때문에 이렇게 말하는 것이다. 당신은 이미 출발했을 뿐만 아니라 올바른 방향으로 가고 있다. 당신은 '대부분의 사람들'과 다르기 때문에 진심으로 축하한다.

보통 사람들은 어떤 일을 시작하기 전에 모든 게 갖춰지기를 기다린다. 열매를 따기 위해 줄다리기를 하지 않는다. 자신에게 내기를 하지도 않는다. 그들에게 인생이라는 게임은 이미 끝났고, 패배한 것이다. 그들의 묘비에는 이렇게 쓰이지 않을까. "1942년 출생, 1974년 사망, 2010년에 묻힘." 혹은 심장이 완전히 멈춘 때가 적힐 것이다. 이들이야말로 요리사의 비스킷과 같은 꼴로 인생을 마감하게 된다. 즉, 고정관념의 소유자인 것이다.

이게 무슨 말이냐고? 나는 미시시피 야주라는 도시에서 자랐다. 이웃집에는 부자가 살았다. 이들에게는 요리사가 있었을 뿐만 아니라 요리사가 요리할 음식도 있었다. 1930년대에는 그 정도면 부자라는 소리를 들었다.

어느 날 나는 그 집에서 점심 식사를 하게 되었다. (그렇다고 오해는 하지 말기를, 우리 집에도 먹을 건 충분히 있었다. 내가 음식을 더 달라고 하면 어머니는 "아니야, 넌 충분히 먹었잖아"라고 했다.) 요리사가 비스킷이 담긴 납작한 그릇을 가져왔다. 비스킷이 1달러 은화보다 얇았기에 난 이렇게 물었다. "모드, 이 비스킷은 왜 이렇게 얇아요?" 그녀는 몸을 뒤로 젖히며 크게 웃은 후 대답했다. "글쎄다. 이 비스킷들은 부풀려고 했는데, 용기가 납작해서 이렇게 되어 버린 것 같구나."

## 반쯤 마음먹은 사람들과 곧 행동할 후보자

당신은 납작한 용기에 구운 비스킷처럼 고정관념을 가진 사람을 아는가? 아이들이 방학하자마자, 혹은 개학하자마자 무엇인가를 '하겠다'는 것을 아는가? 이런 사람들은 '날씨가 추워지면' 혹은 '날씨가 풀리면' 그 일을 할 것이다. 이 밖에도 다른 구실은 많다. '크리스마스가 오면, 크리스마스가 끝나면, 존이 자동차 수리를 끝내면, 집에 페인트칠을 하면, 잔디를 손질하면……' 한 마디로 말해 볼까. '내적인' 행동을 취하기 전에 반드시 갖춰져야 할 '외적인' 변화들의 리스트를 작성하는 사람들은 항상 '납작하게 요리된 상태로' 끝나게 된다.

다이어트를 위해, 학교로 돌아가기 위해, 웅변 수업을 받기 위해, 잔디를 손질하기 위해, 혹은 교회나 커뮤니티 일에 적극 참여하기 위해 '반쯤 마음먹은' 사람을 알고 있는가? 아쉽지만 자신들이 뭘 하기 전에 모든 것이 '완벽할 때'까지 기다리는 사람들, 즉 '반쯤 마음먹은 사람'과 '앞으로 할 사람'들은 그 일을 절대 하지 않는다.

초록색 불이 들어올 때까지 기다리는 사람은 절대 집을 떠나지 않는다. 이들은 '반쯤 마음먹은 사람'과 '앞으로 할 사람들' 즉, '절대 안 할 사람들'이며, 앞에서도 말했지만 이들은 제대로 무언가를 펼치지 못하고 그냥 살게 된다. 당신은 어떤 일을 시작하고, 이제 막 펼쳐 가는 중이며

'익숙해지기만 하면' 더 많은 것을 하겠다고 말했을 수도 있다. 이런 사람들을 너무나 많이 봐 왔고 독자들은 '납작해지지 않기를' 원하기 때문에 나는 굉장히 효과적인 방법을 이용하려고 한다.

내 명함은 둥근 모양이다. 앞면에는 이름과 주소, 전화번호가 나와 있다. 뒷면에는 대문자로 'TUIT가르침'라고 적혀 있다. 카드도 둥근 모양인데다 TUIT라고 써 있기 때문에 이것은 '동그란 TUIT가르침'가 된다. 이 책 뒷부분에도 나오겠지만 둥근 TUIT를 어떻게 얻을 수 있는지 말할 예정이다(둥근 TUIT를 얻을 방법이 나오니 계속 읽어야 한다). '둥근 TUIT'를 갖게 되면 항상 가지고 다녀라. '익숙하게 되자마자' 바로 할거라고 약속한 걸 누군가가 요청할 때, 당신은 이미 '둥근 TUIT'를 알고 있으며 그냥 해도 된다는 사실이 떠오르게 될 것이다.


## 꼭 그런 것만은 아니다

이 책을 통해 성공하려면 남을 이용하고 나쁜 말로 악용하며 솔직해서는 안 된다는 생각에 반박할 예정이다. 모든 분야에서 성공할 수 있는 유일한 방법은 자기 자신과 동료에게 솔직해야 한다는 것이고, 나는 이를 증명할 작정이다. 남들이 원하는 것을 얻도록 도와주면 당신이 원하는 것은 무엇이든 얻을 수 있다는 사실을 보여 줄 것이다. 당신이 세일즈맨이거나, 의사, 아버지, 어머니, 사업가, 학생, 성직자, 기술자, 고위 공직자든 상관없다. 이는 모두에게 해당되는 것이니까.

이번 이야기는 머릿속에 있는 것만이 중요한 게 아니라는 것을 이해하는 데 도움이 될 것이다.

## 풍선을 파는 사람

몇 년 전에 풍선 장수가 뉴욕의 거리에서 풍선을 팔았다. 장사가 약간 지지부진할 때면 그는 하늘로 풍선을 날렸다. 풍선이 하늘 높이 날아가자 풍선을 사려는 사람들이 새롭게 모여들어 또 몇 분간은 장사가 잘 되었다. 그는 각기 다른 색깔의 풍선을 날려보냈다. 처음엔 하얀색, 그다음엔 빨간색, 마지막엔 노란색으로 말이다. 얼마 후 아프리카계 소년이 자신의 코트 소매를 잡아당기며 풍선 장수에게 다가왔다. 그 소년은 풍선 장수의 눈을 쳐다보며 예리한 질문을 던졌다. "아저씨, 검은색 풍선도 날리면 하늘로 올라갈까요?" 풍선 장수는 그 아이의 눈을 지그시 바라본 후 열정과 지혜, 이해심을 담아 이렇게 대답했다. "얘야, 풍선을 날아가게 하는 건 색깔이 아니라 풍선 안에 무엇이 들어 있느냐에 달려 있단다."

눈으로 보이지 않는 것을 볼 수 있는 남자를 만나게 된 이 소년은 참으로 운이 좋았다. 당신도 뛰거나 걷거나 일하거나 노는 모습을 볼 수 있다. 자신의 마음과 눈으로 보는 사람은 다른 사람의 내면에 있는 영혼에 도달하여 어루만질 수 있고 그 안에 있는 좋은 면을 보여 준다. 그렇다. 풍선을 파는 사람이 '맞았다.' "당신이 성공하도록 해 주는 건 바로 당신 안에 있다."라고 주장하는 내 말 역시 옳다.

자, 여러분, 여러분이 결단의 계곡이나 망설임의 언덕에 있든, 혹은 당신의 커리어나 개인적인 삶이 높은 곳을 향해 달려가든 상관없이 매고 있는 안전벨트를 단단히 조여주기 바란다. 왜냐하면 정상으로 향하는 여행 중이기 때문이다. 알프레드 히치콕 감독의 스릴러보다 더 서스펜스가 있고, 존 웨인의 서부 영화보다 더 액션이 넘치며, 셰익스피어의 연극보다 더 극적이고, 서커스보다 더 재미있는 그런 여행이다. 이 여행에는 사랑과 웃음이 가득하며 가끔은 솔로몬의 보물보다 더 값진 보상이 기다리고 있다. 한 마디로 이 책은 당신의 미래를 위한 매뉴얼인 셈이다.

사실이다. 당신이 가진 것을 인정해야만 당신이 원하는 것을 가질 수 있다. 믿기만 하면 성공은 쉽다. 그러나 일단 믿어야 한다. 포기하지 말고 계속 이 책을 읽어라. 그러면 당신은 믿게 될 것이고, 믿게 된다는 것은 곧 당신이 올바른 길로 가고 있음을 뜻한다.

Chapter

# 당신의 이미지가
# 당신의 미래를 결정한다

**Your Self-Image**

**목표**

- 건전한 자기 이미지의 중요성을 설명한다.
- 불건전한 자기 이미지를 갖게 되는 원인을 분석한다.
- 불건전한 자기 이미지의 정체를 설명한다.
- 건전한 자기 이미지를 개선하는 데 필요한 방법을 제시한다.
- 당신에게 그 방법을 선택하며, 건전한 자기 이미지로 가는 길을 유도한다.

# 03

# 당신이라는 도둑
The Thieves

## 진품과 모조품

이번 이야기의 무대는 소규모 잡화상이며 때는 1887년이다. 많아봤자 50대 후반에서 60대 초반 정도로 보이는 말쑥한 외모의 한 신사가 채소를 사고 있었다. 점원에게 20달러 지폐를 건네주고 잔돈을 기다리는 중이다. 점원은 계산대에 돈을 넣고 잔돈을 꺼내려고 했다. 채소의 물기가 묻은 손가락에 지폐 잉크가 번진 걸 보고 충격받은 점원은 순간 어떻게 해야 할지 몰라 당황했다. 잠시 고민한 후에 결정을 내렸다. 그가 누군가! 엠마누엘 닝거Emmanual Ninger. 오랜 친구이자 좋은 이웃이며 고객으로 알고 지내던 사람이 아닌가. 그런 그가 위조지폐 따위를 줄 리가 없다. 그녀는 닝거에게 잔돈을 주었고 그는 가게를 떠났다.

그녀는 다시 한번 곰곰이 생각할 수밖에 없었다. 1887년에 20달러는 상당히 큰돈이었다. 결국 그녀는 경찰을 불렀다. 한 경찰관은 20달러 지폐가 진짜라고 장담했다. 그러나 다른 경찰은 번진 잉크를 수상하게 생각했다. 호기심 반 책임감 반에 그들은 닝거의 가택 수색영장을 받아 철저히 조사했다. 결국 다락방에서 지폐 복사기를 발견했다.

정확하게 말하자면 위조지폐를 찍어내는 와중에 경찰이 들이닥친 것이다. 그들은 위조지폐 외에 닝거가 그린 초상화 세 점도 발견했다. 닝거는 뛰어난 예술가였다. 솜씨가 뛰어난 닝거는 직접 지폐를 꼼꼼히 만져가며 손으로 수정을 했다. 솜씨를 기가 막히게 발휘한 덕분에 닝거는 잡화점 점원의 젖은 손이라는 운명의 수레가 그를 덮칠 때까지 모든 사람들을 속일 수 있었다.

닝거가 체포된 후, 그의 그림은 한 장당 5,000달러 이상, 총 16,000달러의 가격으로 경매에서 팔렸다. 이 이야기의 아이러니는 바로 여기에 있다. 즉, 엠마누엘 닝거가 20달러 지폐를 그리는 데 걸린 시간과 5,000달러 초상화를 그리는 데 걸린 시간이 같았다는 것이다. 그렇다. 이 총명하고 재능 있는 남자는 말 그대로 도둑이다. 그러나 이 사람은 다른 사람이 아닌 바로 자기 자신에게서 가장 많은 것을 훔쳤다. 정당한 방법으로 자신의 능력을 이용해 돈을 벌었다면 자신도 여유롭게 살 뿐만 아니라, 주변 사람들에게도 기쁨과 여러 가지 혜택을 줄 수 있었을 것이다. 그 역시 남의 물건을 훔치려 하면 결국 자신의 것을 훔치는 결과가 된다는 것을 보여 준 예가 된다.


## 자기 자신을 훔친 도둑

지금부터 이야기하려는 두 번째 도둑의 이름은 아서 베리<sup>Arthur Barry</sup>다.

그 역시 평범한 도둑이 아니었다. '광란의 1920년대'에 활약을 하던 보석 도둑이었다. 베리는 그 시대를 풍미했던 보석 도둑으로 국제적으로 이름을 날렸다. 보석을 훔치는 데 성공했을 뿐만 아니라, 예술 감정가로서도 명성이 자자했다.

그의 목표물, 즉 '잠재고객'이 되려면 우선 돈과 보석을 소유한 부유층이어야 하며, 상류층에 속할 정도의 유명세를 치러야만 했다. 소위 '신사 도둑'이라고 불리는 이 사람의 방문을 받고 재물을 도난당하는 것이 곧 그 사람의 지위를 나타내 주는 것처럼 되어 버렸다. 사람들의 이런 생각 때문에 경찰들은 당황할 수밖에 없었다.

어느 날 밤, 도둑질을 하던 현장에서 발각된 베리는 총을 세 발이나 맞았다. 총알은 그의 몸을 관통했고 깨진 유리조각들은 그의 눈을 찔렀다. 엄청난 고통을 겪은 베리가 이런 말을 한 것도 당연하지 않을까. "두 번 다시 이 짓은 하지 않을 테야."

기적적으로 도망친 그는 3년 동안 감옥행을 피할 수 있었다. 그러나 질투심 많은 어떤 여인이 그를 배신했고 베리는 결국 18년형을 선고받았다. 형을 다 마치고 감옥에서 나온 베리는 자신과의 약속을 지켰다. 보석을 훔치는 일에서 손을 뗐다. 베리는 뉴잉글랜드의 작은 마을에 정착하여 모범적인 삶을 살았다. 주민들은 베리에게 그 지역 최고 위원회 대표로 임명하여 그에 대한 존경심을 표했다.

그러나 아서 베리가 그 유명한 보석 도둑이라는 사실이 알려졌다. 전국의 기자들이 베리와 인터뷰를 하기 위해 그곳으로 몰려들었다. 베리에게 끊임없이 질문을 하던 중에 어떤 젊은 기자가 정곡을 찌르는 질문을 했다. 지금껏 나온 것 중에서 가장 날카로운 질문이었다.

"베리 씨, 당신이 도둑이었을 때 부자들에게 많은 보석을 훔쳤죠. 그 중에서 가장 많은 것을 훔친 사람 기억나세요?" 베리는 이렇게 대답했다. "그럼요, 저에게 가장 많이 털린 사람은 바로 나, 아서 베리입니다. 전 사업가로 성공할 수도 있었을 겁니다. 월스트리트의 제왕으로 군림하거나 사회에 기여할 수 있는 사람으로 말이죠. 그런데도 도둑이라는 삶을 선택했고 성년기의 3분의 2에 해당하는 시간을 감옥에서 보내고 말았죠." 그렇다. 아서 베리야말로 자신에게서 가장 많은 것을 훔쳐간 도둑이었다.

## 당신도 이 도둑을 알고 있다

세 번째 도둑은 바로 당신이다. 당신은 도둑이다. 자기를 믿지 못하고 능력을 제대로 활용하지 못하는 사람은 자신과 자기가 사랑하는 사람으로부터 도둑질하는 사람이다. 그 과정에서 일의 능률도 떨어지기 때문에 결국 사회에서도 도둑질해 가는 셈이 된다. 일부러 자기에게서 도둑질해 가려는 사람은 없기 때문에 이런 일들은 모두 의도치 않게 일어나는 게 분명하다. 이런 범죄로 인한 피해는 일부러 그랬을 때만큼 심각하기 때문에 가볍게 볼 일이 아니다.

그러므로 이런 질문을 해 볼 필요가 있다. 이제 자신에게서 도둑질하는 일을 그만둘 준비가 되어 있는가? 나는 당신이 이미 정상을 향해 올라가기 시작했다는 사실을 믿을 정도로 낙관적이다. 이 책은 당신이 먼길을 갈 수 있도록 당신을 포함하여 많은 사람들에게 동기와 영감, 지식을 불어넣어 줄 것이다.

한 가지만 미리 말해 두겠다. 책을 다 읽었다고 이 분야를 다 배운 건 아니다. 우리 몸에 매일 영양가 있는 음식이 필요하듯이 우리 마음도 정신적인 영양소가 필요하다. 그러니 책은 계속해서 읽어야 한다. 그러다 보면 어느 순간, 거울 속에서 예전에 도둑이었던 사람의 눈을 바라보고 있는 자신의 모습을 보게 될 것이다.

## 울리는 전화벨

건전한 자기 이미지야말로 목표 달성을 위한 출발점이며 가장 중요한 단계다. 어쨌든 시작하지 않으면 목표에 도착할 수 없기 때문에 당신은 건전한 자기 이미지가 목표 달성에서 가장 중요한 단계라는 개념을 납득하게 될 것이다.

여기서 게임을 한번 해 보자. 전화벨이 울려 전화를 받으니 수화기 저쪽에서 이런 목소리가 들린다. "잘 지내나, 친구! 긴장하지 말게. 부탁하거나 돈을 빌리려고 전화한 건 아니니까. 그냥 자네가 정말 좋은 친구라는 걸 말해 주고 싶었을 뿐이야. 자네는 회사의 아주 중요한 자산이고 커뮤니티에선 듬직한 구성원이야. 정말로 같이 있고 싶은 사람이지. 자네와 같이 있을 때면 일을 좀 더 잘할 것 같은 의욕이 불끈불끈 솟거든. 마음 같아선 매일매일 보고 싶네. 내가 항상 최고의 자리에 올라설 수 있게 해 주니까 말이야. 할 말은 이제 다 했어. 조만간에 또 보자구."

친구가 전화로 이런 말을 해 주었다면 그날 기분이 어떨까? 친한 친구의 말이니 입에 발린 말이 아닌 건 당신이 더 잘 알 것이다.

의사라면 좀 더 실력 있는 의사가 될 수 있을까? 교사라면 좀 더 훌륭한 교사가 될 수 있을까? 세일즈맨이라면 좀 더 효율적인 세일즈맨이 될 수 있을까? 엄마라면 좀 더 현명한 어머니가 될 수 있을까? 아빠라면 좀 더 자상한 아버지가 될 수 있을까? 코치라면 좀 더 리더십 있는 코치가 될 수 있을까? 운동선수라면 좀 더 뛰어난 운동선수가 될 수 있을까? 학생이라면 좀 더 모범적인 학생이 될 수 있을까? 예전보다 더 나아질 수 있을까? 친구로부터 그런 이야기를 들었다면 당신이 어떤 사람이고, 어떤 일을 하든 상관없이 현재 하는 일을 더 잘할 뿐만 아니라 더 행복해질 수 있을 거라는 사실을 알고 있다. 그렇지 않은가? (그렇다고 하라.)

여기서 또 한 가지 의문점이 생긴다. 당신은 의사가 된다는 것이 어떤 건지 알고 있는가? 세일즈맨이나 변호사, 코치, 학생, 운동선수는 또 어떤가? 그 전화를 받았다 해도 당신은 당장 지금까지 알던 것보다 얼마나 더 많이 알 수 있었을까? 그 이상 알지 못했을 것이다. 하지만 마음속에선 당신의 일에 만족할 것이고 더 잘할 것이라는 믿음이 생겼다.

이유는 간단하다. 자신의 이미지를 바꾸었기 때문이다. 당신은 이렇게 말할 것이다. "난 우리 커뮤니티의 듬직한 구성원이자 회사의 귀중한 자산이야. 그 친구가 그랬거든. 그 친구는 정말 똑똑한 녀석이야." 당신은 그 친구의 말에 토를 달지 않는다. 이제는 자신을 예전과 다르게 본다. 당신의 자기 이미지는 변하고, 자기 이미지가 변하는 순간 재미있는 일이 벌어진다. 자신감이 높아지면서 당신의 경쟁력 또한 향상된다. 한마디로 당신의 이미지가 좋아지면 당신의 수행 능력도 좋아진다.

이런 전화가 당신에게 어떤 영향을 줄지 알게 됐으니 다른 친구에게 전화를 걸어 보는 건 어떨까? 이 책을 잠시 접어두고 전화를 해 보라(새벽 두 시 혹은 남에게 방해가 될 시간이 아니라면 말이다). 정말로 당신이 좋아하고 존경하는 사람에게 전화를 걸어, 당신이 얼마나 그들의 존재를 소중히 여기며 그들이 하는 일을 존중하는지, 또 그들이 당신에게 얼마나 많은 것을 뜻하는지 이야기해 보라. 이런 전화를 받는 사람은 당신의 칭찬을 감사히 받아들일 것이며 당신도 기분이 좋아질 것이다. 중요한 건 누군가를 치켜 세워주면서 자신을 더 좋아하게 된다는 사실이다. 이 부분은 나중에 좀 더 자세히 다룰 것이다.

다음에 실린 이야기는 일상생활에서 쉽게 접할 건전한 자기 이미지의 중요성과 자기 이미지가 변할 때 어떤 일이 벌어지는지를 확실하게 설명해 준다.


## 저능아 천재가 되다!

빅터 세리브리아코프Victor Seribriakoff가 열다섯 살이었을 때, 선생님은 그가 학교도 제대로 졸업하지 못할 것이며, 공부는 그만두고 장사를 배워야 한다고 말했다. 빅터는 선생님의 충고를 받아들여 그다음 17년 동안 여러 가지 평범하지 않은 일들을 해왔다. 빅터는 '저능아'란 소리를 들었고 그 후부터 계속 저능아처럼 행동해 왔다.

그러나 32살이 되었을 때, 기상천외한 일이 벌어졌다. 빅터가 IQ 161인 천재라는 게 밝혀졌다. 빅터는 이제 천재처럼 행동하기 시작했다. 그 이후로 빅터는 책도 쓰고, 특허권도 몇 개 땄으며, 사업도 탄탄대로를 달렸다. 낙오자이던 그에게 가장 중요한 사건은 멘사협회 회장으로 당선된 일이다. 이곳의 회원 자격은 오직 하나, IQ가 최소한 140이상이어야 한다는 것이다.

빅터 세리브리아코프의 이야기를 듣게 되면 남들이 영리하지 않다고 했기 때문에 바보처럼 행동한 천재들이 우리 주변에 얼마나 많은지 궁금해진다. 빅터가 그 후로 엄청난 교육을 받은 건 아니었다. 그가 얻은 게 있다면 바로 자신감이다. 그 결과 빅터는 훨씬 효율적이고 생산적인 사람이 되었다. 자신을 다르게 보기 시작했을 때, 다르게 행동하기 시작한 것이다. 이제는 다른 결과를 기대하고 얻게 되었다. 그렇다. 사람으로서 생각하라.

## 당신의 자기 이미지는 얼마나 중요한가

밀드레드 뉴먼Mildred Newman과 버나드 버코윗츠Dr. Bernard Berkowitz 박사는 『자신에게 친구가 되는 법How to be your own Friend』이라는 저서에서 예리한 질문을 던졌다. "자신을 사랑할 수 없다면 남을 향한 사랑은 어디서 꺼내 올 것인가?" 자신에게 없는 것은 남에게 줄 수 없다. 성경에서도 이렇게 말하고 있다. "이웃을 자기 자신처럼 사랑하라."

자기 이미지가 중요할까? 도로시 존게워드Dorothy Jongeward와 뮤리엘 제임스Muriel James는 『이기기 위해 태어났다: 형태 실험을 이용한 교류적 분석Born to Win』이라는 멋진 책을 저술했다. 여기서 그들은, 사람은 이기기 위해 태어났지만 살면서 부정적인 사회 환경 때문에 패배하게 된다고 지적한다. 이들 역시 성공 가도를 달리기 위해선 건전한 자기 이미지가 중요하다고 말하고 있다.

당신이 자신을 보는 방식과 다르게 일할 수는 없다. 자기 이미지는 당신을 정상으로 향하는 계단으로 이끌어 주거나 지하실로 가는 에스컬레이터로 인도하게 된다. 스스로를 능력 있고 그런 대우를 받을 만한 사람으로 생각하라. 그러면 그렇게 될 것이고, 그런 식으로 행동하게 될 것이며, 그런 대우를 받게 될 것이다.

능력 없고, 그런 대우를 받을 자격이 없다고 생각하면 그렇게 된다. 과거에 자신을 어떻게 생각했던 간에 당신은 지금 변해야 할 이유와 변할 수 있는 방법, 변할 수 있는 능력을 가지고 있으며, 조금씩 나아지고 있다. 창조주가 주신 재능 중에서 우리가 갈 길을 선택할 재능이 가장 위대하다.

자기 이미지를 연구해 가면서 우리가 집어넣은 그림을 완성하는 것은 마음이라는 사실을 명심해야 한다. 예를 들어 마루 위에 12인치 정도 되는 널빤지가 놓여 있다고 해 보자. 그 위로 걷는 건 쉽다. 그러나 똑같은 크기의 널빤지를 10층 건물 옥상 위에 두면 '널빤지 위로 걷기'는 전혀 다른 문제가 되어 버린다. 마루에 놓인 널빤지 위를 쉽고 편안하게 걷는 자신의 모습을 '보고 있다'고 생각하자. 또 두 건물 사이에 놓인 널빤지 위에서 떨어지는 자신의 모습을 '보고 있다'고 생각해 보자. 당신이 그리는 그림을 마음이 완성하기 때문에 두려움은 꽤 사실에 가깝다.

골퍼들은 공을 호수에 빠뜨리거나 경계선 밖으로 쳐 보낼 때 한 걸음 물러서서 이런 말을 한다. "내 이럴 줄 알았어." 골퍼의 마음이 그림을 그렸고 그의 몸이 행동을 취한 셈이다. 긍정적으로 보면 성공한 골퍼들은 자신이 공을 치기 전에 컵 안에 공이 들어가는 것을 '봐야' 한다는 것을 안다. 야구에서 뛰어난 타자는 야구공을 치기도 전에 안타를 예견하며, 능력 있는 세일즈맨은 자신이 전화를 걸기도 전에 고객들이 구매할 것을 예측한다. 미켈란젤로는 처음 망치를 휘두르기 전에 대리석 안에 있는 모세나 다비드의 모습을 보았다.

## 세 번의 스트라이크

야구 경기에서 가장 당황스럽고 실망스러운 일은 타자가 그라운드에 올라가서 공을 치기도 전에 투수가 스트라이크 세 번을 던지는 경우다. 친 공보다 먼저 베이스에 도착하거나 심지어 홈런을 칠 수도 있는 황금 같은 기회가 적어도 세 번은 있는데, 타자는 결코 배트를 어깨에서 내려놓지 않는다. 이유는 간단하다. 자신이 공격 당하고 아웃 당하거나 심지어 더블 플레이 당하는 모습을 '예측했기' 때문이다. 그는 1루로 자유롭게 '진출'하기를 희망하면서 배트를 내려놓는다.

인생이라는 야구 게임에서 타자석에 올라가 공을 치려고 시도하지도 않는 사람을 보는 건 더욱더 실망스럽다. 래리 킴지Larry Kimsey 박사 에 따

75

르면 이런 사람이야말로 가장 큰 실패작이라고 한다. 노력조차 하지 않으니까 말이다. 노력을 했는데도 실패를 했다고 치자. 그래도 실패한 것에서 무엇인가를 배울 수 있다. 이것만으로 손실은 크게 줄어든다. 반면에 아무것도 하지 않으면 배울 수도 없다.

이 사람들은 자신이 판사이자 배심원이 되어 스스로를 평범함이라는 감옥으로 보내 버린다. 인생이라는 게임에 참여하지 않을 뿐만 아니라 공을 정직하게 치지도 않는다. 이들은 자신의 최고 적이자 가장 맹목적인 심판원일 뿐이다. 이들의 자기 이미지는 실패하거나 아웃 당한 모습들이다. 안타깝게도 그런 후에 이들의 마음은 그림을 완성하고, "그럴 수도 있었다."라고 말하게 될지도 모른다.

세계적으로 유명한 성형외과 의사이며 천만 부 이상이 팔린 『자립심 self-help』이라는 책의 저자인 맥스웰 몰츠 박사는 어떤 형태의 심리요법일지라도 궁극적인 목표는 결국 환자에게 자기 이미지를 바꾸게 하는 것이라고 했다.

## 자신을 믿어야 한다

성공과 행복의 출발점은 건전한 자기 이미지다. 저명한 작가이자 칼럼니스트, 심리학자인 조이스 브라더스 Joyce Brothers 박사는 이렇게 말했다. "개개인의 자기 이미지는 성격의 핵심이 됩니다. 행동 하나하나에 영향을 미치죠. 예를 들어 학습 능력, 성장하고 변할 수 있는 능력, 친구, 동료, 직업의 선택 같은 것들 말이죠. 강하고 긍정적인 자기 이미지는 성공을 위한 최선의 준비과정이라고 해도 과언이 아닙니다."

당신은 누군가를 정말 좋아하기 전에, 혹은 당신이 성공하고 행복할 만한 자격이 있다는 사실을 받아들이기 전에 자신을 먼저 받아들여야 한다. 동기, 목표 설정, 긍정적인 사고들도 당신이 받아들이기 전까지는 아무 소용이 없다. 이런 것들이 모두 당신 것이 되기 전에 당신은 성공하고 행복할 '자격이 있다'고 느껴야 한다. 초라한 자기 이미지를 가진 사람들은 긍정적인 사고, 목표 설정 등이 남에게 얼마나 효과를 내는지, 자신에게는 얼마나 효과가 없는지를 쉽게 볼 수 있다.

단, 여기서 말하는 바는 건전한 자아 수용이지, '난 최고야'라는 식의 자만심이 아니다. 우리가 알고 있는 질병들 가운데서도 가장 이상한 병이 바로 자만심이다. 실제로 환자는 멀쩡하고, 주변 사람들만 아프게 되니까 말이다('나'라는 심각한 문제를 안고 있는 개인은 초라한 자기 이미지로 상당히 고생한다).


## 히치하이커

교육받지 못한 사람들의 내면에 숨은 어마어마한 잠재력을 읽는 사람은 많지 않다. 내가 경험한 이야기를 들어 보면 충분히 이해가 될 것이다. 몇 년 전 히치하이커를 태웠다. 그가 자리에 앉자마자 실수를 했다는 생각이 들었다. 히치하이커는 술에 약간 취한데다 계속 주절주절 떠들어댔다.

그는 밀매로 구속돼 18개월 형기를 마치고 얼마 전에 감옥에서 나왔다고 했다. 감옥에서 나온 이후 쓸 만한 지식을 배웠냐고 물어보자, 그는 루이지애나의 교구를 포함해 미국 모든 주에 있는 지역 이름을 외웠다고 했다.

당연히 거짓말이라고 생각했기 때문에 그 말이 진짜인지 증명해 보라고 했다. 시험삼아 사우스캐롤라이나를 선택했다. 내가 그곳에서 16년 정도 살았기 때문이다. 가방 끈이 짧던 동승자는 자기가 그 주의 지역 이름을 전부 안다는 사실을 보여 주려고 계속 이름을 댔고, 그 외에 다른 것도 안다는 사실을 증명하는 데 꽤 열심이었다.

그가 왜 이런 일을 선택해 쓸데없는 정보를 얻는 데 그렇게 많은 시간을 허비했는지 모른다. 그러나 중요한 건 공식적으로 교육받은 적이 거의 없는데도 그의 마음은 엄청난 양의 정보를 얻고 저장할 수 있다는 점이다. 당신도 마찬가지다. 그렇지만 나는 당신이 학습에 집중하고, 유용한 정보를 매일 접할 기회를 활용하는 데 집중했으면 한다. 불행히도 '교육받은 사람들' 중 대다수가 성공하지 못한다. 배운 지식을 활용하려고 자신들의 일에 상상력을 적용할 만큼 '의욕'이 부족하기 때문이다.

교육과 지성은 다르다는 점을 분명히 이해해야 한다. 내가 아는 가장 지적이고 성공적인 사람들은 학교를 3학년, 5학년, 8학년까지 다녔다. 헨리 포드Henry Ford는 14살에 학교를 그만 두었고, IBM의 설립자 토머스 J. 왓슨Thomas J. Watson은 주당 6달러를 받는 세일즈맨에서 이사회 의장까지 되었다.

그밖에도 이 책에서 내가 언급한 대부분의 성공한 사람들은 그보다 더 교육 경력이 짧다. 하지만 그들은 아주 크게 성공했다. 그것도 제대로 받지 않은 '공'교육이 초라한 자기 이미지에 대한 변명이나 이유가 될 수 없는 고도의 산업화 세계에서 말이다. 물론 교육은 중요하다. 그러나 헌신은 더 중요하다. 당신이 이 책에서 교훈을 얻었으면 하는 바람도 있지만, 그렇다고 이 책이 단순히 정보를 제공하거나 '교육'을 목적으로 쓰인 건 아니다.

이 책은 당신의 잠재력을 활용하기 위한 노력을 강요하는 반면, 당신이 성공해야 하는 이유와 성공할 수 있는 방법을 제공하고 실패를 변명하지 않도록 도와주는 게 목적이다.

## 10만 달러짜리 실패

일은 상대적이다. 연봉이 10만 달러인 사람이 그 돈의 다섯 배를 벌수 있는 능력이 있다면 그 사람은 실패자라고 불릴 만하다. 반면 연봉이 2만 달러인 사람이 자신의 재능과 능력의 상당 부분을 이용한다면 그는 이미 반 이상 성공한 셈이다.

사람마다 재능은 다양하며, 똑같은 능력을 갖고 태어나지 않는다. 그렇다고 우리의 능력을 전부 사용하는 사람도 없다. 아주 극소수의 사람만이 자신의 능력 대부분을 이용할 뿐이다. 이 책의 목적 중 하나는 당신이 생각보다 많은 능력을 갖고 있다는 사실을 확신시켜 주며, 그 능력을 더 많이 사용하도록 자극을 주는 것이다.

앞에서도 자신의 수입이 바로 성공을 가늠하는 기준이라고 말했다. 사회의 공헌도를 측정할 가장 친숙한 척도가 바로 돈이기 때문이다. 당신의 직업과 상관없이 똑같은 기회가 주어졌음에도 수입이 적은 사람도 있고 많은 사람도 있다. 최종 분석을 보면 성장과 서비스의 기회는 개개인에게 있다고 한다. 거의 예외 없이 한 사람의 사회 기여도는 기부금의 액수로 알 수 있다. 그가 사회에 기여를 많이 하면 할수록 돈을 더 많이 버는 법이다.

## 먼저 일하고 나중에 받아라

아직 기뻐하긴 이르다. 내가 '거의'라고 말한 걸 기억하는가? 어떤 교사는 돈을 거의 못 벌고 어떤 교사는 많이 벌고 있다. 의사나 변호사, 세일즈맨, 성직자, 트럭 운전사, 비서들도 마찬가지다. 개개인을 볼 때 보통 돈을 많이 버는 사람이 기여를 많이 하지만 여기에도 예외는 있다.

외진 산간 지역이나 시골 학교에 남기로 한 헌신적인 교사들이 바로 그 예다. 이들은 가정 형편이 어려운 아이들에게 유일한 희망일 수도 있다. 자신이 이런 작은 마을에 온 건 하나님이 이곳을 구제하라는 뜻이라는 소명감을 지닌 헌신적인 성직자는 또 다른 예다. 그러나 보편적으로 보수가 좋은 성직자나 교사, 리더는 좀 더 많은 사람들에게 좀 더 많은 서비스를 제공한다. 의사나 트럭 운전사, 세일즈맨도 마찬가지다.

내가 늘 강조하는 '남들이 원하는 걸 얻을 수 있도록 도와주면 당신도 원하는 것을 얻을 수 있다.'라는 철학이 있다. 당신이 봉사를 많이 하면 할수록 더 많은 것을 얻을 수 있다는 뜻이다.

가끔씩 기독교를 믿는 친구들이 내게 어떻게 신앙과 돈에 대한 관점을 융화시켰는지 물어본다. 나는 미소를 지으며 이렇게 말한다. "하나님은 악마의 부하가 아니라 당신의 양들을 위해 다이아몬드를 만드셨다는 사실을 믿는다."라고 말이다. 이 말이 사실인지를 알고 싶다면 기록을 체크해 보라.

말라기서 3:10, 시편 1:3, 요한복음 3:2에서 말씀하신 것을 읽어 보라. 그러면 성경에서도 돈이 해악한 것이 아니라고 말한 사실을 알게 될 것이다. 솔로몬은 가장 부유한 사람이었고, 아브라함은 수천 개의 언덕에 소를 키웠으며 욥 역시 커다란 부를 누리며 살았다.

하나님이 우리에게 조언하신 유일한 충고는 바로 우리가 우리의 신으로 돈을 벌어선 안 된다는 것이었다. 그런 식으로 돈을 벌려면 우리가 얼마나 부유한지와는 상관없이 결코 행복해질 수 없기 때문이다. 이건 분명한 사실이다. 지난 세월 억만장자들도 죽었고, 사람들은 돈을 더 많이 벌려고 노력했다. 댈러스에 있는 누군가가 하워드 휴즈Howard Hughes가 얼마나 많은 돈을 남겼는지 질문했다. 그는 이런 대답을 들었다. "전부요." 우리도 이만큼 남기지 않을까?

많은 돈을 벌어도 좋다. 합법적으로 벌고 돈이 당신을 지배하지 않게

만 한다면 문제가 될 까닭이 없다. 대개 사람들은 이것을 이해하지 못하기 때문에 돈을 벌지 못한다. 이들은 돈이 냉정하고 딱딱하다고 말하지만 그렇지 않다. 오히려 부드럽고 따뜻한 존재다. 느낌도 좋으며, 당신이 어떤 색깔의 옷을 입고 있든 그것과 잘 어울린다.

가끔씩 큰돈을 벌고 싶지 않다고 진실하게 말하는 사람(성직자, 교사, 사회복지사, 기타 등등)들이 있다. 그러나 대개 이런 말을 하는 사람은 다른 것에 대해서도 거짓말을 할 가능성이 높다. 그렇다. 돈을 잘 버는 사람들은 이 책의 철학에 상당히 만족할 것이다. 같은 이유로 서비스를 중요하게 여기는 사람들 역시 지그맨십 철학에 위안과 편안함을 느낀다. 그러므로 지금 당신이 어떤 위치에 있는지 상관없이 계속 이 책을 읽어라.

# 04

# 불건전한 자기 이미지의 원인

### Causes of a Poor Self-Image

## 결점을 찾아내는 사람

자기 이미지가 그렇게 중요하다면 왜 많은 사람들이 초라한 자기 이미지를 버리지 못하며, 그런 자기 이미지를 갖게 된 원인은 무엇일까? 초라한 자기 이미지는 우리가 부정적인 사회에 살고 있으며 부정적인 사람들과 계속 접촉하는 데서 비롯된다고 확신한다. 뉴스를 보면 이런 사실은 금방 알 수 있다.

'평범한 가정'에서 나오는 전형적인 말들이 부정주의가 만연한다는 사실을 보여 주고 있다. 몸무게가 꽤 많이 나갈 법한 사람이 테이블에 앉아 이런 말을 한다. "먹는 건 뭐든지 살로 가." 집안일을 제대로 하지 못하는 주부는 아침에 일어나자마자 엉망인 집안 꼴을 보고서 이렇게 말을 한다. "정리 정돈은 꿈도 못 꾸겠는걸." (어느 주부의 상태는 매우 심각해서 〈굿 하우스키핑〉이라는 잡지에서 그녀의 구독을 취소할 정도였다.) 그녀의 남편은 '우선순위'에서 밀려나지 않은 것만으로도 운이 좋은 편이다.

회사원이 출근할 때나 종업원이 일을 시작할 때 이런 말을 한다. "이런, 오늘 일은 다 끝내지 못 하겠는걸." 학교에서 돌아온 아이들은 이런 말을 한다. "아빠, 죄송한데요, 수학 성적이 엉망으로 나왔어요." 그러면 아빠는 이렇게 대답한다. "걱정 마라, 얘야. 그래도 커닝을 한 게 아니잖니. 나도 수학엔 약했단다." 엄마는 아이들을 학교에 보내며 주의를 준다. "차 조심해라."

일기예보를 보면 비가 오거나 구름이 낄 확률은 20%라고 한다. 그렇다면 왜 날씨가 화창할 확률이 80%며, 날씨가 좋을 거라고 말하지 않는 걸까? 사람들에게 안부를 물어보라. 그러면 대부분은 "그럭저럭" "월요일이니까(혹은 금요일이니까), 괜찮아." 이렇게 대답할 것이다.

초라한 자기 이미지의 가장 비극적인 원인을 꼽으라면 아마 나름의 선의를 가지고 지옥이나 불, 유황 등에 대해서만 설교를 늘어놓는 설교자나 교회, 기독교신자들의 영향일 것이다. 하나님의 판단에 대해서는 설교하지 않는 사람, 신의 사랑에 대해서는 언급하지 않는 사람들은 부정적인 면만을 강조하고 긍정적인 면은 거의 다루지 않는다. 이들은 주로 벌에 의존하며 보상에 대해서는 생각하지 않는다. 예를 들어 나 자신을 보더라도 신이 내 편이 '아니라' 내 적이라고 생각했다면 초라한 자기 이미지를 갖게 됐을 것이다.

많은 사람들이 자신의 재능과 능력에 비례해 상당히 초라한 자기 이미지를 만드는 두 번째 원인은 바로 다음과 같다. 부모나 교사, 친구 혹은 권위 있는 사람들이 그들의 능력, 외모, 지성을 계속 모욕하거나 의심하기 때문이다. 대부분 이런 상처는 암시나 풍자라는 모양새를 빌리고 있지만, 마치 진실인양 그 효과는 실제로 압도적이다.

여러 번 우연찮게 나오게 된 말이 나쁜 방향으로 흘러가면 진짜 상처를 남기게 된다. 결론부터 말하자면 우리는 남들의 부정적인 시각으로 자신을 보게 된다. 친구나 가족, 지인들이 마치 보물찾기라도 하듯 당신의 결점을 발견하면 당신은 스스로 왜곡된 모습을 그리게 된다. 이 글은 당신이 정상으로 올라갈 수 있도록 도와줄 훌륭한 사람(그 사람은 바로 당신이다)의 새롭고 진실된 모습을 보여 주기 위해 썼다.

생각 없이 내뱉은 말이나 과장된 표현들은 어린이들의 자기 이미지에 부정적인 영향을 미치게 된다. 예를 들어 소년이 어떤 물건을 깨뜨렸다고 가정해 보자. 부모들은 이렇게 소리칠 게 뻔하다. "조니, 너처럼 덜렁거리는 녀석은 처음 본다. 넌 왜 항상 물건을 떨어뜨리는 거니?" 어린아이에겐 심적으로 부담될 수밖에 없는 말이다. 무엇보다도 이 말은 사실이 아니다. '접시를 떨어뜨리는 것'과 '항상 물건을 깨뜨리는 것'에는 분명 차이가 있으니까 말이다.

어린아이는 실수하게 마련이고 부모들은 말도 안 되는 꾸중을 한다. "그래, 어쩌겠니. 쟤는 항상 저런 식인걸." 아이가 집에 들어와 코트를 던져 버리거나 신발을 아무렇게나 벗어 버릴 때, 부모들은 자주 이렇게 야단을 친다. "조니, 이 근처에서 네가 제일 말썽꾸러기인 거 알아? 너처럼 신발을 빨리 벗는 애도 없을 거다." 아이들이 단정치 못한 옷차림으로 등교를 할라치면 엄마의 잔소리가 끊이질 않는다. "꼴이 그게 뭐니. 왜 항상 그 모양이야."

이런 식의 꾸중이 야기하는 파괴성은 엄청나다. 그러나 파괴성이 엄청나다는 것일 뿐 그 이상은 아니다. 이런 정보는 직원들 간의 관계뿐만 아니라 아이들 교육에도 아주 중요하다. 대개 반박은 사람이란 가끔 나쁜 일을 하는 것이 아니라 기본적으로 나쁘다는 사실을 암시한다. '나쁜 사람'과 '가끔 나쁜 일을 하는 사람'은 엄연히 다르다.

이런 특성과 외모(비만, 양호하지 못한 치아, 거친 피부, 경직된 인상, 나쁜 시력, 지나치게 큰 키, 지나치게 작은 키, 특이한 목소리 등), 낮은 IQ, 학습장애 등의 상태를 결합해 보라. 이 정도면 자신감이 없을 만하지 않은가. 그렇게 되면 아이들은 자신이 '못생겨서' '바보라서' 혹은 '모든 일에 서툴러서' 남들의 사랑을 받을 자격이 없다고 지레 결론을 내려버린다. 남들이 그를 사랑할 수도 없고 사랑하지도 않는다면 그 역시 자신을 사랑할 수도, 아니 사랑해서도 안 된다는 결론을 도출한다.

외모를 강조하는 사회 분위기를 의식하고 일주일에 걸친 베이직 유스 콘플릭트Basic Youth Conflicts란 주제를 내건 세미나에서 빌 고다드Bill Gothard는 현명한 부모는 자녀 앞에서 다른 아이의 외모를 칭찬하지 않는다고 했다. 부모가 앞서 이야기한 행동을 하면 아이는 '부모님은 외모를 중요하게 여기며 다른 아이가 나보다 더 예쁘고 똑똑하다고 여긴다'고 생각한다. 이렇게 되면 아이는 부모를 믿지 못하고 불안해진다. 현명한 부모라면 다른 아이를 칭찬할 때 이렇게 말한다. "세상에! 참 예의바른 애로구나." "아주 솔직한데." "참, 싹싹하구나."

현명한 부모는 자녀가 길렀으면 하는 자질을 칭찬한다. 95%의 미국 청소년들이 할 수만 있다면 자신의 외모를 바꾸겠다고 한 연구 결과가 있기 때문에 이는 더욱 중요하다. 외모를 특히 강조하는 할리우드에서는 다음과 같은 사실을 증명해 주는 확실한 증거들이 있다. 100%에 가까운 '미인들'이 자신의 외모를 바꾸고 싶어 한다고 한다. 그것도 성형 수술로 말이다.

초라한 자기 이미지, 혹은 열등감이라고 하는 이것은 성인기까지 그대로 전달되므로 부정적인 생각이 많은 친구를 만나면 문제는 더욱 복잡해진다. 현명한 남편이 부인 앞에서 다른 여성을 칭찬하지 않는 이유도 바로 이런 데 있다. 자칫 잘못하면 자기가 다른 여성을 더 멋지게 생각하고 있다고 오해할 수도 있기 때문이다. 이것은 이미 부정적인 자기 이미지를 더 크게 만들 수도 있고 결혼 생활 자체를 흔들어 버릴 수도 있다.

"왜 매일 늦어?" "할 수 있는 게 하나도 없네." "음식 하나도 제대로 못 해?" 이런 식의 말들은 자신감도 사랑도 쌓지 못한다. 게다가 실패한 건 하나의 사건이지 사람이 아니다. 어제는 지난밤으로 끝났다. 오늘은 새로운 날이고 바로 당신의 것이다.

초라한 자기 이미지의 세 번째 원인을 살펴보자. 이는 개별적인 프로젝트가 실패한 것을 마치 인생 자체가 실패한 것처럼 여기는 데서 온다. 한 과목에서 낙제점을 받은 아이, 혹은 팀을 이루지 못하는 아이는 어떤 사건에서의 실패를 인생 자체의 실패와 구분하지 못하는 실수를 범한다. 비극적인 일이지만 교사와 부모들이 이것을 여러 번 강조한다. 일단 초라한 자기 이미지가 형성되기 시작하면 열등감이 커져가는 건 자연스러운 현상이다. 대부분 사람들이 자기 자신을 벌 줄 때 이런 실수를 범한다. 사람들은 자신이 듣는 것들, 자신이 만나는 사람들을 모두 기억할 수 없기 때문이다. 이게 바로 앞으로 말할 네 번째 원인이다.

네 번째 원인은 훈련받지 못한 기억력이다. 요즘에는 몇 시간만에 기억력을 놀라울 정도로 향상시켜 주는 서적들이 많이 나와 있다. 인간의 정신이 얼마나 어마어마한 능력을 가졌는지 보여 주기 위해 제리 루카스Jerry Lucas는 말 그대로 성경 전체를 외웠고, 외우는 방법에 대해 썼다. 자신이 어느 방향으로 가야 할지를 아는 제리는 사람들은 물론, 당신도 자신의 기술을 이용해 기억력을 극적으로 향상시킬 수 있다고 확신있게 말한다.

순간 마음이 편안해지는 생각이 두 가지 떠오른다. 첫째로 완벽한 기억력이란 모든 단어가 실려 있는 위대한 문학책인 거대한 사전과 같은 존재다. 두 번째로 쉽게 잊어버리는 사람들은 그렇지 않은 사람들보다 훨씬 잘 산다. 이 두 가지 생각은 일시적으로 위로가 될 수 있지만 여기에만 의존하지는 마라. 기억력에 관한 책을 사서 기억력을 향상시킬 수 있는 법을 배워라. '좋은' 기억력이나 '나쁜' 기억력 같은 건 없다. 다만 연습을 했냐 아니냐의 차이일 뿐. 기억력 향상을 위해 훈련을 하든 그대로 살아가든 어디까지나 당신이 선택할 몫이다.


## 스스로에게 공정하라

초라한 자기 이미지의 다섯 번째 원인은 바로 말도 안 되고 공정치 못한 경험의 비교다. 대개 우리는 자신이 겪은 경험과 남의 경험을 비교하려고 한다. 남들의 성공은 과장되게 이야기하면서 정작 우리 자신의 성공은 깎아내리기도 한다. 경험이란 능력과 전혀 상관없는 것이다(경험해서 기술을 쌓아갈 수 있겠지만 그건 또 다른 문제다).

예를 들어 400만 명 이상의 호주인들은 우리들이 할 수 없는 것을 할 수 있다. 이들은 고속도로에서 좌측으로 운전한다. 그런 반면에 당신은 400만 명의 호주인들이 안전하게 할 수 없는 일을 할 수 있다. 즉, 당신은 고속도로 오른쪽에서 운전할 수 있다. 어느 쪽이 더 좋다고 말할 수 없는 문제다. 그저 다른 경험을 하고 있을 뿐이다.

7억 명 이상의 21살 미만 중국인들은 당신이 할 수 없는 일을 할 수 있다. 이들은 중국어를 구사할 수 있다. 그렇다고 그들이 당신보다 똑똑한가? 그건 아니다. 사람들은 모두 제각기 경험이 다르다. 지금 이 순간에도 당신은 50억 이상의 사람들이 할 수 없는 일을 한다. 이 책을 읽고 있지 않은가. 그렇다고 당신이 남들보다 똑똑하다고 말할 순 없다. 그저 남다른 경험을 하는 것일 뿐이다.

실력 좋은 의사가 진찰을 하면서 전문용어를 술술 말하는 것을 보고 놀라기도 할 것이다. 그럴 때마다 그 의사는 정말 똑똑하고 영리한 사람이며 자신의 건강도 회복할 거라는 믿음이 든다. 당신은 어떤가? 의사 역시 당신의 일을 하면 당황하고, 당신만큼 잘할 수도 없다. 의사처럼 앞으로 15년 동안 전문용어들을 배우고, 질병과 의학, 치료법에 대해 연구한다면 당신도 하얀 가운을 걸치고 청진기로 진찰하는 전문의가 될 수 있지 않을까.

## 다방면에 능한 사람은 없다

다음 일화를 읽으면 무슨 말인지 이해하게 된다. 수년 전에 비가 엄청나게 쏟아졌다. 폭우 때문에 댈러스에 있는 우리 집 뒷길이 엉망이 되어버렸다. 그러나 차고에 가려면 그 길을 지나가야만 했고, 지나던 와중에 찻길 뒤쪽에서 오도 가도 못할 지경에 빠져 버렸다. 진흙 구덩이에서 빠져나오려고 자동차 바퀴를 돌리며 45분간 고군분투했다.

차를 움직이기 위해 벽돌과 널빤지 등 가능한 물건은 모두 타이어 밑에 놓았다. 그러나 모두 헛수고였다. 결국엔 견인차를 부를 수밖에 없었다(부정적인 사람들은 이를 구조차라고 부르기도 한다). 운전수가 상황을 보더니 자기가 진흙탕에서 차를 한번 꺼내봐도 되겠냐고 물었다. 그래 봤자 소용없다고 말했지만 그는 자신감 있게 '최소한 시도'라도 해 볼 수 없겠냐고 물었다. 한번 해 보라고 했지만 어차피 안 될 거라고 이야기했다. 그리고 자동차 타이어가 손상되는 걸 원치 않는다고 덧붙였다.

그가 운전석에 앉더니 조심스레 시동을 걸었다. 그런 후 몇 번인가 차를 조종하더니 30초 안에 천천히 그러나 확실하게 차를 진흙 속에서 빼냈다. 내가 놀라워하자, 그는 자신이 이스트 텍사스에서 자랐으며 차를 진흙탕에서 빼내는 건 질리도록 해 봤다고 했다. 이 남자가 나보다 '똑똑'하지 않은 건 사실이지만 어쨌든 나와는 전혀 다른 경험을 가지고 있었다.

아이러니하게도 우리가 상대방에 대해 그들의 기술과 업적을 존경하는 만큼 그들도 우리를 같은 이유로 존경한다. 그렇다고 오해는 하지 마라. 어떤 이들은 일이나 직업에 맞는 소질이 없다고 말하는 게 아니다. 당신 역시 독특한 기술이나 재능, 기질, 경험을 지니고 있다. 서로 다른 경험이 있다는 것은 한 사람이 다른 사람보다 우월하거나 못났다는 것을 의미하지 않는다.

당신이 할 수 없는 일을 남이 할 수 있다고 해서 열등감을 느끼지 말고 남이 할 수 없는 일을 하는데 집중하면 어떨까? 남이 습득한 기술을 존중해 주되 같은 양의 시간과 노력을 투자하면 당신만의 기술을 향상시킬 수 있다는 사실을 명심해야 한다.


## 네 명의 승자

초라한 자기 이미지의 여섯 번째 원인은 바로 자신의 결점을 남의 장점과 비교하는 것이다. 한 여성이 38살의 나이에 금전적 원조를 받는 청소부가 되었다. 그런 그녀가 클로드 M. 브리스톨Claude M. Bristol의 『신념의 마력Magic of Believing』을 읽고 나서 자신 안에 있는 긍정적인 면을 믿기 시작했다. 그 중 하나가 바로 사람들을 재미있게 해 주는 능력이었다. 미인이라고 불릴 만한 외모는 아니었지만 필리스 딜러Phyllis Diller는 1년에 무려 100만 달러 정도의 수입을 벌어들이고 있다.

엘레노어 루즈벨트Eleanor Roosevelt라는 인물에선 친숙함과 공포, 경악을 모두 찾아볼 수 있다. 부정적인 애칭으로 불리던 그녀는 성장하면서 변화의 기로에 섰을 때 과감한 결정을 내렸다. 엘레노어는 자기가 가진 것들을 꼼꼼히 평가한 후, 자기 자신이야말로 가장 소중한 자산이라는 사실을 깨닫기 시작했다. 그리고 미국에서 가장 매력적이고 설득력 있는 여성 중 한 명이 됐다.

지미 듀런티Jimmy Durante와 험프리 보가트Humphrey Bogart는 포스터에 실릴 만한 인물들이 아니었다. 하지만 자신들의 외모를 상업화해서 가진 것을 이용하기만 하면 누구나 한몫을 할 수 있다는 사실을 보여 주었다. 이들 중 누구도 자신의 외모를 비호감이라고 '생각한' 사람은 없었다. 이들은 자신의 재능이나 장점만을 생각했다. 자신들의 '최악'의 모습을 남들의 '최고' 모습과 '비교'하지 않았다. 그 대신 자신들의 최고 장점이나 재능을 받아들여 본인이 원하는 것을 얻도록 능력을 이용했다. 이 네 사람이 성취한 성공과 존경을 탐내는 매력적인 여성들과 미남 배우들은 수없이 많다.


## 활용하라 — 아니면 잃어버릴 것이다

성경에서 재능에 대해 어떻게 이야기했는지 읽어본 기억이 있을 것이다. 주인이 여행을 떠나면서 재능대로 한 사람에게는 다섯 달란트, 한 사람에게는 두 달란트, 한 사람에게는 한 달란트를 나누어 주었다. 주인이 오랜 여행에서 돌아왔을 때 다섯 달란트를 가진 종에게 무엇을 했는지 물었다.

그 종은 다섯 달란트를 이용해 열 달란트를 가지게 됐다고 말했다. 주인이 대답하기를 "잘했도다. 나의 달란트를 충실하게 이용했으니 너야말로 신실하고 충실한 종이라고 할 수 있겠구나. 상으로 더 많은 달란트를 주겠노라."라고 했다. 두 개의 달란트를 가진 종은 이를 이용해 달란트를 두 배나 늘렸다. 주인은 한 개의 달란트를 가진 사람에게 같은 질문을 던졌다.

그 종은 이렇게 말했다. "주인님, 당신은 제게 한 달란트밖에 주지 않으셨습니다. 다른 이에게는 여러 달란트를 주셨음에도 불구하고 말이죠. 당신이야말로 잔인하고 엄격한 스승이며, 씨를 뿌리지도 않은 곳에서 수확하셨으니 전 그 달란트를 땅속에 묻어 버렸습니다."

그러자 주인은 이렇게 말했다. "정말로 악하고 게으른 자로다." (성경을 보면 예수는 누구에게도 엄격한 분이 아님을 알 수 있다. 분명 하나님은 우리가 자신의 달란트를 이용하길 바라신다.) 그리고 주인은 한 달란트를 빼앗아 열 달란트를 가진 이에게 주어 버렸다. 그 이후로 항상 우는 소리만 하는 이들은 이렇게 말한다. "있는 놈들은 계속 부자고, 없는 놈들은 계속 가난할 수밖에 없다." 아니면 "있는 자만 계속 얻는다." 성경에서는 "가진 자에게 더 많은 것이 주어질 것"이라고 했다. 여기에 담긴 메시지는 분명하다. "네 자질을 충분히 활용하라. 그러면 그 자질이 점점 더 개발될 것이고 더 많은 보상을 얻을 것이다."

수많은 사람들이 초라한 자기 이미지를 결정한 이유가 바로 비현실적이며 결코 이룰 수 없는 완벽에 가까운 기준을 세우기 때문이다. 이것이 바로 일곱 번째 초라한 자기 이미지의 원인이다. 이들이 실패할 때(반드시 실패해야 한다)는 결코 자신을 용서하지 않는다. 완벽하거나 최고, 아니면 최악일 뿐이다. 실패했기 때문에 최악이라고 생각하게 된다. 이런 사고방식은 삶의 모든 면에 영향을 미치며, 일에 대한 불만족과 양육에서 겪는 갈등, 순탄치 못한 결혼 생활의 근본 원인이 된다. 결국 자신이 '최악'이라는 생각이 들면 훌륭한 직장, 좋은 동료, 모범적인 아이들 혹은 다른 좋은 것들을 가질 자격이 없다고 믿는다.

개인적으로 볼 때 지난 10년간 초라한 자기 이미지의 가장 주된 원인은 인터넷과 텔레비전에서 보여 준 홍수처럼 범람한 포르노라고 생각한다. 거기엔 가장 천하고 혐오스러운 형태로 등급 매겨야 하는 어린이 포르노도 포함한다. 포르노에 대해선 건전한 자기 이미지를 형성하기 위해 우리가 거쳐야 할 단계를 알아볼 때 자세히 다루도록 하겠다.

오그 만디노Og Mandino는 그의 명저 『세계의 위대한 기적The Greatest Miracle in the World』이라는 책에서 추가로 초라한 자기 이미지의 원인을 두 개 지적했다. 첫째는 다원의 '진화론'으로 사람은 신이 창조한 게 아니라 그 기원을 동물에서 찾을 수 있다는 이론이다. 진화론은 사람의 자존심에 큰 타격을 입혔다.

오그의 생각이 맞다. 조상이 원숭이라고 생각한다면 내 자존심이 상처를 받았을 것이다. 이런 개념은 간접적으로 처벌의 문제를 발생시킨다. 어린아이들이 동물처럼 행동해도 관대한 사회의 전통을 따라 우리가 그들을 처벌하지 않는다면 초라한 자기 이미지를 강화할 뿐이다. 제임스 돕슨James Dobson 박사가 자신의 책 『데어 투 디서플린Dare to Discipline』에서 확실히 설명했듯이 처벌 혹은 처벌의 부족이 초라한 자기 이미지의 원인이라고 할 수 있다. 제임스는 애정이 담긴 마음으로 기강을 바로잡는 역할을 실천할 때 부모가 자녀에게 자신의 가치를 표현할 수 있다고 했다. 그는 하나님께서 2000년 전에 말씀해 주신 것을 다시 한번 말하고 있다.

두 번째 포인트는 지그문트 프로이트Sigmund Freud로 인해 생긴 병폐를 다루고 있다. 프로이트는 우리의 사고와 행동이 스스로 통제하거나 이해할 수 없는 잠재의식 속의 유아기 경험에서 나오기 때문에 그에 대한 책임을 질 수 없다고 말했다. 그때 이미 프로이트는 '패배자의 변명' 혹은 '어쩔 수 없는 변명'에 힘을 실어준 셈이다.

어떤 과학자는 인간이 가장 저급한 형태의 동물에서 진화했다고 하며, 또 어떤 사람은 우리가 우리 행동에 대해 책임이 없다고 말한 이상, 우리는 스스로를 '아무것도 아닌' 존재로 생각하기 쉽다. 다윈은 죽기 전에 신이 우주를 창조하셨고 프로이트의 연구 결과 중 많은 부분이 의심스럽다는 사실을 인정했다.

예를 들어 존 홉킨스<sup>John Hopkins</sup> 심리학자 로버트 호건<sup>Robert Hogan</sup>은 이렇게 말했다. "프로이트는 정신이상자를 대상으로 연구해 우리들의 상태를 알 수 있다고 했다. 하지만 그는 완전히 거꾸로 생각하고 있다. 범법자를 이해하기 위해선 평범한 사람을 연구해야만 한다."

안타깝게도 이미 심각한 손상을 입은 뒤였다. 아인슈타인이 말했듯이 잘못된 정보를 부정하기 위해 열한 개 이상의 정확한 정보가 필요하다. 다시 말하면 '잘못된 사고방식'을 바로잡기 위해선 여러 개의 '올바른 사고방식'이 필요하다는 뜻이다.

초라한 자기 이미지를 선택한 이런 여러 가지 이유들을 결합하면 왜 그렇게 많은 사람들이 전염성 강한 질병으로 불구상태에 빠지게 됐는지 쉽게 이해가 간다. 그래도 다행인 것은 지금 당신 자신을 위해 무엇인가를 하고 있다는 사실이다. 다음 장에서는 우리가 초라한 자기 이미지의 실현을 이야기하면서 초라한 자기 이미지와 연결하지 못한 개인적인 행동을 지목할 수 있다.

초라한 자기 이미지의 실현을 인지하는 것은 중요하다. 그래야만 당신의 자기 이미지 문제를 효과적으로 다룰 수 있게 된다(물론 그런 문제를 의식하고 있다면 말이다). 또한 타인과 함께 공존하며 협력하는 데 필요한 통찰력을 얻게 된다. 문제를 인식하고 자신감과 열정적인 태도로 문제를 접한다면 해결책이 나올 것이다.

# 불건전한 자기 이미지의 실현

Manifestations of a Poor Self-Image

초라한 자기 이미지가 있는 이들은 냉소적이며 질투도 강해 자신의 본모습을 금방 드러낸다. 이들은 남의 성공에 배 아파하고, 심지어는 친구가 많은 사람들을 질투하기도 한다. 부인이나 남편, 이성 친구 같은 직접적인 원인이 없어도 질투를 한다(남편이나 부인이 한밤중에 이성과 데이트를 하고 귀가한다면 질투를 해도 이해가 된다). 이들은 자신을 사랑하지 않기 때문에 이성이 자신을 남들보다 더 사랑할 수 있다는 사실을 믿지 못한다.

아이러니하게도 이들은 자신의 이야기를 들어주는 사람에게 자신들이 연인을 '지나치게' 사랑해서 그렇다고 질투심에 대한 변명 아닌 변명을 늘어놓는다. 사실 이들은 자기 자신을 믿지도 사랑하지도 않기 때문에 연인을 믿지도 사랑할 수도 없다. 계속해서 사실이 아닌 유언비어를 퍼뜨리고 음해한다(그래봤자 자기 얼굴에 침 뱉기라는 사실을 깨닫지 못한다). 이들의 불안감은 누군가가 칭찬을 받거나 인정을 받았을 때 분노로 드러난다.

초라한 자기 이미지는 비난과 조롱을 대처하는 방식에서 확연히 드러난다. 누군가가 자신을 비웃고 있다는 생각이 들면 참을 수 없다. 자신을 비웃는 게 아니라 이런 비난이나 조롱은 '기 꺾기' 즉, 자신들이 마냥 '잘못한 것처럼' 만들려는 시도라고 생각한다. 이들의 반응은 어떤 행위나 행동으로 나온 것들이다.

초라한 자기 이미지를 가진 사람은 보통 혼자 있거나 아무것도 하지 않을 때 불편함을 느낀다. 항상 어딘가에 가서 무엇인가를 해야만 한다. 혼자 있을 땐 실제로 듣거나 보진 않더라도 라디오나 텔레비전을 계속 틀어놓고 있다. 심지어 걷거나 운전할 때, 혹은 전국을 비행기로 누빌 때 라디오를 가지고 다니기도 한다.

초라한 자기 이미지는 의욕 상실의 형태로 모습을 드러낸다. 경쟁심도 버리고 '그딴 게 무슨 상관이야.'라는 태도도 접는다. 자신들이 매력적이거나 제대로 된 대접을 받을 만한 가치가 없다고 생각해 '승자'나 모범생으로서 그림을 그리지 못하기 때문이다. 완전히 '수수방관'적인 태도를 보이면서 가능한 모든 방법으로 '지나치게' 반항하기도 한다.

이들은 시끄럽고 비판적이며, 보복을 일삼고 건방진 태도를 보인다. 이상한 옷차림에 지저분할 뿐만 아니라 뚱뚱하다. 도덕 따위는 아예 무시해 버린 채 부도덕한 행위를 뽐내며 약이나 알코올에 의존하고 상스럽고 저속한 언어를 사용한다. 우월주의에 빠져 자신의 의견을 따르지 않는 사람들로 하여금 열등감을 느끼게 만든다. 더럽고 지저분하며 상스럽고 너저분한 차림새를 한 사람을 보는 건 무척 괴롭다. 겉모습이야말로 자기 이미지의 결정적인 증거이며 단정치 못한 옷차림으로 이득을 본 사람은 아무도 없기 때문이다.

한 가지 재미있는 사실은 초라한 자기 이미지를 가진 사람들은 이와는 전혀 다른 겉모습을 한다. 이런 개개인들은 물질적인 것들을 너무 중요하게 여긴다. 예를 들어 고급 자동차, 돈, 유행, 진보적인 의상, 머리 스타일이나 화장 같은 것들 말이다. 자신들의 모습 그대로가 받아들여질 수 없다고 느낀다. 불안감을 느낀 나머지 이들은 친구에게 승인을 얻는 정도까지 간다. '그냥 자기 자신 그대로' 누군가의 인정을 받는 게 무엇보다도 중요하므로 이들은 삶에 대해 '수수방관하는' 태도를 보인다. 그러나 안타깝게도 이들은 진실되지 못한 친구들과 어울리게 되고, 이런 '친구들'의 못된 습관과 성격을 닮아간다.

우리는 스스로를 보는 방법에 따라 행동한다. 그래서 사람들이 가끔 말도 안 되는 짓을 하고, 평생 꿈꾸어온 소망을 이루려는 순간 불필요한 위험을 감수하는 모습도 볼 수 있다. 예를 들어 올림픽을 위해 몇 년 동안 열심히 준비한 선수들이 실제로 경기가 시작되기 전 훈련이나 모의 경기 중에 '사고'를 당하기도 한다. 자신이 금메달을 받는 모습을 '상상하지' 못하고, 전 세계가 그들에게 줄 상을 확실히 거부하기 위해 무의식적으로 필요없는 단계를 밟는다.

권투선수나 축구선수 혹은 다른 운동선수들은 큰 행사가 있기 전에 부상을 당한다. 자신이 선택한 학교에서 입학시험을 치르기 전날, 술에 빠지거나 밤새 데이트를 즐기는 학생도 있다. 승진을 간절히 원하는 직장인들은 아내나 동료와 감정적으로 좌절시키는 말다툼을 벌이고 승진할 기회를 '날려버리기도' 한다. 심지어 승진 전에 추천받아야 할 사람을 '우연찮게' 화나게 하거나 당황시킬 수도 있다.

집행유예 중에 있던 사람이 생각 없이 행동해서 결국 감옥으로 가게 되는 경우도 있다. 그의 마음속에선 이러한 것들이 사회는 공정치 못하며 언제나 그를 '잡아먹지' 못해 안달이라는 사실을 증명하는 증거가 된다. 물론 이런 일화들은 그 자신이 스스로 자유 사회의 멤버로 '보지' 못한다는 사실을 증명해 줄 뿐이다. 그의 자기 이미지는 그가 '자유'를 누릴 자격이 없다고 생각할 정도다. 사회는 그의 잘못에 대해 적절히 처벌하지 않기 때문에 스스로 '자신이 받아야 할 벌'을 주어야 한다.

초라한 자기 이미지를 가진 남편이나 부인은 동반자에게 도전하지 않는다. 그냥 따라갈 뿐이다. 그저 상대방을 위한 구두 흙 털개 같은 존재밖에 되지 않으며 분노를 쌓게 만든다. 결과적으로 신체적, 감정적 문제뿐만 아니라 결혼 생활에도 위기가 온다.

예를 들자면 한도 끝도 없다. 일단은 초라한 자기 이미지의 실현이 이런 분별력 없고 산만한 행동의 주원인이라고 일단락 짓겠다. 초라한 자기 이미지를 취하는 이들은 이 책을 읽으며 동조하는 부분도 있겠지만 공감하지 않는 부분이 더 많다는 것을 알게 되며, 그에 대해서는 아무것도 하지 않는다. 그저 변명하기에만 급급하고 앞으로도 계속 그렇겠지만 마음속에서 이미 '합리화'시켜 버린다. 독서, 담장 페인트 칠하기, 실내 장식, 자기 계발, 학교 등 어떤 것도 제대로 '끝내는' 법이 없다.

항상 이렇게 말한다. "대학에 돌아가 학위를 끝내고 싶어. 그런데 그렇게 하려면 6년이라는 시간이 필요하고 그땐 이미 38살이야." (학교로 돌아가 학위를 따지 않는다 해도 어차피 6년 후면 38살이 되지 않는가?) 혹자는 이렇게 말한다. "교회를 다니긴 하지만 위선자가 너무 많아." (그들과 하나님 사이에 위선자가 있다면 오히려 그들보다 위선자가 하나님에 가깝다는 사실을 깨닫지 못한다. 아니면 위선자들은 어디에나 있고 교회는 모든 사람들을 위한 공간이니 보기 싫으면 그들이 가버려야 한다는 사실을 모르는 걸까.)

그나마 다행인 것은 이것이 당신과 상관없는 일이라는 점이다. 한때는 상관이 있었을지도 모르지만 이제는 아니다. 일단 이 책을 구입한 이상, 이미지 전환을 위해 한 걸음 내디딘 셈이니까. 여기까지 온 것만 해도 자기 계발에 신경을 쏟고 있다는 사실을 충분히 보여 준 셈이다. 마음속에선 이미 앞으로 읽어야 할 부분과 미래에 펼쳐질 시간들이 좀 더 흥미진진해질 것이고 보람이 있으며, 뜻깊어질 것이라는 생각이 든다.

## 긍정적인 이미지 = 능력 있는 세일즈맨/훌륭한 매너
## 부정적인 이미지 = 능력 없는 세일즈맨/나쁜 매너

세일즈 세계에서 초라한 자기 이미지는 여러 가지 방식으로 나타나지만, 이들 중 대표적인 세 가지만 예를 들겠다. (1) 세일즈맨은 열심히 일하지 않는다. 이유가 뭘까. 때와 장소를 가리지 않고 고객들에게 전화를 걸어 자신의 세일즈 노력을 조건 없이 받아들이라고 반강제적으로 요구한다. 초라한 자기 이미지를 가진 세일즈맨은 이런 자기 모습이 싫고, (세일즈맨의 마음속에선) 잠재고객들조차 자기를 꺼려한다고 생각한다.

이제 세일즈맨은 자기 연민에 빠져들고, '불쌍한 녀석, 아무에게도 사랑받지 못하는구나'만 되풀이하며 자신의 상처를 치료하기 위해 커피 전문점이나 집, 사무실로 돌아간다. 어떤 이들은 한 시간 정도 휴식을 취하고 어떤 이들은 아예 하루를 쉬어 버린다. 감시의 눈이 소홀한 곳이라면 일터로 돌아가기 전에 며칠 빈둥빈둥 보낼 수 있도록 잡일 거리를 만들기도 한다.

자기 모습에 자신감 있는 건전한 자기 이미지의 세일즈맨은 이들과 완전히 다르다. 자기 자신이 거부당한 게 아니라 비즈니스 오퍼가 거부당했다는 점을 분명히 이해하고 있다. 그래서 상대방이 거절 의사를 표시했을 때, 그는 잠재고객이 무언가 문제점이 있다는 사실을 파악해 문제점이 없는 다른 고객들에게 접근해 이야기를 나눈다.

(2) 초라한 자기 이미지를 가진 세일즈맨은 어떻게든 거래를 마무리짓기 위해 노력하지 않는다. 잠재고객이 물건을 사야 한다는 제안을 내놓지도 않고 이야기만 늘어놓는다. 누군가에게 구매를 강요할 때는 그만큼 위험부담이 따른다. 잠재고객이 구매를 거부했을 때 세일즈맨의 자존심은 상처받게 되고, 그는 거래를 끝내려고 하지 않음으로써 상처받은 자존심을 보호하려고 한다. 주문을 요구하면서 자존심에 상처받을 위험부담 없이 잠재고객이 먼저 "알았어요, 살게요."라는 말을 해 주기를 바라며 끊임없이 설명한다.

잠재고객들이 이런 식으로 질문을 던지며 세일즈맨에게 맞서는 걸 몇 번 보았다. "지금 물건을 팔려고 오신 건 아니죠?" 세일즈맨은 그 말에 힘차게 고개를 젓는다. "아니에요, 아닙니다." (그가 이런 식으로 대답해서 물건을 팔기 위해 애쓰는 것처럼 보이지 않는다면 그야말로 전문적인 방문객이다.)

건전한 자기 이미지를 가진 세일즈맨은 거래를 끝내려고 노력한다. 왜냐하면 최악의 상황엔 거부당할 수도 있다는 걸 알기 때문이다. 거절당하는 경우는 거의 없지만 혹시 있다면, 그건 아주 치명적이며 그가 구매해야 할지도 모른다는 사실을 알고 있다. 사실 그는 물건 구매를 기대한다. 왜냐고? 그는 자신이 성공할 자격이 있을 뿐만 아니라 물건을 구매할 자격이 있다고 믿으니까. 게다가 그는 자기가 팔고 있는 상품을 믿고 있다.

건전한 자기 이미지를 가지면 열등한 제품을 팔면서 자기 자신을 과소평가하거나 얕보지 않는다. 그는 자신이 서비스를 해 주고 있다고 믿기 때문에 자신감과 확신으로 거래를 끝마친다. 그는 '팔다sell'라는 말이

노르웨이어로 '실제selie'라고 하며, 그 뜻이 문자 그대로 '서비스한다'라는 것을 알고 있다.

(3) 세일즈맨이나 사무원할 것 없이 초라한 자기 이미지를 가진 사람은 무난하게 경영진으로 승진할 수 없다. 다시 한번 말하지만 초라한 자기 이미지를 가진 사람은 남들에게 거절당하는 것을 두려워한다. 남들이란 주로 상사나 부하 직원 혹은 그 주변 사람이 된다. 평소의 모습을 벗고 상황이 요구하는 대로 네 개의 가면 중 하나를 쓰게 된다.

우선 '인심 좋은 직장 동료'가 되어 부하 직원들에게 아무것도 변한 게 없으며 자신도 '그들 중 한 명'이 되고 싶다고 안심시킨다. 두 번째, 전 동료들이 거절하는 것을 두려워해 훌륭한 경영진이라면 피했을 원칙인 예외와 양보라는 방법을 이용한다. 아니면 그 반대의 전술을 이용할 수도 있다. "내 목표를 달성했어."식의 거만한 전술, 전직 동료들에게 분노를 일으킬 만한 전술 말이다. 세 번째, 경영진과의 관계에 지나치게 신경 쓴다. 상사를 기쁘게 해 조금이라도 인정받으려는 욕구가 지나쳐 필요 이상으로 굽실대며 굴욕을 견디고 빈번하게 조언을 구한다. 실패의 두려움 때문에 행동하는 데 주저함이 많다. 네 번째, 누구의 충고도 듣지 않고, 자신이 만물박사인 양 행동하며 경영이란 어떤 것인지 손수 보여 준다.

건전한 자기 이미지를 가진 사람은 별 탈 없이 경영진으로 승진한다. 본인이 충분한 자질이 있으며 일도 잘한다는 것을 증명해 주는 자신감을 드러낸다. 약속을 남발하지 않는 동시에 약속을 지키는 데 성실하다. 서비스를 제공하는 것과 노예처럼 굽실대는 것의 차이를 확실하게 알고 있다. 대립을 하려고도 대립을 피하려고도 하지 않으며 결정을 내린다. 자신이 그 일을 충분히 해낼 수 있으며 동시에 팀도 함께 성장할 능력이 있다고 경영진이 생각했기 때문에 승진시켰다는 사실을 알고 있다.

게다가 자신감과 거만함을 구별할 줄 안다. 더욱 중요한 사실은 원칙엔 엄격하지만 운영은 융통성 있게 한다는 점이다. 아이디어만 하더라도 그게 누구의 아이디어인지를 중요하게 생각하지 않고, 동료와 부하 직원이 내놓은 아이디어에 점수를 주고 인정해 준다. 친절하게 대해 주는 것과 친숙하게 대해 주는 것 사이의 선을 분명히 그을 줄 안다. 잘못 결정을 내렸을 때 '사람들을 혼란스럽게' 만들지 않는다.

아무런 결정도 내리지 못하는 게 최악의 결정이란 사실을 알기 때문에 옳든 그르든 직접 결정을 내린다. 그의 자기 이미지는 확고해서 자신이 실수를 저지르거나 도전받을 때, 혹은 특정 문제에 대해 도움을 요청해야 할 때도 불안감을 느끼지 못하고 확실하게 행동할 정도다.


## 좋은 이미지 = 더 훌륭한 부모/더 솔직한 사람

비즈니스 세계에서 초라한 자기 이미지는 충동적으로 '불가능한' 약속을 해 버리는 순간에 실현된다. 남들에게 인정받고 싶어 하는 신임 코치는 기대치 이상의 것, 자기가 할 수 있는 것 이상을 쉽게 약속해 버린다. 순간의 거절도 인정할 수 없기 때문에 고객을 만족시키려고 제조업자나 에이전트는 현실을 무시하고 불가능한 약속을 해 버린다. 초라한 자기 이미지의 세일즈맨은 물건을 많이 팔면서 약속을 남발하지만 제대로 지키지는 못한다.

이들은 거절당하는 것을 참지 못하며 물건을 팔려면 이런 단계를 거쳐야 한다고 생각한다. 그러나 물건을 팔고 나면 갑자기 '죄책감'을 느끼고 고객을 피하게 된다. 서비스가 없으니 고객은 제품과 세일즈맨에 대해 불만을 갖게 된다. 고객은 '세일즈맨에게 나가라고 말하는데' 이는 자기 이미지 문제를 더욱 악화시키는 요인이 된다.

자기 이미지에 문제가 있는 회사원은 자신의 성과가 뛰어나기 때문에 임금 인상을 요구해도 된다는 것을 알지만 자기 주장을 내세우지 않는다. 비극은 바로 여기서 생긴다. 그 직원의 임금은 그대로인 데다 상사에게서 인정도 못 받는다면, 그는 화를 내며 결국 '자신이나 자기가 한 일을 이해해 주거나 존중해 주는 사람은 없다'고 생각한다. 결과적으로 이런 것들은 그의 성과에 부정적인 영향을 미치며 앞으로도 승진할 가능성이 희박하다.

가정에서 초라한 자기 이미지는 부모가 아이를 꾸짖는 걸 꺼려 하는 데서 볼 수 있다. 부모들은 "애를 너무 사랑하니까 제 마음이 더 아파요."라는 말 아래 초라한 자기 이미지를 숨긴다. 아이들을 야단치면 자신을 멀리하고 더 이상 사랑하지 않을 거라고 생각한다. 안타깝게도 이런 사고방식은 부모와 아이들 모두에게 문제가 된다.

부모는 아이에 대한 통제, 아이들로부터의 존경, 사랑을 잃게 된다. 아이들은 부모에 대한 자신감을 잃게 되고 그와 함께 불안감도 증폭된다. 이게 바로 권위를 잃어가는 첫 번째 과정이며, 결국 아이들은 권위에 도전하게 된다. 이런 반항이야말로 초라한 자기 이미지의 또 다른 실현이라고 할 수 있다. 또한 이것은 1974년 미국에서 일어난 중범죄의 45%가 18살 미만의 청소년들이 저질렀다는 사실을 해명하는 데 도움이 된다.

「청소년 범죄자와 희생자들, 1999년 보고서Juvenile Offenders and Victims 1999 National Report」에 따르면 경찰이 체포한 다섯 명 중 한 명이 청소년 범죄자였으며, 이들은 강도 혐의로 체포된 범죄자의 37%, 무기 소지 혐의로 체포된 범죄자의 24%, 살인 혐의로 체포된 범죄자의 14%, 약물 복용 혐의로 체포된 범죄자의 14%를 차지하고 있다. 부모와 교사들이 "절 봐주세요." "절 사랑해 주세요." "제게 신경 좀 써주세요."라고 말하는 이런 표현들을 아이의 입장에서 이해해 주었다면(충분히 신경을 썼다면), 이런 일은 발생하지 않는다는 것이 비극이다.

습관적으로 지각해 사람들의 이목을 끌며 교실에 들어오는 데다 교과서를 가져오지 않거나 수업 시간에 큰 소리로 떠드는 학생, 수업 내용과 상관없는 '엉뚱한' 질문을 하는 학생은 관심을 얻기 위해 이런 식으로 행동해야 한다고 생각하기 때문에 그렇게 행동하는 것이다.

## 겁쟁이 = 부도덕성 혹은 초라한 자기 이미지

자, 이제 초라한 자기 이미지의 실현을 다른 직업과 삶의 영역으로 옮겨보자. 초라한 자기 이미지를 가진 학생은 그보다 더 좋은 점수를 받을 수 있음에도 잘 나오지 않은 점수에 대해 교사와 상담하지 않는다.

가장 오래 지속되는 효과가 있는 자기 이미지의 실현은 자신을 받아들이지 않는 조니와 메리가 남녀는 다르다는 사실을 처음 알 때인 10대 초반에 생긴다. 처음으로 이성과 관계를 맺을 때 문제가 생기고, 한쪽 혹은 양쪽 다 자신의 가족에게서 거절당한 것 같은 기분을 느꼈을 때 더욱 심각해진다. 이들 중 한 사람, 혹은 양쪽 다 외모가 떨어지거나 학식이 부족하다면(사회는 미모와 지성에 큰 점수를 준다) 상황은 악화된다.

이 중요한 시기에 진짜든 허위든 이성으로부터 '거부'를 당하다 서서히 인정받아가는 과정은 굉장히 변덕스러운 상황을 연출한다. 청소년들은 절실하게 남으로부터 인정받기를 원하기 때문에 '단지 자신을 위해' 그들을 받아들여주는 사람을 놓치지 않기 위해서라면 어떤 일이든지 한다. 그들의 관계가 '의미가 있다면' '솔직한' 관계를 인정하고 이를 격려해 주는 관대한 사회와 이 상황을 연결 지어 생각해 보라. 그러면 당신은 일찍부터 오래 지속할 관계를 맺게 된다. 도덕적 자유분방함을 묘사하는 텔레비전 프로그램이나 극장 화면 앞에서 느끼는 이런 연대감은 혼전 성

관계, 난잡한 성행위, 성병, 사생아 그리고 생물학적 욕구 외에 공통점이라고는 전혀 없는 파트너와의 성급한 결혼을 위해 필요한 요소가 모두 있다.

초라한 자기 이미지를 가진 청소년이 '꾸준한 관계'와 '짚신도 제 짝이 있다'는 진리를 깨닫지 못한다면, 이성을 '사로잡기' 위해 도발적인 태도를 취하며 노출이 심한 옷을 입게 된다. 어부들은 이를 낚시질이라고 부른다. 이 기술의 문제점은 미꾸라지와 거북이부터 뱀이나 그루터기 등 온갖 잡동사니를 '엮게' 된다는 데 있고, 이런 '낚시질'은 낚아 올리는 것보다 '다시 던져 버리는 게' 더 힘들다. 심지어 '미끼'로 고기를 낚았다 해도 당신보다 보여 줄 것이 더 많은 낚시꾼, 앞으로도 더 많이 보여 줄 낚시꾼에게 '포획물'을 빼앗길 가능성이 크다. 화려한 겉모습 때문에 맺게 된 대인관계는 오래가지 못한다.

건전한 자기 이미지를 가진 청소년이라면 시기상조이며 건전하지 못한 이성 관계의 유혹에 빠지지 않는다. 이들은 적어도 '이용되지' 않을 만큼, 혹은 가장 구태의연한 거짓말인 "날 사랑한다는 증거를 대봐." "다들 하잖아." 이런 말에 속아 넘어가지 않을 만큼 현명하다. 이런 청소년들은 행복과 기쁨의 차이를 확실히 구분할 줄 알며, 평생의 행복과 미덕을 일시적인 모호한 희열과 비도덕성에 '팔아 넘기지' 않는다. 이런 말로 이루어지는 섹스는 그야말로 사랑과는 무관하다. 매춘부를 보라. 섹스는 많이 하지만 사랑은 없다.

'상냥한 남자'와 그의 파트너는 흔한 문제가 있으며, 나이, 성, 교육, 피부색을 존중하지 않는다는 증거가 있다. '난 훌륭한 남자야, 누구에게도 상처를 주지 않거든.' 이런 식의 자기 이미지 신드롬이 그에게 존재할 수도 있다. 청소년기에는 원치 않는 담배를 피우고, 내키지도 않는 술을 마시고, 상처만 주는 지저분한 농담을 즐기고, 속으론 혐오하는 무리들과 떼지어 다니며 그들의 행동을 따라하고, 싫어하는 스타일의 옷을 입게 된다. 자기 자신을 인정하지 않고, 자기 의견을 주장해 또래들을 '화나게' 하면 왕따가 될 거라고 생각하기 때문에 생기는 문제들이다.

성인이 되면 남들이 듣고 싶어 하는 것만 말하려고 한다. 과하게 요리된 스테이크를 주방으로 다시 돌려보내는 일도 없고, 의사가 다른 환자를 돌보는 동안 느긋하게 기다리기도 한다. 이발소에 가서는 심지어 자기 차례를 양보하기도 하고, 남들에게 주차 자리를 양보하면서 앞차와 부딪히기도 한다. 그의 성과를 동료가 가로챌 때에도 상사에게 항의하거나 논쟁을 벌이지 않는다.

그렇다고 오해는 하지 마라. 당신이 평범한 사람이고 당신의 자기 이미지가 그렇게 건전하다면 이런 식으로 행동할 수 있다. 왜냐하면 이것이야말로 당신이 정말로 원하는 것이기 때문이다. 여기엔 문제가 없다. 이런 사건들을 당신의 인생에서 아무 의미 없는 사소하거나 작은 일로 생각한다면 당신의 자기 이미지는 멋진 형태가 될 것이다. 그러나 인정받기 위해 이런 일을 한다면 절대로 인정받지 못할 것이다. 이유는 간단하다. 진실된 자신의 모습을 보여 주지 않기 때문이다. 즉, 당신은 거짓된 모습을 보여 주고, 대부분 사람들은 이런 거짓된 모습을 좋아하지 않는다.

우리의 직장 생활과 삶은 초라한 자기 이미지의 영향을 받는다. 초라한 자기 이미지를 가진 사람에 해당된다고 생각하더라도 너무 초조하게 굴 필요는 없다. 다음 장에서 초라한 자기 이미지를 변화시키고 좀 더 나은 자기 이미지를 형성할 절차를 차근차근 설명해 줄 테니 말이다.

자, 이제 성공을 향한 계단을 오를 준비가 되었는가. 밑바닥에 몰려 있는 군중 사이를 벗어나면 계단 위로 올라가는 게 훨씬 빨라진다는 사실을 알게 될 것이다. 지금까지 가장 아래 계단에 있었다면 이젠 올라갈 시간이 되었다.

# 06

## 건전한 자기 이미지를 갖게 되는
## 열다섯 가지 단계

### Fifteen Steps to a Health Self-Image

**1단계** 재고품을 다시 보라. 파산과는 거리가 멀다. 현실적으로 모두 팔아버리기로 결정할 경우 순자산이 수백만 달러에 이른다. 재고 자산을 축적해 놓았을 때 당신이 허용하지 않는 한 당신에게 열등감을 느끼게 할 존재는 아무것도 없다는 사실을 깨닫게 된다. 또한 당신에게 열등감을 느끼도록 내버려 두기엔 스스로를 너무 사랑하고 있다. 나는 불멸의 부커 T. 워싱턴Booker T. Washington(인종차별이 만연하게 퍼져 있을 때 터스키지 기술학교를 세운 전직 노예)이 한 말을 가슴에 새기고 있다. "상대방을 증오함으로써 내 영혼을 편협하게 만들고 가치를 떨어뜨리는 일은 하지 않을 것이다."

당신이 현재의 자신을 사랑하는 데는 세 가지 이유가 있다. 첫째, 상식이 그걸 요구한다. 몇 년 전 인디애나 주의 게리$^{Gary}$라는 여성은 약을 잘못 사용한 결과 시력을 상실해 보상금으로 100만 달러를 받은 일이 있다. 뾰루지를 없애려고 약을 발랐는데 그 약이 눈에 들어가 시력의 98%를 상실해 버렸다. 당신이라면 그녀와 처지를 바꾸겠는가? 캘리포니아에서는 어떤 여성이 비행기 사고로 등에 부상을 입어 100만 달러의 보상금을 받았다. 두 번 다시 걸을 수 없을 거라는 진단을 받았다. 그녀와 처지를 바꾸겠는가? 당신의 시력과 등이 멀쩡하다면 이 두 여성의 입장과 절대 바꾸지 않았을 것이다. 이 여성에게 그런 제안을 했다면 기꺼이 승낙했을 것이며 진심으로 당신에게 감사했을 것이다.

그러나 자신의 재정상태와 돈에 얼마나 관심이 많은지와 상관없이 당신은 이들의 입장과 '바꾸겠냐'는 제안을 거절할 것이다. 인간인 이상 돈을 싫어할 사람은 없겠지만 그렇다고 자기의 가장 소중한 자산인 건강과 바꿔가면서까지 돈을 선택할 사람은 없다.

제2차 세계대전 당시 스타였던 베티 그레이블$^{Betty\ Grable}$은 '100만 달러 다리'로 유명했다. 그녀의 두 다리가 100만 달러 보험에 가입되어서 그런 별명이 붙게 되었다. 또 다른 100만 달러 다리를 보고 싶은가? 자신을 내려다보면 그 다리가 보인다. 다리가 정상적으로 움직이기만 한다면 100만 달러의 베티 그레이블 다리와 바꾸지 않을 것이다.

눈이나 등, 다리 때문에 100만 달러 보험을 들지는 않을 테니 당신은 300만 달러 이상의 가치가 있는 존재다. 이제 당신의 자산을 체크하기 시작했다. 어떤가? 당신 자신이 예전보다 좀 더 소중하다고 느껴지지 않는가! 다행인 것은 하나의 자산(건강)을 다른 것(돈)과 바꾸지 않아도 된다는 점이다. 내가 이 책에서 다루는 긍정적인 생각을 키우고 성품, 믿음, 충성심, 인테그리티, 사랑의 기초를 쌓아가면 이들을 모두 가질 수 있다(건강, 부, 행복, 평화, 친구, 안정 등).

## 천만 중의 하나!

몇 년 전 댈러스 신문에서 램브란트 그림이 100만 달러가 넘는 가격에 팔렸다는 기사를 읽은 적이 있다(물론 지금은 이보다 훨씬 더 비싸지만). 기사를 읽으면서 이런 생각이 들었다. '세상에 그림 하나가 왜 이렇게 비싸지?' 그러자 몇 가지 생각이 떠올랐다. 우선 이 그림은 세상에 단 하나밖에 없다는 사실이었다. 역사가 시작된 이후로 셀 수 없이 많은 그림들을 그렸지만 이것만이 실제 존재하는 유일한 것이었다. 램브란트가 그린 원본, 이 그림의 희소성이 가격을 결정한 것이다. 두 번째, 램브란트는 천재였다. 백 년에 한 번 나올까 말까한 재능을 타고 난 화가였다. 말할 것도 없이 세상에 인정을 받은 건 바로 그의 재능이었다.

그리고 당신에 대해서 생각해 보기 시작했다. 역사가 시작된 이래 엄청나게 많은 사람들이 이 지구에 존재해 왔다. 오늘날에도 수많은 사람들이 살지만 당신과 같은 사람은 존재하지 않았고 또 앞으로도 존재할 수 없다. 당신은 그야말로 이 지구에서 유일무이한 남들과 다른 특별한 존재다. 이런 특징들 때문에 당신은 가치 있는 존재가 된다.

램브란트가 천재이긴 했지만 그 역시 죽음을 피해갈 순 없었다. 램브란트를 창조하신 창조주가 바로 당신을 창조하셨고, 하나님의 눈에는 램브란트나 다른 사람들과 마찬가지로 당신도 소중한 존재다. 보기 드문 재능을 가진 램브란트는 매일 같이 붓을 이용해 그 재능을 활용했다. 그가 태어난 이후로 모든 분야에서 어떤 흔적을 남기기 위해 일어서거나 붓을 들지도 않은 노력가들, 즉 또 다른 램브란트들이 수없이 존재해 왔다.

여기서 한 단계만 더 나아가 생각해 보자. 이 도시에서 차를 가진 사람이 당신밖에 없다면 차를 차고에 주차한 후 내버려두지 않는 한 굉장히 가치 있는 물건을 소유한 셈이다. 당신은 유일한 존재이기 때문에 소중하니 당신과 당신의 재능을 이용하라. 명심하라. 하나님은 당신을 창조하셨고 당신이 이용하라고 재능을 주신 거지 썩히라고 주신 게 아니다.

당신이 자신을 사랑해야 하는 두 번째 이유는 과학이 해명해 준다. 대부분 사람들은 과학에 상당한 자신감을 나타내고 있다. 당신도 한번 과학적으로 살펴보자. 당신의 머리에는 가장 정교한 컴퓨터 몇 대에 저장한 양보다 더 많은 정보를 담아둘 능력이 있다. 당신의 마음속에는 국회 도서관에 있는 수백만 권의 책에서 찾아볼 정보보다 더 많은 양의 정보를 저장할 수 있다.

인간이 자신의 두뇌를 만들려고 한다면 수백만 달러의 돈이 들 뿐만 아니라 크기도 엄청날 테고 두뇌를 움직일 동력 또한 엄청나게 필요할 것이라고 과학자들이 경고했다. 설계 과정에는 이 세상에서 가장 똑똑한 사람들이 참여하게 될 것이고, 규모, 비용, 필요한 동력 등을 모두 구비한다 해도 인공두뇌는 매우 단순한 생각—당신이 눈 깜짝할 순간에 할 수 있는 생각—도 할 수 없을 것이다. 한 마디를 내뱉을 때마다 72개의 근육이 조화를 이루며 입을 움직이게 해 준다. (이야기를 많이 하면 할수록 친구들은 내 입이 탄력성이 없다고 이야기했다.)

본론으로 돌아가 설마 당신이 정상으로 향하는 계단을 올라갈 만큼 충분한 능력이 없다고 말하지는 않으리라 믿는다(능력이 조금 떨어지더라도 정상으로 올라가는 사람이 있다는 것을 알지 않는가).

## 당신과 당신의 마음을 팔아라

'내가 그렇게 능력이 있다면 왜 파산하고 곤경에 처하는 걸까?'라는 궁금증이 생길 수도 있다. 당연한 질문이다. 여기에 부분적이긴 하지만 한 가지 대답이 있다. 안타깝게도 당신은 마음이 있는 인간으로 태어났다는 것이다. 내가 당신의 마음을 소유할 수 있다면 우리 둘 다 훨씬 나아질 텐데 말이다.

나는 당신에게 그 마음을 팔 것이고 10만 달러는 부를 것이다. 그렇게 되면 나는 엄청난 이익을 얻게 될 것이다. 그러나 당신은 거래를 유리한 쪽으로 이끌려고 할 것이다. 이제 당신은 거울을 들여다보면서 자기 비판적인 말을 하지 못할 것이다. 사실 당신은 위안이 되는 말을 하고 싶어질 것이다. 벌써부터 당신이 이렇게 말하는 것이 내 귀에 들리는 것만 같다. "이보게 친구, 난 자네에게 엄청난 돈을 투자했어. 자넨 특별해. 뭐든 할 수 있어."

이제 당신은 굉장히 소중한 마음을 향해 다시는 불평하지 않을 것이다. 그리고 남들이 당신의 마음에 대해 나쁜 소리를 하더라도 믿지 않을 것이다. 다시 한번 강조하지만 건전한 자기 이미지란 '내가 최고야' 같은 이기주의가 아니다. 단지 있는 그대로의 건전한 자기를 용납하자는 것을 말할 뿐이다.

### 당신의 가치를 정확히 말해 주는 책

당신이 자신을 사랑해야 하는 세 번째 이유는 성경이 증명해 준다. 자동차에 붙은 광고 스티커에 자신을 아껴야 하는 가장 중요한 이유가 나와 있다. "하나님은 당신을 사랑하십니다. 당신이 그를 좋아하는지와 상관없이 말이죠." 성경에 따르면 사람은 하나님이 상상한 대로, 천사보다 약간 부족한 모습으로 창조되었다.

예수는 이렇게 말했다. "내가 한 일은 너희들도 할 수 있고, 나보다 더 위대한 일도 할 수 있다." 이런 결과물을 얻기 위해 나이나 교육 수준, 성별, 체격, 피부색, 키와 같은 선제 조건이 필요없다고 했다. 당신도 예외는 아니다. 이게 바로 앞에서 말하던 믿음이다. 일단 믿고 나면 성공은 쉽다. 이제 확신을 갖게 되었으니 성공으로 향해 가는 셈이다.

이런 식으로 생각해 보자. 당신의 자녀가 자신에게 부정적인 말을 한다면 어떤 기분이 들겠는가? "난 별 볼일 없는 존재야. 뭐 하나 할 줄 아는 게 없어." 이런 말을 들으면 기분이 좋을까? 자부심으로 마음이 뿌듯하게 될까, 아니면 마음이 아프고 실망감에 고개를 절레절레 흔들게 될까? 우리가 자신을 깎아내리는 말을 할 때 하늘에 계시는 아버지께서 어떻게 생각할까?

우리에겐 자신 혹은 남을 과소평가할 권리가 없다. 사실 하루를 시작하기 전에 거울을 들여다보며 '자, 이것만은 명심하자 _____, 하나님은 우리를 사랑하셔. 나도 그렇지만.' 하고 말한다면 하나님이 얼마나 기뻐할까.

목표를 달성하기 위해선 조금 더 인내하고 때가 되기를 기다리라고 충고하면서, 왜 하나님이 우리를 버리지 않았다고 한 빌 가서드<sup>Bill Gothard</sup>의 충고를 받아들이지 않는가? 빌은 우리가 하나님의 원칙에 따라 만들어진 존재라고 했다. 그다음 빌은 우리가 스스로 만족하지 않는다면 하나님의 작업실로 돌아가 그가 작업을 완성하도록 해야 한다고 했다.


## 하나님은 패배자를 후원하지 않는다

몇 년 전 런던에서 열렸던 빌리 그레이엄<sup>Billy Graham</sup>의 신앙 부흥 특별 전도회에서 에셀 워터스<sup>Ethel Waters</sup>가 한 말이 특히 마음에 들었다. 어떤 이들은 놀라움을 감추지 못하고 그레이엄 박사와 에셀에게 어떻게 하면 수천 명의 영국 사람들에게 그런 엄청난 반응을 얻을 수 있는지 물었다. 에셀은 특유의 아름답고 환한 미소를 짓더니 이렇게 말했다. "하나님께선 패배자를 후원하진 않으시죠."

저명한 사업가이자 독실한 기독교 신자였던 고 메리 크롤리<sup>Mary Crowley</sup> 역시 같은 말을 했다. "당신은 특별한 존재예요. 하나님은 의미 없는 것을 만드느라 시간을 낭비하진 않거든요. 당신이 하나님께 얼마나 소중한 존재인지 깨닫는 순간, 본인이 얼마나 중요한 존재인지를 보여 줄 이유가 없다는 사실을 알게 될 거예요." 눈빛을 반짝거리며 계속 말을 이었다. "하나님께서 남자를 만든 후에 이렇게 말씀하셨어요. '이것보다 더 잘 만들 수 있는데.' 그런 후 여자를 만든 거예요." 남성의 눈으로 보건대 그녀의 말에 100퍼센트 동감한다.

자, 이제 일부나마 당신의 재고 자산을 모두 완성시켰으니 이젠 스스로를 아끼게 될 것이다. 그렇지 않은가? (신중하라. 잘난 체는 하지 말고!)

**2단계** 여성은 화장을 하고 예쁘게 차려 입었을 때 훨씬 멋져 보인다. 미국의 미용실은 금요일이나 토요일, 중요한 휴일이 시작되기 전날 항상 붐빈다. 친구와 지인들이 몇 년 전 미용실에서 여성들이 '자랑스럽게 걸어 나가는' 모습을 봤다고 말해 주었다.

연구 결과에 의하면 자기 이미지와 자신감이 관련된 이상, 스스로 어떻게 보느냐는 자신에 대해 어떻게 느끼는지에 영향을 미친다. 남녀 모두 자신의 외모가 뛰어나다고 생각할 때 좀 더 자신감을 가진다. 옷이 날개라는 말이 있는 것처럼, 새로운 옷이 기적을 발휘할 때가 있다. 화장을 하고 헤어스타일을 바꿨을 때 확실히 여성들은 자신에 대해 편하게 생각하고, 자기가 하는 일에 자신감을 갖게 되며 본인에 대해서도 긍정적으로 생각한다. 남자들도 마찬가지다. 단지 이런 점을 쉽게 인정하려고 하지 않지만 말이다.

우리 가족을 바라볼 때 아내, 딸, 손녀 혹은 며느리가 미용실에서 돌아올 때, 좀 더 자주 환하게 미소를 지으며 사소한 일에도 쉽게 웃고 즐거운 인생을 사는 것처럼 보인다. 그렇다. 우리의 자기 이미지는 우리 삶의 다양한 면에 영향을 주고 있다. 왜냐하면 자기 이미지는 우리가 가족들뿐만 아니라 친구나 지인 등 남들과 어떻게 지내는지를 포함하기 때문이다.

이런 현상은 전국의 사립 병원과 퇴직자 전용 아파트에서 자주 볼 수 있다. 아파트 관리인들은 거주자들의 기분이 좋을 때 사업을 유지하고 확장할 가능성이 높다는 사실을 깨닫는다. 게다가 거주자들을 대하기가 훨씬 쉽고 문제점도 거의 없다. 이런 이유로 많은 사립 병원과 퇴직자 전용 아파트는 이벤트를 준비해서 미용 전문가들을 초청해 콘테스트를 개최하고(특별히 여성들을 위해) 이들이 적어도 정기적으로 '예쁘게 치장하고' 외모를 뽐낼 기회를 주려고 노력한다.

그렇다. 외모는 확실히 자기 자신에 대해 느끼는 방식과 직접적인 관련이 있다. 따라서 일단 화장을 하고 옷을 잘 차려 입도록 해야 한다. 그런 식으로 치장을 한다면 먼저 당신이 발전하는 데 도움이 될 것이다. 이건 사생활에서만이 아니라 사회생활이나 가정에서도 마찬가지다.

이 '재미있는'이라는 단어에 진실이 담겨 있다. 어떤 부부가 속도를 내며 자동차를 몰고 갈 때 오토바이를 탄 경찰이 다가왔다. 부인이 창문을 내리자 경찰이 말했다. "55로 낮춰주세요." 만면에 웃음을 띤 그녀는 남편에게 이렇게 말했다. "보세요, 헤어스타일을 바꾸니 확실히 어려보이잖아요!" 이 에피소드를 보고 실소가 나왔으리라 믿는다. 그렇지만 내 진짜 목적은 외모를 꾸미면 즐거워진다는 사실을 상기시키는 것이다. 물론 남들도 당신에게 웃어 줄 것이다.

미국의 모든 남편들은 부인이 새옷을 입고 치장한 후에는 좀 더 행복해지고 자상해지며 심지어 능률적으로 변한다고 말한다. 교사는 학생이 새 옷을 입고 오면 앞으로 내세워준다. 텍사스 포트 라바카Port Lavaca 캘혼 고등학교와 텍사스 베이 시티Bay City의 베이 시티 고등학교 교장인 짐 무어Jim Moore와 조 그레이엄Joe Graham은 학생들이 '옷을 차려 입고 사진 찍는 날'에 이들의 행동이 훨씬 얌전해진다는 사실을 지적하면서 앞서 말한 주장에 공감한다.

옷이 사람을 만들지 않는다는 진부한 표현은 문제를 발생하는 반쪽짜리 진실 중 하나다. 특히 잘못된 반쪽을 택한다면 두말할 나위도 없다. 외모는 자기 이미지와 행동에 영향을 준다. 겉모습은 그 사람 내면의 잠재력을 심하게 손상하거나 질을 높인다. 고용주들은 직원들이 단정하게 차려 입으면 다른 조건들은 모두 같다고 전제했을 때, 일을 훨씬 더 잘한다는 사실을 깨달았다. 심지어 컴퓨터도 이와 같은 사실을 말해 주고 있다. 남성 경영진 그룹을 두 개 만든 후 6년에 걸쳐 연구한 결과 다음과 같은 사실이 밝혀졌다. 우선 컴퓨터에서 제시한 옷을 입은 사업가들이 상대방보다 일 년에 4,000달러 이상을 더 벌었고, 사회적 지위도 높았으며 자신의 일에 더욱 열정적이었다.

자기 이미지를 향상시키기 위해선 우선 외모부터 꾸며라. 앞으로 이 책에서 특히 목표 설정이나 태도, 습관 분야에서 계속 이 점을 강조할 생각이다. 태도와 습관을 다룬 부분에서는 외모를 '어떻게 바꿔야 하는지'에 대해 자세히 나와 있다.

**3단계** 규칙적으로 자신의 재능을 활용하여 인류에 공헌한 위대한 사람들의 전기나 자서전을 읽어라. 헨리 포드, 마틴 루서 킹 주니어, 메리 케이 애쉬, 에이브러햄 링컨, 토머스 에디슨, 메리 크롤리, 앤드류 카네기, 부커 T. 워싱턴의 인생 이야기를 읽는 건 어려운 일이기는 하지만 가능하지 않은 일이 아니다. 전직 노예의 딸이자 1974년 12월 리더스 다

이제스트에 나온 어서 화이트Ertha White의 이야기를 읽어 보라. 점점 더 많은 것을 할 수 있다는 영감을 받게 된다. 우리는 타인의 성공 스토리를 들으며 자신의 성공 모습을 꿈꾼다.

**4단계** 인류를 가르친 스승이나 지도자, 연설자의 말에 귀 기울여라. 콜린 파월Colin Powell, 프레드 스미스Fred Smith, 폴 하비Paul Harvey, 존 맥스웰John Maxwell, 마미 맥컬로우Mamie McCullough, 나오미 로드Naomi Rhode의 이야기를 들을 때 여러 가지 면에서 상기된 기분을 느끼게 된다. 이 부분은 자세에 관한 부분에서 좀 더 자세히 다룰 예정이다. 중요한 점은 다른 사람에게 도움이 된 위인이나 TV프로그램, 영화, 연설자, 책 등은 당신과 당신의 자기 이미지도 건전하게 확립해 줄 것이다.

**5단계** 짧은 단계를 연속으로 거치며 건전한 자기 이미지를 형성하라. 사람들이 새로운 일에 도전하지 않는 이유는 바로 실패에 대한 두려움 때문이다. 당신이 자신 있는 부분에서 새로운 모험을 시작해 보라. 그다음 어떤 것을 처음으로 성공했을 경우 다른 분야로 옮기도록 하라. 2×2에 성공한 아이들은 3×4, 5×6 같은 좀 더 큰 수에 도전한다. 이제 이 아이들은 수학에 자신 있다고 생각하게 된다. 첫 번째 오트밀 쿠키를 굽는데 '성공'한 아이들은 다음엔 더 맛있는 음식을 요리할 수 있다고 '생각'하게 된다.

6피트를 깔끔하게 성공한 높이뛰기 선수는 봉의 위치를 낮게 두고 연습을 시작해 점차 높은 위치로 옮겨간다. 텍사스 포트 라바카의 캘혼 고등학교에서 이런 방법을 시도한 선수가 전보다 4인치나 더 뛰며 국내 최고 기록을 세웠다. 학생들을 위한 'I CAN' 과정이 도입된 후에 생긴 일이다. 이 청년은 자기 이미지가 향상되었기 때문에 이런 결과를 얻을 수 있었다고 믿는다. '준비 운동을 할 때' 그는 자신이 좀 더 높은 위치에서 성공하는 모습을 '볼' 수 있을 때까지, 낮은 위치에서 가볍게 뛰어넘는 모습을 '본다.'

건전한 자기 이미지를 만들어 가는데 내가 말하고 싶은 바는 다음과 같다. 일단 성공할 수 있는 분야에서 시작하라. 성공을 하면 다른 단계, 또 다른 단계로 옮겨가라. 이런 단계들은 당신에게 자신감을 줄 것이고, 자기 이미지는 당신의 업적을 향상시켜 준다. 이는 다시 자기 이미지를 향상시켜 주며, 향상된 자기 이미지 덕분에 한층 업그레이드된 결과를 얻게 된다. (하버드 대학의 심리학자 데이비드 맥클랜드David McClelland는 이를 '성공 피드백'achievement feedback이라고 불렀다.)

세일즈 교육 과정에서 우리는 세일즈맨을 고객에게 처음 보내기 전에 트레이닝 룸에서 모의 연습을 실시한다. 교실에서 초보 세일즈맨이 실수하거나 '거래 실패'를 자초한다 해도 어차피 잃을 것이 없으므로 전문가들은 화를 내지 않는다. 게다가 우리는 그에게 가족과 거울 앞에서 연습해 보라고 계속 채근할 것이다. 고인인 맥스웰 몰츠Maxwell Maltz는 이것을 '부담 없는 연습'이라고 불렀다. 거래가 성사되지 않는다고 해서 세일즈맨이 손해 볼 것은 없으니까 말이다.

이 시점에서는 자신감에 대해 주의를 주어야 한다. 명심하라. 평생 동안 자신감을 지나치게 소비해 버린다면 하루만에 혹은 이 책을 한 번 읽고서 자신감을 다시 업데이트할 방법은 현실적으로 존재하지 않는다. 좀 더 오래 그리고 좀 더 많이 필요한 단계를 규칙적으로 밟고 권장하는 절차를 따른다면 건전한 자기 이미지의 자신감이라는 은행 계좌에 잔고가 점점 불어갈 것이고, 자신감과 성취 또한 커질 것이다.

**6단계** 웃음과 칭찬을 이용하라. 사람들을 향해 웃어주면 그들도 당신에게 미소를 보내온다. 그러면 기분이 훨씬 좋아진다. (물론 '얼굴'값도 훨씬 오를 것이다.) 사람들이 다시 웃어주지 않는다 해도 세상에서 가장 빈곤한 사람은 바로 웃지 않는 사람이란 걸 알기에 그래도 기분이 좋을 것이다. 남에게 웃어주면서 마음이 풍족해질 것이다. 칭찬을 하라. 남을 진심으로 칭찬해 줄 때, 혹은 예의바르게 대접할 때, 그는 직접적으로 혜택을 받고 자기자신을 더 좋아하게 된다. 누군가를 기분 좋게 해 주면 자연히 당신도 기분이 좋아지게 마련이다.

남을 기분 좋게 만드는 좋은 방법 중 하나가 긍정적인 말과 격려의 말을 해 주는 것이다. 이런 일은 지인들과 가족들에게 매일매일 쉽게 해 줄 수 있다. 누군가 "안녕, 요즘 잘 지내?"라고 묻는다면 그를 포용해 주며 밝은 목소리로 "최고야, 그렇지만 더 좋아지겠지." "정말 좋아!"라고 해 주라. 그렇게 기분이 좋지 않다면 최소한 그런 식으로 느끼고 싶다고 말하는 게 좋고, 당신도 곧 그렇게 좋아질 거라고 말한다면 더욱 바람직하다. 태도를 다루는 부분에서 이에 대한 설명이 자세히 나올 것이다.

누군가를 기분 좋게 해 줄 또 다른 방법은 걸려온 전화에 '올바르게' 응답하는 것이다. 대부분의 사람들은 전화 건 사람이 당신에게 전화한 것이 잘못인 것처럼 쉰 목소리로 "여보세요"나 거친 목소리로 "네"라고 대답한다. 난 이런 식으로 생각한다. 내가 집에서 전화를 받을 땐 시를 읊듯이 흥얼거리며 대답한다. "오, 좋은 아침이에요." "안녕, 안녕, 안녕하세요." "안녕하십니까, 진 지글러의 행복한 남편입니다." "안녕하세요, 우린 지글러의 집에서 좋은 날을 보내고 있는데 당신도 그러시길 바랍니다."

실제로 이런 기분을 느끼기 때문에 이렇게 대답한다. 다시 말하지만 이유는 간단하다. 내가 기분이 나쁘더라도 이렇게 행동하면 기분은 곧 나아진다. 게다가 전화를 건 사람에 대한 예의가 있다. 내가 긍정적이고 기운이 넘치면 전화를 건 사람의 기분을 좋게 할 가능성이 높다. 사실은 나야말로 우리 형제의 보호자라고 할 수 있다. 성경에선 이렇게 말한다. "즐거운 마음이 연회를 계속 열게 한다." 그리고 내 방법이야말로 '즐거운 마음'을 보장해 줄 수 있다.

우리 회사 안내원은 "안녕하십니까, 지글러의 트레이닝 시스템에서 즐거운 시간 보내십시오."라고 상냥하게 전화를 받는다. 사람들은 보통 통화시간이나 내용과는 별도로 밝고 긍정적인 사람과 대화를 나누면 당연히 기분이 좋아진다고 생각한다.


**7단계** 남을 위해 무언가를 하라. 병원에 입원 중인 환자나 일시적으로 내성적인 사람을 보라. 장애우를 위해 케이크를 만들어 보는 건 어떨까. 병약한 노인들을 위한 방문 프로그램이나 책 읽어주기 프로그램에 참여해 보라. 내성적인 사람과 쇼핑을 하는 건 어떨까. 바깥바람을 쐴 필요가 있는 젊은 엄마들을 위해 아이 돌보기도 괜찮다. 규칙적으로 몇 분 동안 기능성 문맹자들에게 읽는 법을 가르쳐보라. 적십자사의 자원봉사나 유년단 분대의 여성 지도자가 되거나 등하교에 찻길 건너는 것을 돕도록 하라.

고아들에게 의형제가 되어주는 것도 괜찮은 방법이다. 아버지가 없는 아이들을 공원에 데려가 함께 시간을 보내 보라. 이런 식의 수백 가지 다양한 생각들과 의견들이 떠오르지 않는다면 데이비드 던David Dunn의 『당신 자신을 주기 위해 노력하라』를 읽어 보라고 권하고 싶다. 그러나 일단 두 가지를 신중하게 생각해야 한다. 여기엔 타협이 있어선 안 되고 당신이 돕는 사람 혹은 사람들이 답례로 당신을 도와줄 입장이 되어서는 안 된다.

이 점은 내가 보장한다. 당신의 도움에 보답하지 못할 사람을 위해 무언가를 해 준다면 당신이 한 것보다 훨씬 더 많은 것을 얻게 된다. 당신이 주는 것은 받는 사람에게는 매우 소중하지만, 자신을 위해 아무것도 할 수 없는 사람을 위해 봉사했을 때 얻는 기분이란 형언할 수 없을 정도다. 당신은 정말로 운이 좋고 감사해야 할 게 많으며, 무언가에 기여할 수도 있고, 특별한 존재라는 사실을 알게 될 것이다. 한 마디로 당신은 우뚝 서게 된다. 당신의 재능을 남을 위해 쓴 결과로 얻은 보너스라고 할 수 있다. 찰스 디킨즈는 이렇게 말했다. "남을 돕는 사람치고 쓸모 없는 사람은 없다."

**8단계** 지인들과의 관계도 신중히 하라. 삶의 긍정적인 면을 보는 도덕 의식이 높은 사람들과 관계를 하도록 노력하라. 그로 인해 큰 혜택을 얻게 된다. 예를 들어 의사나 교사, 변호사, 경찰, 정치가, 공무원, 군인들이 생계를 위해 삼 개월 동안 세일즈를 하고 주중에 한 번씩 열정이 넘치는 영업 회의에 참석해야 한다면 위대한 우리나라가 더욱 위대해지지 않을까 생각한다. 지난 몇 년 동안 직종과 성별에 상관없이 수많은 사람들이 처음엔 수줍음 많고 내성적이며, 자신감 없는 모습으로 세일즈 세계에 발을 들여놓았다가 몇 주 이내에 자신감 넘치고, 경쟁력도 높아지며 훨씬 효율적인 사람으로 변한 모습을 많이 봤다. 원인이 뭘까? 대부분 사람들은 자신의 마음에 부정적인 쓰레기를 버리고 그들이 할 수 없는 일을 말하는 사람들에게 둘러싸인 부정적인 환경에서 살아왔다.

이들의 세일즈계 진출은 그야말로 주변 환경이나 지인들에게 엄청난 변화를 의미한다. 이제 사람들은 그들이 할 수 있는 것들을 말하기 시작한다. 이들은 자신들의 훈련가, 매니저, 지인들로부터 긍정적인 이야기를 듣는다. 이런 접근 방법의 결과로 일상생활의 결과를 볼 수 있다. 자기를 아끼는 것이 훨씬 재미있고 이익이 되기 때문에 그 즉시 자기 이미지를 바꾸기 시작한다.

내가 말하고자 하는 바는 간단하다. 사람들이 이런 식의 환경과 사람에게 둘러싸여 있다면 자기 이미지와 태도에 어떤 영향을 미칠지 생각해 보라. 남들에게 사귀는 사람을 바꾸라고 요구할 순 없지만, 교제는 선택할 수 있다. 그렇게 하면 환상적인 결과가 나온다. 삶에 대해 낙천적이고 열정적인 태도를 가진 사람들을 찾아라. 그러면 당신을 '정결하게 해 줄 것이다.' 명심하라. 보통은 주변 사람들의 성격이나 매너리즘, 사고방식을 많이 닮게 된다.

주변 사람들이 선량한지와 전혀 상관없다. 심지어 IQ마저도 주변 환경이나 지인들에게 영향받을 수 있다. 1976년 7월 석세스 언리미티드 Success Unlimited라는 잡지에 나온 일화를 소개하겠다. 이스라엘 키부츠에서 유럽의 유대인 아동 평균 IQ가 115인 반면 동양 유대인 아동의 평균 IQ는 85라는 결과가 나왔다. 이 결과는 유럽 유대인 아이들이 동양 유대인 아이들보다 '똑똑'하다는 사실을 입증해 준다. 과연 그럴까? 긍정적인 주변 환경, 훌륭한 동기부여, 학습에 대한 헌신 그리고 성장 재료 등이 개선된 4년 후 키부츠에서 동양 유대인 아이들을 다시 조사한 결과, 평균 IQ의 수치가 115로 유럽 유대인 아이들의 아이큐 수치와 같았다. 정말 놀랄 만한 결과다. 긍정적이고 도덕적인 인생관을 가진 '올바른' 사람과 교제를 가질 때 이길 수 있는 기회가 더욱 커진다.

유감스런 일이지만 지인들이 부정적인 영향을 미치기도 한다. 주변에 흡연자가 있는 청소년(성인도 마찬가지)은 비흡연자와 어울리는 청소년보다 흡연 확률이 높다. 약물 복용, 음주, 부도덕성, 불경한 행위, 거짓말, 사기, 도둑질도 마찬가지다. 그나마 다행인 건 지인은 스스로 선택할 수 있다는 점이다.

**9단계** 자기 이미지를 형성하기 위해 우선 카드 위에 당신의 장점을 써넣고 언제든 참고할 수 있도록 간직하라. 친구에게 당신의 장점을 물어서 작성한 리스트 또한 잘 간직해 두라. 친구들과 함께 리스트를 만들어 가면서 "이건 여기에 두자."라고 할지도 모른다.

누군가가 중얼거리며 걸어가자 지나가던 사람이 그를 붙잡고 이유를 물었다. 그러자 그는 지성인과 대화 나누기를 좋아하고, 경청 또한 좋아한다고 했다. 단언하건대 그는 건전한 자기 이미지를 가진 사람이다. 가끔씩은 자기 자랑을 해도 좋다. 당신의 독특한 재능과 친해져라.

**10단계** 지난날 성공했던 일들을 상기시키기 위해 승리의 리스트를 작성해 보라. 물론 이 리스트에는 당신에게 가장 큰 만족감과 자신감을 준 일들이 들어가야 한다. 어린 시절부터 지금까지의 일들을 모두 포함해야 한다. 약한 애를 괴롭히는 골목대장을 때려준 일부터 시작해 어려운 과목에서 'A'를 받은 일까지 모두 적어 넣는다. 이 리스트를 주기적으로 검토하면서 당신은 과거에 여러 번 성공을 했고 지금도 할 수 있다는 사실을 떠올리게 된다. 이렇게 하면서 자신감이 쌓이게 되고, 이는 다시 이미지를 그려주며, 결국엔 성공과 행복을 가져다준다. 이 마지막 두 단계는 스스로에 대해 적대적인 게 아니라 호의적이라는 사실을 다시 한번 확인시켜 주고 있다.

리스트를 작성하면서 우리가 이야기하는 균형 잡힌 성공에 필수적인 대부분의 장점들이 재능 교육표에 나타나지 않도록 하라. 서비스 가능성 여부, 인내심, 신뢰성이라는 면에서 생각해 보라. 당신도 남들처럼 양심적이고 헌신적이며 정직할 수 있다는 사실을 받아들여라. 열심히 일과 기도를 할 수 있다는 사실도 알아야 한다. 또한 당신도 남들 못지않게 하나님의 사랑을 받는다는 사실을 깨달아야 한다.

**11단계** 건전한 자기 이미지를 형성하기 위해 반드시 피해야 할 것들이 몇 가지 있다. 그 중에서도 두말할 필요없이 포르노가 일 순위를 차지한다. 말 그대로 우리 머릿속에 입력된 것들은 우리에게 영향을 미치며 영원히 지워지지 않고 남게 된다. 이것은 미래를 설계해 주거나 그 미래를 위한 당신의 성취 가능성을 줄이고 없애버린다. 심리학자들은 오스틴 파워Austin Power, 아메리칸 파이American Pie, 사우스 파크South Park, 아이즈 와이드 셧Eyes Wide Shut 등 'X등급' 판정을 받은 영화나 텔레비전 프로그램의 리뷰가 우리의 마음에도 몸으로 직접 겪는 것만큼의 심리학적, 정서적으로 파괴적인 효과를 미친다고 한다.

이런 '쇼'를 시청한 사람들은 하나같이 이 프로그램들이 시청자들을 성적으로 자극시키고 그들을 존중하지 않는다는 사실에 공감한다. 이유는 단순하다. 이런 영화나 프로그램은 인류 최악의 모습을 보여 주기 때문이다. 타인을 업신여길 때 스스로를 비하시키는 꼴이 되는 것처럼 말이다. 인류를 최악의 모습으로 보면서 자신의 가치가 감소했다고 느끼지 않는 건 가능한 일이 아니다. 당신은 자기가 생각하는 것 이상의 존재가 될 수도 없고, 할 수 있다고 생각하는 것 이상의 일도 할 수 없다. 이상하게도 X등급 판정을 받은 거의 모든 영화는 성인들을 위한 '성인용' 오락물로 광고되지만 대부분의 심리학자들은 이들이 완전히 성숙하지 않은 시청자인 청소년용 오락물이라고 말한다.

일일 드라마의 경우 이런 상상력은 재앙이 되어 버린다. 최근 몇 년 동안 '일일 드라마'들이 근친상간과 불륜, 계약 결혼과 스와핑까지 다양한 주제를 다뤄왔기 때문이다. 게다가 '중독성'과 시간 낭비까지 생각해 보라. 분명 내일은 나쁜 소식, 그것도 아주 '나쁜' 소식을 듣게 될 것이다. 드라마에 나오는 주인공과 그의 친구들은 앞으로 고생하거나 문제될 소지가 있으며 혹은 이제 막 역경에서 벗어나려고 한다. 부정적인 인생관을 가지면 당신이 처한 상황을 그런 식으로 받아들이게 된다. 나중에는 이렇게까지 생각할 수도 있다. "'그 주인공'의 기분이 어떤지 이해가 돼. '그 사람'도 내게 똑같이 저런 짓을 했거든. '비겁한 놈.'"

점성술도 비슷한 방법으로 '당신을 유혹'하며 그 효과는 더욱 치명적이다. 대다수 사람들은 결과가 어떻게 나오든 '믿지 않으니까' 점성술을 '사소한' 것으로 생각한다. 봐서 손해 볼 것 없는 정도랄까. 그러나 실상 결과가 나오면 사람들은 믿게 된다. (습관에 대해 다룬 단원에서 그 이유를 자세히 설명해 줄 것이다.) 믿을 순 없겠지만 '점성술'이 나쁘게 나오면 여행을 가지 않거나 중요한 결정을 내리지 않는 사람도 있다. 성경에서는 점성술이 악마의 짓이라고 비난하고 있다. 따라서 그날의 운세를 읽는다면 그건 악마의 보고서를 읽는 것과 마찬가지다. 하나님의 존재나 성경을 믿지 않는 사람들에게는 점성학의 '이론'이 천동설을 기반으로 한다는 것을 상기시켜 주고자 한다. 참으로 대단한 학문이다!

**12단계** 자기 이미지를 발전시키기 위해선 타이 콥<sup>Ty Cobb</sup>이나 베이브 루스<sup>Babe Ruth</sup>의 성공적인 실패를 보고 배워야 한다. 타이 콥은 여느 선수들보다 많이 실패한 선수다. 베이브 루스 역시 스트라이크를 가장 많이 당한 선수다. 베이브 루스의 기록을 깬 행크 에런<sup>Hank Aron</sup>도 메이저리그에 진출한 선수들 대부분에게 스트라이크를 당했다. 그렇다고 이들을 실패자라고 부르는 사람은 아무도 없으며, 심지어 이들의 실패를 기억하는 사람조차 없다. 사람들은 이들의 성공만을 기억한다.

엔리코 카루소<sup>Enrico Caruso</sup>가 고음을 내지 못해 스승이 포기하라고 조언을 한 적이 있었다. 그래도 꾸준히 노력한 결과 카루소는 위대한 테너로 명성을 날렸다. 토머스 에디슨의 스승도 그를 저능아라고 불렀지만 후에 그는 백열전구의 결함을 보완하기 위해 14,000번의 실험을 거듭했다.

에이브러햄 링컨 역시 실수를 많이 저질렀지만 그를 실패자라 보는 사람은 없다. 알버트 아인슈타인은 수학에서 낙제 점수를 받았다. 헨리 포드는 40살에 파산했다. 빈스 롬바르디Vince Lombardi는 크누트 로킨Knut Rockne 이후로 가장 존경받는 감독이 되었다. 그런 그도 43살에는 포드햄 대학교의 평범한 코치였다.

판매 조직이 뛰어난 직원들이 일개 회사 소속 세일즈맨들보다 거래에 실패할 가능성이 크다. 월트 디즈니도 성공의 단맛을 보기 전에 일곱 번이나 파산했고 신경쇠약에 걸리기도 했다. 이 사람들은 모두 꾸준히 노력했기 때문에 성공한 것이다. 대박을 터뜨리는 것과 그만그만하게 성공을 하는 것의 차이점은 하나밖에 없다. 대박을 터뜨리는 일은 그만그만한 성공을 연달아 거두는 것이다.

**13단계** 이미지를 바꾸고 성과를 향상시킬 가장 빠르며 효과적인 방법은 대화와 의견 참여가 가능한 가치 있는 목표를 설정한 조직에 들어가는 것이다. 대부분 사람들은 사적인 대화를 나눌 때엔 자신의 의견을 조리 있게 표현하지만 대중 앞에서 연설을 하라면 긴장하게 마련이다. 표정이 굳은 채 어리석게 보이는 자신의 모습을 머릿속으로 '떠올리게' 된다.

이들의 이미지를 바꿀 그나마 빠른 방법은 토스트마스터Toastmaster, 토스트미스트레스Toastmistresses, 인터내셔널International 과정을 듣거나 이틀 과정으로 열리는 본 투 윈 세미나Born to win seminar, 카네기 리더십 코스를 듣는 것이다. 전에 말 한 마디 못하던 사람이 자기 의견을 당당히 말하는 것을 봤다. 정말 놀라운 이미지 변화다. 웅변가처럼 말이 유창할 필요는 없다. 그런데 숙맥이던 사람이 하루아침에 연설가로 뛰어난 능력을 발휘한 경우도 적지 않았다. 처음에는 이들로 하여금 발표하게 만들기가 힘들었다. 그러나 점차 자신감을 갖자 생각지도 못한 문제가 발생했다. 그렇다. 이젠 이들의 말을 끊기가 어렵게 되었다.

**14단계** 시선을 마주해야 한다. 사람들은 '자신의 눈을 쳐다봐주는' 사람을 좋아한다. 시선을 피하는 사람을 전혀 의식하지 못하는 사람도 있다. 이들은 직접 대화를 나누고 있으면서도 상대방의 눈을 똑바로 쳐다보지 못한다. 스스로 '무가치한 존재'이며 감히 남의 눈을 똑바로 쳐다볼 '자격이 되지 않는다'고 생각하는 사람들도 있다.

이런 사고방식(당신도 이렇게 생각한다면)을 없애려면 거울 앞에 설 기회가 있을 때마다 자신의 눈을 똑바로 쳐다보는 연습부터 하라. 매일 몇 분씩 자신의 눈을 쳐다보는 연습을 해야 한다. 이렇게 연습을 하면서 당신이 한 일에 대해 긍정적인 자신감을 가져라. (열 번째 단계에서 언급했던 승리 리스트를 이용해서 말이다.) 남들이 당신에게 해 준 말, 혹은 당신에 대한 칭찬을 반복하라. 인테그리티, 유쾌함, 솔직함, 성품, 열정, 인내심, 사려 깊음, 선량함, 협동심과 같은 칭찬에 신경 쓰고, 스스로 못났다고 생각하지 않는 한 외모에는 신경 쓰지 마라. 이런 칭찬들은 이미지를 형성하는 데 큰 도움이 된다.

이미지 형성을 위한 '시선 접촉'의 두 번째 페이스는 아이들과의 놀이다. 기회가 생기면 아이들과 이야기하며 놀아주라. 그러면서 그들의 눈을 쳐다보라. 그렇게 하면 아이들은 당신을 따르게 될 것이고, 인정을 받게 되면 당신도 수월하게 스스로를 인정하게 된다.

열네 번째 단계의 세 번째 페이스는 기회가 있을 때마다 부하 직원, 친구 그리고 지인들과 눈을 마주쳐야 한다. 이렇게 하면 마지막에 필요한 자신감을 더 키울 수 있다. 마지막 페이스란 만나는 사람마다 눈을 마주치거나 인사를 하는 것이다. ('단순히 바라만 보는' 차원이 아니다.) 결론적으로 말해 이런 과정은 당신이 자기 이미지를 형성하고 '친구를 만들 수 있도록' 도와준다.

**주의:** 어떤 나라에서는 그렇게 하라고 시키지 않는 한 나이 어린 사람이 어른을 똑바로 쳐다보는 것을 무례하다고 여긴다. 이 점을 주의하라.

**15단계** 필요한 경우 외모를 가꿔라. 뚱뚱한 사람들은 살을 뺀 후 예쁜 옷을 입게 되고 그룹 활동에 참여할 수 있게 되며, 운동을 즐기고 계단을 두 개씩 뛰어오르며, 자신의 몸무게에 이어지는 잔소리(물론 '상냥하게')를 더 이상 듣지 않게 된다. 이렇게 되었을 때 자기 이미지가 얼마나 달라졌는지 말할 수 있다. 나 역시 체중을 17kg 감량했을 때 이미지가 확연히 달라졌다.

자기 이미지를 형성하는 데 성형수술이 도움이 될 때도 있다. 특이하게 크거나 긴 코, 튀어나온 귀, 언청이로 고생하거나 등에 고통을 줄 만큼 가슴이 큰 경우에는 더욱 그렇다. 이런 부분들은 개인이 심리 상담을 병행하면서 치료해야 한다. 신중한 충고와 조언은 기본이지만 실제로 성형수술 후 180도 변한 경우를 보았다.

건전한 자기 이미지 형성을 위한 열다섯 번째 단계에는 해야 할 일과 하지 말아야 할 일들의 리스트를 작성하는 것이다. 리스트 작성은 자기를 인정할 수 있게 도와준다. 일단 자신의 현실을 인정하면 남들이 당신을 인정하는 건 큰 문제가 되지 않는다. 그 시점에서 이미 당신은 어디를 가든지 인정받을 뿐만 아니라 환영까지 받게 된다. 이유는 간단하다. 그들은 당신의 진정한 모습을 반길 것이며, 당신의 진정한 모습은 남을 흉내내려고 미칠 듯이 노력하는 허풍쟁이보다는 훨씬 나으니까 말이다.

진정한 당신의 모습이 받아들여질 때에 많은 일이 생긴다. 행동뿐만 아니라 도덕의식도 함께 성장한다. 본인의 마음도 편안해지므로 긴장감도 사라진다. 예전에 당신을 '괴롭히던' 사소한 문제들도 소멸된다. 다시 말해, '별것 아닌 일에 고민하지 않게 된다.' 자신감이 생기는 건 당연한 일이고, 커뮤니케이션에 방해되던 것들도 모두 없어지니 가족관계도 한결 좋아진다.

일단 자기 자신을 받아들이면 다른 사람과 그들의 의견을 수용하기가 훨씬 쉽다. 단 이것은 어디까지나 '수용'이다. 남의 의견에 무조건 찬성하라는 이야기가 아니다. 다른 의견을 수용하고 그들의 기분을 이해하라는 말이다. 이렇게 할 수 있을 때, 인종이나 종교, 피부색, 문화적 배경, 직업에 상관없이 남들과 사이좋게 지낼 수 있다.


## 증상을 없애고 문제를 해결하라

돈 문제나 일 문제 혹은 부부 문제 등 대부분의 문제들은 진짜 문제라기보다는 문제들의 증상이라고 할 수 있다. 약물, 알코올, 포르노, 동성애, 비만, 무례한 언동, 신성 모독, 스와핑 등은 좀 더 까다로운 어려움의 증상들일 뿐이다. 이 밖에 다른 것들도 진짜 문제들의 증상이다. 특히 이런 것들이 '체면'이나 부모에 대한 반항으로 '자기들만 하는 특별 행위'와 연관될 때에는 더욱 그렇다.

아이들은 '내 존재조차 몰랐겠지. 제대로 놀라게 해 줄 생각이야. 바보 같은 짓일지도 모르지만 내가 하는 일이 마음에 안 들걸. 그런 짓을 하는 나도 싫어하게 되겠지. 어쨌든 나도 할 땐 한다는 걸 보여 줄 테야.'라고 말한다. 학생을 대상으로 연구를 하면서 매번 지각하는 학생, 교과서를 '잊어버리고' 안 가져온 학생, 교사와 말다툼을 벌이는 학생, 말 한 마디 한 마디 혹은 행동 하나하나 '귀엽게' 보이려는 학생은 초라한 자기 이미지를 가지고 있거나 초라한 자기 이미지를 행동에 옮기는 것이라고 들었다. 이 아이들의 진심은 이렇다. '제발 절 봐주세요, 사랑해 달라고요. 절 인정해 주세요, 저도 사람이라고요.'

남에게 충분히 인정받지 못하면 대부분 사람들은 자신의 태도를 고치고 타협하기 시작한다. 남의 흉내를 낼지도 모른다. 살아가면서 자기 자신이 될 수 없다면 남이 되기 위해 모든 걸 거짓으로 꾸며야 한다. 정말 불행한 일이 아닐 수 없다. 흉내내기는 어느 정도 한계가 있다. 그러나 자기 자신이 되면 최고가 될 수 있다. 자기를 인정하면 남의 인정을 받을 필요가 없다. 거절당한다고 해서 '무너지는 건' 아니다. 거절당할 걱정을 하지 않고도 충분히 자기 자신이 될 수 있다. 이기적으로 들리는가? 전혀 그렇지 않다. 오히려 반대다. 셰익스피어는 이렇게 말했다. "본래의 모습에 정직하라. 그렇게 하면 낮이 가면 밤이 오듯, 누구에게나 진실하게 보인다." 자신을 소중한 존재라고 생각한다면 무례한 언동, 신성 모독, 불평불만, 스와핑 등은 할 수 없다. 자, 이제 많은 문제들이 없어지지 않았는가.

예를 들어 약물 남용 문제를 한번 보자. 초라한 자기 이미지가 있는 사람들이 약과 알코올에 의존하는 법이다. 있는 그대로의 자기 모습을 받아들이지 않을뿐더러 타인도 그 모습을 싫어할 거라 생각한다. 그래서 쉽게 변할 방법을 찾게 되고, 약과 알코올을 그에 대한 해결책으로 여기게 된다. 약물과 알코올은 오히려 문제를 복잡하게 만들고 혼란을 가중시키며 삶 자체를 파괴해 버린다는 것을 증명해 주는 사례는 수없이 많다. 건전한 자기 이미지로 달라진 당신에겐 이런 문제들은 관심 밖 대상이다. 어느 정도 이미지 변화에 성공했고 지금도 노력 중이니, 앞으로 어떤 것들을 선택할 수 있는지 살펴보도록 하자.

## 선택은 당신의 몫이다

일본인들은 나무를 분재 형태로 키우며 즐긴다. 크기는 작지만 아름답고 완벽한 형태를 갖추고 있다. 캘리포니아에서 세쿼이아라는 거대한 나무숲이 발견됐다. 이 중의 한 나무에 셔먼 장군General Sherman이라는 이름이 붙었다. 높이만 82m이고 원주는 24m의 초대형 나무다. 이 나무의 덩치가 어찌나 큰지 방 다섯 개짜리 집을 35채나 지을 목재가 나온다. 한때는 분재용 나무와 셔먼 장군의 크기가 똑같았다. 이들이 씨앗이었을 때 무게는 28g의 1/30,000 정도도 나가지 않았다. 그러나 성장했을 때의 차이는 엄청나다. 이 크기 차이 속에 교훈이 담겨 있다.

나무가 싹을 틔우면 일본인들은 그 싹을 뽑아 주근과 흡수근 일부를 묶어 식물의 성장을 막는다. 그 결과 소형 식물인 분재가 탄생한다. 아름답고 아주 작은 식물 말이다. 셔먼 장군의 씨앗은 캘리포니아의 비옥한 토지에 뿌리를 내린 후, 미네랄과 비, 햇살을 받아 무럭무럭 자랐다. 그래서 거대한 나무가 되었다. 분재나 셔먼 장군은 스스로 운명을 결정할 수 없었다. 그러나 당신은 선택할 수 있다. 원하는 대로 소인으로 살거나 거물로 살 수도 있다. 당신의 자기 이미지, 즉 자신을 어떻게 보느냐가 바로 당신의 운명을 결정짓는다. 선택은 바로 당신의 몫이다.


## 스스로를 인정하라

처음과 같은 방법으로 이 단원을 마무리하겠다. 이 세상 어느 누구도 당신의 허락 없이 열등감을 느끼게 해서는 안 된다. 당신은 지금 그렇게 할 수 있는 위치에 빠르게 접근 중이다. 그 시점에 도달할 때 자신을 인정하게 된다. 꾸준히 노력한 결과 상을 '받아도 될' 사람으로 여긴다. 이 단계에 이르면 자신의 한계를 없애고 인생이 제공해 줄 좀 더 많은 선물

정상으로 향하는 계단에 첫발을 내디디면서
이전 상태에서 벗어났다는 사실을 알기 바란다.
그다음 계단은 훨씬 수월할 것이며
시야가 좀 더 넓어질 것이다.

을 얻게 된다.

이 책의 세 번째 섹션으로 가기 전, 다음에 나와 있는 지시 사항을 따라 줄 것을 권한다.

① 다음 페이지에 있는 정상으로 향하는 계단 그림을 보고, '자기 이미지'라고 적힌 옆에 큰 글씨로 '훌륭한'이란 단어를 적은 후 그 주위에 네모를 그려라.

② 이제 책을 덮고 눈을 감아라. 잠시 휴식을 취하며 자신이 이미 훌륭하고 건전한 자기 이미지가 있으며 성공에 필요한 요소는 모두 있다고 상상해 보라.

③ 이 단락을 다시 읽어 보고 아이디어 노트에 적은 글과 줄 친 부분에 다시 한번 중요 표시를 해 두라.

④ '자동차를 소중하게 관리하면 아무 곳이나 편안히 여행할 수 있듯이 자기 이미지를 제대로 돌본다면, 그것은 당신이 원하는 곳이 어디든 도달하게 한다.'

이제, 정상으로 향하는 계단을 하나 더 올라가 보자.

## 지그의 이야기

작가가 중반부에 자기 이야기를 넣는 건 흔치 않은 일이다. 그러나 내가 겪은 일이 당신에게 일어날 수 있다고 생각했기 때문에 여기서 이야기하려고 한다. 당신이 어떤 기분인지 나도 느꼈다. 이뿐만 아니라 내가 처음에 느낀 두려움이나 실패, 좌절감 역시 많은 사람들이 공감하기 때문에 지금 하려는 이야기도 독자들에게 신빙성을 주면서 희망도 심어 줄 거라 굳게 믿는다.

이 책이 처음 출판되었을 때 자기 이미지를 다룬 부분에서 내 이야기를 집어넣었다. 그러나 시간이 흐르면서 이 이야기는 자기 이미지 단원과 대인관계를 다룬 단원 사이에 넣는 게 더 '적합'할 것 같다는 생각이 들었다. 누군가가 자극을 주었을 때 내 이미지는 변하기 시작했고, 그때부터 사다리 오르기가 시작되었다. 지금부터 하려는 이야기가 당신의 자기 이미지와 대인관계 사이를 연결하는 교두보 역할을 할 수 있을 거라 생각한다.

내게는 열두 명의 형제자매가 있었다. 아버지는 대공황이 한창이던 1932년에 돌아가셨다. 당시 어머니에겐 일하기에 어린 다섯 명의 자녀가 있었다. 어머니는 독실한 기독교인이었고, 우리에게 무한한 사랑을 베푸셨으며 하나님을 믿고 최선을 다하면 모든 게 잘 풀릴 거라 말씀하셨다. 학교는 5학년까지만 다니셨지만 평생대학에서 우등 졸업을 하셨고, 미시시피 야주 시에서 가장 사랑받고 존경받는 사람 중 한 명이 되셨다. 연로해서 돈을 벌기 힘들게 됐을 때에도 은행에 가서 사인만 하면 원하는 만큼 돈을 빌릴 수 있었다.

주님에 대한 사랑이나 진실에 대해서는 양보를 모르는 분이셨다. 도아니면 모, 확실한 분이셨다. 회색이란 존재하지 않았다. 계란이 '이 정도면' 신선한 편이라고 말씀하신 적이 한 번도 없으셨다. 신선한 계란 아니면 썩은 계란만이 있을 뿐, 진실 아니면 거짓이다. 진실이나 원칙 앞에선 타협을 하지 않으셨다. 우리에게 항상 이런 말을 들려주셨다. "누가 옳은지가 중요한 게 아니라 어떤 게 옳은 건지가 중요한 법이란다." "중요한 것을 지키지 못하는 사람은 무엇을 해도 실패한단다." "진실을 말하라." "과거의 잘못을 숨긴 사람은 여전히 잘못을 저지른다." 손주들이 태어난 후에는 내게 이런 말씀을 자주 하셨다. "얘야, 네가 모범을 보이면

따로 규칙 같은 건 정할 필요가 없지 않겠니."


## 40센트만 더

어머니의 사고방식을 잘 알 수 있는 일화가 있다. 나는 매주 토요일 아침 7시 30분부터 밤 11시 30분까지 잡화상에서 일하면서 75센트의 급료를 받았다. 그로부터 몇 개월 후, 동네 샌드위치 가게에서 일을 제의해왔다. 이곳의 근무시간은 아침 10시부터 밤 11시까지였다. 근무시간은 짧아졌고 급료는 1달러 15센트였다. 나는 일자리를 바꾸고 싶었다.

요즘 같으면 40센트가 크게 느껴지지 않겠지만 1939년 미시시피 시골 마을 어린 소년에게는 큰돈이었다. 어머니는 내가 더 많은 돈을 벌어오기를 원치 않으셨고 나 역시 어머니의 뜻을 거스를 생각은 없었다. 헌신적인 기독교 신자이자 긍정적인 사고방식(언젠가 소를 몰고 올 끈을 내게 주면서 우시장에 내보냈다.)의 존 R. 앤더슨<sup>John R. Anderson</sup> 씨가 그 잡화상 주인이었기 때문이다.

어머니가 말씀하셨듯이 40센트가 중요한 게 아니었다. 존 앤더슨 씨 보호 아래 있는 것은 돈으로 가늠할 수 없는 일이었다. 어머니는 샌드위치 가게를 운영하는 사람이 누군지 모른다는 사실을 강조하셨다. 물론 괜찮은 사람이겠지만 정체도 모르는 주인이 운영하는 가게에서 소중한 아들이 일하게 놔둘 수는 없었던 것이다. 게다가 샌드위치 가게에서 맥주도 판다는 소문이 돌았다. 어머니는 결국 결정을 내리셨고 누구도 그 결정을 바꿀 수 없었다. 어머니는 우리를 사랑해 주셨고, 태어날 때부터 순종을 가르쳤기 때문에 어머니가 내린 결정을 존중하는 것도 자연스러운 일이었다.

어머니의 생각은 옳았다. 앤더슨 씨가 내 인생에 미친 영향은 지대하다. 자유기업 시스템의 혜택을 알게 해 주었고, 문법도 가르쳐 주었으며, 사회생활에 도움이 되는 예절을 가르쳐 주기도 했다. 나의 대부였으며 일이란 걸 처음으로 배운 스승이었다. 그에 대한 존경과 감사는 말로 표현할 수 없을 정도여서 내 아들도 그의 이름을 따 존 토머스<sup>John Thomas</sup>라고 지었다(토머스는 장인 어른의 이름을 땄다).

## 잡화점의 출납계원

내 변명을 들어주지 '않을' 만큼 사랑해 주신 어머니 외에 날 염려해 주고 배려해 주신 아버지 같은 앤더슨 씨도 계셨다. 나의 가정 환경은 이렇다. 5학년 때부터 일을 시작해 11학년까지 그곳에서 일했다. 직책은 '출납계원'이었다. 직책에 놀랄 필요는 없다. 청소할 때 사람들에게 비키라고 '말할 수' 있는 정도다.

고등학교 3학년 때, 앤더슨 씨 가게 매니저였던 사람 밑에서 일했다. 그의 이름은 월터 헤이닝<sup>Walter Haining</sup>으로 그 역시 내게 관심을 보인 선량한 사람이었다. 그는 이웃에 있는 정육점을 샀다. 나는 졸업한 지 얼마 되지 않아 해군에 입대하게 되었다. 떠나기 전날 밤, 헤이닝 씨가 찾아와 이런 저런 이야기를 나누었다. 제대를 하면 일을 해달라고 했다. 솔직히 썩 구미가 당기는 제안은 아니었다. 주당 75시간을 일하는데 월급은 30달러였으니까 말이다. 가게에서 2년 동안 일하면서 사업을 배우면 내가 정육점을 차릴 수 있도록 도와주겠다고 했다. 그러나 내 눈길을 사로잡은 건 그가 보여 준 작년도 순 수익이었다. 총 5,117달러. 여기서 잠깐! 1944년대 물가와 현재 물가를 비교하면 안 된다.

일 년에 이렇게 많은 돈을 버는 사람이 있으리라고는 생각도 못했다. 헤이닝 씨는 다시 한번 이 수치는 진짜며 나도 이 정도의 돈을 벌 수 있다고 설득했다. 1944년 7월 1일, 해군에 입대하기 위해 미시시피 야주 시를 떠났다. 전쟁이 끝나면 야주 시로 돌아가 정육점을 열고 연간 5,117달러를 벌 계획이었다.

해군에 있는 동안 잭슨 가문의 진 애버나시$^{Jean Abernathy}$와 연인이 되었다. 1946년 이후 그녀는 아내이자 내 인생이 되었다. 제대 후 사우스캐롤라이나 대학에 입학해 밤에는 기숙사에서 샌드위치를 팔아 돈을 벌었다. 학기 중에는 벌이가 짭짤했으나, 여름 방학에는 파리를 날렸다. 어느 날 진은 신문에서 연봉 10,000달러 세일즈맨 구인광고를 보았다. 하늘이 주신 기회라고 생각할 수밖에 없던 게, 마침 우리에겐 10,000달러가 필요했기 때문이다. 일단 약속을 잡고 면접을 보러 갔다. 그날 저녁 들떠서 돌아온 나는 취직이 됐으며 일 년에 10,000달러를 벌게 될 것이라고 아내에게 말했다. 아내 역시 기뻐하며 일은 언제 시작할 수 있냐고 물었다. 난 이 남자가 곧 '연락해 주겠다'는 말을 했다고 전했다.

이 당시 난 너무 순진해서 당연히 취직되었다고 믿었으며 '거절당했다'는 사실을 깨닫지 못했다. 면접 후 한 달이 지나도 소식이 없자 직접 회사에 연락을 했다. 그들의 답은 간단했다. 내가 세일즈에 소질이 없어 보인다고 했다. 그래도 끈질기게 고집을 부리자, 이들은 나를 직업 훈련소에 보내기로 합의를 했다. 그렇지만 학기가 끝날 즈음까지도 소질이 없다고 생각되면 일을 주지 않겠다고 경고했다. 조리 기구를 파는 일이었으며 급여는 건당 수수료를 받는 것이었다.

훈련이 끝난 후 마침 기회가 왔다. 그 후 2년 6개월 동안 세일즈 매니저인 빌 크랜포드$^{Bill Cranford}$의 도움을 받았지만, 그들의 말이 옳았다는 게 증명됐다. 그렇다고 오해는 하지 마라. 내가 많이 팔지 못했다는 게 아니다. 실제로 팔기도 많이 팔았다. 내 차와 가구까지 팔았으니까. 이 마지막 노선이 비웃음 당하지 않도록 해 준 건 바로 이게 실화에 가깝다는 점이다.

## 물에 빠진다고 다 익사하는 것은 아니다

얼마나 심각하게 파산했는지는 관심 없다. 나 역시 '파산자'였으니까. 당신이 얼마나 의기소침해 있을지, 쓰레기더미에서 허우적대고 있을지 혹은 그렇게 될지 상관없다. 나 역시 더했으면 더했지 같은 상황을 겪었으니 말이다. 인간성도 훌륭할 뿐만 아니라 연설가와 세일즈맨 교육 컨설턴트로서의 능력을 뛰어나게 발휘하는 절친한 친구 카베트 로버트 Cavett Robert는 이렇게 말했다. "물에 빠진다고 익사하진 않는다. 그러나 계속 빠져 있으면 익사한다." "하강하는 게 나쁜 것만은 아니다. 단, 자신에게 무릎을 꿇어선 안 된다."

쓰러진다고 지는 건 아니다. 그 자리에 계속 있으면 지는 것이다. 개인적인 이야기지만 이 책의 독자들이 사표를 던지겠다고 생각한 만큼 나 역시 사표를 많이 던졌다(물론 마음속에서만). 빚더미에 눌러앉아 내가 무슨 일을 하는지도 모르고, 이대로 가라앉을지 아니면 살아날지도 모른다는 것만큼 절망적인 상황은 없다. 이런 시기에 당신보다 훨씬 더 큰 존재에 대해 믿는 건 매우 중요하다. 내게 정신적인 가이드가 되어 주던 어머니의 용기, 헌신, 끈기의 가치는 이루 말할 수가 없다.

당시 굉장히 힘들었고 쉽게 좌절도 했다. 어떤 때는 50센트어치 기름을 주유해야만 했고, 팔았던 물건 한두 가지를 되돌려 받아 올 때도 있었다. 요금을 내지 못해 전기와 전화가 끊긴 적도 있었고, 할부금을 내지 못해 차를 돌려주어야 할 때도 있었다. 큰딸이 태어났을 때 병원비가 64달러였지만 우리에겐 그 정도의 돈도 없었다. 병원비를 지불하기 위해 가재도구를 두 개나 팔아야 했다. 정말 너무나 당혹스럽고 치욕적이기까지 한 상황이었지만, 그렇다고 세상이 끝난 건 아니었다.

나는 이미지가 안 좋았을 뿐만 아니라 세일즈맨으로서의 소질도 없었기 때문에 결국 망했다. 요점을 말하기 위해, 또 열심히 발버둥치는 세일즈맨들에게 격려를 해 주기 위해서 일화를 소개하겠다. 내 무지함에서 나온 경험담이라고 할 수 있다. 설명서 없는 공중전화 박스를 사용하지 않으려는 사람에게 공중전화 박스의 필요를 설득해야 했다.

일부 경력 있는 세일즈맨들은 디너파티를 개최하기도 하는데, 이는 그룹으로 설명회group demonstrations를 한다고 보면 된다. 나 역시 디너파티를 열기로 했다. 첫 번째 '디너파티를 겸한 설명회'는 B. C. 무어B. C. Moore 씨와 함께 했는데, 그는 콜롬비아 S. C. 하이스트리트 2210가에 살았다. 그 외에 클라렌스 스펜스 부부, M. P. 게이츠 부부도 참석했다. 설명회를 마치자, 잠재고객들은 왜 공중전화 박스를 사지 말아야 하는지 여러 가지 이유를 댔지만 결국엔 "그 물건을 사겠습니다."라고 말하며 끝냈다.

이 시점에서 평범한 세일즈맨이라면 특히 그가 경제적으로 어려운 형편에 놓여 있다면, 그 자리에서 주문서를 작성하고 수수료를 챙겼을 것이다. 그러나 나는 또 다른 약속이 잡힌 상태인 데다 늦었기 때문에 그곳을 나와야 했다. 결국 두 군데 거래를 모두 성공시켰다. 하지만 나는 미숙하고 말을 제대로 하지 못해서 어리석은 일을 저지르는 세일즈맨이 많다는 사실을 깨닫고 내심 놀랐다. 그렇다. 이 책을 읽는 내 친구여, 장담하건대 당신에게도 분명히 희망은 있다.

## 당신도 얼마든지 성공할 수 있다

지지부진한 세일즈 생활을 한 지 2년 반이 지났을 때(정말로 지지부진이라고 밖에 표현할 수 없다) 전체적인 그림이 변하기 시작했고 내 커리어는 180도로 전환됐다. 그 이야기를 들려주고자 한다.

노스캐롤라이나 주 샬롯에서 온종일 수업을 받는 코스에 등록했다. 테네시 주 내시빌의 P. C. 머렐P. C. Merrell 씨가 가르쳤다. 훌륭한 코스였지만 내가 배운 기술은 이미 오래전에 잊어버렸다. 그날 저녁 파티를 위해 사우스캐롤라이나 랭커스터에 있는 집으로 돌아왔다. 침실에 들어갔을 때는 밤이 깊었으나 아이가 계속 우는 바람에 제대로 자지도 못했다. 새벽 5시 30분, 알람 시계(이 당시에는 말 그대로 '알람' 시계였다. 그러나 좀더 현실적이 된 지금은 이것을 '기회' 시계라고 부른다.)가 울렸고 평소대로 자리에서 일어났다. 우리는 잡화점 위층에 있는 조그마한 아파트에서 살았다. 반쯤 멍한 상태로 창문을 통해 눈이 내리는 모습을 보았다. 땅 위에는 제법 눈이 쌓여 있고, 난 그 위로 히터가 켜지지 않는 크로슬리 자동차를 몰고 출근하려던 참이었다. 그날 아침 난 인간이라면 당연히 할 행동을 따랐다. 맞다. 침대로 다시 기어들어 갔다.

침대에 다시 눕자, 갑자기 지금까지 어떤 회의에 늦거나 빠진 일이 없었다는 사실이 떠올랐다. 게다가 이 자리를 얻기 위해 2개월 동안 캠페인을 벌인 후 그들이 나를 채용했을 때, 세일즈와 관련된 모든 회의나 훈련 과정에 참석하겠다고 약속했다. 갑자기 어머니가 하신 말씀이 떠올랐다. "네가 한 말을 지키지 못하면 쓸모없는 사람이 된단다." "누군가를 위해 일한다면 항상 그들을 위해 최선을 다해 일해라. 어떤 일을 하면 무슨 수를 쓰더라도 그 일을 해내고, 그렇게 못하겠다면 빠져나오라." 성경에선 이렇게 말한다. "너는 이렇게 뜨겁지도 차지도 않고 미지근하기만 하니 나는 너를 입에서 뱉어 버리겠다." 침대에서 나와 샬롯으로 향했다. 그리고 새로운 인생을 시작했다.

훈련 과정이 끝나자 머렐 씨는 나를 조용히 부르더니 이렇게 말했다. "지그 씨, 2년 반 동안 지켜봐 왔습니다. 죄송한 말씀이지만 이런 낭비는 처음이네요." (자, 이제야 관심이 가는가.) 당황한 나는 그게 무슨 뜻이냐고 물었다. 그는 이렇게 설명했다. "지그 씨는 여러모로 소질이 많은 사람입니다. 대단한 사람이 될 수도 있고 어쩌면 전국에서 제일가는 사람이 될 수도 있어요." 이런 칭찬을 들으니 기분이 붕 뜰 수밖에 없었다. 그러나 약간은 회의적인 생각이 들어서 진짜로 어떻게 생각하냐고 물었다. "지그 씨, 주어진 스케줄대로 일을 하고 자신을 믿기 시작한다면 최고 자리로 올라갈 수 있을 겁니다. 제 생각이지만 틀림없어요."

이 말의 진정한 의미를 이해했을 때 정말로 놀랐다. 머렐 씨의 말을 이해하려면 우선 내가 자라온 환경을 알아야 한다. 소싯적 난 체구가 작은 편이었다. 고등학교 3학년이었을 땐 옷을 다 입고 재도 몸무게가 54kg이 채 안 되었다. 5학년이 된 이후 매주 토요일 방과 후엔 일을 했고, 운동은 거의 하지 못했다. 체구가 작고 행동도 굼뜬 데다가 소심하기까지 했다. 열일곱 살이 될 때까지 데이트 한 번 제대로 못했으며 그것도 누군가 '정해 준' 소개팅이었으니 말 다 한 셈이다.

내 꿈은 언젠가 고향으로 돌아와 연봉 5,117달러를 받는 것으로, 여느 시골 마을 청년이 꿀 수 있는 소박한 꿈이었다. 그런데 지금 그렇게 존경해 마지않는 사람이 내게 이런 말을 하고 있다. "당신도 대단한 인물이 될 수 있습니다." 운 좋게도 나는 머렐 씨의 말을 믿고, 챔피언처럼 보고, 생각하고, 행동하며 성과를 내기 시작했다.

## 당신이 할 수 있다고 믿기만 하면 성공은 쉽다

2년 6개월이라는 기간 동안 세일즈맨으로 살아남기 위해 애쓰면서 내가 잠재고객을 만나 어떤 식으로 약속을 잡고, 어떤 방법으로 설명회를 개최하며, 반대 의견은 어떻게 조정하고, 어떻게 거래를 성사시킬지 아는 게 중요했다. 세일즈맨으로 훈련을 받았지만 정작 본인이 '준비'되지 않았다. 머렐 씨는 '나'를 준비시켰다. 실제로 그가 가르쳐준 세일즈 기술은 많지 않았다.

그러나 일 년이 다 가기 전에 이미 7,000명이 넘는 세일즈맨이 있는 회사에서 미국 내 제2위의 세일즈맨이 되었다. 낡은 크로슬리 자동차를 버리고 고급 자동차를 구입했고, 회사가 제공할 수 있는 최고의 승진을 했다. 그다음 해 미국 내 가장 높은 임금을 받는 현장 매니저 중 한 명이 되었다. 그후 66년 전통을 자랑하는 회사의 가장 젊은 지국장이 되었다.

머렐 씨를 만난 이후 갑자기 새로운 세일즈 기술을 얻은 게 아니다. 그렇다고 IQ가 50 이상 뛴 것도 아니다. 머렐 씨는 그저 내가 충분히 능력 있는 사람이라고 말해 줬고, 목표를 제시했으며, 내 재능을 이용할 자신감을 불어넣어 주었다. 머렐 씨는 많은 기록을 세우며 우리가 듣고 있는 훈련 프로그램을 기획한 사람으로 인테그리티 그 자체인 사람이다. 그렇기 때문에 그를 믿었다. 머렐 씨를 믿지 않았다면 그의 메시지는 내게 전혀 영향을 주지 못했을 것이다. 당신도 특별한 사람이고 성공할 수 있으며, 능력을 이용하기만 한다면 가치 있는 목표를 이룰 거라는 내 말을 믿어주길 바란다.

머렐 씨와의 만남 이후에 많은 일들이 있었지만 어쨌든 그와의 만남은 내 인생의 전환점이 되었다. 물론 그날 이후 모든 게 내 뜻대로 되었다는 의미가 아니다. 항상 승승장구만 한 게 아니니까. 롤러코스터를 타며 어쩔 줄 모르고 '방황하는 군중'이 된 적도 있었다.

'안 좋은' 시기였을 때, 노먼 빈센트 필 박사의 『적극적 사고방식』을 읽었고, 당시 위기를 겪던 커리어가 오름세를 탔다. 필 박사는 문제의 진짜 원인을 밝혀 주었다. 말할 필요도 없이 문제는 바로 자신이었다. 또 다른 '침체기'였을 때 여러 가지 훌륭한 책과 선량한 사람들이 '구원자'가 되어 주었다. 그래서 훌륭한 책과 선량한 사람의 중요성을 강조하는 것이다. 머렐 씨와 만나고 난 후 몇 번의 '침체기'를 겪긴 했지만, '상승기'가 더 많았던 건 사실이다. 특히 내가 하나님께 헌신하기로 한 1972

년 7월 4일 이후에 말이다.

이 책과 이 책을 바탕으로 해 만든 본 투 윈 세미나Born to Win Seminar는 내 커리어의 하이라이트라고 할 수 있다. 내가 쓴 책이 34개의 다른 언어로 번역, 출판된 것을 보게 된 것도 특권이다. 학생이나 기업, 교회, 운동선수, 상공회의소 직원들까지 69,000명에 가까운 청중들에게 연설하기 위해 500만 마일 이상을 날아서 여행했다. 그리고 노먼 빈센트 필 박사, 콜린 파월 장군, 제임스 장군, 아트 링크레터, 폴 하비, 올림픽 스타 밥 리처드Bob Richard, 켄 맥파랜드 박사Dr. Ken McFarland, W. 클레먼트 스톤W. Clement Stone, 팻 분Pat Boone, 로널드 레이건 대통령, 조지 부시, 제네럴 포드 같은 유명 인사와 동석했다.

하나님이 내게 허락한 일을 자랑하려는 게 아니라 당신의 재능으로 무엇을 할지 격려해 주려는 것이다. 체격, 체력, 지성, 능력이 관련되어 있는 한 '보통'사람이라는 걸 믿지 않는다. 내가 할 수 있으면 당신도 할 수 있다.

우리 인생에는 여러 가지 요소와 사람들이 등장하지만 머렐 씨가 내 인생에 미친 특별한 영향은 아무리 강조해도 지나치지 않다. 놀랍게도 우리가 나눈 대화는 5분 이상 지속되지 않았다. 우린 그저 몇 마디만 나눴을 뿐이다. 그래서 내가 한 장의 그림이 만 마디의 말만큼 가치가 있지 않다고 한 것이다. 그래서 '오늘도 제2의 머렐'이 되게 해달라고 기도한다. 그게 바로 이 책을 쓰면서 내가 한 기도였다. 머렐 씨는 나를 시골 마을 촌뜨기로 여기지 않게 도와주었다. 남에게 뭔가를 베풀어 줄 그런 특별한 존재로 인도해 주었다.

사소하지만 비슷한 역할을 할 수 있다는 건 얼마나 큰 은총인가. 인생을 좀 더 보람 있게 만드는 생각이나 아이디어를 공유할 때, 나 역시 하나님의 작업에 동참하고 있다는 사실을 깨닫게 되었다. 이 책, 특히 이 단원이 자기를 인정하는 단계에서 남을 인정하는 단계로 쉽게 올라가게 해 주는 다리가 되기를 바라며 기도한다. 그렇게 될 때, 보람은 더욱 커지며 진실로 행복할 것이다.

Chapter

# 다른 사람들과 함께 성공하라

**Your Relationship With Others**

## 목표

- 다른 사람의 중요성을 인식시킨다
- 다른 사람을 자신의 생각대로 대접해서는 안 된다는 것을 일깨워준다.
- 남들이 원하는 것을 얻도록 돕는다면 당신은 뭐든지 가질 수 있다는 사실을 일깨워준다.
- 진정한 사랑과 정상적인 부부 관계를 제시한다.

# 다른 사람을 대하는 방법

### The Way You See Others

## 좋은 점의 발견자가 되라

몇 년 전에 21살부터 70세에 이르는 자수성가한 백만장자 100명을 대상으로 설문 조사를 실시했다. 이들의 교육 배경 또한 초등학교 졸업부터 박사까지 각양각색이었다. 이 밖에도 성격이나 특징 또한 다양하게 나왔다. 이들 중 70%가 15,000명 이하 주민들이 사는 작은 마을 출신이었다. 다른 점들도 많았지만 한 가지 공통점이 있었다. 이들은 모두 '훌륭한 발견자'였다. 이들은 상대방에게서 혹은 어떤 상황에서도 좋은 점을 볼 수 있었다.

화가 나서 엄마에게 밉다고 소리를 지른 소년이 있었다. 소년은 혼이 날까 겁이 나서 근처 산으로 올라가 계곡을 향해 소리쳤다. "미워요, 미워요, 밉다고요." 그러자 계곡에서 메아리가 울렸다. "미워요, 미워요, 밉다고요." 놀란 소년은 집으로 달려가 계곡에 자기에게 밉다고 소리치는 못된 녀석이 있다고 엄마에게 말했다. 어머니는 소년을 계곡으로 데려가 이렇게 소리쳤다. "사랑해, 사랑해, 사랑해." 소년도 엄마를 따라 했고, 이번에는 착한 소년이 자기에게 "사랑해, 사랑해, 사랑해."라고 외치는 소리를 들었다.

인생도 메아리와 다를 바 없다. 자기가 한 행동은 자기가 되돌려 받는다. 씨를 뿌리면 열매를 거두는 법, 베풀면 자기도 받게 된다. 남에게 있는 것은 당신도 갖고 있다. 당신이 누구이고 어떤 일을 하든 혜택을 누리며 살고 싶다면 자신이 처한 상황이나 상대방에게서 항상 좋은 면을 찾아야 하고, 황금률 법칙을 인정해야 한다.

자신이 생각하는 대로 남을 대한다는 말은 보편적인 진리다. 상대방의 '좋은 면', '자질'을 발견하려면 찾아볼 수밖에 없다. 남에게서 이런 '좋은 면'이나 '자질'을 찾게 되면 그를 대하는 게 달라지며 상대방 역시 행동이 달라진다. '훌륭한 발견자'가 된다는 건 제대로 된 '비즈니스'이자 '인간성'을 발휘하는 것이다.


## 자존심을 살려주라

좋은 점을 '찾은' 후에는 이를 널리 알려야 한다. 사람들은 좋은 점을 발견하고서도 말을 하지 않는 경우가 빈번하다. 그러나 텍사스 주 베이 시티 고등학교에선 그런 일이 없다. 몇 년 전 베이 시티 고등학교 교장인 조 그레이엄의 전폭적인 지지 아래, 베리 테커Barry Tacker는 모범적인 행동을 했지만 주목받지 못하던 학생들을 인정해 주는 프로그램을 실시했다. 학기 중에 500명 이상 학생들이 선생님의 인정을 받았고 교무실로 '보내졌다.' 테커 씨는 그 결과를 이렇게 보고했다.

①모범생들이 인정을 받았다. ②학생들은 이제 나쁜 행동을 하지 않고, 착한 행동을 해도 인정받는다는 사실을 알게 됐다. ③교장 선생님은 얼굴이 아니라 이름으로 학생들을 알게 되었다. ④학생들의 태도가 개선되었다. 학생들은 자신의 행동이 인정받았다는 데 감사해 한다. ⑤교사들은 교실에서 학생들의 장점을 찾게 되었다.

학생들이 테커 씨 집무실로 불려갔을 때 그들의 첫 마디는 "무슨 잘못이라도 했나요?"였다. 테커 씨가 그들의 '행동'을 설명해 주자 아이들의 호기심은 곧 밝은 표정으로 변했다.

텍사스 댈러스 출신의 월터 헤일리Walter Hailey와의 만남은 평생 잊지 못할 것이다. 그는 성공한 사람으로 성격도 활발하다. 그와 나는 만나자마자 친해졌다. 짧은 방문 후에 그는 자기만의 독특한 투어코스를 보여 주고 싶어했다. 당시 그는 보험회사에 있었는데 잡화 도매상을 이용해 수천 명의 전국 잡화점 사장을 상대로 한 보험 상품 아이디어를 구상 중이었다.

우리는 잡화 도매상 중 한 곳을 방문했다. 헤일리는 안으로 들어가면서 고객만족 팀 직원들 앞에 서더니 이렇게 말했다. "여러분, 항상 수고해 주셔서 감사합니다. 덕분에 고객들은 자신의 요청 사항을 정성껏 다룬다고 생각하고 있어요." 직원이 환하게 웃으며 이렇게 말했다. "헤일리 씨, 감사합니다. 더욱 노력하고 있답니다." 사무실을 향해 걸어가다가 한 부서 앞에서 헤일리가 말을 했다. "죄송합니다만 지그 씨, 잠시 안으로 들어가시죠. 이분을 만나보시면 좋을 거예요." 그 부서 담당자가 자기소개를 하고 헤일리가 말을 이었다. "이분에 대해선 아직 잘 모르지만, 이 부서만큼은 잘 압니다. 여기서 일어나는 일도 모두 말이죠. 이분이 담당하신 뒤로 불만이 한 건도 없습니다." 이에 담당자가 만면에 웃음을 띠며 말했다. "헤일리 씨, 어쨌든 감사합니다. 최선을 다하고 있습니다."

위층 사무실로 들어가다가 헤일리가 다시 걸음을 멈췄다. "지그 씨, 최고의 비서를 소개해 드릴게요." 그리고 비서에게 말했다. "제가 말했는지 모르지만, 우리 집사람은 당신이라면 하늘의 달도 따다 줄 수 있대요. 제발 그런 일은 안 일어나게 해 주세요." 그 비서가 웃으며 대답했다. "그렇게 생각해 주시다니 정말 영광이에요." 사무실에 들어갔을 때 헤일리가 말했다. "지그 씨, 당신은 지금 가장 위대한 세일즈맨과 악수하고 계시는 겁니다."

이곳까지 오는 데 3분도 채 걸리지 않았다. 그런데 그 사이 월터 헤일리는 직원들에게 무언가 희망을 줄 수 있는 말을 해 주었다. 사실 모든 것이 그와 마주치기 전보다 훨씬 나아졌다. 헤일리는 직원들에게 진심으로 고마워했고, 이 고마움의 표시는 직원들로 하여금 일과 회사에 열정을 쏟아 붓도록 만들었다. 그 결과 그들은 예전보다 훨씬 효율적으로 일하게 되었다. 월터 헤일리 또한 기분이 더 좋아졌다. 물론 나도 그랬다. 누군가에게 선의를 베풀고 칭찬할 때 본인이 혜택을 받는 건 당연한 일이다.


## 칭찬하라

초보 세일즈맨일 때 굉장히 인상 깊은 이야기를 읽었다. 다섯 살짜리 소녀가 성가대에 데뷔를 했다. 아이는 아름다운 목소리를 지녔고 확실한 미래가 보장되었다. 성장할수록 교회나 학교, 사회 재단에서 그녀의 콘서트를 요구하는 횟수가 잦아졌다. 부모는 전문 교육의 필요성을 느끼고 유명한 성악가에게 보냈다. 이 선생은 자신의 지도 방법을 최고로 여겼고 항상 최고의 연주만을 고집하는 완벽주의자였다. 조금이라도 박자를 놓치거나 음정이 흔들리면 정확하게 실수를 꼬집어냈다. 시간이 흐를수록 선생님에 대한 그녀의 존경심은 깊어만 갔다. 나이 차이가 많이 나고 칭찬보다는 꾸중을 많이 했지만, 그녀는 스승과 사랑에 빠졌고 결혼에 골인했다.

스승이자 남편은 부인을 계속 가르쳤지만 친구들은 변화를 감지하기 시작했다. 그녀의 목소리는 약간 긴장되었고, 예전의 흥분은 더는 찾아볼 수 없었다. 점차 노래를 불러달라는 초청장이 줄어들기 시작했다. 그리고 마침내 초청장이 오지 않았다. 그런 후 그녀의 스승이자 남편은 죽었고 그다음 몇 년 동안 노래를 부르지 않았다. 그녀의 재능은 그대로 묻혀가고 있었다. 유능한 세일즈맨이 그녀를 격려해 줄 때까지 말이다. 가끔씩 그녀가 흥얼거릴 때마다 세일즈맨은 목소리에 감탄했다. "좀 더 불러주세요. 세상에서 가장 아름다운 목소리를 가졌군요." 항상 이렇게 칭찬했다.

실제로 그녀의 목소리가 좋은지, 나쁜지 몰랐을 수도 있다. 그러나 세일즈맨이 그녀의 목소리를 좋아한다는 건 분명했다. 그래서 계속 칭찬만 해댔다. 당연히 그녀의 자신감은 되살아났고, 초청장은 다시 날아오기 시작했다. 그후 그녀는 '훌륭한 발견자'와 재혼했고, 성악가로서 탄탄대로를 달렸다.

세일즈맨이 한 칭찬은 어디까지나 솔직하고 진실한 마음에서 나왔으며 그녀에게 꼭 필요한 것이라는 사실을 강조하고 싶다. 진심으로 칭찬해 주는 것은 가장 효과적인 가르침이며, 동기를 유발할 좋은 방법이다. 칭찬이란 공기와 같다. 우리가 자동차 타이어에 채워 넣는 공기처럼 칭찬은 인생이라는 고속도로를 편안히 달릴 수 있게 해 준다.

## 당신은 비즈니스맨이다

뉴욕의 한 사업가가 연필을 파는 거지의 컵에 1달러 지폐를 넣고 급히 지하철을 탔다. 잠시 후, 그는 지하철에서 내려 거지에게 다시 가더니 연필 몇 개를 골랐다. 그는 사과 투로 서두르는 바람에 연필을 가져가는 걸 잊었다며 마음 상하지 않았으면 좋겠다고 말했다. "결국 당신도 저처럼 사업가가 아닙니까? 팔 상품을 가지고 있고 가격도 적당히 매겨져 있으니까요." 이런 말을 남기고 떠났다.

몇 개월 후에 잘 차려 입은 세일즈맨이 그 사업가 앞에 나서서 본인을 소개했다. "절 기억하지 못하실 겁니다. 저 역시 당신의 이름을 모릅니다. 그렇지만 당신을 잊지 못할 겁니다. 제게 자존심을 돌려주신 분이니까요. 제게 사업가라는 말을 해 주실 때까지 전 그저 연필을 파는 '거지'에 불과했죠."

현명한 사람이 이렇게 말했다. "자기가 생각했던 것 이상으로 성공한 사람들이 많습니다. 누군가가 그 사람이 할 수 있다고 믿어줬기 때문이죠." 당신은 남을 어떻게 생각하는가? 남을 위해 베풀 가장 큰 선의는 바로 우리의 재산을 나눠주는 것이 아니라, 그들의 자산을 스스로 보도록 해 주는 것이다. 인간이 얼마나 큰 잠재력을 보유하고 있는지 알게 되면 놀랄 것이다. 자신을 인정하는 법에 대해 첫 두 단원에서 상당한 부분을 할애했다. 성공의 첫 단계가 바로 자신의 잠재력을 깨닫는 것이듯, 두 번째 단계는 다른 사람의 잠재력을 깨닫는 것이다. 우리가 자신의 능력을 깨닫듯이 타인의 능력을 인정하는 것은 쉽다. 일단 볼 수만 있다면 그들 스스로 발견할 수 있게 도울 수 있다.

## 은행가의 거절

은행가들의 원칙과 비즈니스 논리에 따르면 이 일은 거절을 했어야 한다. 신청자에겐 담보가 없었고(그녀가 6,000달러가 필요하지 않다는 사실을 증명할 수 없었다.) 신규 사업에 좀 더 많은 자본금을 투자하고 싶어 했으며, 회사를 운영해 본 경험도 없었고, 회사 철학과 맞지 않는다고 해서 회사를 그만두었으며, 경제 상태가 그렇게 좋지 않은 데다가 무엇보다도 여성이었다. 더군다나 기독교 원칙만으로 사업을 할 수 있다는 특이한 생각까지 말이다. 게다가 거래가 이루어지면 고객과 회사, 세일즈맨 모두가 이득을 얻을 수 있다고 믿었다. '문제'를 더 복잡하게 만드는 건 그녀가 여유 있을 때 보너스를 지급하거나 청구서를 지불하는 게 아니라 항상 기한이 닥쳐야 지불했다는 점이다.

그게 좋지 않다고 생각된다면(은행가의 입장에서) 계속 읽어라. 상황은 더 나빠질 것이다. 메리 크롤리는 기도하는 사람과 훈련에 관련된 회의를 하거나 거래를 해야 한다고까지 믿었다. 후에 그녀와 옆에서 돕는 아들 돈 카터Don Carter는 장애우를 고용하는 것도 좋은 사업이 될 것이라는 혁신적인 아이디어를 떠올렸다. 그들에게도 좋고 당신에게도 좋고, 한마디로 누이 좋고 매부 좋고가 아닐까. 게다가 사업은 '어떻게 할 수 있는 수준에서 벗어났다.' 점점 불어나는 영업팀이 빠른 속도로 팔았고 세일즈맨을 채용했기 때문에 주문을 따라갈 수 없을 정도였다.

앞서 제안을 거절했던 은행가 두 명의 생각이 틀렸고 제안을 수락한 은행가의 생각이 옳았다는 것이 증명됐다. 텍사스 주 댈러스의 메리 크롤리가 세운 홈 인테리어 앤 기프트Home Interiors and Gifts야말로 이 시대의 호레이쇼 앨저풍(성공은 독립심과 근면에 의해 얻을 수 있다는 생각)의 이야기라고 할 수 있다. 밑바닥부터 시작해서(물론 밑바닥도 본인이 마련했다) 메리 크롤리는 확실하고 오래 지속되는 성공에 필요한 원칙을 전부 이용해 직영 판매 세계의 모델이 될 만한 회사를 세웠다. 이 회사는 하나님에 대한 믿음 위에 세워졌고, 믿음, 인테그리티, 성실, 평등한 기회가 사업을 오래 지속시킨다는 확신을 기반으로 하는 회사다. 메리는 다행히 여성이라서 홈 인테리어 앤 기프트 사에 절대 있어서는 안 된다고 생각할 정도의 편견과 차별을 예리하게 느꼈다.

대부분 사람들이 궁금해 하는 점은 왜, 어떻게 메리 크롤리와 그녀의 회사가 1957년 12월 창립 이후 그런 어마어마한 성공을 거두었는지에 대해서다. 답은 간단하다. 그러나 보기만큼 단순하진 않다. 메리 크롤리의 성공을 간단히 요약하면, 그녀가 높은 곳에 도달한 건 바로 메리의 믿음이 깊었기 때문이다.

메리는 '강한 믿음이 있는 한 사람이 관심만 가진 99명의 힘과 맞먹는다.'는 사실을 믿는다. 그녀는 사람들의 잠재력을 믿었고, 여성들에게 경제적으로 성공할 기회를 무한히 제공했다. 메리는 사람을 정신적, 도덕적, 신체적, 영적으로 교육시킨다면 이들은 같은 기준을 바탕으로 사업을 할 것이라고 믿는다. 어떤 기준으로 봐도 메리 크롤리는 '부유한' 여성이지만, 그녀가 가진 재산 때문이 아니라 그녀가 자선한 것 때문에 부유하다.

메리는 자신의 책 『씽크 밍크Think Mink』에서 이것을 우아하게 표현했다. 그녀의 주옥같은 말들이 몇 개 있다. "토끼 같은 습관을 버려라. 밍크를 생각하라." "사람들은 정말 그럴 필요가 없을 때 가장 사랑이 필요하다." "근심 걱정은 상상력의 오용이다." "우리가 하나님에게 산산조각난 마음을 보여 주면 그 마음을 고쳐주신다." "'만약에'를 생각하지 말고, '어떻게'를 생각하라." "지칠 수도 있겠지만 포기하지 마라." "자만하지 말고 감정을 풍부하게 하라." "신의 계산법이 마음에 든다. 기쁨은 남과 나눌 때 배가 되고 곱이 된다." "다른 사람의 입장이 되어 보라. 누구를 막론하고 하나님께선 시간을 들여 사람을 창조하셨다.”

메리 크롤리와 홈 인테리어가 장밋빛 인생만 살아온 건 아니다. 피와 땀, 눈물도 많이 흘렸다. 그러나 중요한 요소들 역시 부족함이 없었다. 사랑, 믿음, 열정, 연민, 결단력, 근면 성실한 노력 등 말이다. 이런 것들이야말로 삶의 보람을 가져다주고 상을 준다. 메리 크롤리의 이야기는 고전이며, 남들이 원하는 걸 가질 수 있게 돕는다면 당신도 뭐든 가질 수 있다는 사실을 증명하기 위해 법정에서 변호사들이 종종 인용하기도 한다.


## 실험용 쥐

몇 년 전 하버드 대학에서 로버트 로젠탈 박사Dr. Robert Rosenthal가 세 그룹의 학생과 세 그룹의 쥐를 이용한 재미있는 실험을 했다. 첫 번째 그룹 학생들에게 이렇게 말했다. “너희들은 운이 좋구나. 이제 곧 천재 쥐들과 실험을 할 거야. 이 쥐들은 머리를 쓰도록 특별히 양육한 것들이고 굉장히 똑똑하지. 미로에서 출구를 찾아내 치즈를 먹는단다. 그러니 치즈를 많이 사 두렴.”

두 번째 그룹에게는 이렇게 말했다. “너희들의 쥐는 평범해. 그렇게 똑똑한 편도 아니고 아주 멍청하지도 않지. 보통 쥐들이야. 결국 미로의 출구를 찾아 치즈를 먹긴 하겠지. 그렇지만 너무 기대를 하면 안 돼. 능력이나 지능 등 모든 면에서 그저 ‘평균’ 수준이므로 이들의 행동도 평범해.”

세 번째 그룹의 학생들은 이렇게 들었다. “이 쥐들은 최악이야. 미로의 출구를 찾아내면 그건 우연이지 결코 의지로 찾아낸 게 아니야. 정말 바보들이거든. 실험 결과도 낮게 나올 수밖에 없지 않겠어? 치즈를 사지 않아도 될 거야. 출구 끝에 ‘치즈’라고 써주면 충분할 것 같은데.”

그다음 6주 동안 학생들은 과학적인 환경을 조성한 후 실험을 진행했다. 천재 쥐들은 정말 천재처럼 행동했다. 짧은 순서대로 미로 출구에 도달했다. 보통 쥐, 평범한 쥐들에게 무엇을 기대했는가? 출구를 찾긴 했지만 결국 속도가 뒤쳐졌다. 마지막으로 바보 쥐들, 그들은 정말 어려움을 겪었고, 한 마리가 간신히 출구에 도착했지만 그것도 우연히 찾은 것이지 결코 '의지'대로 찾은 게 아니었다.

재미있는 사실을 가르쳐 주겠다. 천재 쥐나 바보 쥐는 애초부터 없었다. 이들은 모두 한 배에서 나온 평범한 쥐였다. 실험 결과가 다르게 나온 건 실험을 행하는 학생들의 태도가 달랐기 때문이다. 간단하게 말하면 학생들은 쥐를 '다르게' 다루었다. 왜냐하면 이들을 '다르게' 보았고 이렇게 다른 대접은 곧 다른 결과를 불러오게 됐다. 학생들은 쥐들이 쓰는 언어를 모르지만 쥐들 역시 행동 습성이 있고 이 행동 습성이야말로 보편적인 언어라고 할 수 있다.


## 아이들 — 세일즈맨 — 직원 — 동료

질문이 하나 있다. 당신의 아이들은 어떤가? 세일즈맨이라면 어떤 사람들이 잠재고객인가? 세일즈 매니저라면 어떤 세일즈맨들이 부하로 있는가? 의사라면 어떤 환자를 치료하고 있는가? 사장이라면 직원들이 어떤 사람들인가? 남편이라면 부인은 어떤 사람인가? 부인이라면 당신의 남편은 또 어떤 사람인가?

"잠깐, 지그. 이건 또 무슨 말입니까? 쥐 이야기를 한참 하다가 갑자기 아이, 아내, 남편, 잠재고객이 왜 나오죠? 설명 좀 해 주세요."

나는 태도와 당신의 태도가 주변 사람들에게 미치는 효과에 대해 이야기하는 중이다. 쥐 이야기를 좀 더 해 보자. 이번에는 실험을 한 단계

높여 지역 초등학교 학생들을 대상으로 한다. 누군가가 선생님에게 이런 말을 했다. "선생님은 좋으시겠어요. 머리 좋은 아이들과 공부하니까 말이에요. 애들이 어찌나 똑똑한지 어쩔 땐 소름이 끼칠 정도예요. 뭘 물어보기도 전에 대답하려고 난리들일 걸요. 정말 지적인 애들이죠. 그런데 조심할 게 있어요. 지나치게 똑똑해서 선생님을 놀리려고 할지도 몰라요. 어떤 애들은 게을러서 공부를 덜 하려고 선생님을 속일 수도 있다고요. 애들 말은 듣지 마세요. 이 애들은 공부를 거부할 수도 있어요. 이런 말을 하는 애들도 있을 거예요. '선생님, 이건 너무 어렵잖아요.' 들은 척도 하지 마세요. 어려운 문제라니요. 신경 쓰지도 마세요. 선생님, 얘들은 선생님이 요령껏 예뻐해 주고, 가끔 야단도 쳐주고, 진심으로 관심을 가져주면서 자신감을 키워주면 어떤 문제라도 풀 수 있답니다."

두 번째 선생님은 이렇게 들었다. "평범한 애들이에요. 천재도 아니고 그렇다고 바보도 아니죠. IQ도 평범하고 가정 환경이나 소질들도 평범해요. 그냥저냥 중간치 정도의 결과를 기대하죠."

당연히 천재라 불린 학생들이 보통 학생들보다 결과가 좋았다. 한 학년이 끝나갈 무렵, 천재 학생들은 동년배의 보통 학생들보다 일 년은 더 앞선 상태였다. 이야기의 결말은 이제 뻔히 보인다. 그렇다. 천재 학생들이란 처음부터 없었다. 모두 평범한 학생이었다. 선생님들의 태도만 달랐을 뿐. 선생님들은 평범한 학생들을 천재라고 생각해 천재들에게나 기대할 수 있는 점수를 목표로 삼고 그렇게 대했다. 결과는 역시 기대 대로였다. 그들에겐 밑으로 내려갈 만한 목표가 아니라 위로 올라갈 목표가 제시되었다. 생각하는 대로 '남들을' 대하게 되고, 그렇게 되면 그들도 당신 생각대로 된다.

다른 질문이 있다. 5분 전보다 아이들이 더 똑똑해졌는가? 회사의 세일즈맨들은? 직원들이나 지인들이 단 몇 분 안에 좀 더 생산적이고 현명해졌으며, 전문적이고 기술에 능해졌는가? 아내는 어떤가? 더 예뻐지고 당신에게 관심을 기울여 주는가? 아니면 남편이 정신적으로 성숙했는가? 이런 일들이 벌어지지 않았다면 앞으로 가서 다시 한번 읽어 보길 권한다. 중요한 핵심을 놓쳤거나 당신 가족이나 친구, 지인들이 문제를 갖고 있음에 틀림없다. 문제란 바로 당신이다.

시인은 다음과 같이 우아하게 표현을 했다. "있는 그대로의 모습으로 봐준다면 그 사람을 나쁘게 만든다. 그러나 최고의 모습으로 봐준다면 그 사람은 정말 최고가 될 수 있다." 예를 들어 당신이 이 말을 해 주는 동안 애들이 갑자기 영리해졌다거나 남편이나 부인이 혹은 지인이 예전보다 나아졌다면 이런 말을 해 주고 싶다. "축하합니다. 당신이야말로 발전해 나가고 있군요."

남의 장점을 찾아야 한다는 철학을 가장 잘 나타내 주는 예가 바로 UCLA의 전직 감독 존 우든John Wooden이다. 존이야말로 "훌륭한 사람이 마지막을 장식한다."라고 했던 레오 듀로서Leo Durocher의 유명하지만 잘못된 문장에 완벽하게 대답을 해 주고 있다. 존은 농구 선수들 중에서 완전한 인격체를 보았고, 그들의 빠른 동작만큼 도덕성에 대해서도 관심이 많았다. 존은 남을 위한 배려가 삶의 질을 높인다고 가르쳤으며 본인 또한 그렇게 믿었다.

협동심, 헌신, 충성심, 열정, 몸가짐, 태도가 바로 그가 속한 팀의 상표다. 그의 팀이 12번 열렸던 전국 대회에서 10번, 그것도 7번은 연속으로 우승했으니 그의 철학에 반박할 여지가 없다. 왕 중의 왕인 이들이 승리를 최우선으로 생각지 않는다면 놀랄 수도 있다. 사실 그가 승리에 대해 언급한 적은 한 번도 없었다. '최선'을 다하라고만 했고, 최선을 다하지 않을 때에만 죄책감을 느껴야 한다고 했다.

## 자넨 형편없는 선수야

빈스 롬바르디가 프로 미식축구팀인 그린베이 패커스의 감독으로 부임해 훈련을 시작하자 제대로 되지 않았다. 롬바르디는 가드 한 명을 지명해 '아웃'을 시키지 못한 데 책임을 물었다. 무더운 어느 날 가드를 옆에 불러 조용히 속삭였다. "이봐, 자넨 아주 형편없어. 지금 수비하는 것도 아니고, 그렇다고 공격도 아니며 아웃시키는 것도 아니잖아. 오늘은 끝났어. 샤워나 해."

덩치 큰 가드는 고개를 숙이더니 탈의실로 들어갔다. 45분 후, 롬바르디가 탈의실로 들어갔을 때 가드는 아직도 유니폼을 벗지 않고 고개를 숙인 채 흐느끼고 있었다.

빈스 롬바르디는 변덕스럽긴 했지만 열정적인 전사로 일이 생기면 항상 정면으로 맞섰다. 그에겐 흔히 있는 일이었다. 롬바르디는 선수의 어깨에 팔을 둘렀다. "이봐, 난 사실을 말했을 뿐이야. 자넨 정말 형편없었다고. 수비와 공격, 아웃시키지도 못했어. 그렇지만 무엇이든 공평해야 하니까 이 이야기도 해 주어야 할 것 같네. 자네 안에는 위대한 선수가 살아 있어. 그 위대한 선수가 외부에 자기 존재를 알리게 될 때까지 자네 곁에 있을 작정이야."

이 말을 들은 순간 제리 크레머Jerry Kramer는 웅크렸던 몸을 폈고, 기분이 훨씬 나아졌음을 느꼈다. 결국 그는 역사에 길이 남을 위대한 선수가 되었고, 프로 미식축구가 생긴 50년 이래 최고의 가드로 뽑혔다.

그게 바로 롬바르디였다. 남들이 자기 자신에게서 보지 못하는 것들을 그는 볼 수 있었다. 자신의 재능을 사용할 수 있도록 동기를 부여하는 능력을 가졌다. 그 결과 그린베이 패커스 선수들은 롬바르디에게 연속 우승을 선사했다. 후에 롬바르디가 워싱턴으로 옮겼을 때 사람들은 재능은 있지만 제멋대로인 쿼터백 소니 저진슨Sonny Jurgensen을 어떻게 다룰지 궁금해 했다. 이들의 호기심은 오래가지 않아 풀렸다. 첫 번째 연습 날, 기자 한 명이 저진슨에 대한 질문으로 미끼를 던졌다. 롬바르디는 저진슨의 어깨에 팔을 두르며 이렇게 소개했다. "여러분, 미식축구 역사상 가장 훌륭한 쿼터백을 소개하겠습니다." 그해 저진슨의 성적은 최고였다. 롬바르디는 남의 좋은 점을 보고 그가 생각한 대로 대했으며, 그들 내면에 있는 '장점'을 계발시키도록 도왔다.

## 꼬마 아가씨 애니

오래전, '꼬마 아가씨 애니'라 불리는 소녀가 보스턴 외곽지역에 있는 정신병원의 지하에 갇혀 있었다. 이곳은 정신장애 환자 치료에 좋다고 알려진 기관이었다. 그러나 의사들은 이 지하 감옥이 '심각한 상태'의 정신병 환자들에게 허용된 유일한 장소라고 입을 모았다. 꼬마 아가씨 애니도 희망이 없다는 진단이 내려져 그 작은 우리 안에 갇히게 됐다. 빛도 거의 들지 않았고 희망은 더욱더 사라지게 되었다.

대략 그 즈음에 나이든 간호사가 은퇴할 시기가 다가왔다. 그녀는 신의 피조물이라면 누구에게나 희망이 있다고 생각했다. 그날부터 간호사는 점심 식사를 지하 감옥에 가져와 꼬마 아가씨 애니의 병실 밖에서 먹기 시작했다. 그녀는 이 어린 소녀에게 사랑과 희망을 줄 수 있다고 믿었으리라.

여러모로 봤을 때 꼬마 아가씨 애니는 동물과 같았다. 가끔씩 우리 안으로 들어온 사람을 심하게 공격하기도 했다. 어떤 때는 그들의 존재를 완전히 무시하기도 했다. 나이든 간호사가 그녀를 방문하기 시작했을 때, 꼬마 아가씨 애니는 간호사의 존재를 눈치챘다는 신호를 보내지 않았다. 어느 날, 간호사는 지하 감옥에 과자를 가져와서 앞에 놓고 갔다.

꼬마 아가씨 애니는 과자의 존재를 모른 척했다. 그러나 간호사가 그다음 날 돌아왔을 때, 과자는 모두 없어졌다. 그때부터 간호사는 목요일에 방문할 때마다 과자를 가져왔다.

곧이어 의사들이 변화를 감지하기 시작했다. 얼마 지나지 않아 이들은 꼬마 아가씨 애니를 위층으로 옮겼다. 마침내 이 '절망적인 환자'가 집에 돌아가도 좋다는 날이 왔다. 그러나 꼬마 아가씨 애니는 퇴원을 원하지 않았다. 그녀에겐 너무 의미 있는 장소라 계속 남아 환자들과 함께 일하면 무언가 도움이 될 거라고 생각했다. 나이 든 간호사가 애니의 좋은 점들을 칭찬했고, 그녀 인생에 너무 많은 것을 가져다주었기에 애니 역시 남들에게서 좋은 점을 발견하고 이를 계발하도록 도울 수 있다고 생각했다.

수년이 지난 후 외국인에게 줄 수 있는 가장 큰상을 수여하면서 영국 여왕은 헬렌 켈러에게 물었다. "어떻게 어려움을 극복하고 그런 일을 하실 수 있었나요? 장님에 귀머거리지만 어떻게 그렇게 많은 것을 이룰 수 있었는지 말씀해 주시겠어요?" 헬렌 켈러는 전혀 망설이지 않고 "앤 설리번(꼬마 아가씨 애니) 선생님이 없었다면 헬렌 켈러라는 이름이 알려질 일은 없었을 것"이라고 답했다.

대부분 모르고 있는 사실인데 헬렌 켈러는 열병이 그녀를 무기력하게 만들기 전엔 아주 평범하고 건강한 아기였다. 앤 설리번은 헬렌 켈러가 신의 은총을 받았다고 생각했다. 앤 설리번은 자기가 생각한 대로 헬렌 켈러를 대했다. 그녀를 사랑했고, 교육시켰으며, 같이 놀아주고, 기도하며, 공부도 함께했다. 풍전등화 같던 그녀의 삶이 전 세계 사람들의 짐을 덜어주고 길을 밝혀준 봉화가 될 때까지 말이다. 그렇다. 헬렌 켈러는 '꼬마 아가씨 애니'의 가르침을 받은 후 수백만 사람들의 삶에 영향을 주게 되었다.

## 눈은 마음의 창

수년 전 버지니아 북부에서 한 노인이 강을 건너기 위해 강둑 위에 서 있었다. 매서운 날씨인데다 다리도 없었기에 건너편으로 가려면 '동승'을 해야만 했다. 한동안 기다리자 승마자 그룹이 몰려왔다. 첫 번째, 두 번째, 세 번째, 네 번째, 다섯 번째 승마자를 그냥 보냈다. 마침내 승마자는 한 사람밖에 남지 않았다. 가까이 다가오자 노인은 그를 보며 물었다. "선생님, 강을 건너야 하는데 태워주시지 않겠습니까?"

그 사람은 바로 대답했다. "당연하죠, 어서 타세요." 강을 건너자 노인이 내렸다. 떠나기 전에 승마자는 물었다. "선생님, 아까 보니 앞에 몇 분을 그냥 보내시는 것 같던데 제가 오니 태워 줄 수 있냐고 물어보셨죠. 왜 그랬는지 여쭤봐도 될까요?" 노인은 조용히 대답했다. "그들의 눈을 보니 애정이라곤 찾아볼 수가 없더군요. 어차피 물어봤자 소용없으리라 생각했죠. 그러나 선생님 눈 속에선 열정과 애정, 도와주려는 마음을 볼 수 있었어요. 분명 저를 도와주실 거라고 생각했죠."

승마자는 겸손하게 대답했다. "그렇게 말씀해 주시니 몸둘 바를 모르겠습니다. 정말 감사합니다." 그 말과 함께 토머스 제퍼슨Thomas Jefferson은 백악관으로 향했다. 눈은 마음의 창이란 말은 사실이다. 이 경우를 보더라도 노인이 정확하게 간파했지 않은가.

**질문:** 당신이 마지막 승마자였다면 노인이 당신에게 태워달라고 부탁했을까? 그가 부탁한다는 것은 상당히 중요한 일이다. 왜냐하면 조언을 해 주는 것과 실제로 도와주는 것에는 엄연히 차이가 있으니까. 당신과 당신이 건네는 격려의 말 한 마디가 여러 사람들이 강을 건너는 중요한 수단이 될지도 모른다. 사람들이 성공이라는 산을 오를 수 있게 도와준 하비 파이어스톤Harvey Firestone은 이를 정확하게 표현했다.

"남에게 최선을 다할 때, 그들에게서 최상의 결과를 얻을 수 있다."


## 요구를 파악하고 충족시켜라

라본Lavon과 번 드래트Vern Dragt는 특출나게 용감했으며 원칙에 충실했고, 신념과 노력이야말로 인생의 문제를 해결해 줄 수 있다고 굳게 믿었다. 번은 보수가 높은 미장이였으며, 세 아이의 아버지였다. 소아마비에 걸렸을 때 치열하게 생사를 건 싸움을 치른 후, 4년 6개월 동안 회복기를 거쳤다. 후에 번과 라본은 1,000명의 타파웨어 판매원을 데리고 연간 800만 달러가 넘는 사업을 운영했다.

소아마비에 걸렸던 당시와 오늘에 이르기까지 벌어졌던 일은 하나의 전설이다. 번이 병에 걸리고 돈이 떨어져 가자 라본은 외부에서 사람을 채용했다. 그러나 일은 그녀의 몸을 혹사시켰고, 하루에 10시간 이상 번과 아이들에게서 떨어지게 했다. 그녀는 타파웨어의 매력을 보았고 사업에 푹 빠졌으며, 두 번째 파티 이후에 정규직으로 일하기로 했다. 일이 재미있기만 한 게 아니라 수입도 상당했고, 예전처럼 그녀의 스케줄에 따라 가족의 일정을 맞추는 게 아니라 가족을 위주로 일의 일정을 맞출 수 있었다. 곧 그녀는 다른 사람들도 비슷한 문제에 시달린다는 사실을 깨닫고, 그들에게 도움의 손길을 뻗치기 시작했다.

결과적으로 이들은 전국 최고의 판매 대리 독점권뿐만 아니라 대리점을 유지할 수입, 자신이 속한 커뮤니티와 동료, 교회 일에 기여할 기회를 만났다.

목표 달성 과정에서 번과 라본은 125명의 매니저와 많은 거래상들이 새로운 차를 몰면서 그들이 세운 목표를 이룰 수 있게 했다. 이들은 타파웨어 부사장이 된 할 엠피Hal Empey를 포함해 수백 명의 직원들이 성장할 수 있는 기회를 제공했다. 이들이 이렇게 크게 성공한 것도 바로 사람들의 필요를 파악하고 이것을 제공했기 때문이다. 당신이 생각하는 대로 대하라. 번과 라본처럼 남들을 본다면 당신 역시 많은 걸 제공하는 셈이니 나중엔 많이 얻게 될 것이다.


## 다른 사람을 먹여 주면 자기도 산다

어떤 사람이 자신의 최종 목적지를 선택할 수 있도록 천국과 지옥 여행을 할 수 있게 되었다. 악마에게 먼저 기회를 주었다. 그는 '잠재고객'과 함께 지옥으로 여행을 떠났다. 지옥을 처음 봤을 때 그 사람은 무척 놀랐다. 온갖 종류의 고기와 과일, 야채, 디저트까지 상다리 부러지게 차려진 만찬 테이블에 사람들이 앉아 있었던 것이다. 악마가 누구도 이 이상 훌륭한 음식상을 받아보지 못할 거라고 말한 것도 당연했다.

그러나 사람들의 표정을 자세히 보니 미소라곤 찾아볼 수가 없었다. 이 정도의 축제에서 항상 느낄 수 있는 생동감이나 음악도 없었다. 테이블에 앉아 있는 사람들은 기운이 빠져 축 늘어졌으며, 말 그대로 뼈밖에 남지 않은 상태였다. 여행객은 포크가 사람들의 왼쪽 팔에 묶인 것과 나이프는 오른쪽 팔에 묶인 것을 보았다. 양손에 포크와 나이프가 매달려 있기 때문에 먹을 수가 없었다. 눈앞에 진수성찬이 차려져도 이들에겐 그림의 떡일 뿐, 모두들 굶주렸다.

그다음 목적지는 천국이었다. 여기서도 지옥에서와 같은 장면을 볼 수 있었다. 같은 음식에 나이프와 포크가 달린 손들 말이다. 그러나 천국 거주자들은 웃고 노래하며 즐거운 시간을 보내고 있었다. 이들은 모두 잘 먹고 있어 건강도 아주 좋았다. 같은 환경에서 어떻게 이런 다른 결과가 나올 수 있는지 남자는 매우 궁금했다.

지옥에 있는 사람들은 굶주리며 비참한 생활을 하지만 천국에 있는 사람들은 배불리 먹으며 행복한 시간을 보내고 있었다. 그 이유를 곧 알게 되었다. 지옥에 있는 사람들은 자기만 먹으려고 했다. 그러나 나이프와 포크가 손에 묶인 상태로는 절대 먹을 수 없다. 천국에 있는 사람들은 자기 앞에 있는 사람을 먹여 주었고, 또 반대쪽 사람들이 그들을 먹여 주었다. 남을 도우면서 자기도 살 수 있었던 것이다.

　메시지는 분명하다. 자신이 처한 상황과 남들을 어떻게 바라보는지가 굉장히 중요하다. 왜냐하면 당신이 생각한 대로 사람들을 대하게 대고, 상황에 대처하기 때문이다. 그래서 남들이 원하는 걸 가질 수 있도록 돕는다면 당신도 원하는 걸 가질 수 있다고 말한 것이다.

# 08

# 당신의 행동이
# 다른 사람을 변화시킨다

### Good or Bad, You pass It On

**둘째는 역시 '달라'**

개인적인 이야기를 하겠다. 셋째 딸이 태어났을 때 문제가 생겼다. 둘째 딸이 다섯 살 때쯤이었다. 다들 알겠지만 둘째들은 확실히 '다르고' 가끔은 '문제아'가 되기도 한다. 친구나 친척들이 한결같이 둘째는 다르다고 이야기했기 때문에 우리는 둘째에게 문제가 있으리라 미리 짐작하고 있었다.

이 차이점은 장녀가 받는 보호나 독립성, 막내가 받는 애정과 관심을 받지 못한 데서 온다. 당신의 생각과 달리 아이들은 돕고 싶어 한다. 부모들이 둘째가 달라질 것이라고 생각하면 다르게 대하게 된다. 이렇게 되면 하나님이 이 풋사과를 만드신 것만큼이나 확실하게 둘째는 '협조를 하고' 완전히 달라진다. 아이가 좋은 쪽으로 '달라질' 것인지, 아니면 나쁜 쪽으로 '달라질' 것인지는 전적으로 애들을 대하는 방법에 달려 있다.

문제는 우리가 막내 딸 줄리<sup>Julie</sup>를 병원에서 데려온 날 시작되었다. 이웃과 친척들이 문안 인사를 와서 아이가 얼마나 예쁜지 칭찬했다. 우리야 두말할 것 없이 그들의 칭찬을 감사히 여겼다. 손님들은 아이의 턱을 만지기도 하고 넋 나간 듯 바라보기도 했으며, 집으로 데려가고 싶다는 사람도 있었고, 그 밖에 여러 가지 호의들을 베풀었다. 그리고 나서 장녀인 수잔<sup>Suzan</sup>에게, "어머나, 세상에! 숙녀가 다 됐네! 아기도 보면서 엄마를 도와줄 수 있겠구나, 그렇지?" 계속해서 장녀와 막내딸 칭찬이 쏟아졌다. 그렇지만 중간에 끼인 우리 별난 둘째는 어떨까? 신디<sup>Cindy</sup> 말이다.

우리 부부의 경우 둘째 딸을 고전적인 방법으로 다루었다. 한 번 이야기를 하면 수천 번은 더 이야기를 해야 했다. "신디는 왜 저렇게 칭얼대지? 수잔이나 줄리처럼 행동하지 않고, 왜 저렇게 달라? 좀 더 기뻐하며 활발하게 지낼 수 없는 걸까?" 신디는 자기가 할 수 있는 방법으로 반응을 보였다. 징징대고 투덜대며, 화를 내면서 시킨 일들을 했다.

처음엔 신디도 똑같았다. 우리가 아이를 다르게 만들었다. 우리는 신디의 기분을 이해해 보려고 했고 마침내 깨닫게 되었다. 성경에도 나와 있는 진리다. 모든 건 '뿌린 대로 거둔다.' 콩을 심고 감자를 수확할 수 없듯이, 부정적으로 이야기를 하면 긍정적인 아이를 키울 수 없다는 사실을 말이다.

우리는 교육법을 달리했다. 손님이 올 때마다 신디를 색다르게 소개했다. "항상 즐거워하는 아이라 모두 좋아해요. 언제나 웃고 있거든요. 그렇지 않니, 애야?" 신디 역시 미소를 짓더니 그렇다고 대답했다. "손님들께 소개 한번 해봐." 신디는 앞니가 두 개나 빠진 모습으로 활짝 웃으면서 이렇게 말했다. "제 이름은 올챙이예요."(정말 기막힌 이름이 아닌가!) 그러면 우린 이렇게 말했다. "언제나 웃는 꼬마 아가씨예요. 즐거워하고, 상냥하고, 활발하죠. 그렇지 않니?" 신디는 또 한번 웃으며 대답한다. "그럼요, 아버지." 아니면 "그럼요, 어머니." (애들에게 가르칠 가장 유용하고 중요한 예법은 바로 부모님에 대한 존경과 공경이다.) 아이들은 친구보다 부모로서 존경할 만한 사람을 가졌다는 데에 훨씬 안정감을 느낀다. 그래서 우리는 "예, 아버지"와 "예, 어머니"란 호칭을 요구한다.

이런 방법을 택한 지 겨우 한 달만에 부모로서 보람을 느낄 만한 일을 경험했다. 누군가 우리를 방문했고, 우리는 평소대로 신디를 불러 손님에게 소개를 했다. "모든 사람들이 예뻐하는 애랍니다. 이름이 무엇인지 말씀드려 볼래, 신디?" 아이는 내 코트 소매를 잡더니 이렇게 말했다. "아빠, 제 이름이 바뀌었어요." 약간 놀란 나는 물었다. "그럼 지금 이름은 무엇이니?" 예전보다 더 환하게 웃더니 이렇게 대답했다. "전 행복한 올챙이예요."

우리 이웃들은 신디에게 어떤 일이 있었는지 알고 싶어했다. 솔직히 신디가 변한 건 사실이다. 그러나 엄마 아빠가 신디를 최고의 아이로 보기 시작하기 전에는 이런 변화가 없었다. 우리가 신디를 새롭게 보기 시작했을 때, 활기차고 행복한 소녀로 대하기 시작했을 때, 신디는 그렇게 변했다. 그래서 우린 이제 신디를 '감미료'라고 부른다. 우리는 우리 생각대로 남을 대한다. 따라서 남을 정확하게 볼 줄 아는 법을 아는 게 중요하다.


### 세 명의 꼬마 아가씨

몇 년 전 우리가 조지아 스톤 마운틴에 살았을 때 디케이터 근처에 사무실이 있었다. 어느 날 보험회사에 다니는 친구가 잠깐 들렀는데 3살, 5

살, 7살 정도 되는 세 딸도 같이 왔다. 예쁜 드레스를 입은 모양새가 꼭 인형 같았다. 그런데 딸을 소개하는 데 깜짝 놀랐다. "이 녀석은 밥을 먹지 않고, 이 녀석은 엄마 말을 듣지 않아. 그리고 요 녀석은 울보야."

자기 딸을 사랑하는 건 분명했다. 아이들을 안아주고 같이 놀아 줄 때 표정을 보면 충분히 알 수 있다. 그러나 이상하게 딸들에게 '절망적인' 말만 들려주었다. 친구는 딸들을 자기가 생각한 대로 대한다. 세 딸에게 강하고 부정적인 어조로 주의를 준다. 친구는 '밥을 먹지 않는' 딸, '엄마 말을 듣지 않는' 딸 그리고 '항상 울기만 하는' 딸을 가졌다는 사실에 서운해 하기도 한다. 그는 딸들이 왜 그렇게 됐는지 절대 깨닫지 못할 것이다. 남들이 우리에게 뿌린 것뿐만 아니라 우리 자신이 뿌린 대로 거둔다는 것도 맞는 말이다. 그래서 아이들을 제대로 볼 줄 아는 게 더욱더 중요하다. 왜냐하면 어떻게 생각하는지가 그들에게 뿌린 씨앗의 모양을 형성하고, 장래에 중요한 영향을 미치기 때문이다.

린다 아이작Linda Isac의 가족과 친구, 교사들은 그녀를 정신 지체 장애의 '난쟁이'로 '보았고' 교사도 그렇게 대했다. 텍사스 주의 특수 교육 담당 교사들은 린다가 배울 능력이 없다고 생각해서 많은 걸 가르치지 않았다. 린다가 고등학교를 '졸업할' 때까지 일 학년에서 한 단계 진급시켰을 뿐이다. 결국 키 121cm, 몸무게 36kg의 아프리카계 미국인 여고생은 1학년 정도의 지식수준을 학습하고 졸업하게 되었다. 이런 환경에서 린다에겐 두 가지 기회가 있다. 희박하나마 살아남는 것과 살아남지 못하는 것. 린다의 어머니는 갓월 인더스트리 텍사스 재활원의 캐롤 클랩Carol Clapp에게 연락했다.

그 결과 언니와 함께 살던 린다는 3주 동안 열리는 직업 평가 프로그램에 참여하기 위해 댈러스로 이사를 갔다. 린다는 직업 적응 훈련 프로그램 수업을 들었다. 여기서 그녀의 마음에 제각기 다른 농작물을 심거나 '뿌렸다'. 린다는 어느새 프로그램을 전부 소화해 냈고, 산업 계약 센터로 이동하게 되었다. 나중에 린다는 전화 메시지도 받고, 근무 시간 기록표도 점검하며 매일매일의 발전을 체크해 나갔다. 이런 새로운 '치료'를 받으며 자신감이 붙게 되자 그녀의 성격도 변했다.

미국 내 키 작은 사람들의 모임에 가입했다. 그녀는 자신의 인생을 소중히 생각했고, 하는 일도 좋아했으며, 이미지도 향상되어 '난쟁이'라고 불려도 더 이상 신경 쓰지 않았다. 린다 아이작의 이야기는 해피엔딩으로 끝나겠지만, 남을 열등하게 '보고' 그렇게 대하는 사람들이 얼마나 많은 사람들을 평범하게 만드는지 궁금하게 만든다.

대학생이라도 자기 학생 중에는 '낙제를 하는' 녀석들이 있고, 'A'를 받는 학생은 거의 없다고 호언장담하는 잘난 체하는 교수들에게 억압받는 학생들이 많다. 교수들은 부풀린 학문적 성과를 거짓으로 표현하면서 무능력을 숨기고 있을지도 모른다는 생각을 하지 못한다. 개인적으로 교수들은 좀 더 분발해서 자신이 훌륭한 교수여서 학생들 대다수가 'A'를 받을 것이며, 모든 사람들이 자기 수업을 들을 것이라고 말할 수 있어야 한다고 생각한다. 그렇다고 오해해선 안 된다. 교사가 허풍을 떨어 학생들이 실제로 잘하고 있는지와 상관없이 무조건 잘한다고 이야기하라는 것이 아니다. 이런 교육법은 학문의 세계에서 자살과 같은 짓이다.

샌프란시스코에서의 연구 결과를 보면 소수 그룹에 속한 학생들은 실제로 잘못했을 때에도 칭찬을 계속 들었다고 한다. 이는 가장 잔인한 치료법이다. 취업 시장에서 경쟁력 떨어지는 학위만 있는 기능적 문맹자를 만들어 내는 꼴과 같다. 결국엔 환멸을 느끼고 씁쓸해 하는 개인이 나올 뿐이다. 이들은 말로 위로를 받았을 때 경쟁력을 갖출 수 있게 교육해 주지 못한 데 대해 사회에 '책임'을 물을 것이다.

해결책은 있을까? 이런 복잡한 교육 문제에는 정답이 없다. 그렇지만 이것 하나만은 안다. 우리는 학생의 소질을 발견하고 확고부동함과 열정, 인내심을 가지고 그들을 다루며, 어떤 일을 할 수 있는지 꼼꼼히 분석하되 꾸중해서는 안 된다. 결과를 질책해도 학생을 비난하지는 마라. 다시 말해 학생을 다룰 땐 격려를 많이 해줘야 한다. 그렇다고 거짓말을 해서도 안 되고, 성적이 좋지 못할 때도 칭찬하면서 잘못 유도해서도 안 된다. 지금보다는 더 잘할 수 있다고, 숙제나 시험 성적도 아직 그들의 기준에 미치지 못한다고 깨우치게 격려해 줘야 한다. 학생들의 이미지가 변할 때 행동도 변하게 된다.

50여 년 동안 가르쳐온 내 경험을 통해 이것이야말로 개인으로부터 최대치의 결과를 얻을 가장 효과적인 방법임을 확신한다. 간단히 말해 그들에게 긍정적인 것을 주라는 것이다. 그들에게 할 수 있다는 자신감을 줘야 한다. 그러면 학생들은 해낸다.


## 세일즈 여왕

메리 케이 코스메틱 사의 설립자이자 명예 회장인 메리 케이 애시는 남의 장점과 잠재력을 발견하는 일의 중요성과 가치를 완전히 이해했다. 그녀는 모든 사물에 존재하는 양면의 가치를 아는 사람이다. 그녀는 애가 둘인 엄마로 스탠리 홈 사에서 일하기 시작했다. 처음엔 힘들고 어려웠지만 남들이 잘하는 모습을 보면서 자신도 언젠가 그럴 날이 올 거라고 믿고 두 배의 노력을 기울였다.

얼마 지나지 않아 댈러스에서 전국 컨벤션이 열렸다. 메리 케이는 교통비와 숙박료로 12달러를 빌렸다. 그녀가 가진 돈은 12달러가 전부였고 거기엔 식사 값이 포함되지 않았다. 메리 케이는 3일 동안 치즈와 크래커로 끼니를 때웠다. 컨벤션은 그녀에게 용기를 주었다. 마지막 날 스

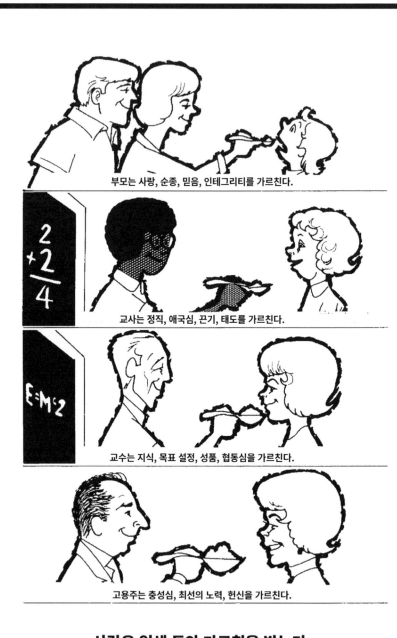

부모는 사랑, 순종, 믿음, 인테그리티를 가르친다.

교사는 정직, 애국심, 끈기, 태도를 가르친다.

교수는 지식, 목표 설정, 성품, 협동심을 가르친다.

고용주는 충성심, 최선의 노력, 헌신을 가르친다.

**사람은 일생 동안 가르침을 받는다.**

탠리 비버리지<sup>Stanley Beveridge</sup>가 갈색 머리의 미녀에게 '세일즈 여왕' 왕관을 씌어주는 모습을 보고 메리 케이는 자신도 성공의 길을 걷겠다고 결심했다.

메리 케이가 비버리지 의장과 악수하기 위해 다가갔을 때 그의 눈을 정면으로 보면서 이렇게 말했다. "비버리지 씨, 오늘 밤엔 제가 누군지 모르실 거예요. 그렇지만 내년 이맘 때쯤이면 아시게 될 거예요. 제가 세일즈 여왕이 될 테니까요." 스탠리 비버리지는 그냥 형식적으로 대답해 줄 수도 있었다. 하지만 그는 그러지 않았다. 비버리지는 악수를 나누면서 메리 케이에게서 뭔가 특별한 것을 보았다. "이상하지만 당신은 왠지 그럴 수 있을 것 같군요." 메리 케이의 말은 사실이 되어 버렸다. 후에 메리 케이는 그 회사뿐만 아니라 다른 회사에서도 이름을 날리며 실력 발휘를 했다.

그러던 어느 날 메리 케이는 '은퇴'를 했다. 그렇지만 그녀의 은퇴는 한 달도 채 못 갔다. 생각을 정리하기 위해 며칠을 쉰 후에 노란색 메모 노트를 꺼내더니 뭔가를 '계획하기' 시작했다. 자기가 다닌 회사의 장점을 열거해 보았다. 세일즈계에 종사하는 여성들에게 중요한 요소들을 적었다. 본인이 계속 경력을 쌓으며 하고 싶은 일, 되고 싶은 위치, 갖고 싶은 것 등을 적었다.

메리 케이는 회사를 설립하기로 마음먹었다. 그리고 직원들이 능력을 마음껏 발휘할 수 있도록 사업을 해갔다. 메리 케이는 사람들에게 그들의 소질을 보여 주는 것이 자신의 능력을 나눠주는 것보다 훨씬 더 낫고 중요하다고 생각했다. 또 여성들도 돈을 많이 벌어 캐딜락을 타고 다니며 호화로운 삶을 누릴 수 있다고 생각했다.

자본과 무한한 믿음을 밑천으로 메리 케이 코스메틱 사는 1963년 8월에 사업을 시작했다. 그러나 그 해가 다 가기도 전에 60,000달러어치를 팔았다. 1999년 메리 케이 코스메틱 사는 소매로 20억 달러어치를 팔았고, 미국 전역에 있는 50만 명 이상의 미용 컨설턴트와 8,500명의 영업 부장들이 메리 케이 스토리를 이야기하고 있다. 오늘날 메리 케이 사는 거대 기업이 되었고, 29개 나라에 지사를 두고 있다.

이런 성공에는 많은 요인들이 있다. 그러나 이 성공 스토리는 한 사람이 메리 케이에게서 무엇인가 특별한 점을 '찾았을 때' 시작되었다. 메리 케이가 일을 적절히 발전시켜 나갔기 때문에 회사는 꾸준히 성장할 수 있었다. 메리 케이는 직원들에게 항상 "하나님이 최우선이고, 가족은 두 번째이며, 메리 케이는 세 번째"라고 말한다. 메리 케이는 직원들에게서 상당한 능력을 '찾고' '보았으며' 그에 따라 직원들을 대한다. 그 결과 직원들이 메리 케이 로고가 새겨진 분홍색 캐딜락을 타고 전국을 돌아다니는 모습을 볼 수 있다.


## 자신은 알고 있다

사우스캐롤라이나 주 컬럼비아에 있는 백화점에서 일어난 에피소드도 비슷한 경우를 보여 준다. 마침 크리스마스 시즌이라 사람들이 바글바글했다. 엄마와 다섯 살 난 어린 소녀가 제품 시연을 구경하고 있었다. 엄마가 행사에 몰두한 나머지 아이에게서 눈을 떼자마자 그 소녀는 어디론가 사라져 버렸다. 아이가 사라진 걸 안 엄마는 주변을 둘러보았다. 아이를 발견하자마자 본능적으로 아이를 향해 뛰어가 이렇게 말했다. "내 곁에 꼭 있어야지. 사람 놀라게 하지 마!"

아이가 웬만큼 자랄 때까지 얼마나 많은 것들로 '놀라게 할지' 상상할 수 있겠는가? 배우기만 하면 간단하다. 그러나 여기서 말하는 바와 같이 나는 둘째 딸 신디 이야기를 했을 때처럼 직접 배우기 전까지 잘못은 언제나 다른 것에 책임을 돌렸다. 그런 후 스스로 이런 생각을 떠올리지 못했다는 것에 충격을 받았다. '나는 항상 배운 후'라는 뻔한 말만 했다.

때늦은 후회에 대해 알아야 할 것이 두 가지가 있다. 첫째, 그것은 항상 옳다는 것이다. 둘째, 그것은 결코 가치 있는 것이 아니라는 것이다. 다행히 이 말들은 어느 정도만 진실이다. 때늦은 후회로부터 무엇인가를 배운다면 그것은 가치가 있다. 또한 새롭게 배운 사실조차 때늦은 후회에 불과할지라도 여전히 가치가 있다. 만약 이 방법이 아니라면 우리는 모든 전통적인 방식을 뜯어고칠 수밖에 없다.


## 나누면 배가 된다

혁명전쟁 영웅인 메이저 앤더슨Major Anderson은 도서관을 소유하고 있었다. 그는 더 많이 배우고자 하는 고향 청년들에게 도서관을 개방한 이타적인 사람이었다. 매주 토요일 아침마다 메이저 앤더슨의 집을 방문한 소년 가운데 스코틀랜드 출신이 한 명 있었다.

소년은 책을 읽으며 하루를 보낼 수 있어 매우 감사하게 생각했다. 소년은 독서를 통해 많은 것을 배웠다. 그 소년이 바로 미국에서 가장 생산적이고 부유한 사람 중 하나로서 자리매김한 앤드류 카네기다. 백만장자가 거의 존재하지 않았을 때 앤더슨은 43명의 백만장자를 배출해 냈다. 그 중 한 명인 카네기 역시 미국 내 모든 주에 카네기 도서관을 설립했다. 수많은 사람들은 아직도 카네기의 관대함에 많은 혜택을 받고 있다.

그렇다. 다른 사람의 능력을 찾아내어 그들이 자신의 능력을 계발할 수 있도록 도울 때 당신은 큰 기여를 하는 셈이다. 더 놀라운 것은 당신이 남에게 '전달'을 많이 할수록 스스로도 많은 걸 갖게 된다는 점이다.

39살에 벨 앤 하우웰의 사장이 된 찰스 퍼시Charles Percy의 예를 보자. 그는 회사의 직위 체계를 한 단계씩 밟아가며 그 자리까지 올라갔고, 명예와 부를 모두 손에 쥐었다. 후에 그는 뛰어난 미국 상원의원으로도 활동했다. 흥미로운 사실은 그는 남들에게서 잠재력을 볼 뿐만 아니라 그 능력을 이용할 수 있도록 그들을 설득하는 능력도 갖고 있었다.

가끔 이런 철학이 당신을 관심의 대상으로 만들어 놓는 게 아니라 어둠 속에 묻히게 할 때도 있다. 크리스 챗어웨이Chris Cattaway가 바로 그러한 경우다. 그는 처음 4분 동안 달리기 선수와 함께 1km를 '보조 맞춰 주는' 중요한 역할을 맡았다. 챗어웨이는 로저 바니스터Roger Banister를 위해 빠른 속도로 첫 번째 세 바퀴를 돌았다. 그 때문에 바니스터가 '도저히 깰 수 없는' 4분대 장벽을 넘었다. 챗어웨이가 조용히 사라진 반면 바니스터는 그 장벽을 넘었고 국제적으로 유명세를 타게 됐다. 그 이후로 4분대 미만의 기록이 나온 경기는 셀 수 없이 많았지만, 신기록이 나올 수 있도록 속도를 조절해 자신을 양보한 사람은 챗어웨이뿐이었고 앞으로도 그 사람뿐일 것이다.


## 두 가지 실수

어떤 대학 교수의 부인은 난청이었다. 교수의 꿈은 완벽한 보청기를 만들어서 그가 끔찍이 사랑하는 부인이 들을 수 있도록 하는 것이었다. 그는 꿈을 이루기 위해 마지막 남은 돈과 모든 시간을 투자하며 공을 들였다. 역사에는 그가 이 실험의 실패자로 기록되었지만 사실 실패자와는 거리가 멀다. 알렉산더 그레이엄 벨Alexander Graham Bell은 그 목표를 달성하지 못했지만 문제를 해결하기 위해 무던히 노력한 덕분에 인류는 엄청난 혜택을 누리게 되었다. 한 사람을 돕고자 했지만 실패했다. 그러나 수백만 명의 사람을 도운 셈이 됐다.

그보다 몇 년 일찍 독일인 발명가 빌헬름 라이스Wilhelm Reiss가 전선을 통해 소리를 발신하는 기계를 발명했다. 라이스가 두 개의 전극을 미세하게라도 움직여 서로 닿게 했다면 전화를 발명했을지도 모른다. 그러나 아이러니하게도 라이스는 비용을 최소화했지만 불후의 명성을 잃게 되었다. 이런 간발의 차이는 라이스가 벨과 같은 목적으로 발명했다면 어떤 일이 벌어졌을까 궁금하게 만든다. 전극이 '우연히' 맞닿을 가능성이 있을까? 아무도 모를 일이다.

## 대체 사회자

몇 년 전 내 친구 데이비드 스미스David Smith가 엘크스 클럽 무도회의 사회를 자기 대신 해달라고 부탁했다. 나는 항상 그런 일을 해보고 싶었다고 익살스럽게 말했다. "아무튼 이건 굉장히 큰 행사야. 지역구 의원도 오신다고 하셨어. 진짜 오실지는 미지수지만."

턱시도와 타이, 댄스 밴드가 있는 흥겨운 잔치였다. 나는 아내와 함께 일찍 도착했다. 데이비드가 춤추는 모습을 보면서 그의 우아한 동작과 기술에 감탄했다. 그는 춤을 즐겼는데 우리가 열렬히 칭찬을 하니 쑥스러워했다. 데이비드는 주저주저하더니 자기가 사교댄스 강사였다고 털어놓았다. 몇 년 동안 알고 지냈지만 그를 진짜 알았던 것은 아니었다. 계속 설득한 끝에 마침내 자신의 이야기를 들려주었다.

그는 가족을 부양하기 위해 열여섯 살에 학교를 그만둬야 했던 이야기부터 시작했다. 22살에 다시 학교로 돌아가 25살에 고등학교를 졸업했다. 그에겐 딸이 셋 있는데, 두 명은 교사고 그 중에서도 한 명은 석사학위를 땄다고 했다. 그는 분명히 그리고 당당하게 가족을 자랑스러워했다.

데이비드를 더 궁금하게 만드는 것은 바로 그의 나이다. 66살임에도 그는 아직도 근면 성실하게 일하는 사람이다. 그는 우리의 허드렛일을 책임지는 일꾼이고, 그의 일화는 우리에게 교훈을 준다. 또한 사람은 겉모습으로 판단하면 안 된다는 사실을 보여 준다.

데이비드의 이야기는 당신의 직업 정신이 정직한 노동에 존엄성을 부여해 준다는 사실을 증명하고 있다. 어떤 이들에겐 허드렛 일꾼의 월급이 하찮게 보일 수도 있으나 데이비드는 그 돈으로 충분히 먹고 살았고 세 명의 딸을 교육시켰다. 게다가 기회란 직업이 아니라 본인에게 있다는 사실을 보여 준다. 좋은 일을 하며 남들에게 서비스를 제공할 수도 있다.

그러나 가장 중요한 건 데이비드 스미스가 딸들이 '더 많은 것을' 획득하길 원했기 때문에 자신의 많은 부분을 포기했다는 사실이다. 그 결과 모두 승리자가 되었다. 데이비드 스미스는 스스로 열심히 배웠으며 자녀를 교육시킨 덕분에 앞으로 더 많은 것을 얻게 될 손자 손녀 생각에 흥분되어 있었다.


## 입사는 안 돼―그 사람은 전과자야

우리 사회는 정의에 대해 상당히 흥미로운 생각을 품고 있다. 누군가 범죄를 저지르면 벌을 받아야 한다고 말한다. 여러 가지 이유에서 나도 전적으로 동감한다. 그러나 사회는 이미 범죄에 대한 벌을 받은 사람들에게 가혹하다. "그래요, 이제 공평해졌어요. 당신은 법을 어겼지만 벌을 받았으니 이제 끝난 거예요."라고 말하지만 대부분 실제로 끝난 게 아니다.

우리 사회는 악의가 있어서든 혹은 정말 몰라서든 계속해서 전과자를 부정적인 시각으로 보기 때문에 전과자의 80% 이상이 다시 감옥으로 들어간다고 통계가 말해 준다. 자유로운 생활보다 감옥에서의 생활이 더 좋아서 돌아간다고는 생각하지 않는다.

전과자가 미래의 사장에게 과거를 솔직하게 고백하면 대다수 사장들은 이들에게 두 번째 기회를 주지 않는다. 사장에게 솔직히 말하지 않는다고 해도 결국 진실은 밝혀지는 법. 그 사람은 성과와는 상관없이 일자리를 잃게 된다. 이유는 간단하다. 우리는 대개 '전과자'라는 것을 중요시하지 '과거'라는 건 하찮게 생각한다.

그들을 쳐다보면 우리 마음속에 수천 번 이런 메시지가 떠오르게 된다. '저 사람은 상습범, 도둑, 거짓말쟁이, 사기꾼이야.' 명심하라. 우리는 사람들을 자신의 생각대로 대하게 된다. 우리가 전과자들을 도둑으로 생각하면 그렇게 이야기하게 된다. 진짜든 가짜든 상처 부위에 대해 굉장히 예민한 성격의 사람이 이런 상황에 접하면 상황은 돌이킬 수 없다.

전과자들은 좌절감을 몇 번 겪은 후 적응하기 위해 노력할 때 자신들의 상황을 합리화하기 시작한다. 이들의 변명은 다음과 같다. "제가 전과자인지 다 알아요. 절 믿는 사람은 아무도 없죠. 다시 나쁜 짓을 할지도 모른다고 생각하나 봐요. 항상 저를 주시하고 있어요. 뭔가 문제가 생기면 항상 제 잘못이 되어 버려요. 내가 어느 정도 돈을 갖기 전에는 그럴 수밖에 없을 것 같아요. 돈을 벌려면 방법은 하나밖에 없죠." 이런 변명은 그들을 다시 범죄와 감옥의 세계로 빠지게 한다. 그게 문제다.

이젠 해결책을 찾아보자. 첫째, 그가 성공적으로 사회에 복귀할 수 있도록 준비를 철저히 시켜야 한다. (나 역시 편견이 있는지 모르겠지만 그 사람도 이 책을 기본으로 한 본 투 윈 코스Born to Win Course를 들어야 한다고 생각한다. 사회 구성원으로 지내는 동안 저지른 실수에 대한 책임을 묻는 대신에 말이다.)

둘째, 문제해결을 위해 의존할 수 있는 것을 이용하자. 성경이 바로 그 역할을 해 줄 수 있다. 누가복음 17:3에도 나와 있지만 예수는 형제가 우리에게 해를 입힌다면 그를 비난(벌을 주거나)해야 마땅하고 그가 잘못을 뉘우치면(자기 실수를 인정하면) 용서하고 관대하게 대하라고 했다.

나머지 해결책은 요한복음 8장에서 볼 수 있다. 여기에서는 간통한 여성의 이야기가 나오는데 사람들은 모세의 율법에 따라 돌팔매질로 사형해야 한다고 주장했다. 사람들은 예수가 그녀를 어떻게 할지 고견을 구하기 위해 데려갔다.

처음에 예수는 대답하지 않았다. 그는 몸을 웅크리고 땅 위에 뭔가를 썼다. 여자를 괴롭히던 사람들 또한 쉽게 포기하지 않았다. 그에게 어떻게 하실 거냐고 물었다. 예수는 자리에서 일어나 이렇게 말씀하셨다. "너희들 중에 아무 죄도 짓지 않은 사람이 있다면 그녀에게 돌을 던질 수 있다." 예수는 다시 한번 몸을 웅크리더니 땅 위에 무엇인가를 썼다. 성경에선 간단히 표현되어 있다. 그 말을 들은 사람들은 양심에 찔려 그 자리에서 하나둘 사라졌다.

당신 내면에 있는 것만 남들에게서 볼 수 있다는 말을 들었을 것이다. 남들에게서 장점을 찾아라. 그것이야말로 당신의 장점을 발견할 최고의 방법이다.


## 인간은 대부분 이중 잣대를 가지고 있다

어느 날 제빵업자는 가게에 버터를 공급하는 농부가 양을 속이는 것 같다고 의심했다. 그는 조심스럽게 버터 무게를 쟀고 의심은 사실로 밝혀졌다. 그는 매우 화가 나서 농부를 고발했다. 그 재판에서 판사는 결과에 흡족했고 제빵업자는 농부의 설명에 분노를 터뜨렸다. 농부는 계량기가 없어 저울을 이용했는데 매일 제빵업자에게 사오는 400g짜리 빵 한 덩어리를 추로 이용했다고 한다.

감옥에 간 사람과 그렇지 않은 사람의 차이는 발각됐는지에 있다. 많은 사람들이 소득세로 장난치다 걸리면 전과자 딱지를 붙이게 될 것이다. 과속으로 걸리면 운전면허가 취소된다. 게다가 '네비게이터'의 도움으로 언덕이나 커브를 지나고 멈춤 표시에 달리거나 음주운전 등 법망을 피해갈 '똑똑한' 방법을 아이들이 배우게 된다.

다시 한번 강조하지만 법을 위반했을 땐 반드시 벌을 받아야 한다. 그렇지만 모든 건 공정해야 하는 법이다. 벌을 받은 후에는 전과자에게 '대가를 완전히 지불'했다고 해줘야 한다. 이렇게 하면서 우리는 그에게 신뢰를 보여 줄 수 있고 그 역시 자신감을 회복할 수 있다. 이런 일이 일어나면 전과자가 자립해서 사회에 기여할 가능성이 훨씬 높다.

우리가 그를 바라보는 시각에 많은 것이 달려 있다. 현실에서 전과자들은 우리보다 앞서 있는 셈이다. 어떻게 보면 그는 자신의 빚을 갚은 셈이지만 우린 잡히지 않았기 때문에 빚을 갚지 못했으니 말이다.

청소년 범죄를 예방할 수 있는 대책으로 초범에게 노동을 부과하거나 감옥 생활을 시켜야 한다고 생각한다. 그 대상이 유치원생이든 미성년 범죄자이든 상관없이 적용한다. 이런 실용적인 접근법은 확실히 범죄를 줄여 줄 것이며, 아이들이 어릴 때부터 가정교육을 시작한다면 범죄율은 훨씬 더 줄게 된다. 제임스 돕슨 박사가 『데어 투 디스플린Dare to Discipline』에서 주장했듯이 훈육이란 아이에게 하는 교육이 아니라 아이를 위한 교육이라는 점을 이해하면 충분히 가능하다.

현실 요법의 아버지인 윌리엄 글래서William Glasser는 아이의 잘못된 행동에 부모의 훈육을 적용하고 이를 교정적인 사랑으로 여겨야 한다는 점을 인식시켜 모든 사람들이 수용하게 만들어야 한다고 강조했다. 벌罰이란 개인에게 적용하는 반응이며 적대적으로 내치는 것처럼 여겨지기 때문에 상대방이 쉽게 분노를 일으킨다. 글래서 박사의 말에 따르면 아이들에게 그 차이점을 분명히 이해시키기 위해 벌을 주는 시간을 사랑으로 마무리해야 한다. 사랑으로 훈육시키는 것은 아이에게 부모의 소중함을 느낄 수 있게 한다.

좋든 나쁘든, 긍정적이든 부정적이든 당신은 남에게 영향을 미친다. 이 또한 남들을 올바르게 대하고 공정하게 바라보는 게 중요한 이유가 되기도 한다. 우리는 타인의 인생에서 하나의 역할을 담당하고 있다. 한 사람의 미래를 좌지우지하는 열쇠를 쥐고 있는지도 모른다. 다음 이야기는 기회와 책임감을 보여 주면서 그것을 제대로 표현하고 있다.

## 부탁입니다 — 열쇠를 주세요

노인은 성당에서 오르간을 연주하고 있었다. 하루가 끝나갈 무렵이었고 아름다운 스테인드글라스를 통과해 비치는 햇살 때문에 마치 천사처럼 보였다. 오르간을 다루는 기술이 뛰어난 그는 이제 젊은 오르간 주자와 교체되기 때문에 슬프고 우울한 곡을 연주했다.

땅거미가 질 무렵 젊은 오르간 주자는 조금 무뚝뚝한 표정으로 성당 뒷문으로 들어왔다. 그의 등장을 눈치챈 노인은 오르간에서 열쇠를 빼 자신의 주머니에 집어넣은 후 조심스레 성당 뒷문을 향해 걸어 나갔다. 노인이 자기 앞을 지나가려고 하자 젊은이는 손을 뻗어 열쇠를 달라고 했다. "부탁입니다. 열쇠를 주세요." 노인은 할 수 없이 열쇠를 꺼내 젊은 이에게 건넸다. 청년은 오르간을 향해 달려갔다. 잠시 호흡을 가다듬고 앉더니 열쇠를 꽂고 연주하기 시작했다.

노인의 연주 솜씨도 아름답고 훌륭했지만 젊은이는 그야말로 천재였다. 이 세상에서 한 번도 들어 보지 못한 음악이 울려 퍼졌다. 성당과 마을, 심지어 시골 지역 곳곳에 울려 퍼졌다. 요한 세바스찬 바흐가 세상에 처음 모습을 드러낸 순간이었다. 눈물이 뺨을 타고 흘러내리던 노인은

이렇게 중얼거렸다. '생각을 해봐, 생각을. 저분에게 열쇠를 주지 않았더라면 어쩔 뻔했어.'

노인은 분명히 젊은이에게 열쇠를 넘겨주었다. 이 젊은이는 열쇠를 최대한 활용했다. 우리가 다른 사람들의 미래를 움직일 열쇠를 쥐고 있기 때문에 이건 엄연한 사실이다. 우리는 혼자 살아가지 않는다. 우리의 행동과 행위는 남에게 우리가 앞으로 알지 못할 많은 사람들에게 영향을 미친다. 그래서 최선을 다해 우리의 자질을 활용해야 할 의무와 책임감이 개인적인 삶을 넘어선다고 말하는 것이다.

# 09

## 가장 중요한 것은 다른 사람

The Most Important 'Other' Person

### 집에 있는 로미오Romeo

몇 년 전 불륜 때문에 가정이 편안하지 못한 친구가 있었다. 마을에선 행복해 보였지만 사실 행복과는 거리가 먼 사내였다. 우리의 길이 갈라진 지는 한참이나 지났다. 다시 우리가 만났을 때 그는 완전히 변해 있었다. 그 친구는 좀 더 행복했고 편안해 보였으며 상당히 성공을 했다. 그래서 나 역시 뻔한 질문을 할 수밖에 없었다. "무슨 일이야?"

그 친구는 한 여성을 만났으며, 비열한 녀석과 결혼한 탓에 인정받지도 못한 채 쓸쓸히 사는 아름다운 여자라고 했다. 그는 그녀의 집으로 '이사했고' 신사답게 그녀를 대하자 모든 것이 좋아졌다고 한다. 내가 대경실색하는 모습을 철저히 즐기던 친구는 그 여자가 바로 15년 동안 자기 부인이었다고 털어놓았다.

마음을 진정시킨 후 그에게 '설명'을 부탁했다. 그의 설명은 간단했지만 오늘날 결혼 문제에 대한 해결책을 제시했다. "지그, 자네도 알겠지만 아내를 좀 더 배려하고 생각했더라면, 그녀를 좀 더 매너 있게 대했더라면, 다른 여자에게 하듯이 멋진 것만 말해 주고 행동했다면 편안하고 행복했을 거야."

그가 말하기를 세상에서 가장 위대한 것은 바로 당신이 사랑하고 신뢰하며 존중해 줄 당신만의 누군가를 찾는 일이라고 했다. 그 말에 난 "아멘!"이라고 할 수밖에 없었다.

이런 종류의 사랑은 전적으로 배우자에 대한 '맹목적인' 충성심으로 나타난다. 행복과 안정, 마음의 평화 등은 충성심으로 싸여 있다고 확신한다. 아내와 나는 서로의 충성심에 의심이 생기면 비참해진다는 것을 알고 있다.

안타깝게도 많은 남편과 부인은 지인과 점원, 비서, 집배원 아저씨, 심지어 낯선 이에게도 친절하게 대하고 배려한다. 하지만 정작 배우자에게는 그들의 존재를 당연하게 여기거나 금방 인내심을 잃게 된다. "왜 그런 걸까?" 이 질문에 대답해 보고자 한다. 또한 1946년에 하나님이 내게 사랑하고 존중하라고 보내 주신 아름다운 여성과 함께 한 멋진 세월을 바탕으로 몇 가지 제안을 해보려고 한다.

아내야말로 내 인생에서 가장 중요한 사람이다. 그리고 우리 사이는 날마다 점점 가까워진다. 이 말을 하는 이유는 내가 말하고자 하는 생각들이 당신과 당신의 배우자에게 대단히 중요하기 때문이다. 책임감 있는 기혼자가 배우자와 화목함 없이 완전히 효율적이거나 행복할 수 있다는 사실을 믿기 어렵다.

결혼 생활이란 가족이고 가족은 이 나라의 기초이므로, 이 단원은 이 책에서 가장 중요한 부분이다. 폴 포포노 박사는 〈타임〉지에 이런 기사를 썼다. "역사상 가정이 파괴되고도 존속된 국가는 없다."

반려자를 보는 법, 반려자를 대하는 법, 반려자와 사이좋게 지내는 법이 중요하다. 이런 관계는 대인관계보다 당신의 성공과 행복에 더 직결된다. 남편이나 부인을 어떻게 생각하는가? 커플로서 서로를 어떻게 생각하는가? 아니면 가족으로는?

내 연구와 개인적인 경험 그리고 관찰을 모두 종합해 본 결과 결혼 생활에 위기를 겪는 이유에는 세 가지가 있다. 첫째, 대부분 남편과 부인은 시간이 지날수록 배우자에게 익숙해진다. 알아서 다 잘 돌아가고 있으며 배우자도 언제나 자신과 함께할 거라 생각한다. 그런 식으로 당연하게 여기는 게 너무 많다. 통계로 보면 열 커플 중 다섯 커플은 이혼했고, 이혼까지는 아니지만 명목으로 결혼 생활을 유지하는 부부들도 많다.

둘째, 우리가 살고 있는 환경 역시 문제가 된다. 내가 아는 대다수가 배우자에게 사랑과 애정을 보이는 행동이 촌스럽고 감상적이라고 생각한다. 개그맨이나 개그맨 지망생은 모임에서 결혼 제도를 깎아내리고 아내와 장모를 비꼬는 농담을 일삼는다.

셋째, 심심풀이로 해보는 자유연애, 계약 결혼, 혼외정사, 스와핑, 파트너 옷 벗기기를 허용하는 현재의 윤리 의식은 계속 변하고 있으며 불안함과 불확실성을 양산한다. 여성들은 나중에 이혼하더라도 은행구좌나 신용카드를 바꿔야 하는 '수고'를 덜도록 처녀 때 성姓을 유지하자는 운동도 펼치고 있다. 실패를 위한 계획이라니!

### 사랑이란 무엇인가?

건전한 결혼 생활의 튼튼한 기초는 사랑이므로 이에 대해 잠깐 이야기해 보자. 시인들은 시를 짓고, 가수는 사랑을 노래하고, 사람들은 사랑을 속삭인다. 사람들은 모두가 자기 나름대로 사랑에 대한 정의를 내린다. 물론 나도 마찬가지다. 첫 번째 고린도전서 13장은 진실한 사랑이 어떤 건지 아름답게 그렸다. 잠언에서는 사랑이 모든 죄를 덮는다고 나와 있다. 예수도 이렇게 말씀하셨다. "첫 번째로 너의 신인 하나님을 사랑하라. 두 번째로는 이웃을 네 몸처럼 사랑하라." 요한복음 3장 16절에는 사랑을 최고의 미덕으로 여기고 있다.

심리학자들과 결혼 생활 전문 상담사들은 하나같이 아이들을 위해 아버지가 해 줄 가장 중요한 일은 아내를 사랑하는 것이며, 아이들을 위해 어머니가 해 줄 가장 중요한 일도 남편을 사랑하는 것이라고 말한다. 사랑의 범위가 아이들에게 확대되진 않더라도 부모가 서로를 사랑한다는 사실을 알면 한층 안정감을 느낀다고 강조한다. 이런 식으로 아이들은 부모가 자신을 보호해 주려고 항상 같이 있을 거라는 걸 알게 되며 한쪽 부모를 선택해야 한다는 심리적 부담을 느끼지 않아도 된다.

우리 세대는 사랑과 섹스를 같은 맥락으로 생각하며 어떤 이들은 동의어처럼 여기기도 한다. 하지만 그렇진 않다. 사랑이란 상대방을 향해 품는 완전히 이타적인 감정이다. 색욕이야말로 이기적인 것이다. 성경에서는 사랑과 섹스를 결코 하나로 취급하지 않지만 요즘 사람들은 이기적이고 상업적인 이유 때문에 이 둘을 연관지으려고 한다. 잠시 심사숙고해 보면 이런 사고의 흐름이 얼마나 어리석은지 알 수 있다.

신학자, 과학자, 평범한 사람들도 사랑이 얼마나 중요한지 인정하지만, 하나님이 이상적인 남녀 관계라고 선언한 결혼 생활을 어떻게 영속시키는지에 대한 정보는 부족하다. 결혼반지를 교환할 때 그들의 사랑이 얼마나 영원한지 주장하던 수많은 부부들도 얼마 지나지 않아 서로를 위협한다. 물론 처음엔 그들의 사랑도 진실한 것이었음은 확실하다. 하지만 사랑은 꽃이나 나무처럼 소홀히 다루면 서서히 죽어간다.

행복한 결혼 생활은 교사, 의사, 성직자, 감독, 주부, 트럭 운전수, 비서, 세일즈맨 등 누구라도 예전보다 좀 더 나은 사람으로 만들어 준다. 그러나 불행한 결혼 생활은 부부의 생산성과 노력을 방해한다. 저명한 심리학자인 조지 W. 크레인George W. Crane은 '사랑이란 사랑의 행위와 표현으로 양육되는 것'이라고 했다. 맞는 말이다! 사랑이란 은과 같아서 매일매일 관심과 애정을 기울이고 사랑을 표현하면서 갈고 닦지 않으면 변색되어 버린다. 안타깝게도 많은 부부들이 서로의 존재를 너무 당연하게 여겨 결혼 생활 파괴범의 하나인 권태기를 불러온다.

## 이것이 진정한 사랑이다

크레인 박사는 부부들이 위기 상황을 접한 후에 다시 사랑에 빠지는 경우도 많다고 했다. 결혼 생활만큼은 어떻게든 유지해 보려는 도덕적 책임감이 있는 사람이라면 새로운 형태로 연애를 시도해 보자. 사랑을 몸짓으로 표현하고 보여 주면 말 그대로 사랑도 다시 돌아온다. 크레인 박사는 가끔씩 그러면서도 오랫동안 확실히 사랑을 키운다면 결혼 생활의 긍정적인 면들은 점점 더 강해질 것이고, 반면 부정적인 면들은 약해질 것이라고 했다. 이 문장에 절대적으로 '아멘'을 표할 수 있다. 몸으로 표현하면 언젠가 정신적으로 받아들인다.

데일 카네기는 이렇게 말했다. "열정적으로 행동하라. 그러면 당신도 열정적으로 변할 것이다." 말하고자 하는 바는 다음과 같다. 결혼 전에 했듯이 서로에게 애정 어린 행동을 보여 주면서 사랑에 빠진 사람처럼 행동하라. 시간이 흐르면 사랑이 다시 돌아왔다는 것을 알게 된다.

최고로 멋진 부부 생활을 목격한 건 몇 년 전 목사인 동생 휴의 집 마당에서였다. 동생의 어린 시절 소꿉동무이자 33여 년 동안 한집에서 살아온 그의 부인 주얼<sup>Jewell</sup>이 마침 열흘 간의 여행에서 돌아오는 길이었다. 인디애나 주 미시건에 있는 조카가 첫 아이를 낳아서 도와주러 갔었다. 이 부부가 서로 떨어져 지낸 건 이때가 처음이었다. 주얼이 차에서 내려 집으로 다가올 때 차 소리를 들은 동생이 문 밖으로 나갔다. 앞마당에서 마주친 그들은 따뜻하게 포옹한 후 서로 애정을 표현하고, 두 번 다시 떨어지지 않겠다고 단호하게 말하면서 아이처럼 울었다.

진정한 사랑이 무의식으로 모습을 드러내는 것을 보면서 내 눈가에도 눈물이 고였다. 시골 목사와 수년간 그의 파트너로 지낸 아내가 만들어 낸 이 장면이 영화로 제작되어 미국 내 모든 가정에 방영되었으면 좋았을 텐데! 사람들이 사춘기에 싹을 틔어 청년기에 꽃피우며 중년기에는 성숙시키고 노년기에는 그 절정을 보여 주는 이런 진정한 사랑을 볼 수 있다면 얼마나 좋을까.

진정한 사랑이란 매일매일의 감정, 문제, 기쁨, 승리와 연관된 것을 키우고 개발시키는 것이다. 이는 생각보다 어렵고 많은 것을 요구하며 구속적인 면도 있고 기쁨보다는 문제점을 많이 가져다줄 수도 있다. 휴와 주얼이 바로 이런 경우다. 이들의 시작은 미비했지만 결국 튼실한 결과를 맺었다. 그들은 밧줄에 매듭을 지어가며 한 단계 한 단계 올라갔다.

주얼은 휴의 아이를 낳았고, 가족을 위해 요리와 다림질을 했으며, 남편이 하는 일이라면 전적으로 믿어주고 아껴주면서 응원했다. 남편인 휴 역시 부인에게 최선을 다했다. 정말로 부인을 사랑했고 존중했으며 그녀의 이름대로 부인을 '보석'처럼 다뤘다. 다섯 명의 아이들을 키우려면 엄청난 돈과 시간, 애정 어린 가르침이 필요했지만 하나님에 대한 확고한 믿음이 그들을 아름다운 가족으로 만들었다.

헌신적인 부부와 가족 전체가 서로를 진실되게 사랑하는 모습은 지켜보는 사람에겐 귀감이 된다. 한 가정에 그렇게 많은 사랑과 유머가 넘쳐나는 걸 본 적이 없다. 아이들과 손자 손녀가 함께 모이면 더 이상 오락거리가 필요없다. 내가 지글러 가문에서 입담깨나 있는 걸로 알려졌지만 동생 앞에선 어림도 없다. 동생은 시간이 흐르면서 남녀노소 모두 즐겁게 해 줬다. 이런 자리를 통해 사랑의 빛이 부부라는 시스템의 소중함을 일깨우기 위해 가족을 환하게 비췄다. 하나님은 인간이 혼자 살아가는 것보다 가족을 이루어 공동체로 살아갈 것을 예비하셨다.

틀림없이 당신도 남이 원하는 것을 얻을 수 있게 돕는다면 뭐든 가질 수 있다고 확신한다. 우리는 사랑할 대상을 찾고 싶어할 뿐만 아니라 진심으로 사랑받고 싶어 한다. 그렇지 않은가?


## 진심으로 믿는다

'세상에서 가장 아름다운 러브스토리'라는 말을 종종 듣거나 본다. 이런 광고들이 모두 실화는 아니지만, 누군가 어느 곳에서 언제인지는 모르지만 지금껏 들어왔던 것 중에서 가장 아름다운 러브스토리를 이야기했거나 이야기해 줄 수도 있다. 이런 러브스토리는 영화나 TV, 책과는 동떨어진 데서 존재했고, 지금도 존재하며 앞으로도 계속 존재할 것이다. 이유는 간단하다. 서로를 진심으로 사랑해 주고 자신의 배우자를 으뜸으로 여기는 부부가 자신들의 삶과 사랑의 사적인 부분을 시시콜콜 남에게 말할 까닭이 없다. 민감하고, 애정이 깊은 부부는 사랑의 깊이를 서로에게 표현하고 공유하는 다양한 방법을 남에게 절대 말하지 않는다. 그렇게 하면 비밀스럽고 개인적이며 아름다운 관계를 커뮤니티 혹은 공동의 재산으로 만들어 버리는 격이다. 다시 말해 하나님이 정의 내린 신성한 관계의 품위를 떨어뜨리고 평범하게 만들어 버린다. 진실한 사랑은 아름답고 은밀한 법이다.

지금까지 봐서 알겠지만 난 하나님과 가족 그리고 국가를 믿고, 좋든 싫든 이런 맹세들이 단순한 말이 아니라는 사실을 믿는다. 이것은 서로 함께 지내며 성장할 수 있는 기회다. 강철이 열과 냉각으로 단련되고 고속도로에 언덕, 계곡, 커브를 추가해야 안전하게 만들어지듯이 사랑과 결혼 역시 고난과 시련, 모진 고통을 극복해야만 이룩할 수 있다.

따라서 젊은이들이 동거나 계약 결혼으로 하나님의 계율을 무시하는 모습을 보면 무척 괴롭다. 진심으로 사랑할 만큼 충분한 시간을 갖기 전에 시련을 맞이하면 사소한 문제일지라도 문제가 생기는 순간부터 이미 그들은 사랑을 포기하기 때문이다. 그들은 성인이 나누는 사랑이 무슨 의미인지도 모른다. 사랑과 섹스를 구분할 줄 모른다. 이것은 같은 범주에 속하지만 완전히 다른 행위다. 섹스가 사랑의 실현이자 신성한 결혼 생활에서 행해지는 행위가 될 때 정말로 아름다운 것이 되고 하나님의 뜻을 따르게 된다. 그러나 단순히 욕정의 표현이 될 때는 동물적이고 이기적인 행위가 될 수밖에 없다.

사랑이란 시인과 TV작가들의 정의와는 다를 수도 있지만 순간적인 감정이 아니다. 개인적으로 나는 빨강 머리의 아내를 처음 본 순간부터 마음을 빼앗겼다. 그리고 연애하는 동안이나 신혼 초에 그녀를 사랑한다고 생각했다. 그런데 결혼한 지 25주년이 지나고야 진정한 사랑이 무엇인지 깨닫게 되었다. 11월 26일, 30주년 결혼기념일이 얼마 남지 않았을 때도 그 사랑은 여전히 매일매일 자라고 있었다. 아내는 최고로 아름답고 매력적이며 활기찬 여성이다. 아내와 시간을 보낼 것인지 다른 사람과 보낼 것인지를 선택해야 했을 때 항상 아내가 우선이었다.

그렇다고 우리의 의견이 항상 같은 건 아니었다. 게다가 싸우지 않았다고 하는 것도 아니다. 싸우기도 했다. 차이점이 있다면 우리의 싸움에는 악의나 씁쓸함 같은 게 없었다는 점이다. 서로가 틀리면 실수를 인정하고 사과하려 했다는 뜻이다. 상대방과 보내는 시간을 즐겼고 서로를 우선시할 만큼 사랑했다. 결코 우리는 싸움을 끝내거나 의견 차이를 해결한 후 서로의 사랑을 확인하지 않고 잠자리에 든 적이 없다. 우리 관계를 계속 발전시키고 사랑의 진정한 의미를 깨칠 시간을 충분히 보낼 수 있도록 해 주신 데 하나님께 감사 드린다. 또한 우리가 영원한 잠에 들 때까지 앞으로도 많은 시간을 함께 보낼 수 있게 해달라는 것이 기도이자 바람이다.

## 남편과 아내를 위한 건전한 조언

행복한 결혼 생활 영위를 위해 우리가 따를 단계별 과정을 살펴보자.

① 결혼 전에 어떻게 했는지 기억나는가? 어떻게 모범을 보였는지, 어떻게 좋은 면만을 보였는지, 어떻게 매너 좋게 행동했는지, 어떻게 상대방 위주로 생각해 주었는지, 어떻게 예의 바르게 행동했는지, 어떻게 상대방을 배려해 주고 친절하게 대했는지 기억나는가? 이런 과정들이야말로 결혼 생활을 튼튼하게 만들어 주는 훌륭한 절차다. 현재 결혼 생활이 위태위태하더라도 원상태로 돌려놓을 수 있으며 오히려 부부 관계에 더 큰 의미를 부여할 아름다움과 헌신, 깊이까지 추가할 수 있다.

② 『메리와 함께한 순간』에서 메리 크롤리는 결혼이란 50/50이 아니라 100/100이라고 했다. 남편이 결혼 생활에 100%의 노력을 기울이면 부인도 마찬가지로 노력한다는 것이다.

③ 배우자를 향해 사랑을 고백하면서 하루를 시작하고 마감하라. 낮에 잠

시라도 배우자에게 전화를 걸어 얼마나 사랑하는지 꼭 이야기해 주라. 배우자에게 사랑을 고백할 가장 좋은 시간은 누군가가 그에게 사랑을 고백하기 전이다. 가끔은 우편함에 '연애편지'를 넣어 두라. 사소한 노력으로 엄청난 효과를 보게 된다.

④ 가끔씩 카드나 선물로 배우자를 놀라게 하라. 선물이 중요한 게 아니라 선물을 준비하는 마음이 중요하다. 랜슬롯 경은 이렇게 말했다. "선물이란 주는 사람이 없으면 말짱 헛 것이다." 또 다른 시인은 이런 식으로 표현했다. "반지와 보석은 선물이 아니다. 그런 것들은 참된 선물을 위한 구실일 뿐이다. 진실한 선물은 바로 그 사람의 정성이 담긴 것을 말한다."

⑤ 함께 멋진 시간을 보내라. 서로를 얼마나 진지하게 대했는지, 결혼 전 구애만으로 얼마나 많은 시간을 보냈는지 기억하는가? 그 과정을 반복하라. 산책도 좋고 TV를 끄고 배우자가 당신의 삶에서 가장 중요한 사람이라고 느끼게 해도 좋다. 그 순간만큼은 배우자가 최고 아니겠는가.

⑥ 경청하라. 어느 현인은 이렇게 말했다. "대화란 공유하는 것이고 경청은 배려해 주는 것이다." 무수히 많은 세부 사항들을 들어주고 배우자의 일상생활에 대해 대화를 나누라. 의무는 잘하도록 만들지만 사랑은 아름답게 만든다. 다시 한번 강조하지만 의무로 시작된 것이 가끔은 진정한 사랑으로 발전하기도 한다. 재미있는 사실은 이런 사소한 일들이 참으로 흥미진진하다는 점이다.

⑦ 배우자가 당신의 애정을 두고 자녀와 경쟁하게 만들지 마라. 배우자만을 위한 시간을 따로 마련해야 한다.

⑧ 서로 의견이 맞지 않을 때 비위에 거슬리지 않게 반대할 수 있다는 사실을 명심하라. 서로 화해하지 않고 잠자리에 들어선 안 된다. 잠도 제대로 못 잘 뿐만 아니라 이런 차이점들이 결국 잠재의식 속으로 흘러가

계속 문제의 원인이 될 수 있다. 상대방에게 솔직해질 수도 있지만 예민해질 수도 있다.

⑨ 스포츠 팀, 중소기업, 대기업, 가족 등 모든 조직에는 어려운 결정을 내릴 리더가 필요하다. 하나님은 남자가 집안의 가장이 될 수 있도록 했으나 서로가 남편과 부인으로 복종해야 한다는 사실도 명확하게 했다. 복종이란 나약하다는 뜻도 아니고 더군다나 열등하다는 의미도 아니다. 한 사람이 자신의 배우자에게 항복함으로써 상대방에 대한 사랑을 증명한다고 보면 된다. 베드로 3장 7절에는 "남편된 자들아 이와 같이 지식을 따라 너희 아내와 동거하고 저는 더 연약한 그릇이요 또 생명의 은혜를 유업으로 함께 받을 자로 알아 귀히 여기라 이는 너희 기도가 막히지 아니하게 하려 함이라"(개역한글판)

두 가지 의미가 있다. 우선 '약하다고 해서' '시시한' 건 아니다. 인용된 문맥을 보면 하나님은 남성보다 여성을 약하게 만들었지만 여성들은 힘있는 배우자보다 훨씬 우아하고 이해심이 넓으며 친절하고 상냥하며 열정적이고 사랑스럽다. 성경에서는 남편이 자신의 기도를 들어주기 원한다면 부인을 친절하고 상냥하게 대해야 한다고 했다. 남편이 그렇게 행동하지 않으면 기도를 들어주지 않을 것이라고 분명히 말했다. 예수가 교회를 사랑하고 교회를 위해 평생을 바쳤듯이, 우리도 그렇게 부인을 사랑해야 한다고 했다. 지금까지 이런 남편을 만나서 기뻐하지 않는 부인을 본 적이 없다.

에베소서 5장 22-24절을 보면 "아내들이여 자기 남편에게 복종하기를 주께 하듯이 하라 이는 남편이 아내의 머리됨이 그리스도께서 교회의 머리됨과 같음이니 그가 친히 몸의 구주시니라 그러나 교회가 그리스도에게 하듯 아내들도 범사에 그 남편에게 복종할지니라." 에베소서 5장 25절에 있는 그다음 문장에선 이를 우아하게 표현했다. "남편들아 아내 사랑하기를 그리스도께서 교회를 사랑하시고 위하여 자신을 주심 같이 하라."

바울이 28번째 구절에서 남편은 부인을 자기 자신처럼 사랑해야 하고, '자기 아내를 사랑하는 자는 자기를 사랑하는 것'이라고 했다. 다시 말해서 남편은 사랑과 친절로 자기 역할을 감당할 수 있다는 사실을 명심해야 한다. 하나님은 여성이 남성을 지배할 수 없게 아담의 머리가 아니라 갈비뼈로 만들었으며, 또한 남성이 여성을 짓밟지 않도록 아담의 발로 만들지 않았다. 하나님은 여성을 안전하고 보호받는 위치인 남성의 옆구리에서 만들어 남편과 부인이 인생을 함께 살도록 하셨다. 아름다운 결혼이란 바로 그런 것이다. 쉬운 일일까? 그렇지 않다. 그럼 가능하긴 할까? 물론이다. 보람 있는 일일까? 당연하다.

⑩ 배우자를 기쁘게 해 주거나 그들을 이해하기 위해 '필사적으로 노력'을 기울여야 할 때가 있다. 언짢을 수도 있겠지만 결혼 생활을 망치지 않게 도와줄 것이다.

⑪ 이 요리법은 결혼 생활을 행복하게 해 준다.

- **사 랑**—한 컵
- **충성심**—두 컵
- **용 서**—세 컵
- **우 정**—한 컵
- **희 망**—다섯 스푼
- **다정함**—두 스푼
- **믿 음**—4쿼터
- **웃 음**—한 통

사랑과 충성심을 믿음과 함께 꼼꼼히 섞어라. 다정함과 친절, 이해심도 섞어야 한다. 여기다 우정과 희망도 추가하라. 그 위에 웃음을 많이 뿌려야 한다. 햇빛으로 구워라. 돕는 것을 일과로 생각하라.

⑫ 에베소서 4장 32절을 일상생활의 가이드로 생각하라. 서로에게 친절하면 다정해지고 쉽게 용서할 수 있다.

⑬ 함께 기도하라. 매일 큰 소리로 기도를 같이 하는 부부의 이혼율이 3%

미만이라는 신빙성 있는 증거도 있다.

⑭ 이 말을 명심해야 한다. 어쩔 수 없이 싸우게 됐을 때 누가 '화해'를 요청하는가가 중요한 게 아니다. 그러나 화해를 요청하는 쪽이 훨씬 큰 성숙과 사랑을 보여 준다.


## 남편들이여, 아내를 여왕처럼 대하라

① 아내에게 매너를 지켜라. 여성들은 매너를 중요하게 여긴다. 차 문을 열어주고 의자를 빼주며 손 잡고 걸을 때 차가 다니는 쪽에서 걸어라. 외식하러 갔을 때 아내가 방이나 레스토랑으로 다시 들어올 때는 자리에서 일어나라.

② 회사에서 들은 좋은 소식이나 유머러스한 일을 상세히 이야기하라.

③ 모임에 참석하면 아내의 옆 자리를 지켜야 한다. 결혼하기 전에는 얼마나 아내와 함께 있는 것을 자랑스러워했는지 기억을 떠올려보라. 지금도 그때와 같은 애정을 표현하라.

④ 명심할 것: 아내는 자신을 무시하는 남편이 아니라 올려다볼 남편을 원한다. 절대, 정말 절대로 아내를 농담거리로 삼지 마라. 그것은 예외 없이 나쁜 취향이다. 사람들의 웃음소리를 들은 후면 당신의 즐거움은 끝나겠지만 아내의 상처는 치유되지 않고 남는다. '아내'를 놀린 후에 '대가'를 지불해야 한다는 생각이 들지 않는다면 당신은 여성이라는 종족을 이해하지 못했다. 이와 반대되는 전략을 써서 당신이 받고 싶은 대로 아내를 칭찬해 보라.

⑤ 여성들은 대체로 남성보다 안정감을 중요하게 생각한다. 따라서 당신이 아내를 원할 뿐만 아니라 꼭 필요한 존재이며 감사하게 생각한다는 사실을 계속해서 상기시켜 주어야 한다. '사랑'이라는 단어를 반복해서

쓰면 아내도 훨씬 안정감을 느낀다. 여성들은 남성들이 사랑한다는 말을 하려는 의지보다 훨씬 더 많이 듣고 싶어 하고 또 원한다. 자주 사랑한다는 말을 해 주면 부인도 행복해지고 안정감을 느끼며, 이는 곧 행복한 결혼 생활로 이어진다.

⑥ 가사 일을 분담하라. 예전보다 여성이 많이 자유스러워졌음에도 우리의 본능이 성별에 따른 업무 분리를 요구하고 있다. 예를 들어 아내가 쇼핑을 끝내고 돌아왔을 때, 당신이 집에 있다면 쇼핑한 물건들을 받아 주라. 남편은 집에서 일어나는 힘든 일을 맡아야 한다. 예를 들어 쓰레기를 내다버릴 수도 있고, 잔디를 다듬을 수도 있겠고, 이밖에도 남성적인 일들을 할 수 있다. (특별히 아내가 원하지 않는 한 말이다.)

이것만은 기억하라. 가정은 당신의 성이다. 그러나 왕이 없으면 성도 존재할 수 없고 여왕이 없으면 왕도 없다는 사실을 말이다. 아내를 여왕처럼 대한다면 그녀는 당신의 배우자가 된 걸 무척 기쁘게 생각할 것이다.


## 아내들이여, 남편을 왕처럼 대하라

① 매일 남편에게 사랑을 고백하면서 하루를 시작하고 또 마감하라.

② 남성과 여성은 근본적으로 다르다는 사실을 이해해야 한다. 남편이 돈을 벌어오는 가장일 경우, 정기적으로 그들의 자존심을 높여 주어야 한다. 남편이 일하는 방식에 대해 간단하면서도 확실하게 자신감을 표현해 주는 것은 상당히 중요하다. 특히 사랑하는 사람이 자기 일을 칭찬해 주는 건 더욱더 그렇다. 남편이 하는 일은 중요하며 아주 소중한 존재라는 사실을 남편이 알게 해야 한다.

③ 전업 주부라면 남편이 오기 전에 몇 분만 시간을 할애하라. 간단히

목욕한 후 깨끗한 옷으로 갈아 입고 화장수나 향수를 약간만 뿌려라. 숨 돌릴 시간 몇 분만 투자하면 단정한 모습으로 남편을 맞을 수 있다.

④ 가끔 남편이 좋아하는 특별식을 준비하거나 케이크를 준비하라. 당신과 애들이 좋아하는가는 중요치 않다. 남편을 사랑하니까 그렇게 하는 것이다. 출근길에 '차가운' 음식이 든 도시락을 보내면 음식을 '따뜻하게' 녹일 '훈훈한' 메모를 넣어주는 것도 센스다.

⑤ 남편에게 친절하게 대하고 좋은 입지를 차지하라(남편인 당신도 마찬가지다). 세계 최고의 현인이라는 솔로몬은 이렇게 말했다. "다투기 좋아하는 여자와 사느니 광야에서 혼자 사는 게 낫다." 현대 사회는 화내길 좋아하거나 투덜대기를 좋아하는 사람에게 그 대가를 치르게 한다. 남편은 직장에서 남는 시간을 보내고, 술집에서 친구들과 시간을 허비하며 다른 여자들과 어울린다.

⑥ 굉장히 여성적인 일들을 해 보라. 오늘날 많은 문제의 주원인은 바로 남성과 여성의 구별이 분명치 않은 데에 있다. 남자들은 남자처럼 보이고, 남자처럼 옷 입고 행동하고 생각하며 말해야 한다. 여성들도 마찬가지다. 저 사람이 남자인지, 여자인지 한눈에 구별할 수 없을 때마다 참 슬프다. 부부 관계는 파트너십이라는 사실을 기억하는 게 중요하다. 상당수 아내와 어머니들이 경제 활동을 하는 요즘 같은 때에 특히 중요하다. 연구 결과를 보면 맞벌이를 하더라도 여성이 집안 일을 더 많이 한다는 게 증명되었다. 요리나 빨래, 청소, 침실 정리, 그 밖의 가사노동 말이다.

남편들은 보통 퇴근하면 텔레비전 앞에 앉아서 신문을 읽거나 뉴스를 보는 반면, 아내들은 저녁을 준비하고 애들을 챙기며 숙제를 도와준다. 물론 다 그런 건 아니겠지만 대부분 여성들은 가사의 50% 이상을 떠맡을 뿐만 아니라, 살림이 제대로 되고 있는지도 점검해야 한다. 남편도 제대로 하려면 최소한 가사를 50% 이상 분담해야 한다. 아내나 어머니가 바깥에서 하루종일 일하고, 반나절 가량은 집에서 일하며 남편의 추파를 기대하는 건 비현실적이다. 애정과 상식, 공정함은 가정에 평화를 가져다줄 뿐만 아니라 부부 관계의 진전도 불러온다.

어머니께서 종종 말씀하셨지만 '아이들은 말보다 행동에 주의를 기울인다.' 어린 소년이 남성의 역할을 찾을 수 있도록 하면, 그 아이는 여성에게 자연스럽게 애정을 품는 성인으로 자란다. 소녀가 여성의 역할을 본다면 남성을 사랑하는 여성으로 자란다.

⑦ 여왕이 되고 싶은가? 남편을 왕처럼 모시면 그도 어쩔 수 없다. 여왕이 없는 왕이란 있을 수 없는 법이다. 다시 한번 말하지만 결혼이란 50/50의 비율을 차지하지 않는다. 100/100이다. 배우자를 행복하게 해 주면서 본인이 엄청나게 혜택을 못 보는 건 불가능하다고 확신한다.

다시 말하지만 남이 원하는 것을 갖도록 도와주면 당신도 원하는 건 무엇이든 가질 수 있다는 사실을 강조하고 싶다. 부부 사이에선 특히 더 그렇다. 노력해 보라. 분명 좋아하게 될 것이다. 정말로 노력한다면 다음 계단을 올라갈 준비가 된 셈이다. 자세히 보라. 살아가면서 가장 중요한 사람을 진실로 행복하게 만들어 주기 때문에 두 번째 단계로 나아갈 준비를 한 채 웃고 있는 당신의 모습을 발견하게 될 것이다.

두 번째 단계야말로 정말 재미있는 과정이다.
왜냐하면 당신이 일하고, 휴식을 취하며
당신의 삶에 관심을 보이는 배우자와 살 때
인생은 더욱 살만하다는 사실을 알게되기 때문이다.

Chapter

# 목표를 알면
# 성공이 보인다

**Goals**

## 목표

- 사생활과 직장 생활에서 목표의 중요성을 일깨워준다.
- 대다수 사람들이 왜 목표를 설정하지 않는가를 알려준다.
- 어떤 목표를 가져야 하는지 알려준다.
- 목표의 특징을 설명한다.
- 목표를 설정하는 방법을 알려준다.
- 목표를 달성하는 구체적인 방법을 알려준다.

# 10

# 목표는 왜 필요한가

**Are Goals Really Necessary?**

## 당신이 볼 수 없는 목표

하워드 힐Howard Hill은 우리에게 친숙한 이름이다. 세상에서 가장 뛰어난 궁수였다고 해도 무방하다. 그는 화살로 수컷 코끼리, 벵골 호랑이, 아프리카 물소를 명중시켰다. 단편 영화에서 하워드 힐이 죽은 동물의 중심부를 화살로 계속 맞추고 있는 모습을 봤다. 첫 번째 화살을 명중시킨 후, 두 번째 화살로 첫 번째 화살을 쪼겠다.

다음 이야기를 들으면 놀라 기절할지도 모르겠다. 솔직히 나는 활을 쏘아본 경험이 없다. 그렇지만 난 비범한 강사다. 모든 일에 능하다. 몸 상태가 좋고 시력도 좋다면 당신과 30분 정도 시간을 보낼 수 있다. 거의 30분이 흘러갈 즈음엔 하워드 힐의 컨디션이 최고였을 때보다 당신이 쏜 화살이 목표물의 중앙부에 꽂히도록 할 수도 있다. 물론 하워드 힐의 눈을 가려 방향을 틀어서 자신이 어느 쪽을 보는지 모르게 해야 한다.

'말도 안 돼! 볼 수가 없는 데 목표물을 어떻게 쓰러뜨릴 수 있다는 거지?' 당신은 분명 이렇게 생각했을 것이다. 좋은 질문이지만 이런 질문이 더 적절하지 않을까. '목표물이 없는데 어떻게 화살을 쏠 수 있지?'

하나만 물어보자. 실제로 당신의 목표를 기록한 적이 있는가? 왜 그 목표를 달성하고 싶은지 정확히 대답할 수 있는가? 목표를 이루면 얻게 될 혜택을 정했는가? 그 목표를 이루기 위해 극복해야 할 장애물을 찾았는가? 목표 달성을 위해 협력해야 할 사람들, 그룹, 조직을 찾았는가? 목적지에 도달하기까지 알아야 할 것들을 찾아 본 적이 있는가? 실천을 위한 구체적인 행동 계획을 세운 적이 있는가? 마지막으로 이런 특별한 목표를 달성하기 위해 현실적으로 가능한 날짜를 정했는가? 이 질문에 답할 수 있을 때까진 실제로 목표를 세운 것도 아니며 목표 달성을 위한 프로그램을 짠 것도 아니다.

목표를 가져야 한다. 그것도 목표 달성을 위한 프로그램과 함께. 은행 강도나 약물 중독자, 알코올 중독자를 포함한 모든 사람은 적어도 한 가지 목표는 있다. 지금까지 가 본 적이 없는 장소에서 돌아오는 것만큼 가야 할 곳이 없는 곳에 도달하는 것이 어렵다는 사실을 우리는 알아야 한다.

확실하고 정확하게, 분명하게 목표를 세우지 않는 한 당신이 쓸 수 있는 잠재력의 최대치를 깨닫지 못한다. '두루뭉실한 잡다한 상식'만으로는 아무것도 하지 못한다. '의미 있는 구체성'을 띠어야 한다. 당신과 당신의 목표는 어떤가? 분명하게 초점이 맞춰 있는가? 아니면 아직도 모호한가?

## 노동과 성과

남성이든 여성이든 목표가 없는 사람은 방향키 없는 배와 같다. 그들은 배를 조정하는 게 아니라 조류에 따라 흘러갈 뿐이다. 결국 이들은 해변에 불시착해 절망감과 패배감에 빠지고 낙담하게 된다. 프랑스의 위대한 자연주의자 존 헨리 파브르 John Henry Fabre는 행진하는 쐐기벌레로 굉장히 독특한 실험을 했다. 이 벌레들은 맹목적으로 앞만 따라가기 때문에 그런 이름이 붙었다.

파브르는 이들을 화분 둘레에 큰 원을 그리면서 행진할 수 있도록 배열해 놓았다. 즉, 맨 앞에 행진하는 쐐기벌레가 마지막 쐐기벌레 뒤를 따를 수 있도록 말이다. 화분 중앙에는 행진하는 쐐기벌레의 먹이인 솔잎을 꽂아 두었다. 쐐기벌레들은 이 원형의 화분 주위를 돌기 시작했다. 밤낮을 가리지 않고 계속해서 원을 그렸다. 일주일 내내 쐐기벌레들은 화분 주위를 돌았다. 마침내 이들은 굶주림과 피로로 죽기 시작했다. 눈앞에 맛있는 음식을 두고도 쐐기벌레들은 굶어 죽었다. 왜냐하면 그들은 단순한 노동과 성과를 혼동했기 때문이다.

많은 사람들이 같은 실수를 함으로써 원래보다 훨씬 적은 양만 수확하기도 한다. 바로 코앞에 숨은 보물이 있는데도 아무 생각 없이 남을 따라 미지를 향해 간다. 때문에 얻는 것은 거의 없다. '원래 그렇게 했으니까'라는 이유만으로 방법과 과정을 따른다.

여기 재미있는 이야기가 있다. 아내는 그에게 햄을 사다 달라고 부탁했다. 햄을 사 가자 아내는 왜 주인에게 햄 끝부분을 잘라달라고 하지 않았냐고 투덜댔다. '이 사내'는 햄 끝부분을 왜 잘라야 하냐고 물었다. 그러자 아내는 자기 어머니가 그렇게 하셨기 때문이라고 했다. 어머니와 딸, '이 사내'는 할머니께 여쭤봐서 삼 대에 걸친 미스터리를 풀기로 했다. 할머니는 간단하게 말씀했다. 고기 덩어리를 굽기에는 기계가 너무

작아 어쩔 수 없이 끝부분을 잘랐다는 것이다. 할머니의 행동엔 이유가 있었다. 당신은 어떤가?


## 실패로 가는 길

대부분의 사람들이 목표를 가지고 있는가? 분명 아니다. 길 가던 젊은 이에게 물어보라. "분명히 실패할 일을 하고 계신가요?" 처음엔 어리둥절하다가 젊은이는 결국 이렇게 대답한다. "무슨 말씀이세요, 분명히 실패할 만한 일을 하고 있냐고요? 전 성공하려고 일하는 거예요."

비극적인 일이지만 대부분의 사람들은 그렇게 생각한다. 거의 모든 사람들이 본인은 성공할 거라 생각하지만 사실 그럴 가능성은 적다. 이 부분을 특히 강조하는 이유는 우리가 이 젊은이들이 65살이 될 때까지 지켜보면 이들 중 다섯 명 정도만이 경제적으로 성공하기 때문이다. 또한 이 중에서 한 명만이 부자가 된다. 미국은 다양한 기회를 많이 제공하기 때문에 기회가 부족해서 실패했다는 말은 믿을 수 없다.

몇 년 전 부유한 죄수가 조지아 애틀랜타의 연방 감옥에서 형기를 마친 일이 있었다. 그는 패배자의 변명을 달고 다닌 사람이었다. 그런데 감옥에서 양복점을 운영하면서 많이는 아니지만 어느 정도의 자금을 모을 수 있었다. 실수로 감옥을 가게 된 후 그는 '시간에 굴복하는' 더 큰 실수를 저지르지 않겠다고 결심했다. 오히려 '시간'이 그에게 굴복하도록 만들었다. 현실 세계에서 당신도 같은 선택권을 가지고 있다.

성공하지 못한 사람들이 실패하기 위해 계획을 세웠을까? 그렇게 생각하지 않는다. 아무 계획도 세우지 않는 게 진짜 문제다. 그 정도로 목표란 중요한데 왜 국민의 3% 정도만이 구체적인 목표를 세우는 것일까? 근본적인 이유를 꼽으라면 네 가지가 있다. 첫째, 이들은 '설득된 경우'

가 없기 때문이다. 들을 수는 있어도 설득된 경우는 없다. 둘째, 이들은 방법을 모른다. 셋째, 이들은 자신이 세운 목표를 달성하지 못하면 곤란해질 거라고 겁을 낸다. 넷째, 초라한 자기 이미지에도 원인이 있다. 이들은 스스로 보상받을 만한 가치가 없다고 생각한다. 보상받을 가치도 없는데 왜 귀찮게 원하는 것을 적어야 하나? 즉, 그들은 가질 수 없다는 뜻이다. 자, 이제 좀 더 강한 어조를 들을 준비가 되었는가? 당신이 정말로 파고든다면 이 책에 나와 있는 철학과 과정이 네 가지 이유를 모두 설명해 줄 것이다.

이 단원에선 목표를 설정하라고 '설득할 것'이며 목표를 어떻게 설정하는지 이야기해 줄 것이다. 두 번째 장과 책 전체에선 자기 이미지를 다루었다. 따라서 지금쯤은 어느 정도 자기애가 생겼으리라 믿는다. 살아가면서 좋은 것들을 누리기 위해 필요한 모든 단계와 절차가 이 책에 자세히 나와 있다. 목표를 달성하기 위해선 이제 실천이 중요하다.

이렇게 되면 우리는 두려움을 느낄지도 모른다. 이제부터는 두려움을 분석해 보자. 두려움이 문제가 된다는 건 친구 앞에서 잘못된 모습을 보여 주고 싶지 않아서 노력하지 않는다는 말이다. 이 접근법은 '반쯤' 옳다. 당신이 목표를 달성할 거라 믿을 뿐만 아니라 진정 목표 달성을 바란다는 사실을 알 때까지는 누구에게도 당신의 목표를 이야기해선 안 된다.

사람들은 '제대로 하지 않으면' 자신의 목표를 종이에 기록하지 않는다. 이들은 목표를 세우지 않았기 때문에 정확히 말하면 실패한 것이 아니라고 변명을 한다. 참으로 안전하고 '위험 부담이 없는' 방법이지만 자신들의 잠재력은 전혀 쓰지 못한다.

마찬가지 이유로 배가 항구에 정박하거나, 비행기가 착륙하거나, 집이 비어 있으면 더욱더 '안전하다'고 할 수 있다. 왜냐하면 배가 항구를 떠날 때, 비행기가 이륙할 때, 빈집에 누군가가 이사올 때 비로소 위험부담이 생기기 때문이다. 그렇지만 배가 항구에만 있으면 더 빨리 훼손되거나 무용지물이 될 가능성이 있다. 비행기도 지상에 있을 때 더 빨리 녹슬고, 집 역시 빈집인 채로 오래 있으면 더 약해지게 마련이다.

그렇다. 목표를 세우는 데는 분명 위험도 있지만 목표를 세우지 않았을 때에 따르는 위험부담은 그와 비교할 수 없을 정도로 크다. 이유는 간단하다. 항해하기 위해 배를 만든 것처럼, 비행하기 위해 비행기를 만든 것처럼, 주거를 위해 집을 지은 것처럼 사람 역시 목적을 가지고 태어났다. 당신이 이 자리에 있는 것도 분명한 이유가 있다. 그 목적이란 가능한 한 당신의 소질을 이용해 인류에 기여하는 것이다. 목표가 있으면 자신과 남을 위해 더 많은 일을 할 수 있다.

첫 번째이자 가장 분명한 단계는 당신이 세운 목표를 위해 지금 당장 무엇인가를 하도록 자기를 '설득'하는 일이다. 나 역시 그럴 것이다. (당신이 '사는 데<sup>buying</sup>' 관심이 있으니 이런 '경고'를 해 주어야 한다고 생각한다. 관심이 없었다면 여기까지 읽을 리가 없기 때문이다.)


**내일, 아니 매일 아카풀코로 떠나는 기분으로!**

대중에게 존경받는 친구에게서 이런 전화를 받았다고 가정해 보자. "이보게 친구, 좋은 소식이 있어. 자네가 우리와 함께 3일간 아카풀코로 여행할 기회가 생겼어. 물론 무료야. 내일 아침 8시에 떠날 예정이고, 두 사람이 더 갈 수 있어. 사장이 개인 비행기로 우리를 태워 줄 거고 해변에 있는 별장에서 지낼 거야." 당신의 첫 반응은 다음과 같지 않을까. "진짜 근사한데. 그렇지만 할 일이 좀 많아. 여행 가기 전에 일을 다 끝내고 준비할 수 있을지 모르겠어."

당신이 대답하기도 전에 부인은 좋은 아이디어가 떠올랐다며 몇 분

후에 전화를 주겠다고 말하라고 할 것이다. 전화를 끊는 순간 당신과 부인은 곰곰이 생각하며 계획을 짜기 시작한다. 우선 이렇게 시작할 것이다. "어떻게 하지?" 펜과 종이를 꺼낸 후 해야 할 일을 적는다. 그다음 중요한 순서대로 리스트를 만든다. 마지막으로 몇 개의 일은 남에게 부탁한다. 그리고 친구에게 전화를 한다. "스케줄을 다시 체크했더니 여행을 갈 수 있을 것 같아."

장담하건대 당신은 24시간 동안 며칠간 분량을 소화해 낼 것이다. 그렇지 않은가? 이 질문에 긍정의 대답이 나올 게 분명하니, 또 다른 질문을 하겠다. 내일도 아카풀코로 여행을 가는 게 어떨까? 아니 왜 매일 가지 않지? 그다음 3일 동안 할 일을 리스트로 만들지 않는 이유는? 하루만에 3일 동안의 일을 하는 것처럼 행동하라. 잡화점 사장이 항상 하는 말이 있다. "그렇게 해야 머리도 잘 돌아간다네."

당신은 일을 시작하기 전에 생각하고 계획을 짜며 정신력을 이용하게 될 것이다. 이렇게 하면 내일 당장이라도 아카풀코가 아니라 어디든 원하는 곳에 갈 정도로 많은 것을 할 수 있다.

**이유:** '두루뭉실한 잡다한 상식'보다는 '의미 있는 구체성'을 요구할 테니까. 당신의 인생은 이제 방향을 갖게 된다.

사람들은 갈팡질팡하는 게 진짜 문제임에도 시간이 부족한 게 문제라고 불평한다. 많은 '전문가'들은 시간을 낭비하면 살인죄로 체포해야 한다고 말한다. 그러나 자세히 관찰해 보면 시간을 낭비하는 건 살인이 아니라 자살이다. 시간은 동지가 될 수도 있고 적이 될 수도 있다. 동지가 될지 적이 될지는 전적으로 당신과 당신의 목표 그리고 일 분, 일 초를 활용하겠다는 당신의 의지에 달려 있다.

## 목표가 없으면 게임도 없다

농구 챔피언십을 결정하는 게임 장면을 보면서 목표의 중요성을 설명하고자 한다. 팀은 모두 워밍업 슛을 연습하며 게임을 위해 몸을 풀고 있다. 아드레날린이 넘치며 챔피언십 게임이라 선수들 역시 흥분한 상태다. 선수들은 라커룸으로 돌아왔고 감독은 게임이 시작되기 전 마지막으로 선수들을 '격려해 주었다.'

"드디어 기다리던 순간이 왔다. 지금이 마지막이다. 승리 아니면 패배, 오늘 밤 모든 게 결정된다. 신랑 들러리를 기억하는 사람은 아무도 없다. 2등을 기억하는 사람도 없다. 이번 시즌의 마지막이 바로 오늘이다."

선수들은 감독의 말에 반응을 보였다. 이들의 사기는 하늘을 찌를 듯이 치솟았다. 코트로 돌아갈 때는 문의 경첩이 떨어져나갈 정도였다. 감독은 선수들이 코트에 돌아왔을 때, 분노와 좌절 속에 목표가 제거되어 버렸다는 사실을 지적했다. 선수들은 화난 목소리로 목표 없이 어떻게 게임을 해야 하는지 설명해 달라고 말했다. 목표가 없다면 선수들이 제대로 한 건지, 아니면 놓친 건지, 경쟁 상대와 필적할 만한지, 제대로 상대방을 막고 있는 건지 알 길이 없다.

사실 목표가 없으면 농구 경기를 하려고 하지도 않았을 것이다. 목표는 아주 중요하다. 그렇지 않은가? 당신은 어떤가? 목표 없이 인생이라는 게임에 참가할 것인가? 게임에 참가한다면 점수는 몇 점을 바라는가?


## 인생은 소중한 것이다

우리나라 양로원과 요양원에서 일어나는 재미있는 현상을 목격했다. 결혼기념일, 생일 같은 특별한 날이나 휴일이 시작되기 전에는 사망률이 급감한다고 한다. 많은 사람들이 한 번만 더 크리스마스를, 한 번만 더 결혼기념일을, 한 번만 더 독립기념일을 보내자는 목표를 세운다. 그러나 특정 날짜가 지나 목표를 달성한 후에는 살고자 하는 의욕이 감퇴하고 사망률은 다시 치솟게 된다.

그렇다. 인생은 소중한 것이며 무언가 중요한 목표가 있을 때에만 지속될 수 있다. 삶의 목표가 중요하다는 것은 다들 아는 사실이다. 그렇지만 사람들은 선택이나 무관심에 따라 '의미 있는 구체성'을 갖추기보다는 '두루뭉실한 잡다한 상식'을 갖춘 채 삶을 헤매며 살게 된다.

고 맥스웰 몰츠는 『성공의 법칙Psycho-Cybernetics』라는 책을 썼다. 제목도 멋있지만 실제 단순하면서도 아름답게 쓰인, 쉽게 이해할 수 있는 책이다. 몰츠는 여기서 인간이란 기능적으로 자전거와 같다고 했다. 우리가 목표를 향해 앞으로 위로 움직이지 않으면 곧 넘어지고 실패할 거라고 했다.


## 목표는 우승마가 되는 것이다

줄리는 자신의 말인 아이리쉬Irish를 사랑했다. 그런 줄리가 지금은 많이 화가 났으며, 상처를 받았고, 좌절감과 실망, 분노, 피곤함까지 느끼며 상심에 빠져 있다. 몇 주 동안 줄리는 대형 쇼 참가를 위해 아이리쉬를 훈련시키고 다듬고 깨끗이 씻겼다. 쇼가 열리는 당일 줄리는 새벽 세 시에 일어나서 아이리쉬를 꼼꼼히 챙겼다. 아이리쉬의 털은 잘 손질되었고 꼬리 또한 예술이었으며 가죽은 광을 낸 강철처럼 윤기가 났고 말발굽은 빛이 났다. 말굴레, 고삐, 안장 역시 갈고 닦았으며 잘 차려 입은 줄리는 행사장에 입장할 때 마치 작은 인형처럼 보이기까지 했다.

그래서 무슨 일이 벌어졌을까? 아무 일도, 정말 아무 일도 없었다. 점프 선수가 되어야 할 아이리쉬는 점프하지 않았다. 심지어 껑충 뛰지도 못했다. 아이리쉬가 첫 번째 점프를 세 번이나 거부하고 실격당했을 때, 수백 시간의 힘든 작업과 우승컵에 대한 꿈은 물거품처럼 사라졌다.

다른 장에서 말했듯이 분노를 느낄 때 꼭 잡고 있던 것을 포기하거나, 소매를 걷어붙이고 갖고 싶었던 것을 얻을 수 있다. 16살의 나이에 몸무게가 45kg이 안 되는 작은 소녀 줄리 지글러는 소매를 걷어붙이고 자신이 원하는 걸(우승마) 꼭 갖기로 마음먹었다.

아이리쉬에 가격을 매기고 신문에 광고를 낸 후, 자신이 원하는 가격을 얻을 때까지 판매를 거부했다. 그녀는 그렇게 돈을 저축해서 이상형의 말을 찾기 시작했다. 줄리는 아름다우면서도 '초록빛' 나는 두 살짜리 순수 혈통의 거세된 말 버터 럼Butter Rum을 찾을 때까지 말과 관련된 잡지를 전부 읽었고, 순회공연에도 참가했으며, 지역 마굿간을 방문하기도 했다.

줄리와 버터 럼은 처음 본 순간부터 서로 사랑에 빠졌다. 그렇지만 여기에 사소한 문제가 있었다. 버터 럼은 줄리가 아이리쉬를 샀을 때보다 훨씬 더 비쌌다. 그런데 줄리는 우리가 부족한 돈을 보태주겠다고 해도 한사코 거절했다.

줄리는 원하는 게 있으면 무언가를 해야 한다고 믿는 아이였기 때문에 상황은 그녀를 더디게 만들었다. 줄리는 볼 수 있는 만큼 발전하고, 목표를 달성하면 더 먼 곳을 바라볼 수 있다는 기본적인 목표 달성 원칙을 믿었다.

줄리는 아이리쉬를 팔아서 번 돈을 할부금으로 내고 잔금으로 지불계획을 세운 후, 마침내 버터 럼을 샀다. 그런 후 할부금을 갚기 위해 직장을 구했다. 버터 럼을 훈련시키기 위해서 돈을 지불해 가며 전문가를 고용했다. 줄리는 버터 럼에게 정성을 들였다. 물론 자기 자신도 열심히 훈련에 임했다. 얼마 지나지 않아 버터 럼과 줄리는 승리의 리본을 달기 시작했다. 줄리의 방은 형형색색의 리본들로 가득했고, 그녀가 버터 럼에게 들인 돈의 네 배 반 이상을 제안받았다.

내 딸의 이야기라는 점을 제외하더라도 이 에피소드에는 주목할 만한 점이 있다. 정말 간절하게 원하는 게 있다면 그 확실한 목표를 성취하기 위해 무언가를 해야 한다는 것이다. 이 이야기는 그것을 말해 준다. 마치 실패할 수 없는 것처럼 그 목표를 좇아 달리다 보면 정말 우리가 실패하지 않도록 도와주는 일들이 생기게 된다.

## 그 힘을 이용하라

몇 년 전에, 태어나서 처음으로 나이아가라 폭포를 여행할 기회를 얻었다. 폭포에 가까이 가자 항공기 기장이 기내 통신으로 이렇게 말했다. "신사 숙녀 여러분, 여러분 왼쪽에 보이시는 게 나이아가라 폭포입니다. 공중에서 나이아가라 폭포를 보지 못하셨던 분들은 항공기 왼쪽으로 자리를 옮기세요. 정말 장관이거든요." 그의 말을 듣고 나 역시 자리를 옮겼다. 계곡은 저 멀리 떨어져 있지만 물안개가 피어오르는 모습을 보면서 나이아가라 폭포의 어마어마한 힘을 느낄 수 있었다.

물안개와 폭포를 보고 있으니 갑자기 생각이 떠올랐다. 수천 년 동안 엄청난 양의 물들이 이 높은 곳에서 낙하해 무無로 돌아간다는 생각이 들었다. 그리고 어느 날, 계획을 보여 준 어떤 남자가 그 놀라운 물의 힘을 동력화했다. 낙하하는 물의 일부를 특정한 곳으로 흐르게 만들었고, 산업의 바퀴를 굴리게 할 수천 킬로와트의 전력을 만들어 냈다. 집집마다 불이 켜졌고, 풍성한 음식을 수확할 수 있으며, 여러 가지 제품을 만들어 내고 배급했다.

새로운 전력 때문에 일자리가 생기고, 아이들은 교육받을 수 있었으며, 도로와 빌딩, 병원이 세워졌다. 수력으로 얻은 혜택을 말하자면 끝도 없지만, 이것은 모두 한 사람이 계획을 세워 나이아가라 폭포의 수력을 이용했기 때문에 가능한 일이었다. 당신도 이렇게 하라는 이야기다.

## 누구를 위한 목표인가?

목표란 목적이나 의도를 뜻한다. 한 마디로 계획이다. 해야 할 일을 말한다. 당신이 누구든, 어디에 있든, 무엇을 하든지 간에 당신은 목표를 가져야 한다. J. C. 페니J. C. Penny는 목표를 우아하게 표현했다. "목표가 뚜렷한 점원을 보내 주세요. 역사를 만들어 갈 위대한 사람으로 만들어 보내드릴 테니까요. 목표가 없는 점원을 보내 보세요. 단순히 점원일 뿐인 사람으로 보내드리지요."

어머니는 목표가 있어야 한다. 세일즈맨도 목표가 있어야 한다. 학생, 노동자, 운동선수 모두 목표가 필요하다. 나이아가라 폭포처럼 도시를 밝힐 수는 없어도 확실한 목표와 자신의 힘을 이용한다면 커다란 일들이 벌어지기 시작한다.

목표의 필요성을 강조하기 위해 일례를 들겠다. 에베레스트 산을 최초로 정복한 에드먼드 힐러리Sir Edmund Hillary 경이 어떻게 그런 성과를 얻었는지 설명하는 장면을 상상할 수 있는가? 어느 날 산책을 하다가 갑자기 세계 최고봉이라는 에베레스트 산 정상에 올라 있는 자신의 모습을 볼 수 있었다고 했다고 가정하자. 제너럴 모터스 이사회 의장은 자신이 꾸준히 출근했기 때문에 회사에서 승진을 시켜줬고, 이사회 의장이 될 때까지 계속 승진을 시켜주었다는 설명을 했다고 가정해 보자. 물론 말도 안 되는 일이다. 그렇지만 구체적인 목표없이 중요한 일을 이룰 수 있다고 생각하는 것보다 우습진 않다.


## 목표의 종류

목표에는 일곱 가지 종류가 있다. 육체적인 목표, 정신적인 목표, 영적인 목표, 개인적인 목표, 사회적인 목표, 가정적인 목표 그리고 경제적인 목표. 이 책을 쓰면서 모든 목표를 예시와 연결하려고 했다. 그러나 지면이 제한되어 있기 때문에 그들 중 일부에만 집중할 수밖에 없었다. 내 철학이 다소 이상적이기에 경제력에 관한 목표에 할애한 지면을 보고 놀랄지도 모른다. 그래서는 안 된다. 합법적으로 벌었다는 가정 하에 돈이란 당신이 제공한 서비스를 측정하는 기준이 된다.

필요한 것 이상으로 돈을 벌 필요가 있다. 당신보다 재능이 없는 사람들이 일을 할 기회를 제공하는 셈이니까 말이다. 많은 사람들이 돈은 악의 근원이라고 성경을 잘못 해석하고 있다. 그렇진 않다. 돈을 사랑하는 것이 모든 악의 근원이다.

이런 이야기를 통해 하나님의 첫 번째 계율은 돈을 포함해 여호와 이외에는 다른 신이 존재하지 않는다는 것임을 강조하고 싶다. 세상에서 가장 현명한 솔로몬 역시 전도서에서 이렇게 말했다. "은을 찾는 사람은 결코 은에 만족하지 않는다." 간단하게 말해서 돈이 우리의 신이 된다면 우리가 돈을 아무리 많이 가진다 해도 결코 만족할 수 없다는 뜻이다.

당신이 어떤 일을 하든지 상관없이 서비스를 더 많이 제공할수록 경제적으로 더 보상받게 된다. 이미 알고 있겠지만 돈이 필요할 때 돈과 대체할 수 있는 건 아무것도 없다. 그 밖의 다른 것은 거의 동등한 편이지만 그래도 없는 것보다는 있는 게 낫다고 말하고 싶다.

당신이 더 잘 알 것이다.
목표를 세워야만 정상에 오를 수 있다.

# 목표의 특성을 이해하라

Characteristics of Goals

**첫째, 목표는 커야 한다**

목표를 설정할 때 내면에 있는 무엇인가가 이렇게 속삭인다. '하자, 어서 빨리 하자.' 그러면 한계점이 변하기 시작한다.

앞으로 진행될 부분에서는 사회 전 분야에서 성공한 사람들을 살펴볼 예정이다. 이들은 자기만의 목표가 있었고 멋진 일들을 해냈다. 이들의 이야기를 주의 깊게 읽기 바란다. 에피소드 하나하나가 당신에게 직접 이야기를 하는 셈이니까. 그들의 처지가 되어 목표 달성을 위한 그들의 헌신을 간과해서는 안 된다. 노력을 받아들임에 따라 멋진 일들을 펼칠 수도 있고 또 펼치게 된다. 이 점은 내가 약속할 수 있다.

최고의 성과를 내려면 목표가 커야 할 필요가 있다. 목표가 클수록 성취에 필요한 열정을 더 크게 불러일으켜 주기 때문이다. 남을 따라가는 수준이나 그저 평범한 정도면 열정이 크게 일어나지 않는다. 집 값을 지불하거나 자동차 값을 지불하며 그냥 저냥 살아가는 데 무슨 열정이 있겠는가. 최선을 다해야 열정이 일어날 수 있다. 그것도 적절한 목표가 있을 때에만 말이다.

스포츠계에서도 평범한 경기보다는 좀 더 힘든 경기에서 선수들의 성적이 좋다고 한다. 골프 선수, 테니스 선수, 축구 선수, 권투 선수 모두 평범하거나 별 볼일 없는 시합에선 무성의한 경향이 있다. 그래서 스포츠계에선 '실망스러운 성적'이 빈번하게 나온다. 정치에서도 마찬가지다. 당신이 목표를 크게 세우면 경쟁의식이 강화되어 최선을 다하게 된다. 그것은 열정을 불러일으키며, 최선을 다하여 목표를 성취할 수 있도록 해 준다.

당신이 최선을 다하고 컨디션도 최고라면 잠자리에 누워 이렇게 말할 수도 있다. "난 오늘 최선을 다 했어." 당신은 원대한 목표를 향해 최선을 다하기 때문에 단잠을 즐길 수 있다. 별(당신의 원대한 목표)을 향해 가는 한, 진흙덩이만 갖는 것으로 끝나지 않는다. 인생을 크고 흥미진진한 것으로 여겨야 하며 중요한 목표 또한 대단한 것으로 생각해야 한다. 현인은 이렇게 말했다. "자잘한 계획은 세우지 마라. 인간의 영혼을 휘저을 만한 힘이 되지 않기 때문이다."

당신의 인생관은 살아가면서 어떤 것을 얻을 수 있는지 결정해 준다. 철 조각을 가져다가 문을 고정시키는 용도로 이용하라. 그러면 그 철의 가치는 1달러 정도가 될 것이다. 철 조각에서 말편자를 만들어 내면 그 가치는 50달러 정도 될 것이다. 똑같은 철로 불순물을 제거한 강철로 만들어 명품 시계의 재료로 쓴다면 그 가치는 25만 달러로 치솟지 않을까.

철 조각을 보는 시각이 차이를 만들고, 자신과 미래를 보는 시각 또한 차이를 만든다. 목표를 크게 세우라. 말할 필요도 없지만 사람들마다 목표의 크기가 다양하다. 부커 T. 워싱턴은 이렇게 말했다. "목표 달성을 위해 넘어야 할 장애물로 성과의 크기를 가늠할 수 있다." 그의 말에 전적으로 공감한다. "무릇 많이 받은 자에게는 많이 찾을 것이요."(누가복음 12:48)


## 동네에서 '가장 맛없는 땅콩'

어렸을 때에 일한 잡화점 옆에는 커피와 땅콩을 파는 가판대가 있었다. 가판대 소유주는 '조 삼촌'이라고 불렸다. 커피와 땅콩 냄새가 어찌나 감칠나던지 조 삼촌이 무엇인가를 볶을 때마다 항상 사람들이 몰려들었다. 그는 손으로 뒤집어야 하는 기계에 석탄을 이용해 땅콩을 볶았다.

땅콩이 다 볶아지면 보드지로 만든 상자 속에 땅콩을 넣었다. 그는 이 상자를 땅콩으로 가득 채웠고 5센트에 팔았다. 그가 상자를 채우면 두 개의 땅콩을 꺼내서 작은 봉지에 넣었다. 그러면 결국 다시 여러 봉지의 땅콩을 만들어 팔 수 있었다. 조 삼촌은 가난한 집에서 태어났다. 평생을 가난하게 살았으며 죽을 때에도 가난한 생활에서 벗어나지 못했다. 땅콩에 대해 여러 가지 고민을 해 봤지만 땅콩이 그의 문제가 아니었다.

사우스캐롤라이나 대학교의 수업을 듣기 위해 사우스캐롤라이나 콜롬비아에 갔을 때 보았던 표지판을 지금도 잊지 못한다. 간단한 메시지가 적혀 있다. '크로머 땅콩! 이 동네에서 가장 맛없는 땅콩입니다.' 갑자기 호기심이 발동해서 물어보지 않을 수 없었다. 크로머<sup>Mr. Cromer</sup> 씨가 사업을 시작했을 때 표지판에 그 메시지를 적었다고 한다. 표지판을 본 사람들은 하나같이 미소를 지으며 땅콩을 사 먹었고, 후에 땅콩을 넣는 상자에도 그런 표어를 써 넣었다고 한다.

사람들은 더 많이 웃었고 여전히 땅콩을 사 먹었다. 시간이 흐르자 크로머 씨는 소년들에게 웃돈을 준다는 조건으로 콜롬비아 거리에서 땅콩을 팔게 했다. 그의 표지판은 점점 커졌고 사업 역시 번창해 갔다. 얼마 지나지 않아 사우스캐롤라이나 대학에서 열리는 스포츠 경기를 포함해 지역 운동회나 사우스캐롤라이나 주 페어South Carolina State Fair에서 땅콩을 팔 권리를 얻었다. 그의 명성과 사업은 꾸준히 성장했다. 오늘날 크로머 씨는 크게 성공한 부자가 되었다. 그 역시 땅콩에 대해 많은 고민을 했다.

여기 비슷한 지역에서 같은 제품을 판 사람이 둘 있었다. 한 명은 태어날 때부터 죽을 때까지 가난에서 벗어나지 못했다. 또 한 명은 가난하게 태어났지만 가난한 삶에 만족하지 않았다. 이들은 같은 제품을 팔았지만 그 제품에 대한 개인적인 목표는 달랐다.

## 당신의 사고방식이 문제다

그 차이를 만드는 것은 당신의 직업이 아니다. 의사, 사업가, 변호사, 세일즈맨, 목사 등 어떤 직업을 가졌든 당신과 같은 업종에 종사하면서 상대적으로 부유한 사람들이 있다. 주유소를 경영하는 사람 중에 부자도 있고 망한 사람도 있다. 물건을 파는 사람도 부유한 사람이 있고 그렇지 않은 사람도 있다. 부유한 교육자도 있고 가난한 교육자도 있다. 부유한 변호사도 있고 그렇지 않은 변호사도 있다. 리스트는 끝도 없다. 기회란 우선 개인에게 있으며 그다음에 직업에 돌아간다. 개개인이 자신의 역할을 제대로 해낼 때 직업은 기회를 제공한다.

당신이 어떤 직종에 종사하든 그곳에는 그 직업에 중요한 공헌을 하면서 많은 돈을 버는 사람이 있다. 당신의 직업이 당신의 성공을 결정짓는 건 아니다. 자기 자신과 일을 바라보는 관점이 성공을 결정한다. 목표를 원대하게 세울 필요가 있다. "당신의 인생을 위대하게 만들기 전에 먼저 위대하게 볼 수 있어야 한다."

## 둘째, 목표는 장기적이어야 한다

장기적인 목표가 없으면 잠깐동안 좌절감에 빠지기 십상이다. 이유는 간단하다. 사람들이 당신만큼 당신의 성공에 관심이 없기 때문이다. 어떤 사람이 당신의 길을 가로막고 발전을 더디게 만든다는 생각이 들 때도 있겠지만, 당신을 가로막는 가장 큰 장애물은 바로 당신이다. 타인은 일시적으로 당신을 방해할 수 있지만, 영원히 방해할 수 있는 사람은 자신밖에 없다.

가끔 어쩔 수 없는 상황들이 벌어진다. 장기적인 목표가 없으면 일시적인 장애도 쓸데없이 좌절감을 느끼게 할 수 있다. 자신의 힘을 벗어나는 문제들, 예를 들면 들면 가족 문제, 질병, 자동차 사고 같은 문제들은 큰 장애물이 될 수 있지만 그렇게 생각할 필요는 없다. 나중에 다시 말하겠지만 좋은 상황뿐만 아니라 나쁜 상황에서도 긍정적으로 어떻게 대응할 수 있는지를 가르쳐줄 생각이다.

심각한 정도와는 상관없이 후퇴가 걸림돌이 아니라 진보를 위한 초석으로 연결된다는 사실을 알게 될 것이다. 장기적인 목표를 가지면 훨씬 쉽다. 왜냐하면 볼 수 있는 데까지 가 보고 일단 그곳에 도착하면 더 먼 곳을 볼 수 있기 때문이다.

**생각하기:** 떠나기 전에 모든 '청신호'가 떨어지기를 기다린다면 정상을 향해 올라가지 못한다.

## 장애물을 극복하라

이 부분을 쓰는 지금은 로스앤젤레스에서 댈러스로 가는 DC-10 비행기에 탑승 중이다. 예정 출발 시각은 오후 5시 15분이었다. 출발 시간이 연장되어 6시 3분이 되어서야 떠날 수 있었다. 로스앤젤레스 공항을 떠날 때만 하더라도 우리의 목적지는 댈러스였다. 그러나 이륙한 지 20분도 안 되어 상황이 변했다. 기류가 이륙 전의 예상과 달라 약간 진로를 벗어나게 되었다. 기장이 잠깐 진로 변경을 한 후 다시 댈러스로 향했다.

요점은 이것이다. 우리가 진로에서 약간 벗어났을 때 기장은 재출발하기 위해 로스앤젤레스로 돌아가지 않았다는 것. 그렇다. 목표를 향해 열심히 뛰면서 약간씩 진로를 변경할 준비는 해 두는 게 좋다. 가겠다는 결심을 바꾸라는 게 아니라 거기까지 가는 방향을 바꾸라는 이야기다.

장기적인 목표를 세우면서 시작하기도 전에 모든 장애물을 극복하겠다는 시도는 하지 마라. 시작하기도 전에 모든 장애물이 제거되었다면 누구도, 정말 그 누구도 중요한 일은 시도하지 않을 것이다. 출근하기 전에 신호등이 모두 초록색인지 알아보려고 경찰서장에게 전화를 했다면 그는 당신을 '이상한 사람'으로 여길 것이다.

목적지에 도착할 때까지 차례대로 신호를 거친다는 건 당연한 사실 아닌가. 같은 방법으로 장애물을 다루다 보면 언젠가 목적지에 도달하게 된다. 그렇다. 일단은 볼 수 있는 데까지 가라. 목적지에 도달하게 되면 더 먼 곳을 볼 수 있다.


## 셋째, 목표는 매일 세워야 한다

매일 같이 목표를 세우지 않는다면 당신은 그저 몽상가일 뿐이다. 몽상가라도 꿈을 이루기 위해 매일 노력하면서 기초를 쌓아 가면 괜찮다.

찰리 컬렌Charlie Cullen은 이것을 아주 의미 있게 표현했다. "위대해질 기회는 나이아가라 폭포의 급류처럼 한꺼번에 오는 것이 아니라 한 번에 한 방울씩 떨어지는 물방울처럼 천천히 온다."

위대한 것과 거의 위대한 것의 차이는 당신이 큰 꿈을 이루려면 매일 목표를 향해 열심히 노력해야 한다는 사실을 아느냐에 있다. 역도 선수들은 목적을 이루기 위해 근육을 항상 단련시켜야 한다는 것을 알고 있다. 아이가 정말 자랑스러워 하는 부모는 엄하게 교육하면서 애정을 쏟는다. 이런 부모들은 항상 아이들에게 좋은 본보기를 보임으로써 신뢰가 형성된다는 사실을 알고 있다.

좀 더 '다양한' 삶의 방식이 당신의 의도라면 어제보다는 오늘 더 철처하게 준비하는 것을 매일의 목표로 삼아야 한다. 환경을 개선하고 싶다면 본인부터 변하고 발전해야 한다. 살면서 혜택을 누리기 위해선 올바른 사람이 되고 또 옳은 일을 해야 한다. 매일 세우는 목표는 성격에 대한 최고의 안내자이며 최고의 설계자다. 여기서 헌신과 원칙, 결단력이 필요하다.

당신의 꿈이 운명이 되도록 도와줄 기초 작업들을 살펴보자. 다음에 나오는 습관에 관한 단원은 성공을 오랫동안 유지하는 하루하루의 습관을 만드는 데 특히 도움을 줄 것이다.


## 넷째, 목표는 구체적이어야 한다

앞에서도 말한 것처럼 '의미 있는 구체성'을 갖춰야지 '두루뭉실한 잡다한 상식'을 가지고선 안 된다. 그 이유가 여기에 있다. 무더운 날 성능 좋은 돋보기와 신문 기사를 모아둔 상자를 준비하고 신문지 위에 돋보기를 갖다 대라. 돋보기가 태양 빛을 더욱 뜨겁게 할지는 몰라도 돋보기를 계속 움직인다면 불을 피울 수 없다. 반면 돋보기를 종이 한가운데로 집중시키면 태양을 이용하여 힘을 증가시킬 수 있다. 그러면 불을 피울 수 있다.

당신이 얼마나 강한 사람이고 똑똑한 사람이며 에너지가 넘치는 사람인지는 중요하지 않다. 당신이 만약 그것을 사용하여 특별한 지점에 초점을 맞춘 채 오랫동안 고정해 두지 않는 한 어떤 것도 해내지 못할 것이다. 사냥물을 포획하는 사냥꾼은 메추라기 무리를 향해 총을 겨누지 않고, 구체적인 목표물로 한 마리의 메추라기만을 선택한다.

목표 설정의 기술은 구체적이고 상세한 목적에 집중하는 것이다. '많은' 돈, '훌륭하고' '큰' 집, '고임금' 일자리, '더 많은' 교육, '더 많은' 판매, '커뮤니티를 위한 더 많은' 봉사, '좀 더 나은' 남편, 아내, 학생이 되겠다는 것은 목표로 설정하기에 너무나 광범위하다. 다시 말해 이것들은 구체적이지 못하다.

예를 들어 '훌륭하고' '큰' 집 대신에 목표는 자세히 설정되어야 한다. 구체적인 사항들을 정확히 모르면 마음에 드는 집의 사진과 단면도가 있는 잡지부터 모으라. 건축가나 부동산 중개인이 개방 파티를 열 때나 구획을 개방할 때 본 것과 아이디어를 조합해 보라. '개방 파티'에 여러 번 참석하되, 부동산 중개인이 당신을 '신규' 고객으로 오해해 다양한 집을 보여 줌으로써 시간을 허비하게 만들면 안 된다. 이는 올바른 처사가 아니다. 솔직한 태도도 아니며 구체적인 목표 설정을 위해 탐색하는 과정을 더디게 할 것이다.

이런 아이디어를 집에 가져가 기록해 보라. 집의 면적, 크기와 형태, 주차장 위치, 방 개수, 스타일이나 색상 등을 말이다. 그런 후에 그 지역 건축가에게 간단한 스케치를 부탁하라. (저렴한 비용으로 학생에게 부탁할 수도 있다.) 이 책의 뒷부분을 보면 알겠지만 이런 과정은 특히 중요하다.

목표 설정에 대한 일반적인 정보를 골라 당신이 처한 상황에 적용해야 한다는 사실을 알아야 한다. 나중에 당신의 상황에 맞는 구체적인 사안들을 이야기해 줄 것이다. 무엇을 원하든 완전한 효과를 위해선 최대한 자세하게 계획을 짜야 한다.

### 예상 밖 질문에 답하기 ─ 목표도 부정적일 수 있는가?

대답은 단연코 '그렇다'이다. 세 가지 조건 중 하나라도 존재한다면 목표는 부정적일 수 있다. 첫째, 당신이 성과의 설계자가 되어야 하며 '운'과는 상관없다는 사실을 받아들이지 않으면 목표는 부정적일 수밖에 없다. 둘째, 목표가 비현실적으로 크다면 부정적일 수가 있다. 목표가 아주 가까워서도 안 되지만 그렇다고 눈에 보이지 않을 정도로 멀리 떨어져서도 안 된다. 셋째, 목표가 관심 밖 대상이거나 누군가를 기쁘게 해 주기 위한 것이라면 부정적일 수 있다.

이들 중에서 가장 큰 문제를 다루어 보자. 너무 원대하거나 비현실적인 목표 말이다. '지나치게 크거나' 비현실적인 목표는 실패했을 경우 충분한 핑계를 댈 수 있다. 이것은 실패를 위한 준비 과정이다. 이와 같은 방식으로 계획을 세우는 사람은 본능적으로 실패할 것을 계획하며, 처음부터 할 수 없는 일에 도전하여 실패했기 때문에 '책임을 지지' 않을 것임을 주지시키면서 동정심을 얻으려고 한다. 다음 이야기에 등장하는 청년이 바로 이와 같은 사례였다.

몇 년 전 내가 미시건 주 디트로이트에서 연설하고 있을 때, 가방끈도 짧고 옷차림도 남루한 20대 청년이 당황스러운 말을 하면서 다가왔다. "지글러 씨, 당신은 저를 변화시켰어요. 일단 악수부터 하시죠. 오늘 제게 어떤 일을 해 주셨는지 꼭 말씀드리고 싶어요." 당연히 나는 그에게 계속 분발하기를 바란다고 격려해 주었다. (단지 말을 멈추게 하려고 그렇게 할 수는 없었다.)

"제가 무슨 일을 했죠?" 이렇게 묻자, 그는 열정적으로 대답했다. "엄청난 돈을 벌게 해 주셨잖아요." "그거 참 멋지군요. 저에게도 좀 나눠주셨으면 좋겠어요." 그러자 그는 약간 격앙된 어조로 말했다. "아니, 정말이에요. 전 100만 달러를 벌 겁니다. 그것도 올해가 저물기 전에 말입니다."

자, 여기서 작은 문제가 생겼다. 이 불꽃같은 열정에 찬물을 끼얹었느냐, 아니면 불가능한 목표를 향해 헛수고 하면서 나중에 고통받는 모습을 주시해야 하는가? 내가 불가능하다고 말한 이유는 일 년에 100만 달러를 벌려면 주 당 거의 2만 달러를 벌어야 한다는 뜻이기 때문이다. 무일푼에 기술과 경험도 없고, 교육도 제대로 못 받은 청년이 일 년 안에 그만한 돈을 번다는 것은 결코 쉬운 일이 아니다. 게다가 새로운 사업에 필요한 기본 자본인 2천 달러도 없었다. 그런데 그의 목표는 일 년 안에 그것보다 500배나 더 많은 돈을 버는 것이었다.

이 일이 얼마나 심각한지 설명하겠다. 만약 2천 달러를 버는 데 3주가 걸렸다면, 그는 이미 스케줄상 6만 달러가 뒤쳐지고 있는 셈이다. 솔직히 말해서 25년 동안 2천 달러를 벌지 못했다면, 그 돈을 버는 데 3주에서 6주의 시간이 더 걸릴 거라고 생각한다. 그렇게 되면 6주 안에 그는 12만 달러가 뒤처지는 셈이다. 그때쯤 되면 친구나 친척들의 비웃음을 살 것이다. 스스로 중도 포기하고 세상으로부터 달아나려고 할지도 모른다. 그는 자신이 어리석다고 생각하며 패배감을 느끼면서 이렇게 솔직하게 말할 것이다. "사람들이 저를 비웃어요. 저를 우습게 본다고요."

우리가 말도 안 되는 큰 목표를 세우면 똑같은 일을 당할 수 있다. 이렇듯 비현실적인 목표를 세워서 뜻을 이루지 못한다면 그 실패의 크기는 미래의 성취에 매우 부정적인 효과를 초래하게 될 것이다. 또한 더 이상 어떤 노력도 기울이기 싫을 정도로 자신에게 영향을 미칠 수도 있다. 이런 이유로 목표를 높이 세우는 건 좋지만 눈에 안 보일 정도로 높이 세우는 건 바람직하지 못하다.

만약 목표가 당신의 관심 대상이 아닌 데다가 단순히 남을 기쁘게 해주기 위한 것이라면 부정적일 수밖에 없다. 남이 목표 설정의 방향을 지시한다면 관심을 잃고 지루함을 느끼거나, 누군가가 당신의 진로를 계획했다는 사실에 분노를 느낄 가능성이 크다. 이렇게 하면 목표 달성을 불가능까지는 아니더라도 어렵게 만든다.

운이 있어야 한다는 확신 역시 목표가 부정적임을 나타내 주는 표시다. ('운'이라는 말 대신에 '내 손으로 움켜잡기'라는 말을 쓰는 건 어떨까! 그러면 내가 100% 받아들일 텐데.) 성공한 사람들은 목표를 정확하게 세우고 재능을 이용하며, 노력과 근면 성실함으로 계속 갈고 닦기에 정상으로 올라갈 수 있었다. 실천과 목표가 있을 때 이들의 '돌파구'가 생긴다. 당신도 예외는 아니다.

# 12

# 치밀한 목표 설정

Setting Your Goals

## 당신의 현재 위치는

지금쯤 당신은 이런 질문을 던져야 한다. "제가 세운 목표가 어떤가요? 목표를 설정해야 한다는 말씀에 공감하지만 어떻게, 또 어떤 종류의 목표를 세워야 하는지 말씀하시지 않으셨어요." 좋은 지적이다. 당신도 알겠지만 목표를 세우기보다 목표를 이루는 게 더 쉬운 법이다. 적절하게 설정된 목표는 어느 정도 달성된 셈이다. 왜냐하면 이것은 당신이 목표를 이룰 수 있고, 또 반드시 해내겠다는 신념의 강한 표현이니까. 앞서도 말했지만 믿기만 하면 성공은 쉽다.

목표 설정과 목표 달성은 그 목표가 다이어트이든 임금 인상이든 아니면 새로운 차를 구입하는 것이든, 또는 부정적인 세상에서 긍정적인 사고방식을 가지도록 아이들을 양육하는 것이든, 영업 실적을 높이는 것이든, 모범생이 되려는 것이든, 좀 더 나은 부모가 되는 것이든 그 밖에 다른 것과는 상관없이 절차는 같다.

당신이 추구하려는 것은 균형 잡힌 성공이다. '균형 잡혔다'라는 말은 육체적인 삶, 정신적인 삶, 영적인 삶, 경제적인 삶뿐만 아니라 개인적, 가정적, 사회적인 모든 생활의 성공을 뜻한다. 이번 장에서는 구체적인 세일즈 사례를 이용할 생각이다. 실제로 당신의 목표에도 똑같은 과정이 적용되니까 말이다.

세일즈맨이 좀 더 효과적으로 물건을 팔고 싶다면 목표를 세워야 한다. 회사에서 일한 경험이 있다면 도움이 된다. 그렇지만 경력과 상관없이 크되 현실적인 목표를 세우려면 기록이 필요하다. 지도가 아무리 완벽해도 본인이 어디로 가는지 모르는 한, 방향을 제시해 주지 못한다. 출발점이 있어야 한다. 기록이란 출발점을 정하는 것을 도와준다. 한 달 동안 매일 몇 분씩 기록하는 일은 당신의 생산성, 일의 능력, 시간의 효율적인 활용이 어떤 건지 보여 줄 것이다.

기록한 결과, 기록을 하기 전 마지막 15일 동안보다 기록하기 시작한 이후 첫 15일 동안에 더 많은 것을 해냈다는 사실을 깨닫게 된다. 30일 동안은 야만적일 정도로 솔직해야 한다. 당신의 미래가 전적으로 달려 있기 때문이다. 이 기록은 당신만 볼 수 있다.

적절한 기록을 위해 거쳐야 할 단계가 몇 가지 있다. 첫째, 잠에서 깨어났을 때, 침대에서 일어났을 때, 실제로 일하기 시작할 때를 기록하라. 둘째, 점심 시간, 휴식 시간, 통화 시간, 남을 도와주는 데 얼마나 많은 시간을 보냈는지 기록하라. 셋째, 약속 때문에 한 전화, 생각지도 못한 손님 방문, 서비스 전화, 참고 전화, 제품 설명, 구매자와 직접 거래하며 보낸 시간, 일반적인 판매 실적에 대해 기록하라. 마지막으로 하루의 '황혼 무렵'에 소비한 시간을 기록하라. 이때 당신은 사무실 밖에 있거나 세일즈를 위한 마지막 30분을 보내거나, 고객 카드를 정리하고 있을 것이다.

처음 며칠은 힘들지 모르지만 습관이 되면 훨씬 쉽고 생산력도 향상되기 시작한다. 일단 행동 유형을 형성해 놓으면 개선하고 발전시키는 것은 쉽다. 과거의 기록을 연구해 당신에게 최고의 날, 최고의 주, 최고의 달, 최고 분기를 찾을 수 있다. 최고의 기록과 새로운 효율성 스케줄과 비교해 보라. 최고 분기를 택해 이와 똑같은 시기를 한 번 더 보낼 수 있다면 최고의 해를 보낼 수 있다. 당신이 취급하는 제품에 따라 이 과정은 변수가 많을 것이다.

'저렴한 티켓' 아이템은 '비싼 티켓' 아이템처럼 매일, 매주 그리고 매달 다양한 상품을 선사하지는 못한다(집중 훈련 프로그램과 부동산과 반대되는 브러시나 화장품). 목표를 구체적으로 정하라. 그리고 웬만하면 좀 더 크게 잡는 게 좋다. 명심하라. 목표를 큰 폭으로 줄이는 것보다 상향 조정하는 게 훨씬 낫다.

타고난 경쟁력이 도움이 될 때가 가끔 있다. 그러니 이번엔 '까다로운' 시스템을 보도록 하자. 첫째, 하지 말아야 할 것들이다. 자기 능력을 벗어난 일은 계획하지 마라. 당신이 '평범한' 프로듀서라면 애초에 챔피언과 경쟁하지 마라. 둘째, 바로 당신 앞에 있는 사람에게 도전하라. '이중'으로 도전한다면 더욱더 훌륭한 과정이 되지 않을까? 이중 도전이란 당신 자신뿐만 아니라 당신보다 약간 앞선 사람을 뛰어넘는 것이다.

'요행수'나 게으른 태도로 승리를 거머쥘 순 없다. 매번 승리를 거듭할수록 다음 번 도전을 위해 더욱 강해진다. 현재 당신 앞에 얼마나 많은 사람들이 있는지 모르지만 '최상일 때의 컨디션을 이기고자' 노력한다면 계속 발전하고 영업 실적이 높아지며 돈도 많이 번다. 앞에 있는 사람을 이겨 가다보면 당신 앞에 아무도 없을 날이 반드시 온다.

## 우선순위를 정하라

육체적인 목표, 정신적인 목표, 영적인 목표, 개인적인 목표, 가정적인 목표, 사회적인 목표, 경제적인 목표를 한번 보자. 목표를 달성하는 데 보다 완벽할 수 있도록 집중하는 법칙들이 몇 가지 있다. 이 법칙들은 성격상 상당히 광범위하다는 것을 알아야 한다. 이 법칙들을 취할 때 자신의 상황에 알맞게 해석하고 다듬어야 한다.

먼저 당신이 되고 싶은 사람, 하고 싶은 일, 갖고 싶은 것을 반드시 종이에 적어라. "그걸 다 쓰려면 며칠이 걸릴지도 모른다."라고 이야기할 수도 있다. 그러나 생각만큼 오래 걸리지 않는다는 사실을 알게 되면 상당히 놀랄 것이다. 중요한 순서대로 적어 리스트를 만들어라. 한번에 여러 가지 목표를 향해 노력해야 한다. 클럽 챔피언, 회사 영업팀 리더, PTA 회장, 교회에서 평신도 지도자가 되기를 원할 수 있다. 이런 경우 각각의 목표를 이루는 데 시간이 걸릴 뿐만 아니라 노력하는 과정에서 수정이 되기 때문에 우선순위를 정해야 한다. PTA 회장이 되는 대신 모임에 적극적으로 참여하거나 클럽 챔피언이 되는 대신 8핸디캡을 얻는 등 타협과 양보를 해야 할지도 모른다. 어쨌든 이런 목표들을 달성하려면 우선 계획을 잘 짜야 한다.


## 장애물 넘기

중요한 순서대로 목표를 세웠으면 극복해야 할 장애물의 리스트를 작성해야 한다. 장애물이 전혀 없었다면 벌써 당신이 원하는 건 모두 가질 수 있었을 것이다. 장애물 리스트를 작성한 후 이들을 극복할 계획을 세우고 시기별로 스케줄을 짜볼 수 있다. 대부분 경영진들은 문제가 무엇인지 밝혀낼 수 있다면 이미 반은 해결된 거나 다름없다고 생각한다. 문제를 파악하기만 하면 얼마나 빨리 그 장애를 넘을 수 있는지 알고 놀랄 것이다. 목표를 향해 달려가며 장애물을 극복하면 다른 목표의 장애물 역시 쉽게 떨어져 나간다.

앞 단원에 나온 일 년에 100만 달러를 벌겠다는 비현실적인 목표를 세운 청년의 이야기를 기억할 것이다. 목표 설정에 대해 그에게 해 줄 충고는 처음부터 올해의 경제왕이라는 타이틀에 도전하는 대신, 권투 선수가 세계 챔피언에 도전하듯 천천히 나아가는 방법을 써보지 않겠느냐는 것이다. 권투 선수로 프로에 입문하면 그는 자신의 바로 위 타이틀에 도전하게 된다. 매번 성공을 거듭하고 자신감과 경험을 쌓게 될 때 사다리를 타고 올라간다. 그러나 잠재력이 풍부한 권투 선수가 필요한 경험을 쌓기도 전에 아주 힘든 경기에 도전하여 자신의 커리어를 망쳐버리는 경우도 허다하다.

난 그 청년에게 이렇게 조언했다. "목표를 세우고 그것을 이루려면 차근차근 올라가야 합니다." 다시 말해 상사의 수입이 얼마인지 알아보라고 했다. 그래야 자신의 진짜 목표물이 무엇인지 알 수 있을 테니까. 그리고 회사 내 평사원의 수입이 어느 정도인지 알아보라고 했다. 평균 월급보다 약간 낮은 수치를 선택해서 첫 달에는 이 금액을 목표로 잡으라고 충고했다. 물론 그보다 더 잘 벌 수 있을 거라 생각했지만, 첫 번째 목표를 달성하면서 자신감이 생겼으면 했다.

자신감은 성공의 열쇠다. 사소하게나마 첫 번째 성공을 거두면 다음엔 더 큰 성공을 거두기가 수월해진다. (하려면 제대로 하라. 속도가 붙는건 시간문제다.) 그런 후에 조직 내에서 목표물을 찾아 그 위의 사람을 공략하라고 권했다. 이런 과정을 따르다보면 결국 일인자가 될 것이며 그 땐 금전적으로 더 높은 목표를 세울 수 있다. 이것을 이루기 위해선 매일같이 스케줄을 잘 짜야만 한다.

일 년 안에 그가 목표로 정한 100만 달러를 벌 수 있을지는 그야말로 미지수다. 목표 설정에 제대로 접근한다면 이 젊은이는 훨씬 더 멀리 갈 수 있을 뿐만 아니라 그 과정에서 행복감을 느끼게 될 것이다. 말이 나왔으니 말인데 난 그의 목표가 불가능하다고 말한 게 아니다. 난 용기 있는 사람이지만 그래도 성실한 사람의 잠재력에 한계를 그어 버릴 만큼은 아니다.

## 무지한 사람이 용감하다

몇 년 전 사우스캐롤라이나 콜롬비아에서 주방 기구를 파는 젊은 세일즈맨이 사무실을 방문했다. 그때는 12월 초순이었고 신년 계획을 세우고 있었다. 그에게 물었다. "내년엔 얼마나 파실 생각이세요?" 그가 활짝 웃으며 말했다. "한 가지는 확실하게 말씀드릴 수 있어요. 올해보다는 많이 팔 거라는 거죠." 내 반응은 이랬다. "그거 참 멋있네요. 올해는 얼마나 파셨는데요?" 그는 다시 웃으며 대답했다. "글쎄요, 잘 모르겠는데요." 그것 참 재미있지 않은가? 어떻게 보면 슬픈 일이기도 하다. 자신이 어떤 상황에 처했는지도 모르고 그저 막연한 자신감만으로 앞으로 어디를 가야 하는지만 알고 있는 청년이다.

안타깝지만 대부분의 사람들도 이와 크게 다르지 않다. 자신의 상황이 현재 어떤지도 모르면서 막연히 어디로 가야겠다고 생각한다. 당신도 마찬가지인가? 그렇다면 이 책을 제때 구입했다.

나는 세일즈맨에게 질문을 던졌다. "가전제품 사업계의 불사신이 되는 건 어떠세요?" 자, 불사신이란 단어는 상당히 도전적이다. 그는 곧 미끼를 물었고 열정적으로 대답했다. "어떻게요?" 내가 답했다. "쉽게요. 회사 기록을 깨버리세요." 이번엔 그의 대답이 시들해졌다. "말은 쉽지요. 하지만 저를 포함해서 그 기록을 깰 사람은 아무도 없어요." 당연히 난 궁금해졌다. 그래서 "그 기록을 깰 사람이 아무도 없다"라는 게 무슨 뜻이냐고 물었다. 그가 말하길, 그 기록은 '정확하지' 않다고 했다. 왜냐하면 그 기록을 세운 사람이 사위에게 자신의 이름으로 물건을 팔라고 했으니까 말이다.

## 인센티브 — 성공의 보상

이 청년이 사용하는 패배자의 변명은 바로 "정확한 기록이 아니기 때문에 제가 그 기록을 깰 수가 없어요"다. 난 그에게 그 기록은 정확하다고 말하고 다음과 같이 정면으로 반박했다. "어떤 이가 기록을 세웠으면 누군가도 역시 그 기록을 깰 수 있습니다." 인센티브가 성공의 증거이기 때문에 나는 그 청년 앞에 몇 가지 선물을 제시하며 유혹했다.

우선 그가 이 기록을 깬다면 회사에선 회장 사진과 함께 당신 사진도 걸어줄 것이라고 했다. 청년은 그 이야기를 마음에 들어 했다. 계속해서 나는 그의 사진이 전국에 나가는 광고와 기사에 실릴 것이며, 전 세계 최고 '핵심' 세일즈맨으로 이름을 날리게 될 것이라고 덧붙였다. (이것은 마리화나가 문제가 되기 전이었으며 '핵심pot'이란 단어가 주방 기구를 의미했다.) 그는 정말로 흥미가 생긴 듯했다. 마침내 나는 그들이 당신을 '황금 용기gold pot'로 만들어 줄 것이며, 진짜가 아니지만 황금 용기처럼 보이도록 그럴듯하게 만들어 줄 것이라고 했다. 동기는 충분했지만 자기가 얼마나 많이 팔 수 있을지 아직 확신을 하지 못하는 듯 보였다.

나는 최고의 한 주를 보내고, 그런 식으로 50주의 시간을 보내면 기록을 깰 수 있다고 되새겨 주었다. 그가 웃으며 대답했다. "말은 쉽죠……" 내가 말을 막았다. "물론이죠, 당신도 충분히 할 수 있어요. 할 수 있다고 믿으면 말이죠." 아직도 확신이 서진 않았지만 어쨌든 진지하게 생각은 해보겠다고 했다. 그게 중요하다. 쉽게 목표를 세우고 이를 가볍게 생각하면 처음 장애물에 걸려 쉽게 포기해 버리기 때문이다.


## '만약'이라는 결정은 없다

12월 26일 조지아 주 오거스타에서 그가 전화를 했다. 전에도 그런 일이 없었고 앞으로도 이 전화와 비교할 만한 감동적인 통화는 없을 것이다. 오거스타에서 사우스캐롤라이나 콜롬비아까지 그의 흥분이 그대로 전달되는 듯했다. 그는 나에게 새로운 소식을 전했다.

"이번 달 초에 제가 방문한 이후로 매일매일 한 일들을 기록했어요. 고객의 문을 두드릴 때, 전화를 걸 때, 설명을 할 때, 샘플 케이스를 보여줄 때 얼마나 많은 비즈니스를 얻는지 알게 됐죠. 시간마다, 매일, 주마다 얼마나 팔았는지도 알게 되었어요." 열정을 뿜어내면서 그는 이렇게 덧붙였다. "제가 그 기록을 깰 겁니다." 나는 그의 말을 정정해 주었다. "아니요, '앞으로' 기록을 깨지 못할 겁니다. 이미 그 기록을 세우셨으니까요."

내가 이 말을 한 이유는 그가 '만약에'라는 말을 한 번도 사용하지 않았기 때문이다. 이건 '만약에 ~한다'면의 결심이 아니었다. '인생<sup>Life</sup>'이라는 단어를 자세히 보라. '인생<sup>Life</sup>'이라는 단어 중앙에 '만약에<sup>If</sup>'라는 단어가 들어 있다. 대부분 사람들은 살아가면서 '만약에 ~한다면'이라는 식의 결정을 많이 내린다. 이것은 성공을 위한 결정이 아니라 실패를 위한 준비다.

이 젊은이는 그러지 않았다. 그는 "만약에 차가 사고를 내지 않는다면 기록을 깰 수 있을 거예요."라고 말하지 않았다. 그런 말을 하지 않은 건 참 다행이었다. 왜냐고? 그가 정말로 신기록을 세웠기 때문이다. "우리 가족들이 아프지 않다면 기록을 깰 수 있을 거예요." "가족이 죽지 않으면 기록을 깰 수 있을 거예요." 이런 말을 하지 않았다. 그는 형을 포함해 사랑하는 사람을 이미 둘이나 떠나보냈다.

"목소리만 괜찮다면 기록을 깰 수 있을 거예요."라고 하지도 않았다. 그러길 천만다행이다. 실제로 12월 달에 말 그대로 목표를 눈앞에 두고 그의 목소리가 너무 나빠져서 의사가 더 이상 말하지 말라고 진단을 내렸기 때문이다. 그래서 그는 자기가 할 수 있는 일을 했다. 주치의를 바꿨다. 그의 결정은 힘들게 내려졌지만 아주 간단하다.

"난 그 기록을 깰 겁니다. 이상."

일의 규모를 제대로 이해하기 위해선 대상을 자세히 볼 필요가 있다. 예전에는 일 년에 34,000달러 이상의 물건을 팔아보지 않았다. 물론 그 당시엔 이것도 나쁜 성적은 아니었다. 그러나 다음 해 같은 물건을 같은 지역에서 같은 가격으로 팔면서, 판매 취소와 외상 판매 거부를 제외하고 104,000달러어치를 팔았다. 일 년 안에 과거 판매량의 세 배를 판 셈이다. 그래서 기록을 깨게 되었다. 회사는 그와 내가 이야기했던 상을 주었다. 그는 유명세를 타고 '황금 용기'가 되었다.

## 더 똑똑하게, 더 열심히

많은 사람들이 그가 더 똑똑해진 거냐고 묻는다. 물론 그는 이제 그 업종에 10년이 아닌 11년의 경력을 갖추었으니 그럴 거라고 했다. 그가 더 열심히 일했냐고 묻는다. 더 열심히 일했을 뿐만 아니라 더욱 창의적으로 일했다고 말했다. 자신의 시간을 잘 계획해서 1분의 소중함을 배운 것이다. 그는 여기서 10분을 찾아내고, 저기서 20분을 찾아내 하루에 한 시간에서 두 시간까지 시간을 늘린다.

일주일에 8시간에서 9시간이 되었고, 믿지 못하겠지만 1년에는 400에서 500시간까지 이르는 양이었다. 일 년으로 치자면 하루에 꽉 찬 8시간으로 일해서 50일이 넘는 기간이라고 할 수 있다. 다시 말해 모든 사람이 한 주가 7일, 하루가 24시간, 한 시간이 60분이 아니라는 사실을 알게 되었다. 각각의 사람은 자신이 사용하는 만큼 많은 분과 시간, 날이 있다. 시간을 더 이상 세지 않고 시간이 세도록 만들기 시작할 때 좀 더 많은 비즈니스를 할 수 있고, 본인과 가족들을 위해 더 많은 시간을 가질 수 있다.

기록을 통해 자신이 어느 위치에 있는지 정확하게 인지하면서 시작했다. 당신이 세일즈맨이라면 이렇게 해야 한다. 약속을 유지하기 위해 얼마나 많은 잠재고객들에게 접근하는지 찾아라. 상황을 설명하기 위해선 얼마나 많은 약속을 잡아야 하는지도, 세일즈를 위해서 얼마나 많은 프레젠테이션을 준비해야 하는지도 알아야 한다. 이런 정보와 약속을 지키기 위해 얼마나 많은 시간이 소요되는지 지식을 결부하라. 프레젠테이션, 운전 시간, 서비스 시간, 서류 작업 등을 포함해 판매를 완전히 끝내기까지 얼마나 오랜 시간이 걸리는지 말이다. 이런 정보가 있으면 지금 상황을 파악할 수 있다. 그러면 그때부터는 단순한 수학 문제다. 이런 정보만 있으면 일하는 시간마다 일어나는 것을 알게 되지만 전화는 하지 마라. 당신은 곧 목표를 상향 수정해야 할 것이다. 이런 것들로 자신감이 붙어 일을 더욱 생산적으로 할 수 있기 때문이다.

이 일화를 여러 부분으로 나누어 보면 그가 '목표 달성'의 원칙뿐만 아니라 목표 설정의 원칙도 수용했다는 사실을 깨닫게 된다.

① 자신의 상황을 파악하기 위해 기록을 했다.

② 매일, 매달, 매년 자신이 이루고자 하는 목표를 적었다.

③ 목표는 구체적이었다(104,000달러).

④ 흥분과 도전이 필요한 만큼 원대하지만 현실성 있는 목표를 세웠다.

⑤ 매일 좌절감을 느끼지 않도록 장기(일 년) 목표를 세웠다.

⑥ 목표를 달성하기까지 넘어야 하는 장애물 리스트를 만들었고, 이 장애물을 극복할 계획을 세웠다.

⑦ 목표를 일일 목표량으로 나누었다.

⑧ 목표 달성을 위해 필요한 단계를 밟도록 자기 자신을 단련할 준비가 마련되었다.

⑨ 자신이 목표를 달성할 수 있다고 확신했다.

⑩ 한 해가 시작되기 전에 이미 목표를 달성한 자신의 모습을 상상했다.

앞 단원에서 설명한 아이디어를 다시 한번 강조하지만 남들과 목표를 공유한다는 건 신중히 생각해 볼 문제다. 정말 자신이 있고 남들과 목표를 공유하면서 현장에 직접 뛰어야 할 경우라면 해도 좋다. 그러나 목표를 공유하는 것은 선택이다. 당신의 낙관주의를 나누고 목표를 달성할 수 있다는 자신감을 줄 지인이나 사랑하는 사람이 있으면 도움이 된다. 그러나 당신의 아이디어를 비웃고 노력을 과소 평가하는 '남의 결점을 들춰내는 사람'과 목표를 공유하면 확실히 해가 된다.

여기에 나온 청년(그의 정체는 나중에 밝힐 예정이다.)은 자신을 믿어주고 응원해 준 가족에게 목표를 말했다. 자기가 직접 뛰면 목표를 달성할 가능성이 그만큼 크다는 것을 알기에 남들과 목표를 공유한 것이다.

목표 설정을 설명하는 데 인용한 예들이 모두에게 맞다고 할 순 없지만, 기본적인 원칙은 당신의 상황에도 들어맞으리라 생각한다. 언젠가 당신도 우리의 세미나에 참석하여 지도자들과 함께 구체적인 목표 설정

작업에 참여할 수 있다. 그동안 도움이 될 만한 몇 가지 제안들을 하고자 한다.


## 좋은 오늘—더 좋은 내일

"어떻게 하면 연속적으로 목표를 세울 수 있을까요?"라고 질문한 부모를 살펴보자. 우선 부모란 큰 목표를 세워야 한다. 부모가 세울 수 있는 큰 목표 중 하나가 바로 아이들에게 이 복잡한 사회에서 어떻게 살아가고, 어떻게 자신의 길을 개척해 나가는지 가르치는 것이다.

아이들을 행복하고 건강하게, 도덕적으로나 감정적으로 건전하게 키우는 것이 모든 부모의 바람일 것이다. 장기적인 목표는 아이들에게 사회에 기여하라고 가르치는 것이 될 수 있다. 부모는 또한 그리스도와 영원히 함께 하면서 정직하게 살 수 있다는 것을 말과 행동으로 모범을 보이며 가르칠 수 있다.

일상의 목표 중 추천할 만한 것은 아이들에게 사는 법을 가르치는 일이다. 중국인들은 이렇게 말한다. "물고기를 주면 하루를 먹여 주는 셈이지만, 낚시하는 방법을 가르쳐 주면 평생을 먹여 살리는 셈이다." 아이들에게 자급자족하는 법을 가르쳐야 한다. 간단히 말해 부모에게 중요한 목표는 아이 스스로 할 수 있게 만들어 주는 것이다. 부모로서 그것보다 더 중요한 일상의 목표가 또 있겠는가?

일상 목표란 좀 더 나은 미래를 위해 준비하면서 오늘 최선을 다하는 것이다. 미래란 당신이 여생을 보내게 될 장소. 일상생활의 성취는 미래를 이어주는 벽돌과 같다. 그러면서 적절한 목표 설정 과정에 규칙적이면서 확고하게 이런 벽돌을 쌓아둔다면, 결국 정상으로 향하는 계단을 쌓게 될 것이다. 앞서 말한 대로 평생의 목표를 적절히 설정하려면 정상으로 향하는 엘리베이터는 항상 '고장'임을 명심해야 한다. 한 번에 한 계단씩 차근차근 올라가야 한다. 다행히 이 계단들은 분명하게 표시되어 있으며, 위로 올라오라는 신호를 보내고 있다.

# 13

## 목표 달성의 원리
### Reaching Your Goals

### 자신에게 충실하라

처음 이 책을 시작했을 때 내 마음속에서는 쓸 말들이 술술 나왔다. "가고 싶은 곳은 어디든지 갈 수 있고, 하고 싶은 일은 뭐든지 할 수 있고, 갖고 싶은 건 뭐든지 가질 수 있으며, 되고 싶은 건 어떤 것이나 될 수 있다."라고 적은 순간, 스스로 뿌듯해져 이렇게 중얼거렸다. '멋진 걸.' 그러나 안타깝게도 이 말은 보류해야만 했다. 왜냐하면 내가 이 말을 하려면 하나의 산을 넘어야 했기 때문이다.

당시 내 허리 치수는 41인치였으며, 몸무게는 91kg이었다. 이 구절을 읽으면서 곰곰이 생각한 후 이렇게 중얼거렸다. 중얼거리는 것도 나쁘지 않다. 여기다 스스로 해결책까지 제시하는 건 더욱 좋다. 만약 그 해결책에

'어?'라는 생각이 들면 문제가 있는 것이다. 그때 내 상황이 딱 그랬다.

자신이 한 말을 믿는지 독자들이 물어볼지도 모른다는 생각이 들었다. 자신부터 솔직해야 했기에 내가 쓴 말을 하나하나 재평가하기 시작했다. 간단히 말하자. 내가 내뱉은 말을 믿으면 그 말대로 살아야 하고, 믿지 못하면 그런 말을 해선 안 된다는 결론이 나왔다. 이 점을 염두에 두고 이렇게 자문했다. '지그, 자신이 정말 원하는 모습이 되어 가는가?'

이것에 대해 고민을 하면서 난 이 부분을 삭제하거나 말한 대로 따르면서 살아야 한다고 깨달았다. 난처한 질문을 던지는 사람들과 마주칠 게 뻔하다. 게다가 아들은 8살이고, 아버지는 아이가 12살이 될 때까지는 매를 들어야 한다고 생각했다. 적어도 그럴 생각이었으나 내가 살이 찌는 속도대로라면 아이를 혼내기는커녕 자신도 관리하지 못할 지경이었다. 내가 도움을 요청한 건 바로 아내였다. 그녀는 식욕을 억제하도록 권했고, 나는 아내의 말에 따랐다.

댈러스엔 전 세계적으로 유명한 케네쓰 쿠퍼 박사<sup>Dr. Kenneth Cooper</sup>의 에어로빅 센터가 있다. 쿠퍼 박사는 에어 포스 박사<sup>Air force Doctor</sup> 혹은 러닝 박사<sup>Running Doctor</sup>로 알려져 있다. 몸에 미치는 에어로빅의 영향을 다방면으로 연구한 사람이다. 조깅을 하거나 걷는 사람들은 쿠퍼 박사의 직·간접적인 영향을 받아서 그렇게 하는 것으로 알고 있다.

난 예약을 한 후 다섯 시간 동안 검사를 받았다. 2쿼터 정도의 피를 뽑으면서 검사는 시작됐다. (적어도 내겐 2쿼터 정도는 되어 보였다.) 작은 병에 피를 가득 채웠다. 혈액은행을 열어 나를 주 고객으로 삼으려는 게 아닌가 하는 생각이 들 정도였다.

그다음 몸속 지방량을 측정하기 위해 세 번이나 완전히 물에 담갔다. 지방량이 23.9%로 썩 좋은 수치는 아니었다. 그다음 전선을 내 몸에 연결해서 걷는 동안 심장을 모니터하고 맥박을 체크했다. 걷는 거리가 내 신체적 상태를 보여 준다고 했다. 나는 기계 위에서 얼마 걷지 못했고, 그것에 대해 화가 날 만큼 실망했다. 검사가 끝났고 결과가 나왔을 때 주치의 랜디 마틴<sup>Randy Martin</sup> 박사는 사무실로 나를 불렀다. 그는 내가 과체중이 아니라는 사실을 보여 주는 수치와 정보를 수집하려고 컴퓨터를 이용했다고 설명했다. 그러나 5와 2분의 1인치가 초과된 상태였다. 이건 나쁜 게 아니냐고 물었다. 그러자 그는 이렇게 말했다. "66살 남자치고는 몸 상태가 굉장히 좋은 편"이라고 말이다. 내가 46살이라고 하자 갑작스레 그의 자세가 바뀌었다.

"아주 심각한데요! 당신이 빌딩이었다면 파괴시켰을 겁니다." 난 당연히 그에게 어떻게 했으면 좋겠냐고 조언을 구했다. 그러자 마틴 박사는 정확한 스케줄을 짜주었다. 검은색과 흰색으로 아주 자세하게, 보너스로 '격려'를 해 주면서 말이다. 해야 할 일을 모두 말해 주기 전에는 마치 아빠에게 질문하는 소년 같았다. 아빠가 말씀하셨다. "엄마에게 물어보지 그러니?" 아이가 대답했다. "그 정도로 알고 싶진 않아요."

## 한 블록의 거리와 우편함

집에 돌아오자 아내는 이렇게 말했다. "앞으론 이 동네를 돌아야 해요." 그렇게 하겠다고 대답하자 아내는 또 이렇게 말했다. "46살짜리 뚱뚱한 소년이 동네를 한 바퀴 돌아야 한다면 최대한 멋지게 보였으면 좋겠어요." 아내는 스포츠 용품점에서 마틴 박사가 사라고 권한 운동화와 환상적인 운동복을 구입해 주었다.

나는 마틴 박사의 사무실에 있는 동안 보기 흉한 실수를 저질렀다. 변명이라면 변명이랄까. 그 당시 난 앤 랜더스<sup>Ann Landers</sup>의 책을 읽었다. 앤이 말하길, 남의 잡지에서 페이지를 오려 가는 건 바람직하지 못하고 솔직하지 못한 일이라고 했다. 그 정도는 상식이라 책이 핑곗거리가 될 순 없지만 옛날 잡지여서 찢어도 괜찮다는 생각에 승마용 바지 광고를 찢어서 집에 가져왔다. 아직 승마용 바지 광고를 보지 않았다면 다음에 보게 될 때 자세히 관찰해 보라. 뚱뚱한 소년이 승마용 바지를 입는 경우는 없다. 적어도 이들의 뱃살은 '굿이어' 같은 타이어가 아니다.

다음 날 아침 '기회'라는 시계가 울릴 때(부정적인 사람들은 그냥 알람이 울린다고 한다.) 침대에서 벌떡 일어나 멋진 운동복과 운동화로 준비를 끝낸 후 한 블록을 달렸다. 그것도 스스로 말이다. 다음 날 아침은 전날보다 더 많이 달렸다. 한 블록을 지나 우편함까지 갔다. 세 번째 날에는 한 블록과 두 개의 우편함, 그다음에는 한 블록과 세 개의 우편함을 지났다. 블록 전체를 한 바퀴 돌 때까지 계속 거리를 늘려갔다. 한 바퀴를 돈 날 나는 전 가족을 깨워 '아빠가 한 일'을 자랑스럽게 말했다.

그런 후 어느 날 500m를 달리게 됐고, 그 후엔 1km를, 그다음엔 1.5km를 그리고 2km 마지막엔 4~5km까지 달리게 되었다. 유연 체조도 시작했다. G. I. 푸시업push-up을 할 수 있을 때까지 처음엔 여섯 번에서 시작해 여덟 번, 열 번, 스물 번, 사십 번으로 늘렸다. 결국엔 공중에 몸을 띄운 채 박수를 칠 정도가 되었다. 윗몸 일으키기도 시작했는데 첫날엔 여덟 번을 했고, 그다음엔 열 번, 스물 번, 사십 번, 팔십 번 그리고 백이십 번까지 하게 됐다.

몸무게와 허리 사이즈가 눈에 띄게 줄기 시작했다. 이 시기에 종교적으로도 다이어트를 했다. (교회에서도 더 이상 먹지 않았다.) 난 심각하게 다이어트를 했고 이에 대해 할 말이 많다. 몸무게도 처음엔 91kg에서 90kg, 86kg, 81kg, 77kg 그리고 74kg까지 내려갔다. 허리 사이즈도 41에서 40, 39, 38, 37, 36, 35, 34로 줄었다. 몸무게가 74kg이고 허리가 34인치라고 쓴 지 10개월이 지난 후였다.

## 목표 설정의 원칙

이렇게 자세히 이야기하는 이유는 여기에 목표 설정과 목표 달성에 관한 모든 원칙들이 나와 있기 때문이다. 그 목표는 내 것이었고, 또한 명예가 걸린 문제였기 때문에 목표를 달성하려는 동기는 내가 목표를 설정할 때 이미 정해졌다. 목표는 컸고 실로 도전적이었으며 목적 달성을 위해 내 모든 능력을 발휘하기에 충분한 것이었다. 그렇다고 책임질 수 없거나 불가능한 것도 아니었다.

내가 겨우 2kg정도만 줄였다면 아내를 제외하고는 그 누구도 눈치채지 못했을 것이다. 몸무게가 가벼워짐에 따라(사실 땀을 흘릴 때 살이 녹는다고 생각하는 사람은 거의 없다.) 허리 사이즈도 줄기 시작했고 가족과 친구들은 많은 칭찬을 해 주었다. 이건 정말 도움이 되었다. 기분이 훨씬 좋아졌으며 에너지도 넘쳐났다. 달리기에 소비한 시간이 많아질수록 더 능률적인 일을 할 수 있는 지구력이 생겼다.

목표의 크기는 정말 중요하다. 목표가 굉장히 커질 수도 있다고 앞에서 강조한 바 있지만, 이번 경우는 전문의 지시 아래 이루어졌다는 사실을 명심해야 한다. 목표는 분명히 정해졌다. 그것도 아주 구체적으로. 대상물이 멀리 있지만 초점이 맞추어졌다. 목표는 장기적이었다. (정확히 말하면 중간 정도의 기간이었지만 설명을 위해 장기간이라고 하겠다.) 내가 결정을 내린 후부터 목표가 성취된 날까지는 10개월이 걸렸는데, 이 기간은 이 책을 출판할 때까지의 시간과 맞먹는다.

16kg의 살을 빼기란 쉽지 않다. 어쩌면 불가능한 일일지도 모른다. 그러나 10개월로 나누어 한 달에 1.6kg 빼는 걸 목표로 하면 문제는 달라진다. 이 사실을 깨닫자 갑자기 낙관적으로 변했다. 목표를 달성하려면 이게 매우 중요하다. 안타깝게도 이런 낙관주의는 자신감으로 변했고, 지나치게 자신한 나머지 처음 28일 동안은 다이어트를 아예 시작할

생각조차 하지 않았다. (당신 말이 맞다. 나야말로 '납작하게 요리될' 판국이었다.)

　내가 목표를 하루 분으로 세분화하니 다음과 같은 체중 감량 계획이 가능해졌다. 10개월 내에 16kg을 뺄 계획이므로 하루에 53g을 빼면 됐던 것이다. 흥분되지 않을 수 없었다. 16kg이면 대단한 것이지만, 1.6kg 정도면 충분히 감량할 수 있고, 53g은 정말 아무것도 아니었다. 가끔 살이 다시 찔 때가 있었지만 그럴 때마다 같은 방법으로 빼야 했다.

　"1km 그것은 시련이다. 그러나 2cm는 식은 죽 먹기다."라는 속담이 있다. 심리학자들이 자주 쓰는 소위 성과 피드백이라는 말이 있듯이 이 속담은 맞는 말이다. 성과를 위해 앞으로 전진하는 단계 하나하나가 내 경우엔 체중 감량의 열정을 불타오르게 만들었고, 계속 성공할 수 있다는 자신감을 불어넣었다.

　그렇다. 성공이 성공을 낳는다. 그래서 당신이 목표를 찾아 설정할 때 말 그대로 매일 어느 정도 성공의 기쁨을 맛볼 수 있게 짜는 게 중요하다. 이 '긍정적인 피드백'은 자신감을 드높여 자기가 더 많은 것을 이루는 모습을 '기대하고' '보게 된다.' 다시 말해 당신이 좀 더 많은 일을 할 것이고, 또 더 중요한 사람이 될 것이라는 뜻이다. 단기간에 세운 목표들을 계속 이루어가야만 장기적으로 세운 목표를 달성할 수 있다. 주된 목표에 계속 신경 쓰되, 매일 세운 목표를 달성해 가면 장기적으로 세운 목표에 점점 더 가까워진다는 사실을 명심하라.

　내가 세운 목표가 중요한 의미를 가지기 위해 합리적인 시간을 설정해야 한다. 37년 안에 16kg을 뺀다거나, 심지어 37개월 안에 뺀다고 계획을 세웠다면 시간이 너무 길어진다. 반대로 37일 만에 16kg을 뺀다는 계획을 세웠다면 더욱더 어리석은 짓이다. 그것은 불가능한 일에 도전한 것일 뿐만 아니라 건강에도 나쁜 영향을 초래했을 것이다. 내가 짠 스케줄은 야심적이었지만 적어도 합리적이고 어느 정도 성취할 수 있는 범위였다.


## 수난자

다음 이야기로 가기 전에 한 가지 질문이 있다. 실제로 살아 숨 쉬는 수난자를 보았는가? 적어도 난 비슷한 경우를 본 적이 있다. '기회 시계'가 매일 아침 울릴 때마다 가끔씩 이런 생각을 한다. '46살의 뚱뚱한 남자가 가족들이 잠자는 동안 일어나 땀을 뻘뻘 흘리며 온 동네를 달리면 어떨까?' 그런 후 41인치의 내 허리를 보며 이렇게 자문한다. '지그, 정말 지금의 네 모습이 마음에 드는 거야? 아니면 승마용 바지를 입은 남자처럼 되고 싶은 거야?' 이럴 때면 내 모습이 혐오스러워서 벌떡 일어나 운동을 했다.

운동으로 살을 뺐다고 해서 내가 그것을 좋아했다는 뜻은 아니다. 사실 달릴 때마다 난 '야단법석'을 떨었다. 캐나다 위니펙에서 눈을 맞으며 달렸고, 아카풀코의 모래밭에서도 달렸으며, 미니애폴리스의 빗속에서, 플로리다의 오렌지 밭, 아프리카의 사파리(여기서 가장 빨리 달렸다.)에서도 달렸다. 이런 어마어마한 '희생'에 대해 친구, 동료, 가족, 심지어 낯선 사람에게까지 이야기하지 않았을까? 체중 감량을 위해 그만큼 노력했기 때문에 이야기를 할 수밖에 없었다. 난 상당히 귀찮은 존재였을 것이다. 따라서 내 곁에 친구나 가족이 아직도 붙어 있다는 사실이 놀라울 뿐이다.

이는 당연하다. 왜냐하면 나는 많은 사람들에게 수년 동안 반복해서 무엇인가 의미 있는 일을 하고 싶으면 '대가를 지불해야 한다'고 했으니까. (심지어 강한 사람들까지도 울게 만들, '대가를 지불하라는 말'을 할 때 목소리는 긴장하고 고뇌에 찬 표정을 지었다.)

그러던 어느 날 오리건 주 포틀랜드에 있는 주립대학교 캠퍼스를 달렸다. 화창한 봄날, 온도는 대략 화씨 75도 정도였다. 대부분 학생들이 강의실에서 나와 여유를 즐기는 동안 홀로 열심히 뛰었다. 운동장과 콘크리트가 내 발 밑으로 이어진 것처럼 느껴졌다. 이번 운동은 무엇인가 '다르다'는 생각이 들었다. 생애 최고의 시간을 보내는 것 같은 기분이었다. 갑자기 나이 50에 25살이었을 때보다도 몸매가 좋아졌다는 생각이 들었다. 2km 경주를 벌이면 미국 대학생의 98% 이상을 이길 수 있다는 생각이 들었다. 그러자 '대가를 지불하는 게 아니라 혜택을 누리는 것'이라는 사실을 깨닫게 되었다.

목표 달성까지 3kg 정도 남았을 때 갑자기 쓸개즙이 파열되었다. 의사가 문제를 발견한 것은 4일 후였다. 이 4일 동안 내 평생 가장 고통스러운 나날을 보냈다. 의사가 병을 치료할 즈음, 간 주변에 종양이 생겼고 독으로 중독된 상태였다. 의사는 당시 내 신체 상태가 아주 양호했기 때문에 회복에 큰 도움이 되었다고 했다. 내가 수술 후에도 별로 아파지 않아 아내도 무척 놀라워했다. 건강이란 대가를 지불하는 게 아니라 건강의 혜택을 누리는 것이라 확신한다.

이것은 다른 분야에서도 마찬가지다. 성공에 대한 대가를 지불하는 게 아니라(성공이란 모든 좋은 것들을 적절하게 혹은 많이 얻는 것이다.) 성공의 혜택을 누리는 것이다. 실패에 대한 대가는 지불하게 된다. 우린 멋지게 결혼한 것에 대해 대가를 지불하지 않는다. 다만 멋진 결혼의 혜택을 누릴 뿐.

**주의:** 이런 혜택을 누리려면 노력과 실천이 필요하다. 그러나 앞서 말한 이 혜택들은 애써서 얻을 만한 가치가 있다.

## 살을 빼라 — 영원히

현재 체중에 문제가 있다면 영원히 그 문제를 해결하고 싶을 것이다. 여기 몇 가지 기본 원칙을 따르도록 하라. 첫째, 다이어트가 누군가의 강요가 아닌 당신의 생각이며 당신이 내린 결정이라는 점을 확실히 하라. 둘째, 상담을 하려면 날씬한 의사를 찾아가라. 뚱뚱한 의사는 과체중의 악 효과를 이해하지도, 믿지도, 알지도 못한다. 그는 당신에게 체중 감량 프로그램을 계속해야 한다고 강요할 수도 없고 확신시킬 수도 없다. 셋째, 약에 의존해서는 안 된다. 약을 먹어서 살찐 것(좋게 들리지 않는다. 게다가 좋게 보이지 않는다)도 아니고 약을 먹어서 영원히 날씬해지지도 않는다. ('약'이 효과가 있다면 뚱뚱한 의사도 없을 텐데, 그렇지 않은가?)

넷째, 주치의는 긍정적인 사고방식의 사람이어야 하며, 먹지 말아야 할 것을 말하지 않게 하라. 부정적인 생각으로 정신 사납게 만들 이유가 있을까? 먹을 수 있는 음식에 신경 쓰고 거기에 집중해야 한다. 리스트를 작성해서 간직하라. 기본적이지만 훌륭한 상식적인 다이어트 원칙을 지켜라. 그렇다고 '배고프지 않고' 극적으로 살을 뺄 수 있다고 호언장담하는 롤러코스터 같은 '최신 유행' 다이어트에 현혹되지는 말아야 한다. (30일 내에 뺄 수 있는 건 한 달이라는 시간뿐이다.)

대부분 한 가지 나쁜 습관이 체중을 불린다. 나쁜 습관, 당신은 과식을 한다. 또 한 가지가 이런 습관을 없앨 수 있다. 좋은 습관, 당신은 일정기간 균형 잡힌 식사를 하며 적절히 운동을 병행하고 음식을 줄여야 한다. 일주일만에 18kg이 찐 게 아니다. '이런 함정에 빠뜨리게 하는 건' 바로 '한 입만 더' 먹자는 욕구다.

다음에 관찰한 건 과학적으로 증명되진 않았다. 그렇지만 코티지 치즈를 멀리 하라고 권하고 싶다. 개인적인 경험에 의하면 코티지 치즈를 먹으면 살이 찐다. 살찐 사람들이 주로 코티지 치즈를 먹기 때문에 이렇게 말할 수 있다. (마틴 박사는 내가 원하는 건 모두 먹을 수 있다고 이야기한 후, 내가 먹고 싶어할 음식 리스트를 주었다.)

최신 유행 다이어트 방법엔 심각하게 잘못된 점이 두 가지가 있다. 첫째, 다이어트를 하면서 요요현상이 생기는 건 자기 이미지에 결정타를 날리는 것과 같다. 둘째, 신체에 무리를 주게 되고 심신을 긴장시킨다. (날씬한 의사에게 이유를 물어보라.) 간략하게나마 어떤 것인지 설명해 보겠다. 살을 빼고 싶으면 배가 고파야 한다. 이건 엄연한 사실이다. 명함 크기의 카드를 사서 그 위에 이런 단어를 쓰면 도움이 될 것이다. "배고파? 당연하지. 그래도 '비곗덩어리'보다는 '노력파'가 나아." 여성들은 이렇게 쓰면 어떨까. "배고파? 당연하지. 그래도 '뚱뚱보'가 아닌 '몸짱'이 될래." 배는 여전히 고프겠지만 목표를 다시 한번 상기하게 될 것이고, 배고픈 것에 대해 투덜거리는 것도 덜하게 될 것이다.

당신은 자기 계발에 진지한 사람이다. 따라서 자기 이미지를 다룬 단원을 다시 한번 읽어 보라. 그리고 당신도 날씬하고 건강한 사람이 될 자격이 있음을 상기하라고 강요하고 싶다. 명심하라. 기쁨(과식이나 몸에 안 좋은 음식을 먹는 것)은 한순간이지만 행복(날씬하고 건강한 모습과 5년에서 20년 이상 늘어난 수명에 만족하는)은 오래간다.

체중 감량으로 얻게 되는 부차적인 혜택들은 셀 수 없을 정도로 많다. 그러나 이것 하나만큼은 꼭 강조하고 싶다. 일단 목표인 체중 감량에 성공하면 당신의 자기 이미지와 자신감은 한층 올라가고, 삶의 다른 분야에까지 긍정적인 영향을 미친다. 앞서도 말했지만 성공은 성공을 낳는 법이다.

그렇다고 오해하지는 마라. 이렇게 구체적으로 이야기하는 이유는 당신에게 체중 감량을 설득하려는 게 아니라 여기에 목표 설정과 목표 달성의 모든 원칙이 들어 있기 때문이다.

첫째, 그 목표는 내 목표였다. 아내의 목표도 아니고 더군다나 주치의가 다이어트를 하라고 '설득'한 것도 아니었다.

둘째, 나는 당신도 자신이 원하는 사람이 될 수 있다고 했다. 그러므로 여기엔 나의 신용도가 달려 있다. 난 확실히 내가 원하는 모습과 조금도 일치하지 않았다.

셋째, 목표 달성을 위해선 강한 실천이 필요하다는 것을 보여 주었다. 실제로 몸무게가 91kg이었을 때 74kg이라고 적었다. 이건 책을 출판하기 10개월 전 일이었다. 책을 내주겠다는 사람이 없어서 자비로 출판해야만 했다. (출판사가 책이 팔릴 거라고 생각을 해서 네 번째 개정판을 낼 때까진) 내가 처음 주문한 부수는 25,000권이었다. (실제로 91kg 뚱보이면서 74kg이라고 쓴 책을 창고에 25,000권이나 쌓아둔 모습을 상상할 수 있는가? 그게 바로 실천이다.).

넷째, 목표가 컸다. 16kg 감량이 목표였으니까. 규칙은 간단하다. 목표가 효과적이려면 변화를 불러와야 한다.

다섯째, '이도 저도 아닌 잡다한 지식'을 가진 게 아니라 '의미 있는 전문성'을 갖추어야 했기 때문에 목표가 구체적이었다(16kg).

여섯째, 장기적인 목표였다. 10개월에 걸친 계획이었으니까(아니면 앞에서 나온 대로 적어도 중간 정도의 기간이었다).

일곱째, 하루에 53g씩 감량하는 일일 목표를 세웠다.

여덟째, 초과된 몸무게를 감량할 계획을 세웠다(적당한 식이요법과 조깅).

아홉째, 꼼꼼한 신체검사가 내 상태를 정확히 파악해 주었다(16kg 과체중).

올바른 방향에서 출발하려면 이건 필히 알아야 한다.

**벼룩 훈련가는 뚜껑을 열고
다른 사람의 목표 달성을 돕는다.**

## 이것은 아주 중요하다

하루에 평균 53g씩 감량해 10개월 동안 16kg을 빼는 데 성공했다. 그것은 27년도 더 된 일이다. 내 라이프스타일을 바꾸었고 식사도 적절히 하며 운동도 꾸준히 하기 때문에 더 이상 몸이 불진 않는다. 요즘엔 쿠퍼 박사의 조언대로 조깅 대신에 걷는다. 스트레칭과 역기 들기는 아직도 한다. 체중에 문제가 있다면 "하루에 53g은 식은 죽 먹기지."라고 말할 가능성이 크다. 그러면 당장 시작하라. 그렇게 한 걸 두고두고 자랑스러워할 테니 말이다.


## 벼룩 훈련가가 되라

목표를 다룬 앞부분에서 일 년에 영업 실적을 34,000달러에서 104,000달러로 올린 조리 기구 세일즈맨의 이야기를 소개했다. 세일즈맨이 어떻게 그 목표를 달성했는지에 대한 나머지 이야기가 여기 나와 있다.

내가 이 이야기를 하는 이유는 차이를 만든 것이 어떤 건지 설명하기 위해서다. 그 세일즈맨은 자신의 사업을 배로 불리는 방법을 배웠다. '벼룩을 훈련시키는 방법'을 배운 것이다. 벼룩을 어떻게 훈련시키는지 아는가? 농담이 아니다. 방법을 아는 게 매우 중요하다. 왜냐하면 방법을 알 때까지 목표를 크게 세울 수 없기 때문이다. 이 문장을 강조하고 싶다. 벼룩을 훈련시키는 방법을 알기 전까진, 혹은 알지 못하는 한 목표를 크게 세우지도 못하고 성공이나 행복해질 가능성도 없다. (벼룩 이야기가 나와서 하는 말인데 언덕 밑에서 개를 데리고 가야 할지 아니면 걸어가야 할지를 두고 고민하는 두 마리의 벼룩 이야기를 들어봤는가?) 그게 사실이다. 자, 이젠 벼룩을 훈련시키는 법이 알고 싶을 것이다. 그렇지 않은가? 그렇다고 대답해 주기 바란다.

뚜껑이 있는 유리병 속에 벼룩을 넣어 놓으면 그 방법을 알게 된다. 유리병 안에서 벼룩은 점프를 한다. 뚜껑에 닿을 만큼 계속해서 점프를 한다. 이들이 점프를 해 뚜껑에 도달하는 모습을 보면서 무엇인가 재미있는 사실을 눈치챌 수 있다. 벼룩은 계속 점프를 하지만 더 이상 뚜껑에 도달할 만큼 높이 점프하지 않는다. 그렇다면 이젠 기록의 문제다. 당신이 뚜껑을 열어놔도 벼룩은 계속 점프하지만 병 바깥으로 나가지 않는다. 다시 말하지만 벼룩은 점프해서 나가지 않는다. 왜? 그렇게 할 수 없으니까. 원인은 간단하다. 그들은 그 정도 높이로만 점프하게끔 스스로 한계를 정했기 때문이다. 일단 그 정도 높이로 한계를 정했다면 그게 바로 그들의 최선이다.


## 당신은 스니업?

사람도 마찬가지다. 살아가면서 책을 쓰고, 등산을 하고, 기록을 깨고, 기여를 하겠다는 목표를 세운다. 처음엔 꿈과 야망이 무한정이었지만 살아가면서 머리를 부딪치고 발끝을 채이기도 한다. 이 시점에서 '친구'와 지인들은 인생이 얼마나 부정적인지 조언해 준다. 특별히 그에 대해서도 말이다. 그 결과 그는 스니업[SNIOP]이 되어 버린다. 스니업이란 부정적인 영향을 쉽게 받는 사람을 뜻한다. 그래서 목표를 공유하는 사람을 신중하게 골라야 한다고 말한 것이다.

재미있는 사실은 세상에서 가장 긍정적인 사람에게서도 '부정적인 영향을 받을 수 있다[snioped]'. 예를 들어 조 루이스[Joe Louis]는 세계 헤비급 챔피언이었을 때 항상 상대방 선수에게 '부정적인 영향을 미쳤다.' 이들이 종종 공포로 얼어붙기 때문에 조의 환상적인 기술에 쉽게 희생자가 되었다. 존 우든 John Wooden이 UCLA 농구팀의 브루인스 Bruins, UCLA Bruins(팀의 마스코트로 '곰'을 뜻함-역주)를 경기장에 데려 갔을 때도 마찬가지였다. 브루인스를 본 상대팀 선수들은 경기가 시작되는 휘슬이 울리기도 전에 '부정적인 영향을 받았다.' 물론 이것은 12년 동안 UCLA 농구팀이 전국 챔피언을 열 번도 넘게 거머쥐었던 이유의 일부다. 그래서 감독은 선수들에게 시합에 나가면 자기 자신과의 싸움으로 만들거나 자기만의 게임으로 이끌어야지 결코 상대방 선수가 게임을 리드하게 해서는 안 된다고 귀따갑게 이야기한다.

커비라는 회사를 운영하는 친구가 있다. 동료들이 2인자의 자리를 두고 싸우도록 '악영향을 미친다고' 그를 비난했지만 웃기만 했다. 짐 스페리 Jim Sperry는 15년 연속 일등 자리를 놓친 적이 없고, 매년 실적이 올랐다. 다행히 짐은 동료들이 그를 목표로 삼아 뒤쫓고 있다는 사실을 알았으며 오히려 그들을 격려해 준다. 일등을 두고 치열한 싸움을 벌일수록 더욱 생산적인 부서가 되기 때문이다.

'부정적인 영향을 받는 사람'은 '운명의 예언서'에 나오는 쓰레기 같은 나쁜 말들을 귀담아 듣는다. 이들은 성공할 방법을 제시하는 게 아니라 실패에 대한 궁색한 변명거리만 제공해 줄 뿐이다. 그 과정에서 패배자의 변명을 얻게 된다. 그러나 우리의 열정적인 조리 기구 세일즈맨은 그렇지 않았다. 그는 '이런' 사람이 아니었을 뿐만 아니라 패배자의 변명 같은 건 아예 없애버렸고 큰 목표를 세웠다. 그것도 장기적인 목표 말이다. 기록을 깨고 최고의 '핵심 pot' 세일즈맨이 된다는 목표가 바로 그것이다. 그에겐 하루의 목표가 있었다. 하루에 350달러어치 물건을 파는 것이다. 물론 결과도 있었다. 일 년에 영업 실적이 세 배나 뛰었다. 이 청년의 이야기를 속속들이 잘 아는 이유는 지금은 고인이 된 내 동생, 저지 지글러 Judge Zigler이기 때문이다.

미국 내 우수한 연설가이자 세일즈교육 사원이 되기 위해 벼룩 훈련의 원칙과 '목표 달성'의 원칙을 적용했다는 것에 자부심을 느낀다. 동생은 미국 전역에서 세미나를 열어 목표를 어떻게 달성해야 하는지 가르쳤다. 이후에는 본 투 윈 코스의 강사로서 어떻게 기록을 세워야 하는지, 어떻게 벼룩을 훈련시켜야 하는지를 가르쳤다.

## 깨질 수 없는 믿음

로저 바니스터는 가장 뛰어난 벼룩 훈련가 중 한 명이었다. 육상선수들은 여러 해 동안 1km를 4분 내에 주파하려고 애를 썼다. 그러나 선수들 역시 '영향을 받았기 때문에' 장벽은 깰 수 없는 것처럼 보였다. 선수들은 이렇게 말할 수도 있다. "1km를 4분 내에 달릴 겁니다." 그러나 그가 목표 달성을 눈앞에 두었을 때 코치의 목소리가 귀에서 울려 퍼진다. "네 최고 기록은 4:06이야. 이 벽을 넘을 수 없어. 과학적으로 분석해 봤는데 기록을 깰 수 있을지 의문이야."

청진기를 든 의사의 목소리가 환청으로 들리는 듯하다. "1km를 4분 내에 달린다고요? 그랬다간 심장이 튀어나올 겁니다. 절대 안 돼요." 언론은 1km에 4분이라는 기사를 연일 썼고, 이런 기록은 인간의 신체적 능력을 벗어난 일이라는 게 대세였다. 그 결과 육상선수는 남들의 '부정적인 의견에' 영향을 받았다.

로저 바니스터는 '그렇지' 않았다. 그 역시 벼룩 훈련가였다. 그는 최초로 그 기록을 깼다. 바니스터가 기록을 깬 지 6주가 채 되지 않아 호주의 존 랜디John Landy가 그 뒤를 이었다. 현재 37살의 선수가 깬 기록을 포함해 4분대 기록을 낸 경기는 500개가 넘는다. 1973년 6월 루이지애나 배턴루지에서 열린 미국대학경기협회NCAA 모임에서 여덟 명의 선수가

1km를 4분 내에 주파했다. 4분 장벽은 이제 완전히 깨졌다. 그러나 신체 조건이 더 좋아져서 기록을 깰 수 있었던 게 아니었다. 이것은 신체의 부족함 때문에 넘을 수 없던 장애물이 아니라 정신적인 장애물이었기 때문에 기록을 깰 수 있었던 것이다.

로저 바니스터는 여러 가지 이유로 기록을 깨는 데 성공했다. 그 중 하나는 기록을 깰 수 있도록 신중하게 목표를 세웠기 때문이다. 그는 자신의 보폭을 재어 250m, 500m, 750m 그리고 1km를 뛰는 데 얼마나 많은 보폭이 필요한지 조사했다. 그에게는 네 명의 보조 훈련자가 있었다. 한 명은 첫 440m를 따라갔고, 두 번째 사람은 그다음 440m, 세 번째 사람은 그다음 440m, 네 번째 사람은 마지막 440m를 따라갔다. 기록을 깨기 위해 얼마나 많은 보폭이 필요한지 자세한 계획을 세우지 않았다면 불가능했을지도 모를 일이다.

정말로 그는 최고 선수다. 그러나 벼룩 훈련가라는 개념에 강조를 하고 싶다. 왜냐하면 벼룩 훈련가야말로 한계선을 뛰어넘는 사람이기 때문이다. 벼룩 훈련가는 삶의 부정적인 것들에 거의 영향받지 않는다. 남들이 원하는 것을 갖도록 돕는다면 당신도 모든 걸 가질 수 있다는 사실을 분명히 이해하고 있다. 벼룩 훈련가는 사람들에게 어디로 향하라는 말은 하지 않는다. 다만 어떻게 시작하는지를 보여 준다. 어떤 인생관을 받아들이느냐에 따라 차이가 나는 법이다.

벼룩 훈련가의 정체를 분명하게 설명해 주기 위해 이 책에 '벼룩 훈련가' 자격증 사본을 첨가했다. 생의 모든 분야에서 성공하려면 자격을 제대로 갖춘 벼룩 훈련가가 되어야 한다. 그래서 당신에게 벼룩 훈련가의 정체를 확실히 주지시키고 싶다. 우아한 양피지의 벼룩 훈련가 자격증과 앞서 말한 '둥근 카드round tuit' 명함을 받고 싶으면 수신자 주소가 적힌 봉투에 우표를 붙여 이 주소로 보내 주기 바란다.

# 벼룩 훈련가 면허장

아래에 나오는 문장을 명심하라!

_____는 자격 있고 헌신적인 벼룩 훈련가라는 사실을 전 세계가 알게 하라. 병 속에 머물지 않고 병 밖으로 뛰어나온다면 권리와 특전을 누릴 수 있다.

벼룩 훈련가란 다른 사람의 부정적 영향력의 노예가 아니며, 목표가 뚜렷한 사람이다. 그들은 병 뚜껑을 박차고 밖으로 나온 사람이며, 다른 사람도 그렇게 뛰어오르도록 도와주는 사람이다.

벼룩 훈련가는 받으려면 주어야 한다는 사실을 안다. 그들은 봉사받지 않아도 봉사할 줄 아는 헌신적인 사람이다.

벼룩 훈련가는 진정한 성공을 추구한다. 또한 정직, 성품, 믿음, 그리고 인테그리티를 바탕으로 한 균형 있는 인생을 바란다. 그들은 헌신적인 노력으로 일하면 반드시 보상이 돌아온다는 사실을 안다. 그리고 그들은 목표 달성 그 자체보다는 인격자가 되는 것이 더 중요함을 안다.

_____는 다른 사람이 성장할 수 있도록 꾸준히 도와주는 사람이 가장 높이 올라갈 수 있다는 사실을 아는 사람이다.

지그 지글러 *Zig Ziglar*

©지그 지글러

Ziglar Training Systems, 2009 Chenault
Dr., #100, Carrollton, TX 75006

## 하나부터 시작하라

목표란 삶의 전 분야에서 중요한 일을 위해 그것을 세워보지 못한 사람에겐 상당히 압도적일 수도 있다. 당신을 놀라게 하고 싶지 않기 때문에 저지 지글러가 세미나에서 세일즈맨들에게 들려준 충고를 말해 볼까 한다. "목표를 세워본 일이 없다면 단기간에 끝낼 수 있는 목표를 세우면서 시작해 보십시오. 최고의 달을 선택하고 거기다 10퍼센트를 붙여 당신의 한 달 목표로 만듭니다. 그달의 최고 날을 선택해 기록하십시오. 최고의 날 밑으로 한 달 목표를 이루려면 매일 어느 정도의 양을 해야 하는지 평균 수치를 적으십시오. '평균' 수치는 최고의 날 수치보다 훨씬 적어서 한 달 목표를 충분히 채울 수 있다는 자신감을 갖게 될 것입니다."

이달 말 목표를 이루었다면 연 4회 목표를 세워야 한다. 그달의 목표를 이루지 못했다면 다시 달마다 목표를 세워야 한다. 두 번째 단계로 가기 전에 첫 번째 목표를 달성하는 게 중요하다. 달마다 세운 목표를 달성한 후 이 목표를 세 배로 늘리고, 연 4회 세운 목표에 10퍼센트를 더하라. 이번에는 최고 판매 주간을 정해 4분기를 열세 부분으로 나누어 4분기 기록을 깨기 위해 매주 유지해야 하는 평균 수치를 적어라. 평범한 주의 수치는 최고 주의 수치보다 상당히 낮겠지만 평균을 유지하면서 목표를 달성할 수 있다.

목표 달성 분기가 끝나갈 때 즈음 결과를 보고 네 배를 불린 후 10퍼센트를 더해야 한다. 그러면 일 년치 목표를 설정할 단계에 올라가게 된다. 이 10퍼센트를 부과하는 과정은 합리적이고 충분히 현실성 있는 목표다. 꾸준히 노력하면 액수가 증가하게 된다. 기본적인 절차는 앞에서 말한 것과 같다. 최고 달을 선정해 카드 위에 큼지막하게 쓴 후, 1년 목표를 달성하려면 매달 이루어야 할 평균치를 적어라. 이렇게 하면 사업 실적이 증가하게 된다. 하지만 매달 평균치는 최고 달의 수치보다 적기 때문에 할 수 있다고 자신한다.

당신이 어찌할 수 없는 상황이 존재한다는 것도 안다. 예를 들어 장난감, 수영복, 탁아소, 잔디용 기계 같은 것들은 상당히 계절을 타는 품목이다. 어쩔 수 없는 이런 변화에 대해 융통성 있게 대처해야 한다. 그러나 일단 시작하면 대부분의 '계절' 상품들이 생각만큼 계절에 영향을 받지 않으며 오히려 '제철이 아닌 때'에 더 많이 팔린다는 사실을 깨닫게 된다.

첫 번째 분기가 생각한 대로 진행되어 준다면 삶의 다른 분야에도 목표를 설정하고 싶을 정도로 의욕이 생긴다. 성공은 성공을 낳는다. 따라서 시작이 반이다.


## 목표 달성을 향한 문을 열라

목표를 이루기 위해선 후디니Houdini의 일화를 들어야 한다. 후디니는 실력 있는 자물쇠 제조공이자 마술의 대가였다. 세상의 어떤 감옥이라도 자기 옷을 입고 들어갈 수만 있다면 한 시간 안에 탈옥할 수 있다고 뽐냈다. 영국의 작은 시골 마을에서 감옥을 지었다. 마을 사람들은 이 감옥을 매우 자랑스럽게 여겼다. 이들은 후디니에게 도전을 했다. "여기서 탈옥을 한번 해 보시죠." 유명세와 돈을 사랑하는 후디니는 당연히 도전을 받아들였다. 그가 마을에 도착했을 때 사람들의 흥분은 절정에 달했다. 후디니는 승리한 개선장군마냥 당당하게 마을에 입성했고 바로 감옥으로 향했다.

문이 닫히자 자신감이 솟아오르기 시작했다. 코트를 벗고 바로 일에 착수했다. 벨트 안에는 유연하면서도 거칠고 튼튼한 강철 조각이 있었다. 보통 때에는 주로 그것으로 작업을 했다. 30분이 되자 자신감은 사라지기 시작했다. 한 시간이 되자 땀으로 흠뻑 젖었다. 두 시간이 지나자 후디니는 문에 기대어 쓰러졌다. 그러자 이게 웬일인가! 문이 열려 버렸다.

사실 문은 잠겨 있지 않았다. 그의 마음속에서만 빼고 말이다. 후디니의 마음속에선 수천 명의 자물쇠공이 최고의 자물쇠로 그 문을 잠궈놓았던 것이다. 한 번만 밀어 보면 쉽게 열 수 있었을 것을. 기회의 문을 열려면 살짝 그리고 여러 번 밀면 된다.

인생이라는 게임에선 당신이 목표를 설정하고 마음을 열 때 세상도 당신을 향해 보물과 상을 줄 거라는 사실을 깨닫게 될 것이다. 실제로 가장 견고한 문은 당신의 마음의 문이다. 방금 난 실수를 했다. 과거형으로 표현했어야만 했다. 이제 당신은 그 누구보다 마음의 문을 활짝 열었기 때문이다. 그렇지 않은가?

## 목표를 달성한 모습을 상상하라

네스메드 장군Major Nesmeth은 90년대에 주말에만 골프를 쳤다. 그리고는 7년 동안 골프를 치지 않았다. 그러나 다시 그린에 돌아온 후 그는 74라는 엄청난 샷을 기록했다. 7년 동안 안식기를 지내면서 골프레슨도 받지 않았고 몸 상태 역시 악화되었다. 사실 그는 높이 150cm, 넓이 150cm가 약간 넘는 작은 방에서 7년을 보냈다. 그는 베트남 전쟁의 포로였다.

그의 이야기는 살아가면서 목적을 달성하고 '목적지에 다다르기'를 바란다면 먼저 '목적을 이루는 모습을 봐야' 한다는 것을 보여 준다. 네스메드 장군은 포로로 갇힌 지 5년 반 동안 고립되었다. 사람을 볼 수 없었고 말할 사람도 없었으며 평범한 생활을 하지 못했다. 처음 몇 달 동안은 자신의 석방을 기도하고 바라는 것밖에는 달리 할 일이 없었다. 그러나 제정신을 유지하려면 무엇인가 확실하고 긍정적인 일을 해야 한다는 사실을 깨달았다.

그는 좋아했던 골프코스를 골라 감옥에서 골프를 치기 시작했다. 오직 상상만으로 매일같이 18홀을 완전히 마스터했다. 그는 굉장한 상상력을 발휘해 마치 진짜 골프장에서 치는 것처럼 연상했다. 첫 번째 티샷을 할 때 골프 복장을 한 자신의 모습을 '보았다.' 이전에 골프를 쳤던 날의 날씨가 어땠는지도 상상했다. 풀, 나무, 새, 골프 코스 장식물의 정확한 크기까지 '보았다.' 오른손을 클럽 위에 올려놓고 왼손으로 클럽을 잡은 것까지 정확히 '보았다.' 자신에게 왼팔을 곧게 유지하라고 신중하게 설명했다. 또한 공에서 눈을 떼어선 안 된다고 충고했고, 부드러운 다운 스윙과 공을 때릴 때 샷을 지켜보라고까지 지시했다. 다음은 중앙으로 떨어지는 공의 모습을 상상했다. 공이 하늘을 가르며 날아가 필드에 떨어져 자기가 선택한 지점에 멈출 때까지 구르는 모습을 보았다.

실제 골프경기에 소요된 시간만큼 마음속에서 그가 친 공의 흔적을 추적했다. 다시 말해 그는 이도 저도 아닌 잡동사니보다는 의미 있는 전문성을 택하기로 한 것이다.


## 부담 없는 연습

7년 동안 하루도 빠짐없이 일주일 내내 18홀이라는 완벽한 플레이를 했다. 한 번도 샷을 놓친 적이 없었다. 골프공이 홀컵 바깥으로 벗어난 적도 없다. 완벽하다. 머릿속으로 골프를 치면서 장군은 매일매일 무엇인가에 열중했고 그 결과 제정신을 유지할 수 있었다. 골프경기도 제법 능숙해졌다. 그의 이야기는 당신에게 설명해 주고자 하는 요점을 보여준다. 목적을 이루고 싶으면 먼저 마음속에서 '목표에 다다른 모습을 보아야' 한다.

임금 인상, 회사에서의 승진, 점수 향상, 맛이 좋은 케이크, 기능이 향상된 쥐덫, 꿈같은 집 등을 원한다면 이번 이야기를 다시 한번 신중하게 읽어주길 바란다. 매일 몇 분씩 정확한 과정을 따르다 보면 '목적을 달성한 자신의 모습을 보는 것'에서 그치는 게 아니라 당신이 '목적지에 도달한 날'이 오게 된다.

앞서도 말했지만 이것이야말로 '부담 없는 연습'이 아니고 무엇인가. 본 행사가 열리기 전에는 위험에 처한 상황이란 없다. 농구 선수들이 연습 골을 넣는 것이라든지, 게임이 시작되기 전 공격수가 공을 차 본다든지, 의사 지망생이 해부용 시체로 연습하든지, 세일즈맨들이 교육을 받으며 제품 설명을 연습하는 것과 마찬가지 이치다. 당신이 어떤 분야에 종사하든 '부담 없는 연습'은 부담이 생길 때 더 좋은 결과를 이끌어 낼 수 있다.

내 경우를 보더라도 다이어트를 할 때 체격 좋은 남자의 사진을 보고 마음속에 확실히 인지시켜 '목표를 달성하는 모습을' 보았다. 그처럼 되리라 마음을 굳게 먹었다. 더 이상 자신을 친근한 뚱뚱보로 보지 않았다. 이젠 친근한 몸짱 사나이가 되었으니까.

사업이나 전문적인 삶에서도 같은 원칙이 적용된다. 당시 세계대백과 사전 판매회사의 유일한 여성 지부장이었던 베트 선딘<sup>Bette Sundin</sup>은 이러한 원리를 '벼룩 훈련시키기'와 '목표 달성의 응시'라고 요약했다. 베트는 처음에 제법 규모 있는 철강 회사에 근무했다. 그런데 고용주는 그녀가 경쟁력도 있고 일에도 헌신적이지만 여성이기 때문에 승진할 수 없다는 말을 했다. '병 밖으로' 도약할 사람에겐 이런 말이 통하지 않았다. 그래서 악의를 품지 않고 망설이거나 주저함도 없이 사표를 썼다.

베트는 그녀의 어머니가 베트의 인생을 바꿔준 신문광고를 보기 전까지 미국의 걸스카우트 연맹에서 2년간 일했다. 영업을 할 정도로 야망이 있으며 성격 좋은 사람을 구한다는 광고였다. 필드 엔터프라이즈의 마샬 필드Marshall Field가 올린 것이었다. 베트는 곧바로 이력서를 제출했고, 여러 번 망설인 후에 마침내 세계대백과사전을 판매하는 연습 과정에 참여하기로 했다.

그녀는 초가삼간에 불이 번지듯 열정적으로 시작해 사업의 모든 분야에서 성공을 거두었다. 베트는 1960년에 지점장이 되었다. 그 당시 베트에겐 더 높은 자리에 올라가 보겠다는 욕심이 없었다. 수입도 충분했고 매일 밤 집에서 시간을 보낼 수 있었으며 정말로 바라던 일(기회를 공유하고 사람을 키우는 일)을 하던 그녀는 '떠나고' 싶지도 않았고 사무실 밖에서 일하는 것도 결코 원하지 않았다.

1974년 회사가 현장에서 뛰던 영업팀을 구조조정하고 부사장을 현장에 투입하면서 그녀의 목표 역시 바뀌게 되었다. 오히려 베트를 흥분시키게 했는데, 이는 가능한 한 여행을 적게 하면서 현장에서 일했기 때문이다. 지역 매니저가 되겠다는 목표를 확실히 세웠다. 그냥 지역이 아니라 중서부 지방에 있던 제5지역이었다. 일 년도 채 안 돼 베트는 자신이 '목표로 한' 자리로 승진했다.

베트 선던은 특별히 중요한 점을 두 가지 지적했다. 이 세상을 지배하는 손을 잡고 있기 때문에 긴장은 덜 하게 되고 자신감을 가지며 살아간다고 했다. 대부분의 경우 베트가 실제로 목표한 자리에 올라가기 전에 그 자리에 있는 '자신의 모습을 보았다.' 베트는 자신을 지역 매니저가 아니라 지점장으로 보았기 때문에 15년 동안 지점장이었다고 했다. 자신을 지역 매니저라고 생각한 순간, 그녀는 지역 매니저가 되었다. 그렇다. 실제로 '목표에 도달하기' 전에 '목표에 도달한 모습을 봐야만' 한다.

## 녹슨 철로와 잡초

최고의 연설가였던 하트셀 윌슨Heartsell Wilson은 동부 텍사스에서 자란 소년이 친구와 폐쇄된 철도 선로에서 어떻게 놀았는지 이야기한 적이 있다. 한 친구의 체격은 보통이었고 다른 친구는 뚱뚱했다. 소년들은 누가 선로의 가장 먼 곳까지 걸어가는지 자주 내기를 했다. 하트셀과 친구는 몇 발자국 못 가서 넘어지고 말았는데 몸집 좋은 소년은 선로를 벗어나지 않고 계속 걸어갔다. 호기심을 참지 못해 하트셀은 비법을 가르쳐달라고 졸랐다. 그러자 그 친구는 자기 발만 쳐다보고 가면 넘어진다고 말해 주었다. 자신은 뚱뚱해서 발을 쳐다볼 수 없기 때문에 선로 앞쪽에 목표물을 정하고(장기적인 목표), 그곳을 향해 걸었다고 했다. 그 친구는 목표물에 가까워지면 다른 목표물을 선택하고(보이는 곳까지 계속 가라. 일단 도착하면 더 멀리 볼 수 있다.) 계속 걸어갔던 것이다.

아이러니는 바로 여기에 있다. 체격 좋은 소년이 밑을 내려다보면 녹슨 철로와 풀밖에 볼 수 없으나 선로 멀리 바라보면 '목표물에 도달하는 모습을 볼 수' 있다. 맞는 말이지 않는가. 여기서 또 한 가지 이야기해 주고 싶은 게 있다. 하트셀과 그의 친구가 반대쪽 선로에서 서로 손을 맞잡았다면 넘어지지 않고 계속 걸어갔을 것이다. 그게 바로 협력이다. 동료만이 아니라 우주의 법칙과도 협력할 수 있다. 조지 매튜 애덤스George Matthew Adams가 말했듯, "남을 돕는 자가 가장 높이 올라갈 수 있다." 남이 원하는 걸 가질 수 있게 돕는다면 당신도 모든 걸 가질 수 있다. 이미 앞에서도 이 말을 여러 번 했다. 왜냐하면 수많은 젊은이들이 최고가 되려면 남을 이용하고 악용하며 짓밟아야 한다는 잘못된 생각에 사로잡혀 있기 때문이다. 사실은 그와 정반대인 데도 말이다.

기러기들은 본능적으로 협력이 얼마나 중요한지를 알고 있다. 이들이 항상 V자 형태로 난다는 건 알고 있을 테고, V자 형태의 한쪽 끝부분이 다른 쪽보다 길다는 사실도 눈치챘을 것이다. (혹시나 해서 말하지만 한쪽이 긴 이유는 그쪽에 더 많은 기러기들이 있기 때문이다.) 이 기러기들은 주기적으로 리더를 바꾸는 데 역풍을 맞아가며 방향을 유도하는 리더 기러기는 그의 왼쪽뿐만 아니라 오른쪽에 있는 기러기들을 위해 부분적이나마 진공 상태를 만들어 준다. 기러기 떼들은 기러기 한 마리가 날 수 있는 거리보다 72% 더 멀리 난다는 사실이 실험 결과 밝혀졌다. 우리도 동료와 싸우는 대신 협력하면서 더 빠르게, 더 멀리, 더 높이 날 수 있다.

이런 도움을 얻을 수 있는 최고의 출처(안타깝게도 가장 소홀하게 여겨지는 출처이기도 하다.) 중 하나가 바로 가족이다. 특히 배우자가 단순히 '무임승차하는 사이'가 아니라 '협력하는 사이'가 된다면 목표를 더 빠르고 쉽게 달성할 수 있고, 또한 목표를 이루는 여정을 즐길 수 있다. 배우자가 처음에 당신의 열정에 공감해 주지 않는다고 해서 놀라거나 실망하지 마라. 당신이 아이디어를 제대로 설득시키고, 배우자의 협력과 관심을 공유하는 게 얼마나 중요한지 인지하면 양자 모두 승자가 된다.

이런 친밀한 관계와 상호간의 관심은 매우 중요하다. 그래야만 좀 더 의미 있는 관계로 발전시킬 수 있다. 그 자체만으로도 큰 목표 안에 포함된 아름다운 목표가 되는 셈이다. 둘이 목표를 향해 움직이기 시작할 때 터널의 끝을 볼 사람은 아무도 없다. 그러나 세상은 자신이 어디로 가고 있는지 아는 사람들에게 길을 내주기 마련이고, 또한 이들이 목적을 이룰 수 있게 도와주기도 한다.


## 목표를 추적하라

제2차 세계대전 당시 미국은 인공지능 기능을 장착한 어뢰를 개발했다. 이것은 엄청난 파괴력을 가진 무기였다. 미국은 생존을 위하여 사생결단을 내려야 하는 입장에 놓여 있었기 때문에 이 어뢰는 굉장한 반향을 불러일으켰다. 목표물을 향해 어뢰를 발사함과 동시에 목표물에 고정된 조정장치가 작동된다. 만약 목표물이 움직이거나 방향이 바뀌면 어뢰는 상황에 적응하여 계속 목표물을 추적하도록 장치되어 있다. 재미있는 사실이지만 이 어뢰는 인간의 두뇌를 모델로 만든 것이다. 당신의 두뇌에도 목표물에 '조준을 맞추게 하는' 무엇인가가 존재한다. 목표물이 움직이거나 약간 혼란이 생길 때 일단 '고정'을 해 두면 목표물을 맞힐 수 있다.

모든 분야의 '전문가'들은 농구를 하기 전, 골프공을 올려놓기 전, 영업상 전화를 걸기 전에 '목표에 도달하는 모습을 본다'고 이야기할 것이다. 구체적으로 말하면 시작하기 전에 목표물에 '고정'하는 것이다.

좀 더 좋은 엄마가 되고 싶다면 '고정<sup>fix</sup>'을 하고 '목표에 도달하는 모습을 보라.' 좀 더 실력 좋은 의사가 되고 싶다면 뛰어난 의사처럼 치료하는 모습을 상상하라. 기독교인도 마찬가지다. 좀 더 모범생이 되고 싶다면 자신을 모범생으로 보라. 최고의 세일즈맨이 되고 싶다면 이미 최고라고 생각하라. 이렇게 하면 당신 내면에 존재하는 힘이 '이를 모두 모아' 당신을 목적지로 향해 힘껏 밀어줄 것이다.

## 나는 반드시 할 것이다

몇 년 전 누구도 도전하지 않은 마터호른의 북쪽 등반을 위한 국제 원정대를 모집했다. 기자들은 전 세계에서 온 원정대원에게 질문을 퍼부었다. 한 멤버에게 물었다. "마터호른의 북쪽을 오르실 건가요?" 그 남자는 대답했다. "최선을 다할 거예요." 다른 사람에게 물었다. 그러자 이렇게 대답했다. "엄청난 노력을 기울일 거예요." 마침내 기자는 한 미국의 젊은이에게 같은 질문을 던졌다. 그 청년은 기자를 쳐다보더니 확고한 어투로 대답했다. "마터호른의 북쪽을 반드시 오를 겁니다." 오직 한 사람만이 등반에 성공했다. 그 사람이 바로 "오를 겁니다."라고 이야기한 청년이었다. 이 사람은 '목표에 도달한 자신의 모습을 미리 본 것이다.'

더 나은 일자리, 더 좋은 품질의 상품, 신과의 더 가까운 동행, 사랑스러운 아이들, 영원히 행복한 결혼 생활 등 어떤 것을 찾든지, 우리는 '목표에 도달'하기 전에 '목표에 도달한 모습을 생생하고 구체적으로 그려봐야' 한다.

## 무엇을 보고 있는가?

캐시어스 클레이Cassius Clay가 본명인 무하마드 알리Muhammad Ali가 '한다면'이란 말을 쓴 경우는 두 번밖에 없었다. "이 싸움에서 지면" 그의 말엔 예언의 힘이 있었던 걸까. 두 번 다 쓰라린 실패를 맛보았다. 부정적인 관점에서 본다면 무하마드 알리는 '패배한 모습을 본 셈이었다.'

사도 베드로는 가라앉기 전에 짧은 거리지만 물 위로 걸었다. 성경에서는 이렇게 말한다. "바람이 난폭하게 부는 모습을 보자 그는 두려워했다." 그 순간 베드로는 가라앉기 시작했다. 왜 그는 바람을 보았을까? 왜 그는 가라앉았을까? 베드로는 자신의 목표인 예수 그리스도에게서 한눈을 팔았기 때문이다. 목표에서 한눈을 팔면 당신도 가라앉게 된다. 부정적인 목표든 긍정적인 목표든 '목표에 도달한 모습을' 봤다면 '그 목표를 이루게 될 것이다.'

목표에 집중할 때에 그 목표를 달성할 기회는 엄청 커진다. 마터호른 산의 북쪽 등반의 승리를 보거나 무하마드 알리와 사도 베드로의 실패를 보더라도 이건 사실이다.


## 위를 보라

배로 항해하던 시대에 어떤 젊은 항해사가 첫 항해를 떠났다. 배는 북대서양에서 태풍을 만났다. 항해사는 어쩔 수 없이 돛대에 올라가 돛을 조정해야 했다. 이 젊은이는 돛대에 오르면서 실수로 밑을 보았다. 미친 듯이 넘실거리는 파도와 이리저리 흔들리는 배의 기복 때문에 점차 더 공포심을 느끼게 되었다. 항해사는 몸의 균형을 잃었다. 그 순간 아래쪽에 있던 나이 든 항해사가 외쳤다.

"위를 봐, 위를!"

이 소리를 듣고 젊은 항해사는 위를 쳐다보았고 다시 몸의 균형을 유지할 수 있었다.

상황이 최악으로 변할 때 잘못된 방향을 보는 것은 아닌지 체크해 보는 것이 좋다. 태양을 쳐다보면 그림자를 볼 수 없다. 뒤를 돌아보면 포드사의 에셀차처럼 실패작을 만들어 낼 것이며 앞을 보면 무스탕 같은 고급차를 만들어 낼 수 있다. 겉 모양새<sup>outlook</sup>가 좋아 보이지 않을 땐 위<sup>uplook</sup>를 쳐다보라. 항상 좋을 수밖에 없다. 내가 앞서 보여 준 원칙을 적용하고, 또 지금부터 설명할 원칙까지 첨가하면 분명히 목표를 달성할 수 있다.

## 이제는 실천하라

목표 달성의 결과물보다 당신이 어떤 사람이 될 수 있는가가 더 중요하다고 강조하고 싶다. 당신은 어떤가? 목표 설정의 필요성을 납득했는가? 현 상황을 파악할 수 있도록 기록을 시작했는가? 목표 설정의 첫 단계를 내딛었는가? 당신과 목표 사이에 있는 장애물 리스트를 작성하기 시작했는가? 적어도 부분적으로나마 '목표를 달성한 모습을 봤다고' 할 수 있는가? 만일 이 질문에 그렇다고 대답한다면 정상으로 오르는 계단이 그려진 페이지에서 '목표'라는 단어에 굵게 네모를 쳐라. 한 달 내에 목표 설정에 대한 기록을 완성하려면 아이디어 노트에 기록을 하라. 그런 후 이 페이지로 다시 돌아와 '목표'라는 단어에 동그라미를 쳐라.

여러 장의 카드에 목표를 기록하라. 쉽게 읽을 수 있도록 단정한 글씨로 적거나 프린트를 하라. 그 카드를 코팅해서 항상 지니고 다녀라. 매일 평가를 하라. 좀 더 읽어 보면 왜 이것이 중요한지 쉽게 이해할 수 있을 것이다. 현재로선 실천이 우리의 목표다. 명심하라. 세상에서 가장 큰 기관차도 정차되었을 때 바퀴 앞에 2cm의 나무토막을 놓으면 정지한 채 선로에 묶여 있을 수밖에 없다는 사실을 기억하라. 똑같은 기관차가 시간당 160km로 달리면 1.5m의 콘크리트 벽도 쉽게 뚫고 지날 수 있다. 실천에 옮기면 그렇게 할 수 있다. 지금 당장 시작해서 증기를 뿜어라. 당신과 당신의 목표 사이에 있는 장애물을 뚫어 버려라.

이 단원을 마무리하며 이제 당신은 세 번째 계단으로 올라간 셈이다. 당신도 이미 알겠지만 계단은 앉으라고 있는 게 아니다. 네 번째 계단을 올라가기 전까지 밟고 있을 정도로만 발을 눌러줄 뿐이다. 이 점을 염두에 두고 펜을 꺼내 세 번째 계단에 굵은 글씨로 '순조롭게 진행 중'이라고 적어라.

Chapter

# 올바른 태도가
# 성공의 시작이다

**Attitude**

**목표**

- 올바른 태도의 중요성을 강조한다.
- 태도의 여러 가지 특징을 설명한다.
- 고정관념을 버리고 올바른 태도를 갖게 만든다.
- 주변 환경을 극복하는 네 단계 태도 조정법을 제시한다.
- 나쁜 습관을 버리고 좋은 습관을 얻는 방법을 가르친다.

# 14

# 올바른 태도는 왜 중요한가
Is the 'Right' Attitude Important?

## 평범한 학생을 위한 50,000개의 학교

더 많은 돈으로 더 재밌게 더 즐거운 인생을 살며, 피로를 줄이고 효율성을 높이며, 이웃들과 사이좋게 지내고 사회에 좀 더 기여하며, 장수를 누리고 가족 관계를 향상시키고 싶은가? 당신은 지금 게리톨<sup>Geritol</sup> 광고를 읽는 게 아니다. 그렇다고 하다콜<sup>Hadacol, 비타민제</sup>의 재탄생도 아니다. 그런데도 이 모든 것들은 올바른 정신자세가 있으면 가능할 뿐만 아니라 정말 그렇다.

오늘날 미국의 50,000개가 넘는 학교에서는 발톱 손질과 중장비 다루는 법부터 시작해 편도선 제거, 머리를 마는 법까지 가르쳐준다. 올바른 정신자세가 아니면 보통 수준 이상으로 잘할 수 있도록 가르칠 학교는 한 군데도 없다. 이 부분에 대해선 의사, 변호사, 교사, 세일즈맨, 부모, 학생, 민주당원, 공화당원, 감독, 운동선수든 상관없이 모든 사람들이 공감을 한다. 사람들은 진행하는 프로젝트의 성공 여부가 당신 태도에 달려 있다는 점을 이해하고 있다. 간단히 말해 당신의 태도는 소질보다 중요하다.

올바른 정신자세가 중요하다는 점을 뒷받침해 주는 증거들이 널려 있음에도 유치원부터 대학원까지의 교육시스템은 말 그대로 우리 삶의 중요한 요소를 모르거나 무시하고 있다. 교육의 90%는 정보 습득에 초점이 맞추어져 있고, 오로지 10% 정도만 우리의 '기분'이나 태도에 중점을 둔다. 그 10%도 대부분 운동회 같은 행사나 관련 활동(밴드나 치어리더)을 다루고 있기 때문에 잘못된 방향으로 이끄는 셈이다.

우리의 '사고(사실)' 두뇌가 '기분(감정-태도)' 두뇌 크기의 10% 정도밖에 안 된다는 사실을 깨닫게 되면 이런 수치들은 정말 믿을 수 없고 비참할 지경이다. 계속 읽어라.

하버드 대학 연구 조사에 의하면 성공과 성취, 승진 이유의 85%가 정신자세 때문이었고, 기술적인 전문성이 이유가 된 건 15% 밖에 되지 않았다. 다시 말해 우리는 교육 시간과 돈의 90% 이상을 성공의 15%를 책임지는 부분을 계발하는 데 소비하고 있다는 뜻이다. 성공의 85%를 책임지는 부분을 계발하는 시간과 돈의 10%만 소비한다. 게다가 행복과 즐거움의 요소들은 설명하지 못한다. 그것이 바로 우리 교육 시스템에서 엄청난 수요need를 다루고 있는 '정상에서 만납시다See you at the top'와 '성공을 위해 태어났다Born to win', '삶을 변화시키는 지도Coaching to change lives', '삶을 변화시키는 가르침Teaching to change lives', '성공을 위한 전략Strategies for success'을 바탕으로 한 코스들이 효과적인 이유다. 학생, 교사, 사업가들에게 태도를 어떻게 형성해야 하는가에 대한 지침은 절대적으로 필요하다.

미국 심리학의 아버지 윌리엄 제임스<sup>William James</sup>는 이렇게 말했다. "우리 시대의 가장 위대한 발견은 태도를 바꾸기만 해도 삶을 변화시킬 수 있다는 사실이다." 아마추어들이 쓰는 말로 우리는 우리가 표명하는 태도에 '확실하게 빠져 있지' 않다. 좋든 나쁘든 아니면 아예 관심이 없든 간에 태도는 변할 수 있고 또 변하게 된다. 이 책은 어떻게 하면 우리가 PLA<sup>긍정적인 삶의 태도</sup>를 가질 수 있는지에 대한 해답을 일부 제시해 준다.


## 낙천주의자

태도에는 여러 가지 모습이 있다. 그 중 하나가 낙천주의자에 대한 것이다. 이미 알겠지만 낙천주의자란 자기 것을 다 썼을 때 다시 회복할 수 있다고 생각하는 사람이다. 로버트 슐러<sup>Robert Schuller</sup>가 낙천주의자와 비관주의자를 구분한 방식이 마음에 든다. 비관주의자들은 보통 이렇게 말한다. "내 눈으로 봐야 믿습니다." 낙천주의자들은 이렇게 말한다. "제가 믿으면 보이게 됩니다." 낙천주의자는 바로 실천하는 반면 비관주의자들은 바라만 본다. 낙천주의자들은 컵에 반 정도 있는 물을 보면 반 정도 차 있다고 말한다. 비관주의자들은 같은 물을 보고 반이 비었다고 말한다.

이유는 간단하다. 낙천주의자들은 물이 충분하도록 유리컵에 물을 넣는다. 보통 비관주의자들은 컵에서 물을 빼낸다. 사회에 기여하기 위해 아무런 노력 없이 무엇인가 차지할 생각만 하는 사람은 비관주의자이며 운명론자이기도 하는데, 이는 자기 몫이 충분치 않을까 조바심을 내기 때문이다. 최선을 다해 기여를 하는 사람은 낙천주의자며 자신감이 넘친다. 왜냐하면 그야말로 개인적으로 해결책을 마련하려고 노력하는 중이기 때문이다. 성공과 실패는 종이 한 장 차이라고 할 수 있다.

예를 들어 위대한 경주마 나슈아<sup>Nashua</sup>가 한 시간도 안 돼 경기를 완주해 100만 달러의 상금을 탔다고 하자. 수백 시간을 훈련했지만 경기는 불과 한 시간밖에 되지 않았다. 분명 나슈아는 100만 달러의 값어치가 있는 말이고, 100만 달러짜리 말은 정말 드물다. 계산상으로 보면 100만 달러로 1만 달러 경주마 100마리를 살 수 있다. 이유는 뻔하지 않은가. 100만 달러짜리 말은 1만 달러짜리 말보다 100배는 더 빠르게 달릴 수 있는가? 절대 아니다! 빨라봤자 두 배 정도 빠를 뿐이다. 그런가? 그 것도 아니다! 그렇다면 25% 정도 더 빠르거나 10% 아니면 1% 정도 빠를까? 다시 한번 틀렸다.

100만 달러짜리 말은 1만 달러짜리 말보다 얼마나 빨리 달릴 수 있을까? 몇 년 전 알링턴 퓨쳐러티에선 일등과 이등의 차이는 10만 달러였다. 알링턴 퓨처리티 경주 거리는 1.8km 정도였다. (이 정도는 이미 아는 사실이 아닌가?) 따라서 일등과 이등의 차이는 그 사이에서 결정된다. 그렇다. 일등과 이등의 사이에는 1/71,280의 차이점이 있었고, 그 차이는 10만 달러의 가치가 있었다.

1974년 켄터키 더비에서 우승마의 기수에게 27,000달러의 상금을 주었다. 그로부터 2초도 안 되어 네 번째로 달린 기수가 결승점을 통과했다. 그에겐 30달러가 주어졌다. 이게 과연 옳은 건지 틀린 건지는 논외의 문제다. 인생이라는 게임은 이런 식으로 진행되며 우리 힘으로는 게임의 규칙을 바꿀 수 없다. 우리가 할 수 있고 또 해야 할 일은 규칙을 숙지한 후 우리 능력의 최대치를 발휘하는 것이다.

태도란 큰 차이점을 만들어 주는 '아주 사소한' 것이다. 인생은 아주 사소한 것들이 행복과 비극, 성공과 실패, 승리와 패배의 차이점을 만들어 준다는 사실을 보여 준다. 예를 들어 애인에게 '넌 백치미가 매력이야' 하면 그녀는 웃겠지만, '넌 머리가 텅 빈 것 같아' 하면 싸늘한 표정이 될 것이다. 마찬가지로 그녀와 미래에 대해 이야기를 나눈다면 점수를 따겠지만, 바로 코앞의 일로만 왈가왈부한다면 문제가 생길 것이다. 이처럼 사소한 차이로 상황이 뒤바뀔 수 있다는 말이다.

네 시간이나 틀린 시계는 문제될 게 없다. 왜냐하면 누구라도 시계가 고장난 것을 금방 알게 될 테고 고쳐놓을 테니까 말이다. 4분 정도 틀린 시계, 특히 느리다면 여러 가지 문제가 생길 수 있다. 예를 들어 오전 10시 비행기를 타야 하는데 10시 4분에 도착했다면 비행기는 그냥 떠날 것이다. 비행기는 이륙하기 전에 잡는 게 쉽다.


## 성공과 실패의 차이는 불과 1~2인치

인생이란 게임에서 당신이 정상으로 가는 데 성공과 실패의 차이는 아주 작다. 행복과 불행, 판매를 하는 것과 못하는 것, 챔피언이 된 것과 도전 중의 차이는 종종 근소한 차이로 측정되지만 승자와 도전자에게 주는 보상의 차이는 엄청나다.

거의 이루어진 판매라 하더라도 수수료는 없다. 거의 눈앞에 승진을 두고 있다 하더라도 안정감은 없다. 인생을 살아가면서 '거의' 되어가는 일에서는 어떤 스릴도 맛볼 수 없다. 스릴이란 성취에서 나오며 성취와 실패의 차이는 올바른 정신자세를 갖추는 데서 온다.

태도에는 여러 가지 모습이 있다. 우리가 이 책에서 자세하게 다루는 것도 바로 그런 이유에서다. 예를 들어 당신의 태도를 생각해 보자. 당신이 학생이며 점수를 따려고 공부한다면 원하는 점수를 얻게 될 것이다. 지식을 쌓기 위해 공부한다면 좀 더 나은 점수와 상당한 지식까지 얻게 될 것이다. 거래를 성공시키기 위해 노력한다면 분명히 해낼 것이다. 커리어를 쌓기 위한 방편으로 세일즈를 하려면 더 많은 물건을 팔게 되고 그 과정에서 커리어에 도움이 될 수 있다. 그러나 월급만 보고 일을 한다면 월급이 적을 수밖에 없다. 회사 발전을 위해 일한다면 월급도 높아질 뿐만 아니라 동료의 존경과 함께 개인적인 만족감도 얻을 수 있다. 회사에 대한 기여도는 무한정으로 커지게 된다. 이는 본인뿐만 아니라 직업적인 면에서도 얻을 수 있는 보상이 커진다는 뜻이다. 이번 이야기를 보면 확실히 알 수 있다.

몇 년 전 아주 더운 날에 사람들이 철도 선로에서 작업을 하고 있었다. 이들은 마침 천천히 이동하는 기차에 의해 방해를 받았다. 기차는 잠시 멈췄고 창문이 열렸다. 친근하면서도 큰 목소리로 누군가 불렀다. "데이브 아닌가?" 데이브 앤더슨Dave Anderson이 대답했다. "당연하지 짐, 진짜 반가워." 기쁘게 인사를 나눈 후, 데이브는 철도 회사 사장인 짐 머피와 한 시간 넘게 정겹게 대화했고 악수를 나누자 기차는 떠났다.

직원들은 데이브를 둘러싼 채 사장인 짐 머피가 그의 친구였다는 사실에 놀라움을 표했다. 데이브는 23년 전 짐 머피가 같은 날 철도 회사에서 근무를 시작했다고 설명했다. 누군가가 농담 반, 진담 반으로 데이브는 이 더운 날에 바깥에서 일을 하는데 짐 머피는 어떻게 사장이 되었는지 물었다. 그러자 데이브는 재치 있게 대답했다.

"23년 전 난 시급 1.75달러를 받으려고 일을 했다네. 그렇지만 짐 머피는 철도 회사를 위해 일을 한 거지."


## 긍정적인 사고방식

'태도'라는 말을 하면 대부분의 사람들이 긍정적인 정신자세와 부정적인 정신자세라는 면에서 생각하곤 한다. 태도에는 여러 가지 면이 있지만 지금은 가장 익숙한 면에 대해 이야기하고자 한다. 태도의 긍정적인 면을 한번 살펴보도록 하자. '긍정적인 사고'를 가장 잘 표현한 것은 바로 우리 딸 수잔이 10살 때 한 말이다. 당시 나는 미 해군을 위해 연속적으로 세미나를 열었던 플로리다 펜소콜라Pensocola에서 막 돌아왔을 때였다.

가족들은 애틀랜타 공항으로 마중 나왔고, 조지아 스톤 마운틴에 있는 집으로 돌아가는 중이었다. 이번 여행은 흥미로웠기 때문에 아내에게 이것저것 이야기를 해 주고 있었다. 수잔의 친구가 아빠의 직업이 뭐냐고 묻는 걸 들었다. 수잔은 '긍정적인 사고'를 팔고 있다고 했다. 당연히 그 어린 친구는 '긍정적인 사고방식'이 뭔지 알고 싶어했다. 수잔이 설명했다. "너도 알잖아, 기분이 정말 나쁠 때에도 기분을 좋게 해 주는 것." 긍정적인 사고를 이보다 더 확실하게 표현한 게 있을까. 당신이 어떻게 생각하느냐가 당신의 미래를 결정한다.


## 참 별일이네

결혼한 지 10여 년이 지났지만 아직 아이가 없는 부부를 본 적이 있을 것이다. 이들은 아이를 입양하게 되고 얼마 지나지 않아 자신들의 아이를 갖게 된다. 오해는 하지 말기 바란다. 생리 심리학적인 이유로 아이를 가질 수 없는 사람들도 헤아릴 수 없이 많다.

아이가 금방 생기지 않으면 부부는 점점 근심에 쌓이게 되고 가족을 이룰 수 없을지도 모른다는 두려움에 빠지기 시작한다. 그러면 '더 이상 늦기 전에' 아이를 입양하겠다는 결정을 내린다. 그러다 아이를 갖게 되면 여러 명의 '친구'와 친척들이 같은 말을 한다.

"내가 아는 사람도 이런 일을 겪었는데, 너도 그렇다니 참 별일이지?

의사가 분명히 아이를 가질 수 없다고 해서 입양을 한 건데, 몇 개월 안되어서 애를 갖게 되다니 말이야."

마음이란 충성스런 신하다. 그래서 우리가 내리는 명령을 따르게 된다. 몇 년 동안 이들은 자신의 마음속에서 '우리는 아이를 가질 수 없어'라는 부정적인 명령을 내렸고, 신체는 이들의 마음을 따랐을 뿐이다. 후에 이들의 친구가 같은 상황에 처한 사람들의 긍정적인 예를 들려줬을 때, 부부는 서로에게 이렇게 말한다. "우리에게도 이런 일이 벌어지다니 신기하지 않아?" 이 이야기의 결말은 당신이 마무리할 수 있다. 그렇지 않은가?


## 지금은 '파업' 중

얼마 전 미시간 주 플린트에서 열린 플린트 부동산 중개업 모임 오찬에서 연설을 했다. 그때 경험을 결코 잊지 못한다. 연설하기 전 왼쪽에 있는 신사와 즐겁게 이야기를 나누었는데 그때 나는 중대한 실수를 범했다. 그의 적극적인 반응을 기대하면서 어떤 일을 하느냐고 물었던 것이다.

그러나 10분 내내 그는 자기 사업이 얼마나 어려운지 공을 들여가며 설명했다. 현재 제너럴 모터스가 파업 중이어서 어떠한 거래도 이루어지지 않는다고 했다. 상황이 어찌나 나쁜지 사람들이 옷이나 신발, 차, 심지어 음식까지 사지 않고, 더군다나 집은 구매하지 않는다고 몇 번이나 강조했다.

"집을 팔아본 지가 하도 오래 되어서 계약서에 어떤 조항을 채워 넣어야 하는지도 가물가물 하다니까요. 이런 사태가 조만간 해결되지 않으면 망하고 말 거예요."

그는 정말 힘들게 요점을 말했다. 그의 부정적인 태도는 어찌나 전염성이 강한지, 그가 떠나기만 해도 분위기가 밝아질 것만 같았다. 내가 말한 것처럼 '말을 하지 않아도 무슨 말을 하는지 다 알 것 같은 사람이었다.'

마침내 누군가가 질문을 던져 그의 주의를 다른 데로 돌릴 수 있었다. 그제야 한숨 쉴 여유가 생겼다. 곧바로 오른쪽에 있던 여성에게 질문을 했다. "어떠세요, 사업은 잘 되시나요?" 이런 질문은 당사자에게 여유를 줄 수 있다. 그녀는 자기가 원하는 방향으로 대화를 이끌 수도 있고, 자신이 원하는 주제를 선택할 수도 있다. 그런데 그녀가 한 말은 "글쎄요, 지글러 씨. 아시다시피 제너럴 모터스가 파업 중이라서요……" 속으로 비명을 지를 수밖에 없었다. '제발, 또란 말이냐.'

그런 후 환한 미소를 짓더니 이렇게 말을 했다. "어쨌든 사업은 잘 되어 가요. 몇 개월 동안 처음으로 이 사람들에게 꿈에 그리던 집을 살 만한 시간이 생겼으니까요." 그녀는 계속 말을 이었다.

"어떤 사람들은 집 한 채를 보는 데 반나절이 소요됩니다. 창고부터 시작해서 단열재까지 꼼꼼히 조사하더라고요. 일일이 크기를 재보고, 옷장과 장식장부터 시작해 건물의 초석까지 살펴봤어요. 심지어 어떤 부부는 자기들끼리 조사를 벌이기도 하더군요. 이들은 파업이 언젠가 끝날 거라고 생각해요. 게다가 미국 경제를 확실히 믿고 있지요. 그러나 정말 중요한 건 이거예요. 집을 가장 싸게 살 기회는 지금밖에 없다는 것을 알고 있단 말이죠. 그러니 사업이 번창할 수밖에 없죠."

그녀는 갑자기 조심스럽게 말을 꺼냈다.

"지글러 씨, 혹시 워싱턴에 아시는 분 계세요?" (이때가 워터게이트 사건 전이었음을 기억하라.)

"물론입니다. 그 쪽에서 학교를 다니는 조카가 있어요."

그러자 그녀는 이렇게 말했다.

"아니요, 제 말은 정치적으로 영향력이 있는 사람을 아시는지 여쭙는 거예요."

"아, 아니요, 없는데요. 그런데 왜 그런 걸 물어보시죠?"

그녀가 대답했다.

"그냥 생각해 본 건데, 만약 이런 파업을 6주 정도만 더 지속시켜 줄 사람을 아시지 않을까 해서요. 지금 제게 필요한 게 그거거든요. 6주만 더 지속되면 일 년은 쉴 수 있을지도 몰라요."

한 사람은 파업 때문에 망하게 생겼고, 한 사람은 오히려 떼돈을 벌고 있었다. 외부적인 조건은 같았으나 이들의 태도는 천지 차이였다. 당신의 사업도 단순히 좋다 나쁘다 판단할 수 있는 문제가 아니란 걸 안다. 당신 머릿속에서만 구별이 된다. 생각하는 게 부정적이면 사업도 마찬가지다. 올바르게 생각하면 사업도 올바르게 된다.


## 그저 장작더미일 뿐

1930년대 마이너리그에서는 대단한 성적이 기록됐다. 특히 텍사스리그가 그러했다. 예를 들면 그 당시 샌 안토니오 팀에는 300개 이상 안타를 친 선수가 일곱 명 있었다. 그렇게 유능한 타자들이 많으니 사람들은 모두 샌 안토니오가 우승기를 거머쥘 거라 확신했다. 그러나 '호언장담'을 하면 예상치 않은 일이 종종 벌어지기도 한다.

그들에게도 역시 우승기를 향한 여정에서 재미있는 일이 벌어졌다. 샌 안토니오는 첫 번째, 두 번째, 세 번째 게임에서 연달아 패했다. 네 번째, 다섯 번째, 여섯 번째 게임에서도 마찬가지로 패배를 맛보았다. 21번째 게임이 끝나갈 무렵 샌 안토니오 팀은 18번이나 진 상태였다.

투수는 포수를 탓하고, 포수는 유격수를 탓하고, 유격수는 1루수를 탓하고, 1루수는 외야수를 탓했다. 서로가 서로를 비난했고, 결과는 말할 것도 없이 참담했다. 재능은 있지만 슬럼프에 빠져 버린 샌 안토니오 팀은 댈러스 팀과 붙게 되었다. 댈러스는 오후 게임 중 가장 약체 팀이었지만 댈러스가 1-0으로 이겼다.

샌 안토니오 팀은 한 개의 안타만을 쳤을 뿐이었다. 샌 안토니오 팀의 뛰어난 매니저 조쉬 오 라일리Josh O'Reilly는 선수들의 건강에 아무 문제가 없다는 걸 알았다. 문제는 '썩어빠진 정신자세'였다. 다시 말해 '쓰레기 같은 생각들'로 고생하고 있다는 뜻이다. 그래서 조쉬는 이런 병을 '치료해 줄' 치료법을 찾았다. 그 당시 댈러스에는 믿음으로 치료하는 자가 있었다. 이름은 슬레이터로 기적의 치료사로 명성을 날렸다. 그래서 조쉬는 계획을 세웠다.

그가 실행에 옮겼을 때에는 이번 시리즈 두 번째 경기를 한 시간 앞둔 상태였다. 탈의실로 들어가 격앙된 목소리로 선수들에게 이렇게 말했다.

"이봐, 자네들의 문제를 해결할 방법을 알아냈어. 걱정 따윈 하지 않아도 돼. 자네들이 가진 가장 좋은 야구 배트 두 개씩만 주게. 경기 시작 전에 돌아와 되돌려 줄 테니. 오늘 게임은 반드시 이길 거야. 우승기를 거머쥘 거라고."

가장 좋은 배트 두 개씩을 받아 손수레에 싣고 떠난 조쉬는 게임 시작 5분 전에 돌아왔다. 열정을 주체하지 못한 채 팀원들에게 이렇게 말했다.

"자, 문제가 해결됐어. 전혀 걱정하지 않아도 돼. 슬레이터 씨를 만나고 왔거든. 내가 가져간 배트에 축복을 해 주셨지. 이제 볼을 제대로 맞히기만 하면 된다고 했어. 우리가 이길 거야. 걱정할 필요 없어. 가서 해 봐, 호랑이들!"

이 호랑이들의 성적은 어땠을까? 이 점을 기억하라. 이 팀은 바로 전날 1대 0으로 졌다. 그러나 '하루가 변화시킨 것What a Difference a Day Makes'이라는 노래가 있듯이 이날의 변화는 정말 놀라웠다. 전날 안타 한 개만을 기록했던 샌 안토니오 팀이 홈런 11개를 비롯하여 안타 37개를 기록하고 22점을 획득했다. 이들은 게임에서 이겼을 뿐만 아니라 우승기까지 차지했다.

이 이야기를 듣고 갑자기 재미있는 생각이 떠올랐다. 특히 슬레이터의 배트가 몇 년 동안 텍사스 리그에서 상당한 프리미엄이 붙은 상태에서 팔렸다는 소리를 듣고나서 말이다. 첫째, 슬레이터가 실제로 그 배트를 보기나 했는지에 대해선 아무도 모른다. 만약 그가 보지도 않았다면? 슬레이터는 배트의 재료인 나무에 무엇을 할 수 있었을까? 슬레이터가 그 나무 조각들에게 할 수 있는 일이라곤 아무것도 없을 거라는 사실에 동의하리라 믿는다. 그렇지만 배트를 휘두르는 사람들의 태도엔 상당히 영향을 줄 수 있었다고 확신한다. 그렇다. 실제로도 이 사람들의 마음에 무엇인가 변화가 일어났고, 그렇기 때문에 우승기를 차지할 점수를 딸 수 있었다.

## 열정은 태도다

태도는 전염성이 강하다. 따라서 긍정적인 태도는 긍정적인 결과를 불러온다. 이러한 태도가 바로 열정이다. 엘버트 허바드<sup>Elbert Hubbard</sup>에 따르면 "열정 없이 위대한 성과를 이룰 수 없다." 좋은 설교자와 훌륭한 설교자, 좋은 엄마와 훌륭한 엄마, 좋은 연설가와 훌륭한 연설가, 좋은 세일즈맨과 훌륭한 세일즈맨의 차이는 열정에 있다. '열정'이란 단어는 그리스어 엔 데오스<sup>en theos</sup>에서 나왔으며 말 그대로 '신과 함께<sup>God within</sup>'란 뜻이다. '열정'이란 단어를 자세히 보자. Enthusiasm의 마지막 네 철자가 '이아즘<sup>Iasm</sup>' 즉, '나는 자신에게 팔았다<sup>I am sold myself</sup>'의 줄임 말이다. 자기에게 팔았고, 진심으로 회사와 제품을 믿는다면 당신은 진정한 열정을 갖게 된다.

진정한 열정은 상황에 맞추어 '입고 벗을 수 있는 게' 아니다. 살아가는 하나의 방식이며, 사람들에게 인상을 주기 위해 사용하는 물건이 아니다. 큰 소리를 내거나 소음이 나는 것과는 상관없다. 내면의 느낌을 외부로 표현하는 것일 뿐. 실제로 열정적인 사람들은 조용한 편이지만 그들의 성격이나 말, 행동은 자신의 삶과 삶이 주는 의미를 사랑한다는 것을 증명한다. 물론 열정이 넘치는 사람들 가운데에는 시끌시끌한 사람도 있지만 이런 요란스러움은 열정을 나타내 주는 필수 조건도 아니요, 반드시 필요한 것도 아니다.


## 매드 부처Mad Butcher

열정적인 삶의 전형적인 특징을 보여 주는 알랜 벨라미Allan Bellamy는 대부분 사람들이 상황을 통제하는 데 태도를 이용하는 대신 태도를 통제하는 데 상황을 이용한다고 한다. '상황이' 잘 돌아가면 그들의 태도도 올바르다. '상황'이 나쁘면 태도도 나쁘다. 알랜은 그게 잘못된 접근 방법이라고 했다. 알랜은 기초를 튼튼히 쌓아야 '상황'이 좋을 때 태도가 좋아지고 '상황'이 나쁠 때도 태도가 좋아질 수 있다고 한다. 이렇게 되면 모든 '상황'이 좋아지게 되리란 것을 뜻한다. 알랜 자신의 이야기가 이 주장을 뒷받침해 주고 있다.

알랜이 한국 전쟁에서 돌아왔을 때 어머니가 운영하는 잡화점 '맘&팝Mom & Pop'에서 일하게 되었다. 알랜의 말에 의하면 그 가게가 어찌나 작은지 입구 문을 열면 뒷문에 있는 고기 카운터에 부딪힐 정도였다고 한다. 아칸소 주 파인 블러프에서 알랜과 어머니가 운영하는 사업은 수지가 맞았다. 그다지 놀라운 일은 아니다. 왜냐하면 대공황 시절 혼자 무일푼으로 가족들을 부양하고 교육까지 할 수 있는 엄마라면 뭐든지 가능하기 때문이다.

'언젠가 우리도 잘살 날이 올 거야'라는 교육을 받으며 자랐기에 알랜은 가게 확장에 필요한 대출, 그것도 액수가 큰 대출을 지역 은행원과 상담하는 데 전혀 부끄러워하는 기색이 없었다. 돈은 얼마 없었지만 열정이 넘쳤기에 알랜은 슈퍼마켓을 짓는 비용 95,000달러를 대출해 달라고 은행장을 설득했다. 슈퍼마켓 개장일엔 엄청나게 혼잡했지만(미처 포장을 끝내지 못한 주차장에 비까지 퍼부었다) 결과적으로 성공이었다. 그의 사업은 날로 번창했으며, 파인 블러프가 슈퍼마켓을 하기에 안성맞춤 장소라는 소문이 나기 시작했다.

그다음 6개월 동안 열 개의 주요 슈퍼마켓 체인 경쟁자들이 그 지역에 지점을 열었다. 매장이 오픈될 때마다 매드 부처의 매출은 조금씩 줄어들었다. (경골 453g을 15센트에 사서 10센트에 파는 건 어리석은 짓이라고 세일즈맨이 말했을 때 그 이름을 생각하게 되었다. 알랜은 그래도 괜찮다고 이야기했다. 왜냐하면 그는 '매드 부처'였으니까. 그래서 그런 이름이 붙은 것이다.)

얼마 지나지 않아 알랜은 작은 가게에서 했을 때보다 사업이 잘 되지 않는다는 사실을 깨달았다. 상황이 어두워 보였다. 알랜과 직원 네 명은 올바른 정신자세를 강조하는 수업을 듣기로 했다. 다섯 번째 수업시간의 주제는 열정이었는데, 결국 이것은 태도를 뜻한다.

그날 이후 알랜은 예전보다 다섯 배 이상은 열정적이 될 거라 확신했다. 파인 블러프에 있는 사람들이라면 이제 그가 미쳤다는 사실을 알 것이다. 고객들은 입구에서 열렬한 환영을 받았고, 전 직원의 태도가 완전히 바뀌었다. 4주 안에 주당 매상이 15,000달러에서 3만 달러로 증가했다. 그 이후로 수치가 밑으로 떨어지지 않았다.

이 점을 꼭 기억해 주기 바란다. 파인 블러프의 인구가 갑자기 증가했거나 경쟁이 증가하진 않았다(물론 그들 중 일곱 가게가 중도 포기를 했지만). 유일한 변화가 있다면 열정이 더욱 커졌다는 정도랄까. 일시적으로 적용해 보니 의외로 결과가 좋아서 알랜은 '열정에 대한 정책'을 영구적으로 도입하기로 결정했다. 거의 17년 전 그날 이후로 매드 부처는 지점을 26개 냈는데 이들 모두 성공적이었다. 1974년 몰락하는 경제를 앞두고 매드 부처 주식회사는 역사상 가장 많은 달러를 보유하며 가장 큰 상승세를 탔다. 1976년의 상황은 더욱 좋아졌다. 이웃에서 3천 5백만 달러 수익을 거두었으니까 말이다.

열정은 전염성이 강해 직원들의 변덕도 없다. 사업의 성공 여부는 주로 사람에게 달려 있기 때문에 알랜 벨라미, 매드 부처는 열정적인 인간을 만드는 일을 가볍게 여기지 않았다. 대부분 성공한 사업가처럼 당신이 열정을 쌓아 가면 그 사람들은 당신의 사업을 도와줄 것이다.


## '마냥 주는' 태도

오늘날 수완가go-getter에 대해서 많이 들어 보지만 마냥 주는 사람go-giver에 대해선 가볍게 생각하는 경향이 있다. 오해하지 마라. 난 100% 수완가 편이다. 다음에 나오는 '고향으로 돌아온 노인'이야말로 목표물에 대해선 옳았다는 생각이 든다. 지난 날 그는 나룻배에 손님을 태우고 미시시피 야주 시의 근교를 흐르는 야주 강을 건넜다. 전쟁에서 첫 번째 어뢰가 사용된 게 경계 구역인 바로 이 강 위에서였다. 역사책에서 내전이라고 기록된 북쪽공격전쟁에서 사용됐다. 이 노인은 강을 건널 때 10센트를 요구했다. 언젠가 그에게 하루에 몇 번 왕복을 하는지 물었다. 그는 이렇게 대답했다.

"가능한 한 많이 가려고 해요. 많이 움직이면 움직일수록 많이 벌기 때문이죠. 배를 타지 않으면 돈을 못 벌어요."

나는 수완가적인 태도go-get attitude와 마냥 주기만 하는 태도go-give attitude를 믿는다. 20세기 가장 흥미진진한 이야기를 이스라엘이 분명하게 보여 주는 것처럼 당신이 이들을 분리할 수 있다고 생각하지는 않는다. 성경에서 예언한 대로 이스라엘 사람들은 1948년 역경의 시대에 태어나 주변 아랍국가들 사이 사막과 가난 위에서 번영과 진정한 오아시스를 창조해 냈다. (여기에서 주목해야 할 것은 석유 때문에 부유할 것이라 생각지 마라. 대다수 사람들은 가난에 허덕이고 있다.)

이스라엘은 비록 자원이 전무하지만 그들이 가진 것을 사용하지 못하게 만들진 않는다. 고향으로 돌아오기까지 2,000년이나 기다리며 전 세계에서 종교적 박해와 차별을 받았을 때, 남녀노소를 불문하고 모두 단호한 의지와 열의가 있었다는 것을 짐작할 수 있다. 그들은 2,000년 동안 억압된 자유와 평등의 기회에 대해 강한 분노를 느끼며 돌아온 것이다. 다들 조국에서의 한 자리를 기대하며 돌아왔고, 그 보답으로 무엇이든지 할 각오와 열정을 갖추고 있었다.

그 결과가 20세기의 기적을 이루었다. 삼백만 명이 채 안 되는 국민에게 모두가 헌신, 자부심, 마냥 주는 자세go-giver의 영혼을 불어넣어 주었다. 자유롭고 부유한 땅을 건설하는 데 소모된 참여와 헌신 덕택에 이스라엘은 주변을 둘러싼 천만 명 아랍인들의 연합군에 대항하는 것 이상의 힘을 갖게 되었다. 그렇다. 이스라엘은 정말 대단한 관심거리다. 이들은 주러 왔으면서 동시에 얻으러 왔다. 둘 다 해냈다. 우연일지는 모르지만 이스라엘은 서구세계에서 범죄율이 가장 낮으며 예술을 파괴하는 행위는 실제로 존재하지 않는다.

어디서나 통용되는 진리가 있다. 자신의 피와 땀, 눈물로 무엇인가를 쌓으면 스스로 배반하고 없애버리지 않는다는 사실이 그것이다. 건설적인 사람들은 파괴하지 않으며 파괴적인 사람은 건설하지 않는다.


## 정보<sup>input</sup>가 결과를 결정한다

머릿속에 입력된 정보로 현재 당신의 모습이 존재한다. 머릿속으로 집어넣는 것을 바꾸면 현재의 모습도 바꿀 수 있다. 1979년 후반 우리회사는 컴퓨터에 상당한 자금을 투자했다. 회사의 재고품이나 임금 대장, 우편함 리스트, 표시, 최신 정보 업데이트, 심지어 모닝커피를 타주거나 부엌을 청소하는 일까지 하는 멋진 기계에 대해 사람들에게 떠벌리며 다녔다.

온통 컴퓨터 생각에 들떠 있었으나 6개월 후 컴퓨터를 중고 시장에 헐값으로 내놓아야 했다. 컴퓨터가 제대로 작동되지 않고 오류를 일으켰기 때문이다. 프로그래머가 프로그램을 공급할 때 어떤 실수를 한 듯했고, 그것을 그 당시에는 알지 못했다.

그러던 어느 날 새로운 프로그래머인 메릴린<sup>Marilyn</sup>과 데이브 바우어 <sup>Dave Bauer</sup>가 컴퓨터를 제대로 작동시켜 보겠다며 방문했다. 작업이 끝나자 우리는 곧 컴퓨터를 가동했고 얼마 지나지 않아 원하던 것, 아니 그 이상으로 모든 일을 척척 해냈다. 정말 놀라울 정도였다.

'결과물'은 모두 '입력된 정보'에 따라 결정되는 법이다. '프로그램'을 공급하는 사람보다 잘나거나 못나거나가 없다. 당신도 마찬가지다. 당신도 상당히 많은 부분을 '프로그램'이 된 대로 행동하고, 생각하고 수행한다.

당신과 컴퓨터의 차이점은 스스로를 위한 프로그램과 프로그래머를 선택할 수 있다는 점에 있다. 당신이 원하는 만큼 인생이 탄탄대로를 달리지 못한다면 아마 잘못된 프로그램을 따르는 중일 것이다. 어쩌면 머릿속에 입력된 정보가 부정적인 것이어서 앞으로 나아가는 대신 후퇴하게 만든 것일 수도 있다. 『정상에서 만납시다』의 또 다른 목적은 하고 싶은 일을 하고, 갖고 싶은 것을 손에 넣으며, 되고 싶은 인물이 될 수 있게 해 주는 프로그램 '입력'을 돕는 데 있다.


## 너무 커서 때릴 수 없다면
## 피할 수도 없을 것이다

성공에서 사물을 보는 태도는 중요한 요소다. 수천 년 전에 일어난 이번 이야기가 증명한 것처럼 항상 그래 왔다.

개인적으로 난 성경을 믿는다. 모든 학교에서 성경을 교과목으로 채택해 가르쳐야 한다고 생각한다. 왜냐하면 하나님은 긍정적인 사고와 부정적인 사고의 차이점을 분명하게 설명해 주고 있기 때문이다. 내가 좋아하는 다윗과 골리앗의 이야기는 이 점을 명확하게 강조하고 있다. 2.7m, 181kg의 거구 골리앗이 이스라엘에 도전하면서 하나님을 모독했다. 그러자 뺨에 솜털이 보송보송한 17살 소년 다윗이 형들을 보러 왔다가 왜 골리앗의 도전을 받아들이지 않냐고 물었다. (나머지는 기본적으로 성경에 나와 있긴 하지만 나만의 방식으로 약간 수정했다.)

형들은 골리앗 같은 거인과 싸우면 백발백중 다친다고 설명했다. 골리앗이 너무 커 때려눕힐 수 없을 거라고 확신했다. 그러나 다윗은 골리앗의 덩치가 크기 때문에 둔해서 피하기 어려울 것임을 알았다. 순간 다윗은 왕이 어디 있는지 알고 싶었다. 그러자 형들은 왕이 허락하지 않을 것이라며 만류했다. 다윗이 직접 골리앗과 싸우겠다고 하자 이들은 그가 미쳤다고 생각했다. 말할 것도 없이 형들은 골리앗과 자신의 덩치를 비교했으며, 이는 골리앗을 더욱 커 보이게 만들었다. 다윗은 골리앗을 하나님과 비교했다. 그러자 골리앗이 작게만 느껴지는 게 아닌가. (혹시 당신이 모를 수도 있으니 하는 말인데 여기에선 다윗과 하나님이 이겼다.)

나는 8살짜리 아들 톰에게 다윗과 골리앗 이야기를 해 주었다. 그때 톰이 정곡을 찌르는 말을 한 게 잊히지 않는다. 나는 다윗이 거인 골리앗과 대결하러 나갈 때 혈색 좋은 청소년으로 묘사했고 정말 용감한 소년이라고 말했다. 그것을 이런 질문으로 표현했다. "그렇지 않니, 얘야?"

그러자 아들이 날 쳐다보며 이렇게 말했다.

"맞아요, 아빠. 다윗은 용감했어요. 그러나 골리앗이 더 용감한 걸요."

난 물었다.

"어째서 그렇게 생각하지?"

(여기서 우리는 잠깐 나이를 거꾸로 생각해 볼 필요가 있다. 아들이 45살이고, 내가 8살이라고 말이다.)

톰은 나를 순진무구한 얼굴로 쳐다보며 이렇게 대답했다.

"아빠, 골리앗은 혼자였잖아요. 다윗은 하나님과 함께 있었고요."

아이를 쳐다보며 이렇게 말했다.

"정말 그렇구나. 그런 식으로는 생각해 보지 못 했는걸."

뭐라고 할까…… '아이의 입에서 나오는 말……' 맞는 게 아닌가!

내가 성경을 좋아하는 이유는 단순하고 명확하기 때문이다. 많은 사람들은 성경이 어려워서 읽지 않는다고 한다. 그러나 실제로 그들이 이해하지 못하는 게 문제가 아니라 이해하지 않는 게 문제라는 걸 안다. 하나님은 누구나 쉽게 이해할 수 있도록 분명히 말씀해 주신다. 당신도 눈치챘겠지만 하나님은 십계명을 열 가지 제안이라고 하지 않으셨다.

'올바른' 정신자세는 많은 영역을 포함하고 있어서 어떤 것이 가장 중요한지 결정하는 데 어려울 수도 있다. 다음 이야기는 가장 등한시하는 부분 중 하나에 초점이 맞추어져 있다.


## 에드 그린과 성장

뉴욕 시티에 있는 데일 카네기 센터에서 강사로 일할 때, 60살이 넘은 저명한 세일즈맨을 만나는 특권을 누릴 수 있었다. 이름은 에드 그린 Ed Green 으로 그는 정말 '그림의 떡pie in the sky' 광고를 팔았다. 그의 연봉은 75,000달러가 넘는 것으로 알려졌다. 당시에는 상당한 돈이었다. 어느 날 수업이 끝나고 에드와 대화를 나눌 기회가 생겨서 그에게 솔직하게 물었다. 강사 세 명의 수입을 합한 것이 자기보다 적은 이에게서 무엇을 배웠는지 말이다. 그는 웃으며 말했다.

"지그 씨, 이야기를 하나 해 드리죠. 제가 어렸을 때 아버지가 정원을 구경시켜 주셨어요. 아버지는 아마 최고의 정원사였을 거예요. 애지중지 정원을 가꾸셨지요. 아주 자랑스러워 하셨어요. 정원을 구경시켜 주신 후, 아버지는 제가 뭘 느꼈는지 말씀해 보라고 하셨죠."

에드는 말을 이었다.

"아버지가 정말 일을 많이 하셨다는 건 확실했어요. 이때 아버지는 약간 초조하셨는지 이렇게 말씀하시더군요. '얘야, 채소가 초록색을 띠면 자라고 있지만, 이들이 완전히 익었을 땐 썩기 시작한단다.'"

에드는 이렇게 말을 하며 이야기를 마무리지었다.

"지그 씨, 당신도 알겠지만 전 이 이야기를 결코 잊을 수 없답니다. 저도 무엇인가 중요한 것을 배울 수 있으리라 생각했기 때문에 수업을 들으러 왔습니다. 솔직히 말해 저도 뭔가 배운 게 있어요. 현재 사용 중인 수천 달러가 있는 계좌를 없애버릴 수 있는 법을 말이죠. 그 거래를 2년 이상을 끌어왔어요. 이것에 대한 수수료가 내 평생 받은 세일즈 훈련의 수업료인 셈이지요."

에드 그린 같은 사람에게 이런 칭찬을 들으니 당연히 흥분되었다. 우
린 계속 대화를 나누었다. 물론 그의 칭찬을 듣게 되어 내가 얼마나 기쁜
지도 이야기해 주었다. 수업을 듣던 젊은 학생 중 한 명이 '다 듣긴 했지
만 배운 게 하나도 없다'며 불평을 늘어놓더라는 이야기를 했다. 에드 나
름대로 재미있는 추론을 제시했다.

"지그 씨, 전 결혼한 지 40년이 됐어요. 아내와 저는 키스하려고 할 때
마다 키스의 다음 단계가 어떻게 진행되는지 알면서도 여전히 즐긴답니
다."

인생의 게임에서 성장을 가져올 만한 것을 부단히 찾고 구할 때에 그
삶과 배움의 향기가 계속 유지된다. 피터 드러커Peter Drucker는 그것을 다음
과 같이 표현했다.

"지식이란 계속 발전시켜야 하고 도전해야 하며 쌓아가야 한다. 그렇
지 않으면 사라지고 만다."


## 행동과 반응

다음 예는 이 책에서 가장 중요한 점을 말해 주고 있다.

B씨는 회사 돌아가는 방식이 마음에 들지 않았다. 그래서 회의를 소
집해 이렇게 말을 했다.

"자, 여러분! 조직을 재정비해야겠어요. 어떤 사람은 늦게 오고 어떤
사람은 일찍 퇴근하더군요. 심지어 자기가 하는 일을 완전히 책임지려고
하지 않는 사람도 있어요. 이 회사의 사장으로서 이젠 변화를 주어야 할
때인 것 같아요. 우선 저부터 모범을 보여야 하니까 제가 할 일을 설명하
죠. 우선 지금부터는 일찍 출근해서 늦게 퇴근할 겁니다. 내가 하는 일은

모두 여러분의 본보기라고 생각할 겁니다. 본보기가 좋지 못하면 당신이 그것을 따를 때 내가 이해할 수 있을 겁니다. 우리 회사는 훌륭합니다. 여러분 모두가 자기 일을 제대로 하고 최선을 다한다면 미래는 밝을 겁니다."

대부분 사람들처럼 B씨의 의도는 훌륭했다. 그러나 며칠 후 그는 컨트리클럽 점심 만찬에서 대화를 나누느라 시간 가는 줄 몰랐다. 시계를 보면서 너무 당황해 커피 잔을 떨어뜨리고 말았다.

"오, 이런! 10분 전에 사무실에 가 있어야 했는데."

그는 주차장으로 황급히 달려가 자동차를 타고 질주했다. 교통 경찰관에게 속도위반 딱지를 떼일 때까지 고속도로를 144km로 질주했다. (고통스러운 기억을 떠올리지 않았기를 바란다.)

B씨는 화가 나 미칠 지경이었다. 혼잣말로 이렇게 중얼거렸다.

'이거 정말 문제가 있는 것 아니야. 세금도 꼬박꼬박 내지, 법도 엄격하게 지키지, 내 일을 열심히 하는데 갑자기 와서 딱지를 떼다니 말이야. 저 인간들은 범죄자나 도둑을 찾으러 돌아다녀야 하지 않을까. 세금 내는 시민들을 그냥 둬야지. 속도 좀 냈다고 해서 안전하지 않다는 뜻은 아니잖아. 이건 말도 안 돼.'

## 화가 난 사장

사장은 사무실로 돌아오자 자신의 지각에 몰린 관심을 떨쳐내기 위해 세일즈 매니저를 불렀다. 화난 어투로 암스트롱 건이 마무리됐는지 물었다. 세일즈 매니저는 이렇게 말했다.

"사장님, 무슨 일이 생겼는지 저도 잘 모르겠어요. 어쨌든 거래는 실패했습니다."

당신도 알겠지만 사장은 화가 나 있는 상태다. 그리고 세일즈 매니저의 말을 듣고 더 화가 난 사장은 분통을 터뜨렸다.

"자네도 알겠지만 나는 18년 동안 꼬박꼬박 월급을 줬어. 그동안 사업을 번창시켜 주리라 믿고 일을 맡겼고, 드디어 우리 사업을 확장할 좋은 기회가 왔네. 그런데 자네는 대체 뭘 했나? 망쳐버렸잖아. 한 가지만 말해 주지. 자네가 사업을 호전시키게. 그렇지 않으면 나는 자네를 해고시킬 수밖에 없어. 18년 동안 근무했다고 해서 종신 계약을 맺은 건 아니야."

이런, 그는 정말로 화가 났나 보다.


## 화가 난 세일즈 매니저

B씨의 기분이 엉망이라고 생각했다면 이제는 세일즈 매니저를 주시해 봐야 한다. 그는 혼자 중얼거리며 사무실을 나섰다.

'이게 무슨 날벼락이야? 18년 동안 열심히 일해 왔어. 내가 새로운 사업을 펼쳐왔기 때문에 이 회사가 성장하고 성공할 수 있었던 거라고. 이 회사를 지탱시켜 주고 제대로 돌아가게끔 만드는 게 바로 나야. 사장은 그저 명목상의 대표일 뿐이지. 내가 없으면 이 회사는 바로 망해 버릴 텐데. 거래 하나 실패했다고 해서 비열한 트집을 잡아 날 해고시킨다고 협박을 해? 이건 말도 안 돼.'

여전히 혼잣말을 하며 세일즈 매니저는 비서를 불렀다.

"오늘 아침에 부탁한 편지 다섯 통 끝냈어?"

그녀는 대답했다.

"아니요, 생각 안 나세요? 힐라드Hillard 계좌 건부터 처리하라고 하셨는데요. 그래서 그걸 했습니다."

그러자 세일즈 매니저가 폭발했다.

"쓸데없는 변명은 하지도 마. 난 분명 그 편지들을 보내라고 했고, 당신이 못하겠다면 할 수 있는 사람을 구하겠네. 7년이나 일했다고 해서 종신 계약을 맺은 건 아니잖아. 그 편지 당장 오늘 중으로 보내. 하나도 빠짐없이 전부."

그도 역시 화가 났나 보다.


## 화가 난 비서

세일즈 매니저의 기분이 엉망이었다고 생각한다면 이제 비서의 입장을 생각해 보자. 매니저 사무실을 나서면서 그녀 역시 중얼거렸다.

'도대체 뭐라는 거야? 7년 동안 최선을 다해 왔어. 수백 시간이 넘는 초과 근무에 수당도 받지 않았다고. 내 주변에 있는 세 사람보다 더 많이 일을 한단 말이야. 회사를 이 정도까지 만든 게 사실은 나라고. 한 번에 두 가지 일을 못한다고 해고하겠다니. 이게 말이 되냐고? 저 사람을 누구보다도 잘 아는데, 그는 진심이야.'

비서는 안내 담당자에게 말했다.

"편지 몇 통만 타이핑해 주세요. 하시던 일은 아니겠지만, 공상이나 하다가 걸려오는 전화를 받는 일밖에 안 하시잖아요. 게다가 지금은 긴급 상황이라고요. 이 편지를 오늘 중으로 보내야 해요. 할 수 없으면 제게 말씀해 주세요. 할 수 있는 사람을 부를 테니."

그녀 역시 짜증이 날 대로 나 있고, 모두가 그것을 알 수 있었다.


## 화가 난 안내 담당자

비서가 짜증이 났다고 생각한다면 이제는 안내 담당자를 주시해 봐야 한다. 그녀 역시 화가 머리끝까지 났다.

'마른 하늘에 날벼락도 유분수지. 이 중에서 제일 힘들게 일하면서 쥐꼬리 만한 월급을 받고 있는 게 누군데. 한 번에 네 가지 일을 해야 한다고. 저 인간들은 뒤에서 커피나 마시고 노닥거리며 전화로 수다 떨기밖에 더해. 가끔씩 일을 하고, 일이 밀릴 때마다 도와달라고 요청하지. 이건 공평치 못해. 날 해고한다는 건 농담일 거야. 왜냐하면 이 주변에서 어떤 일이 벌어지는지 알고 있는 사람은 나밖에 없으니까. 내가 없었으면 이 회사는 벌써 문을 닫았을 거야. 그 뿐인가? 내 연봉으로 이것보다 많은 일을 할 사람은 찾을 수 없다고.'

어쨌든 그녀는 편지를 보내긴 했지만 매우 열을 받았다.

그녀가 집에 돌아왔을 때도 여전히 화가 가라앉지 않았다. 그녀는 문을 쾅 닫은 후 들어섰다. 들어오자마자 12살짜리 아들이 거실에 누워서 텔레비전을 보고 있는 모습이 눈에 들어왔다. 게다가 반바지 뒷부분이 찢어져 있는 게 아닌가. 갑자기 화가 난 그녀는 이렇게 말했다.

"학교에서 돌아오면 옷 갈아입으라고 몇 번이나 이야기해야 알아듣겠니? 학교 보내 줘, 살림 해, 돈 벌어, 엄마가 얼마나 힘든 줄 알아? 당장 윗층으로 올라가. 오늘 저녁은 굶어. 그리고 3주 동안 텔레비전은 못 볼 줄 알아."

정말로 열을 받은 모양이다.


## 화가 난 소년, 고양이에게 화풀이하다

그녀가 열을 받았다고 생각한다면 이제는 그녀의 12살짜리 아들을 주시해 봐야 한다. 아들은 거실에서 나가며 이렇게 말했다.

"엄마는 너무해. 난 엄마를 도와주려고 했는데, 설명할 시간도 주지

애꿎은 고양이를 걷어차지 마라.
부정적인 상황에서도 긍정적으로 대처하라.

않았어. 바지가 찢어진 건 사고였는데. 누구에게나 그런 일은 일어날 수 있다고요."

마침 그때 고양이가 앞을 지나가고 있었다. 아차! 고양이가 실수를 한 것이다. 갑자기 소년은 고양이를 뻥 차며 이렇게 말했다.

"당장 꺼져 버려! 또 엉뚱한 짓을 하고 돌아다닌 것 아냐?"

지금까지 벌어진 일련의 사건들 중에서 고양이만이 유일하게 이 사건을 변화시킬 수 없는 요소였다. 여기서 궁금증이 하나 생겼다. B씨가 컨트리클럽에서 바로 안내 담당자의 집으로 가서 직접 고양이를 차버리는 게 훨씬 낫지 않았을까? 그렇게 했다면 모든 사람들에게 부정적인 영향을 끼치진 않았을 것이다.

자, 좀 더 중요한 질문이 있다. 매일 우리 주변에서 벌어지는 일련의 상황이나 사건들을 한번 살펴보자. 당신은 유머에 어떤 반응을 보이는 가? 웃음은? 칭찬은? 사교적인 사람들과 어떻게 지내는가? 당신이 물건을 팔거나, 사람들이 친절하고 쾌활하며 예의 있을 때 그 상황에 어떻게 대처하는가? 점원이나 웨이터, 웨이트리스가 매너 있게 당신의 요구를 들어줄 때는? 친구나 이웃이 당신에 대해 좋은 말을 해 주거나 당신을 위해 무엇인가를 해 준다면? 장담하건대 당신의 기분도 좋아질 것이고 그들에게 웃어주며 예의 있게 대해 줄 것이다. 이 모든 것들을 감사하게 여기게 될 것이며, 이들은 당신을 친절하고 상냥하게 만들어 줄 것이다. 그러나 솔직히 말해서 대부분의 사람들은 부정적인 언급이나 무례한 행동과 우호적인 칭찬을 다르게 대한다.

## 당신과 술집 주정뱅이

당신은 무례하거나 빈정거리고 거절을 잘하며 느려터진 웨이트리스를 보면 어떤 반응을 보이는가? 또 교통 체증이 심각하거나 우산이 없는데 갑자기 비가 쏟아진다면 어떤 반응을 보이는가? 누군가가 말도 안 되는 욕설을 하면 당신도 그대로 되돌려주는가? 남들이 자신의 기분에 따라 당신을 좌지우지하게 두는 편인가? 아니면 이런 문제가 당신과는 무관하다고 생각하는가? 어떤 이는 잠깐 멈춰 '분풀이를 할 수도 있겠다.' 그다음은 당신 차례일 수도 있다.

양방향으로 교통 체증이 심각한데 당신 뒤에 있는 운전자가 경적을 울려대면, 당신이 뭘 할 수 있겠는가? 뒤돌아서 그를 노려보며 주먹을 휘두르겠는가? 그와 똑같은 수준이 되겠는가, 아니면 웃으면서 이렇게 말해 주겠는가?

"누군가 기분이 나쁘다고 해서 나까지 기분이 나빠야 할 이유는 없잖아요."

배우자가 화를 터뜨릴 때 당신은 적절하게 대처해 좋은 관계를 맺겠는가, 아니면 되받아치며 관계를 훼손하겠는가? 승진을 놓쳤을 때, A학점이 아닌 C학점을 받았을 때, 빅 세일을 놓쳤을 때, 상사에게 무시를 당했을 때, 모임에 초대받지 못했을 때, 팀을 구성하지 못했을 때, 클럽 회장으로 뽑히지 못했을 때 당신은 적절하게 대처하겠는가, 아니면 반발하겠는가? 부정적인 '화풀이'를 어떻게 다루느냐가 당신의 성공과 행복을 결정한다.

빈민가의 주정뱅이, 조직의 리더, 우수한 학생, 자수성가한 백만장자 그리고 올해의 어머니상을 받은 여성에게는 많은 공통점이 있다. 이들은 각자 절망과 비탄, 실망, 의기소침 그리고 패배감을 경험했다. 성과에서 차이가 나는 것은 삶의 부정적인 요소를 다루는 방식이 제각기 달랐기 때문이다. 주정뱅이는 '불쌍한 나'라고 말하며 반발했고, 술을 마시며 문제를 덮어 버리려고 노력하면서 오히려 술에 빠져 버린다.

성공한 사람들 역시 비슷하거나 더 큰 문제가 있다. 그런데 그들은 긍정적으로 대응하며 문제 속에서 유리한 점을 찾으려고 한다. 그 결과 좀 더 큰 성공을 거두게 된다. 우리는 살아가면서 상황을 입맛대로 맞출 수는 없으나, 문제가 생기기 전에 상황에 맞게 대응을 바꿀 수는 있다. 그게 바로 태도 조정이다. 이 책에서 그 '방법'을 배우게 될 것이다. 누군가 말도 안 되는 욕을 할 때 대부분은 또 다른 누군가가 그 사람에게 '화풀이'를 했기 때문이라는 걸 안다. 또 당신과는 전혀 상관없는 문제라는 것도 알게 될 것이다. 물론 가장 중요한 건 부정적인 것에 긍정적으로 어떻게 반응해야 하는지 배우게 된다는 사실이다.

누군가(애인부터 시작해서) 아무 이유 없이 당신을 맹렬히 비난한다면(여기서 조심할 건 당신이 죄가 없다는 사실을 알아야 한다는 것) 웃으면서 이렇게 말하라.

"자기야, 누가 자기한테 화풀이한 거야?"

이 위기를 무사히 넘기면(분명히 그렇겠지만) 약간 변화를 주어서 다른 사람에게도 쓸 수 있다. 낯선 사람이나 얼굴만 아는 정도의 사람이 이유 없이 '당신에 대한 험담을 할 때'(다시 한번 말하지만 당신에겐 잘못이 없다는 사실을 확신해야 한다.) 이렇게 말하라.

"이상한 질문처럼 들릴지도 모르지만 누가 오늘 당신에게 '화풀이'를 했나요?"

틀림없이 반응은 가지각색일 것이다. 그러나 이 시점에서 당신은 어떤 상황에 처해 있다는 사실을 명심하라. (설령 그가 당신에게 혐오스럽다는 듯이 '그런 일은 절대 없다'고 할지도 모르니 놀라지 마라.) 이것이야말로 당신이 부정적인 것에도 긍정적으로 대처하고 불쾌한 것에도 유쾌하게 대처한다는 뜻이다. 남에게 그렇게 대접을 잘해 줄 필요가 없다고 느끼는 것도 어찌 보면 인간적이고 당연한 일이다. 당신이 옳을 수도 있다. 그러나 이런 반응이야말로 당신에게 이롭다. 당신 역시 스스로 최고의 대접을 받을 만한 자격이 있다.


## 쓰러지면 일어나라

이젠 부정적인 사고방식을 긍정적으로 살펴보자. 내 친구이자 동료인 고 카벳 로버트Cavett Robert는 부정적인 사고방식을 극복하는 데 철학적이고, 명쾌하며, 상식적인 접근법을 택했다. 그는 이렇게 말했다.

"넘어지거나 의기소침해진다고 해서 실패하는 것은 아니다. 넘어진 상태로 그냥 있거나 계속 부정적으로 생각할 때만 실패한다."

카벳은 우리가 구멍난 타이어 같아야 한다고 강조했다. 패배란 우리에게서 뭔가를 빼앗아 가게 마련이고 자신감을 잃게 만든다. 그렇지 않다면 당신은 뭔가를 잃는 것에 신경 쓰지 않게 될 뿐만 아니라, 이기고 싶은 마음도 없다는 것을 강하게 보여 주는 꼴이 된다.

이제부터 패배를 겪었을 때 당신 내면에 보이는 반응에 대해 이야기해 보고자 한다. 당신은 시무룩해 있거나 성질을 부린다거나 유치한 행동에 빠져서는 안 된다. 우아하고 성숙하게 행동하라. 명심하라. 실패에서 무엇인가 배운다면 결코 잃은 게 아니다. 그러한 태도로 마음가짐을 새롭게 하면 다음 번에는 반드시 승자의 궤도에 오를 수 있다.

당신의 재능을 충분히 활용하기 위해서는 먼저 정신이 건강해야 한다. 나는 사람들이 왜 스스로 끔찍한 잘못을 저질렀다고 생각하는지, 왜 의기소침해질 때마다 죄책감과 의구심을 느끼는지 궁금했다. 때때로 겪는 좌절은 자연스러운 일이고 지극히 정상적이다. 내가 강조하고 싶은 바는 '쓰러진다고 해서' 큰일이 나는 것은 아니지만 쓰러진 채 멈춘다는 것은 괜찮지 않다는 점이다. 물에 빠졌다고 바로 죽진 않지만 물 속에 계속 있으면 죽기 마련이다.

그래서 밑으로 가라앉으면 어떻게 일어나겠는가? 우선 당신이 '가라앉았다는' 사실을 인정하라. 둘째, '완전히 절망적인 상황'이란 거의 없지만 어떤 상황을 마주하면 희망을 잃는 사람들이 많다는 점을 이해해야 한다. 셋째, 상태란 언제나 일시적이란 점을 알아야 한다. 넷째, 얼마나 그 자리에 계속 있을지 시간을 정하라.

**예제:** 지미 카터Jimmy Carter가 제럴드 포드Gerald Ford를 이겨 대통령으로 당선됐을 때 나는 적잖게 실망했다. 포드가 훨씬 더 훌륭한 대통령이 될 수 있을 거라 생각했기 때문이다. 선거 후에 나는 카터와 미국 그리고 내 자신을 상처내야 할지 도와야 할지 결정을 내려야만 했다. 내가 어떤 일을 해야 하며 성경에서 어떻게 말하고 있는지도 알았다. 그러나 난 실망했고 며칠 동안 슬픔에 잠길 시간을 '가질 만'하다고 생각했다.

11월 14일, 나는 그날을 내 '부활'일로 정했다. 그 동안 내 머릿속에는 카터에 대한 부정적인 생각들로 가득했으나 11월 15일부터 지미 카터에 대해 '좋은 점'들만 보기 시작했다. 카터 팬들의 말에 귀를 기울이고, 이면의 인물을 찾았으며, 내각 모임에서 그의 의견을 따르게 하고, 정부를 화합하게 만드는 그의 방법들을 연구했다. 불과 며칠 지나지 않아 내가 생각하는 '카터'가 얼마나 많이 변했는지 놀랄 수밖에 없었다.

그다지 중요하지 않은 문제에 대해 '기분이 침체된 상태로' 머물러 있기에는 두 시간도 아깝다. 그러나 대부분의 사람들은 그런 식으로 시간을 낭비한다. 다음 대화를 살펴보자.

A: 잘 지내?

B: 최고지. 11:30분이 지나면 말이야.

A: 왜 11:30분 후야?

B: 방금 안 좋은 일이 있어서 기분이 별로야. 그때까진 계속 그럴 것 같아.

A: 그럼 11:30분까지는 기분이 안 좋고 그 후엔 괜찮아질 거란 말이야?

B: 당연하지.

A: 그건 좀 우습군. 11:30분 이후에 기분이 좋아질 거라면, 지금은 왜 안 돼?

B: 절대 안 돼! 그동안 엄청나게 노력을 했다고. 난 이런 기분을 느낄 자격이 있어. 당분간은 비탄에 잠겨 있을래. 그래도 뭐 양보해서 11:00까지로 하지. 그렇지만 더는 1분도 양보 못해.

어리석다. 심지어 웃기기까지 하다. 그러나 문제점을 두고 울고불고 하는 대신 비웃어 버리기 때문에 효과는 있다.

이런 예들 때문에 희망 없는 상황이란 거의 없다는 내 말을 인정할 수 있으리라 믿는다. 악마가 어떤 청년의 체스판을 가로 질러가는 유명한 그림이 있다. 악마는 이제 막 움직이기 시작했고, 청년에게 있는 장군은 상대방에게 당한 듯 보였다. 청년의 표정엔 완전한 패배와 절망감이 어려 있다. 어느 날 위대한 체스의 천재 폴 머서Paul Mercer가 그 그림을 보았다. 그는 조심스레 보드의 위치를 연구하더니 갑자기 표정이 밝아지며 그림 속 청년에게 소리를 질렀다.

"포기하지 마, 한 번만 더 움직이면 돼!"

당신 역시 언제나 '한 번만 더 움직이면' 된다. 하나만 강조하자. 태도는 전염성이 강하다. 마치 독감처럼 말이다. 독감에 걸리고 싶으면 독감 걸린 사람을 찾아가 바이러스에 노출되면 된다. '뭔가를 잡고' 싶으면 그것이 널리 퍼진 곳으로 찾아가면 된다. 올바른 정신자세를 취하고 싶다면 태도가 잡혀 있는 곳으로 가라. 다시 말해 올바른 정신자세를 배울 만한 사람들에게 가는 것으로 시작하라. 그런 사람을 찾는 게 쉬운 일은 아닐 테니 좋은 책이나 재미있는 세미나 혹은 힘이 넘치는 연설가의 연설을 녹음하는 것도 좋은 방법이다.

오늘날 사람들은 내가 말하는 태도의 필요성에 동의한다. 교사, 감독, 의사, 세일즈 매니저, 부모 등 모든 사람들이 올바른 정신자세가 중요하다는 점에 공감한다. 그런데 문제는 여기에 있다.

"어떻게 우리가 '외부' 조건과 사람, 날씨 등과 상관없이 제대로 된 정신자세를 가질 수 있으며 꾸준히 유지할 수 있는가?"

좋은 질문이다. 대답은 바로 다음 장에 나온다.

# 15

# 올바른 태도를 가져라
## Ensuring Your Attitude

### 당신의 마음은 이런 식으로 움직인다

경제적으로도 성공했고 현재 행복하며 상황에 적응을 잘하는 내 주변 사람들은 인생의 목적과 방법을 알고 싶어 한다. 그들에게 어떤 일을 하라고 말할 때 이유를 말하라. 그러면 이들은 자신들이 프로젝트의 일부이지, 명령을 따르는 직원이 아님을 느끼게 된다. 그렇게 되면 결과는 확실히 나아진다. 이 책에서는 이 단원이 가장 중요하다. (가장 빠른 결과를 내 줄 단원인 것만큼은 틀림없다.)

나는 마음이 움직이는 방식을 쉽게 설명해서 왜 당신에게 어떤 단계와 추천하는 절차를 밟으라고 제안하는지 이해하도록 만들고 싶다. 그런 후에 당신의 태도를 '확실하게' 잡아주고, 기초를 튼튼히 쌓아 환경이 태도를 지배하는 게 아니라 태도가 환경을 지배하는 절차에 대해 자세히 알아보도록 하겠다.

마음은 정원처럼 움직인다. 콩을 심으면 감자가 아니라 콩이 자란다는 건 누구나 다 아는 사실이다. 콩 하나만 키우기 위해 콩을 심지 않는다. 많은 양의 콩을 키우기 위해 콩을 심는다. 씨를 뿌려 수확을 하기까지 콩의 숫자는 엄청나게 불어난다. 우리 마음도 마찬가지다. 마음속에 어떤 것을 심든지 배가 되어 나타나게 마련이다. 하나의 부정적인 생각 혹은 하나의 긍정적인 생각을 심어라. 그러면 씨앗을 뿌려 거두기까지 그 양은 배로 늘어나고, 그 그림 속에 상상력이 들어가 결과는 몇 배로 늘어난다.

어떤 면에서 마음은 은행銀行처럼 작용한다. 그러나 또 어떤 면에서는 전혀 다르다. 예를 들어 누가 되었든 혹은 어떤 것(라디오나 TV 등)이 되었든 그것은 마음이라는 은행에 긍정적인 예금이나 부정적인 예금을 할 수 있다.

당신만이 마음의 은행에서 출금할 수 있는지 결정을 내릴 수 있다. 은행에서 출금을 하면 잔액은 줄어든다. 마음의 출금은 올바른 '출납계원'을 이용하기만 하면 오히려 강해진다.

마음이라는 은행에는 금전 출납계원이 두 명 있다. 이 둘은 모두가 당신의 명령에 복종한다. 한 명은 긍정적이고, 긍정적인 예금과 출금을 다룬다. 다른 한 명은 부정적이고, 부정적인 예금을 받아들이며 부정적인 피드백을 제공한다.

마음의 주인인 당신은 모든 출금과 예금에 대해 지배권을 갖는다. 예금은 그야말로 당신이 살아오면서 겪어 온 모든 경험을 나타낸다. 출금은 당신의 성공과 행복을 결정해 준다. 분명한 건 예금하지도 않은 걸 출금할 수는 없다는 사실이다. (돈을 거래하는 은행에서도 마찬가지다. 그렇지 않은가?)

매번 거래할 때마다 어떤 출납계원과 해야 할지 선택해야 한다. 부정적인 출납계원에게 문제점을 말하면, 그는 당신이 과거에 얼마나 형편없이 일을 했는지 상기시켜 줄 것이다. 그는 현재 당신의 문제점을 보고 실패를 예상하기 때문이다. 반면 긍정적인 출납계원에게 문제를 말하면, 당신이 과거에 이보다 훨씬 어려운 문제를 얼마나 성공적으로 이끌었는지 열정적으로 말해 줄 것이다. 그는 당신의 재능과 천재성의 예를 보여 줄 것이며 이 문제 역시 쉽게 풀 거라고 확신시켜 줄 것이다. 출납계원의 말들은 모두가 옳다. 왜냐하면 당신이 할 수 있다고 생각하든 아니든 대부분 당신이 옳기 때문이다.

분명히 당신은 긍정적인 출납계원과 거래를 해야 한다는 사실을 알고 있을 테지만, 과연 그럴 수 있겠는가? 그리고 앞으로도 그렇게 할 것인가? 보통은 가장 최근에 예금한 데서 출금하려는 경향이 있다. 그게 강하고 긍정적이든 혹은 비판적이고 부정적이든 상관없이 말이다. 가장 최근에 예금한 데서 출금하려는 경향이 있다는 점을 강조하고자 한다. 분명 마음속에 입금된 총 입금액이 출금을 지배한다.

여기서 질문이 있다. 예금에 두드러질 정도로 성실했는가 아니면 불성실했는가? 도덕적인가 아니면 부도덕적인가? 보수적인가 아니면 자유분방한가? 하나님의 지시를 받았는가 아니면 자기중심적인가? 낭비인가 아니면 저축인가? 대담한가 아니면 신중한가? 게으른가 아니면 부지런한가? 긍정적인가 아니면 부정적인가? 자유기업주의인가 아니면 사회주의인가?

이 점을 강조하고 싶다. 많은 양의 부정적인 쓰레기들이 항상 당신의 마음속에 버려져 왔다. 그러나 훌륭하고 건전하며 힘이 있는 예금과 '당신도 할 수 있다'라는 자신감이 당신의 마음에 많이 주입되며 앞으로도 더 많은 것들이 입력될 예정이다. 자, 이젠 당신이 출금해 달라고 요청할 때 긍정적인 출납계원이 항상 긍정적인 대답을 할 수 있도록, 부정적인 것들을 긍정적인 예금에 묻어 버릴 수 있는 방법에 대해 구체적으로 이야기해 보자.


### 마루에 버린 쓰레기 vs 마음속에 버린 쓰레기

내가 쓰레기통을 들고 와서 당신 집 마루에 쏟아 버린다면 문제가 생길 게 틀림없다. 그것도 아주 급속하게. 다음에 말할 세 가지 경우 중 한 가지 일은 반드시 생길 것이다. 나를 죽도록 패거나, 경찰을 불러 체포하거나 아니면 총을 들고 이렇게 말할 것이다.

"이봐, 지글러. 이젠 쓰레기를 치울 수 있겠지."

나는 분명히 할 수 있을 것이다. 그것도 흔적조차 찾아볼 수 없을 정도로 쓰레기를 깨끗이 치워놓을 자신이 있다. 그러나 여기서 주목할 것은 당신은 주변 사람들에게 당신 집에 무작정 쳐들어와 쓰레기를 버린 사람에 대해 계속 이야기할 게 뻔하다는 점이다. 오랫동안 당신은 이렇게 말할지도 모른다.

"총으로 쏴 버리려고 했다니까. 그랬으면 정말 좋았을 텐데."

마루 위에 버려진 쓰레기로 요란법석을 떨게 된다. 그렇다면 당신의 마음에 쓰레기를 버리는 사람들에 대해선 어떻게 하겠는가? 당신의 능력에 한계를 정하면서 할 수 없는 일들을 하라고 말하는 사람들에겐 어떻게 하겠는가? 당신의 물건, 커뮤니티, 교회, 나라, 가족, 상사, 학교에 대해 좋지 못한 말을 하는 사람들에겐 어떻게 대처하겠는가? 당신의 마음속에 부정적인 쓰레기를 던져 넣는 사람들은 또 어떻게 하겠는가? 당신은 웃으며 이렇게 말할 것이다.

"그래 맞아. 그렇게 큰 손해를 입는 것도 아닌데 뭘. 쓰레기를 안으로 버린다고 해서 문제가 되는 건 아니니까."

여기서 한 가지 짚고 넘어갈 게 있다. 이 부분이 바로 당신이 잘못 생각하는 점이다. 쓰레기를 집어넣으면 쓰레기는 결국 나오게 된다. 당신 마음속에 쓰레기를 버리는 사람은 당신 집 마루에 쓰레기를 버리는 사람보다 더 큰 피해를 입히는 셈이다. 마음속 쓰레기의 무게 하나하나가 당신의 가능성에 부정적으로 영향을 미치며 당신의 기대치 또한 낮춰주기 때문이다.

마음속으로 들어가는 모든 생각들은 어느 정도 영향력을 가지고 있다. 예를 들어 엄청나게 쏟아지는 감기에 대한 연구도 감기의 치료나 예방에 대해 신뢰할 만한 자료를 내놓지 못하는 상태다. 그러나 기분이 나쁘거나 우울할 때 감기에 '걸릴' 가능성이 훨씬 높다는 건 거의 인정된 사실이다. '쓰레기 같은 사고방식'이 문제를 일으킨다는 생각이 들지 않는가?

한편 노먼 빈센트 필 박사가 이야기한 '긍정적인 사고방식'은 긍정적인 결과를 불러온다. 1969년 아이오와 주Iowa 색 시티Sac City에 살던 찰스 리터Charles Ritter는 암에 걸려 신장을 하나 떼어내야 했다. 삼 개월 후 폐에서도 악성종양이 발견되었다. 찰리는 신체적으로 더 이상 수술이 불가능했으므로 마요 클리닉Mayo Clinic의 의사들은 그에게 실험 약을 복용해 볼 생각이 있냐고 물었다. 어차피 손해 볼 것도 없고 잘 되면 살 가능성도 있었기에 찰리는 해 보겠다고 했다.

이 특별한 약은 60살 이상의 사람에게만 효과가 있었고, 그 중에서도 10% 정도에게만 효력을 기대할 뿐이었다. 다행히 그 약은 찰리에게 적중했다. 찰리는 6년이나 더 살았고 후에 심장마비로 세상을 떠났다. 검시한 결과 그에게서 암 세포는 발견할 수 없었다. 우연히 마요 클리닉의 의사들은 이 약이 효력을 발휘한 암 환자들에게는 두 가지 공통점이 있다는 점을 발견했다. 이들 모두에겐 살고자 하는 강한 욕구가 있었고 약이 효과가 있을 거라고 믿었다는 점이다.

## 이건 말도 안 돼

머릿속에 입력되는 정보의 상대적인 가치에 대해 우리 생각이 얼마나 일치되지 못하는지 계속 놀랄 뿐이다. 교육이 중요하다는 건 진보를 심각하게 생각하는 학생들의 공통된 의견이다. 교육의 가치를 '증명하는' 연구와 그 연구를 인용하며, 자신들이 내세운 케이스에 대해 반박할 수 없는 증거를 제시한다. 이들은 당신이 배운 것, 머릿속에 집어넣는 정보들이 긍정적인 효과를 가진다는 사실을 '증명하고 있다.'

아이러니하게 이 사람들의 대다수는 포르노 쓰레기들이 TV에 나오거나 유인물로 찍혀 뿌려지는 것에 걱정할 필요가 없다고 강하게 주장한다. 이들의 주장은 이런 정보들이 당신에게 영향을 줄 수 없으니까 그렇다고 한다. 이런 사고방식은 약간 모순된다. 당신도 그 점엔 동의할 것이다. 분명 인쇄물이나 말, TV화면에서 정보를 얻을 수 있다. 이런 것들은 영감을 불어넣어 주거나 동기나 도덕적인 면에 부정적으로 영향을 미치게 된다.

이게 결코 단순한 의견이 아니라는 점을 서둘러 덧붙이고자 한다. 1972년 미국의 연방 의사회가 2년에 걸친 연구 끝에 텔레비전으로 방송된 폭력과 반사회적 행동 사이의 확실한 관계를 보여 주는 증거를 제시했다. ABC 네트워크사 연구에 따르면 미국과 캐나다 시골까지 텔레비전이 처음으로 소개된 지 10년에서 15년이 지난 지금 살인사건 비율이 두 배로 뛰었다고 한다. 10살에서 16살 사이 청소년을 대상으로 한 설문조사에서 이들 중 60%가 텔레비전에 나오는 성 관계 장면이 친구들과 관계를 맺는 데 영향을 미친다고 말했다.

스탠포드의 앨버트 밴두라Albert Bendura 박사와 위스콘신 대학교의 레오나르도 베리코비츠Leonard Berkowitz 박사는 폭력 장면을 본 사람이 그렇지 않은 사람들보다 폭력적으로 행동할 가능성이 두 배나 된다는 사실을 밝혔다. 폭력의 노출은 누구라도 공격적으로 만들 수 있다. 특히 영향을 받기 쉬운 어린아이들이 굉장히 상처를 받을 수 있다. 베르코비츠 박사의 말에 따르면 "포르노 영화를 보는 사람들이 성적으로 더 적극적"일 거라고 했다. 평범한 미국 청소년이 고등학교를 졸업할 때까지 대략 1만 7,000시간 동안 텔레비전을 시청하므로, 그들이 시청하는 프로그램은 확실히 사고와 행동에 영향을 줄 수밖에 없다.

## 부정적인 사고를 심어놓으면
## 부정적인 열매를 맺는다

부정적인 주변 환경 때문에 대부분 사람들은 최악의 상황을 기대하게 되고 실망조차 하지 않는다. 부정적인 사고를 심기 때문에 부정적인 열매를 맺을 수밖에 없다. 여기에 그 예가 하나 있다. 아침 보고를 준비할 때 상사가 당신 책상 위에 이런 메모를 남겼다고 가정해 보자. "출근하자마자 내 방으로 오게." 당신은 상사의 방으로 간다. 그러나 비서가 당신에게 외출 중이라며 기다려야 한다고 말한다. 자, 이제 머릿속에선 온갖 생각이 떠오르게 된다. '왜 날 보자는 걸까. 어제 일찍 퇴근한 걸 보셨나? 직원들 앞에서 조Joe와 싸운 걸 알고 계신가? 아니면……?' 생각은 꼬리를 물고 이어진다. 그렇다. 우리가 부정적인 씨앗을 뿌리면 부정적인 수확을 할 수밖에 없다.

또 한 가지 예가 있다. 부모님을 뵙고 싶다는 선생님의 메모를 가방에 넣고 아이가 학교에서 돌아온다. 당신에게 처음으로 떠오른 생각은 아마 '무슨 문제가 생겼나?'일 것이다. '이번엔 또 무슨 잘못을 한 거지?' 우리가 어떤 것을 머릿속에 집어넣든 결과가 나오기 때문에 부정적인 것들을 그렇게 많이 집어넣는 건 좋지 못하다.

우리는 그 예를 델라웨어 윌밍턴에 있는 테레사 존스Teresa Johnes 이야기에서 볼 수 있다. 그녀는 심각한 신장병을 앓고 있었다. 신장 하나를 제거하는 수술 일정이 잡혔다. 의사들은 우선 마취를 한 후 최종 테스트를 해 본 결과 수술이 필요없다는 사실을 발견했다. 의사들은 신장을 제거하지 않았다. 그러나 그녀가 깨어나자마자 한 소리는 바로 이것이었다. "너무 아파요. 정말 아파요."

수술을 하지 않았다는 소식을 들은 테레사는 약간 당황스러워 했다. 마취에서 깨어나면 당연히 아플 거라 생각했고, 그래서 그렇게 행동한 게 분명했다. 그녀의 마음속에선 진짜 수술을 받은 것처럼 고통을 생생하게 느낄 수 있었던 것이다.

마음속에 어떤 것을 집어넣든 이들은 당신의 일부가 된다. 예를 들어 당신이 중국에서 태어나 중국어로 말하고 평생 중국의 이데올로기를 듣는다면, 당신은 중국인과 같다. 왜냐하면 당신의 마음속에 들어간 것을 모두 합쳐놓은 것이 바로 당신이기 때문이다. 이런 말이 있다.

"당신이 믿고 있는 대로 삶을 살지 못하면 당신은 당신이 사는 삶을 믿게 된다."

진부한 말이 아니다. 어떤 행동을 취하든 마음속에 어떤 사고를 집어 넣든 영향을 미치게 된다.

## 세상에서 가장 치명적인 질병

내가 어렸을 때 소아마비는 굉장히 끔찍한 질병이었다. 소아마비에 걸리면 다리도 절뚝거리게 되고 사지가 뒤틀리게 되며, 심지어 일찍 죽을 수도 있어 매년 상당수의 희생자가 나왔다. 조너스 소크<sup>Jonas Salk</sup> 박사와 동료들은 소크백신을 개발했고, 소아마비로 인한 불행들은 상당히 감소됐다. 그러나 아직도 부모나 보호자가 어린아이에게 소아마비 예방 접종을 하지 않아 발병하는 경우가 있다. 그나마 다행인 건 이런 사례가 드물다는 것이다.

어쨌든 소아마비에 걸리면 많은 사람들이 머리를 절레절레 흔들며, 치료가 거의 100% 안전하고 효과적인데 왜 소홀하게 여기는지 의아해하기도 한다. 믿을 수 없겠지만 오늘날 소크백신을 맞지 않은 아이들이 대략 2,000만 명 정도 된다고 한다. 복지부 관계자들은 소아마비가 다시 발병할 위험이 있다고 생각한다.

게다가 상당히 널리 퍼져 있으며 여러 가지 면에서 소아마비보다 더욱 해로운 질병이 있다. 이 병은 연령대와 인종, 종교, 피부색과 상관없이 모든 이에게 영향을 미친다. 다른 병들보다 더 큰 신체적, 감정적인 문제를 불러일으킨다. 사람들이 좀 더 일찍 포기하게 하고, 결혼 생활도 깨지게 하며, 더욱더 많은 고아들을 낳게 되고, 실업자들을 배출하고, 복지 연금을 타는 사람들을 증가시키며, 약물중독자들과 알코올중독자를 더 많이 배출해 내고, 범죄율도 큰 폭으로 상승하게 한다. 지금껏 알려진 병중에서도 전염성이 가장 높은 병으로 알려져 있다.

이 끔찍한 병명은 바로 '태도경화증<sup>Hardening of the attitudes</sup>'이다. 이 병은 '쓰레기 같은 사고'로 걸리게 된다. 그나마 다행인 것은 이 병을 치료할 방법이 있으며, 심각한 케이스나 가벼운 케이스 모두 효과를 발휘한다는 것이다. 그게 전부가 아니다. 현재 우리는 백신을 개발하고 있다. 백신은 이 질병에 걸릴 가능성을 거의 제로로 만들어 주고, 질병에 걸린 경험이 있어도 완전히 치유하게 한다.

계속 진행하기 전에 한 가지 질문을 던지고 싶다. 매일 같이 치명적인 질병을 접하면서도 자신의 몸을 보호할 수 있는 백신 접종을 거부하는 사람을 어떻게 생각하는가? 여기서 주지해야 될 사실이 있다. 일단 백신은 무료로 받을 수 있고, 아프지도 않으며 쉽게 구할 수 있다. 게다가 '윗사람'이 위험한 질병에서 본인과 동료들을 보호할 간단한 절차를 밟기만 하면 월급을 올려 주겠다고 약속했다.

신중히 생각하고 대답하라. 분명히 내가 당신을 그쪽 방향으로 유도하며 '이끌어 주고' 있으니 말이다. 여기는 '환락의 세계로 빠지는 길'이 아니다. '정상으로 향하는 계단'으로 올라가는 길이다.

현실적으로는 그 사람을 비난하게 될 것이다. 그는 버릇없고, 몰지각하며, 정신적인 거인이 아니다. 자, 이제 그다음 질문이다. 예방 접종이 전혀 아프지도 않고 오히려 재미있을 뿐만 아니라 자신의 심신을 지켜주고 기능을 향상시켜 준다. 하지만 '태도경화증'에서 스스로를 보호하지 않거나 예방조치를 거부하는 사람에 대해 어떻게 생각하는가? 게다가 예방 접종은 자신의 삶에 대한 열정과 친구, 가족, 지인 심지어 낯선 이들과의 대인관계를 향상시키고, 업무 능력도 증가시키며 월급 인상도 보장해 준다. 이런 백신을 거절한 사람을 어떻게 생각하는가?

당신은 분명 부드럽게 미소지으며(이미 태도경화증 문제로 괴로워하지 않다면) 이렇게 말할 것이다.

"이런 치료를 거부한다면 바보나 다름없죠."

당신이 그렇게 말했길 바란다. 왜냐하면 당신에겐 지금부터 쓰레기 같은 사고를 없애주고 태도가 고정되어 버리는 것을 방지해 줄 예방 접종에 '예'라고 대답할 기회가 오기 때문이다.

# 종신보험 정책

## 쓰레기 같은 사고 버리기
## 태도경화증 피하기

건전하고 야망 있는 마음을 지녔으며 동시에 오랫동안 행복하게, 쓸모 있게, 생산적이고, 항상 재미있는 그런 보상받는 삶을 살고자 하는 강한 욕구를 갖고 있기에 쓰레기 같은 사고를 없애고 병 중에서도 가장 치명적인 병, 태도경화증이라는 병을 피하려고 설계된 종신보험 정책 Lifetime Insurance Policy의 혜택과 즐거움을 받아들일 것에 동의한다.

나는 책임감 있는 성인이고 이 혜택을 받아들임으로써 정책의 한 부분인 기회와 책임을 받아들여 '프리미엄을 누릴 수 있기를' 기대하고 있다는 사실을 이해한다.

회의주의와 비난은 어느 곳에서든 안전하지도 행복하지도 않으며 환영을 받지도 못한다. 믿음이 바로 행복의 초석이므로 나는 여기에 내 믿음으로 서명을 함으로써 설명된 모든 혜택을 누릴 수 있도록 지그 지글러가 소개할 절차를 따르겠다고 서명하는 바이다.

믿음과 희망 그리고 사랑으로

날짜 _____          서명 _____

우리가 제안한 대로 따른다면 이 정책의 유효성을 보장한다. 나이, 성별, 인종, 신체, 피부색과 전혀 상관없이 적용된다.

지그 지글러 *Zig Ziglar*

이런 치료는 일종의 보험 정책으로 여러 가지가 독특하다. 공짜인 데다가 계속 연장 가능하며 사용 횟수에 비례해 혜택이 증가하기 때문이다. 혜택이 워낙 개인적인 것들이어서 개인적인 정책이라 할 수 있지만, 이런 혜택을 다른 사람들도 받을 수 있게 확장하면서 본인이 받을 혜택도 늘릴 수 있기 때문에 '그룹' 정책이라고 할 수 있다.

혹시 어떤 것들이 필요한지 걱정된다면 그럴 필요가 없다고 말해 주고 싶다. 왜냐하면 시간과 노력, 경제적인 비용이 거의 들지 않기 때문이다. 매 순간 공들이면 효율성이 배로 증가한다. 금전적인 투자가 적기 때문에 살아가는 데 지장을 줄 리가 없다. 반면에 그 결과는 삶의 방식을 바꿔 줄 것이며 금전적으로 상당한 보상을 얻게 될 것이다. 이 정책에 당신이 '허비하는' 에너지들은 좀 더 큰 에너지, 열정, 삶에 대한 갈망으로 돌아온다. 얼버무리지 않고 핵심만 말하겠다. 당신이 이런 정책을 '채택해' 21일 동안 충실히 규칙을 따르면 내가 말하고 약속한 모든 혜택들이 당신에게 돌아간다.

**직접 질문:** 아무 이유 없이 그 정책을 채택해 그에 따른 혜택을 모두 받아들이겠는가? '예'라고 대답한다면 다음과 같은 정책에 분명히 동의할 것이다.(명심하라. 처음부터 나는 이 책을 결과를 얻기 위해 실천이 필요한 행동 위주의 책이라고 분명히 말했다.)

이 정책에 사인을 했으니 약속과 함께 내가 당신에게 '잊어버리고' 이야기하지 못한 것을 고백해야만 한다. (친애하는 독자여, 나머지 문단에선 1분당 20자 정도로 천천히 읽도록 하라.)

앞 문장을 읽으면서 내가 무엇인가를 '잊어버리고' 이야기하지 않았다는 것을 깨달았을 때, 어떤 생각이 떠올랐는가? '그럼 그렇지, 항상 뭔가 있게 마련이야.' 그런 후 이 공식을 따르는 데 신중하라고 강요할 예정이다. 왜냐하면 당신에게 이 공식이 바라는 요구사항이 있기 때문이다.


## 공식 — 정책 — 백신 등

인생이든 일이든 스포츠든 푹 빠지고 싶으면 열심히 해서 그에 관한 지식과 정보를 얻어야 한다. 자신이 '정통'하지 않은 분야는 좋아하지 않기 마련이다. 새로운 마을과 이웃, 당신의 아들이나 딸이 관심을 보이는 스포츠에 대해 뭔가를 배워 보라. 이게 출발점이다. 인생이 앞으로 우리에게 줄 것에 대해 어떻게 열정을 계발할 수 있는지 한번 알아보기로 하자. 심리학자들은 당신이 열정적으로 행동한다면 열정적일 수 있다는 사실을 오랫동안 주장해 왔다. 어떤 특성이나 성격을 택하면 나중엔 그것들을 갖게 된다. 우선 움켜쥐어라. 그러면 그것이 당신을 움켜쥘 테니 말이다.

이런 공식은 열정과 올바른 태도를 계발시켜 줄 뿐만 아니라 매일 24시간 '대기' 상태다. 이것은 당신을 충전시켜 주고, 의욕에 불타게 하며, 흥분하게 만들고 효율성이 배가 되도록 해 준다. 앞 단원에서 잠깐 언급한 부분에 대해 주의를 주고자 한다. 열정도 이제 살아가는 방식이 되었으며, 한 가지에 열정을 쏟아 붓기란 무척 어려운 법이다.

열정을 계속 발산하면 재미있을 뿐만 아니라 여러 가지 좋은 것들을 끌어들일 수 있고, 전보다 더 많은 것을 얻을 수 있다. 게다가 금전적으로도 행복한 비명을 지를 수도 있다. 훌륭한 것들과 좋은 사람들이 당신 주변에 모여들며, 당신의 인생은 더욱더 즐거워지고 더 많은 이점을 얻게 된다.

상당한 혜택을 누릴 뿐만 아니라 어떤 것들의 첫날을 열어주기도 한다.

당신의 친구, 지인, 친척 심지어 전혀 모르는 사람들까지도 혜택을 받게 된다. 약간 과장하는 것 같지만 이 같은 사실을 증명해 주는 문서가 수천 개나 존재한다. 그런 점을 고려해 봤을 때 이것은 분명히 효과가 있다.

## 첫 번째 단계 — 침대에서 일어나는 방식을 바꾸라

인생이 우리에게 줄 혜택을 대하는 올바른 정신자세와 열정을 계발시키고 싶다면 침대에서 일어나는 방법을 바꿀 필요가 있다. 뒤로 일어나라는 이야기가 아니다. 하루를 시작하는 방법을 바꿔보라는 말이다. 즉, 중립적으로 바꾸거나 완전히 반대로 말이다.

기회 시계가 울릴 때 사람들은 끙끙대면서 뺨을 두어 번 두드린 후 이렇게 중얼댄다. '오, 안 돼! 일어날 시간이라고 하지 말아 줘. 계속 누워만 있을 순 없을까.' 대다수 사람들이 하루를 또 다른 어제라고 생각하며 시작한다. 문제는 이들이 어제를 좋아하지 않았다는 것이다. 이런 식으로 하루를 시작하면 '일진이 나쁜' 하루가 연속으로 이어지는 것도 놀라운 일이 아닐 것이다. 하루를 시작하는 좋은 방법이 있다. 당신에게 훨씬 더 좋은 결과를 가져다줄 것이다. 이런 과정을 따르다 보면 살면서 열정이 묻어나게 된다.

자, 여기에 좋은 소식과 나쁜 소식이 있다. 우선 나쁜 소식부터 살펴보자. 이런 과정을 밟다 보면 본인이 어리석게 또는 유치하게 생각될지도 모른다. 그래도 이 사실을 알게 되는 건 배우자뿐이라면(배우자가 있다면) 그나마 위로가 될 것이다. 그럼 좋은 소식은 뭘까. 우선 당신과 동료, 배우자, 지인들에게서 좀 더 즐거움을 얻게 될 것이다. 그런 후에 돈도 더 많이 벌게 될 것이다. 당장에 돈을 받기는 힘들지 모르지만 어쨌든 당신이 번 돈이니까 조만간에 받게 된다. (진지하게 생각해 보라. 좀 더 즐거움을 얻을 수 있고 좀 더 많은 돈을 벌 수 있다면 매일 5분을 투자해 우스꽝스럽게 느낄 준비가 되어 있는가?)

당신은 그 자리에서 벌떡 일어나 손뼉을 치며 이렇게 말한다.

"자, 이제 일어나 내게 주어진 기회를 즐겨봐야지."

나아가기 전에 이런 장면을 상상해 보자. 머리는 헝클어진 채 반쯤 졸린 눈으로 침대 가장자리에 앉아 있다. 게다가 마치 9살짜리 아이처럼 박수를 치며 이렇게 말하고 있다.

"오늘 하루도 재미있게 보내야지."

100살까지 살 수 있다면 이렇게 말하는 것이 더 없이 바보스럽게 느껴질 것이다. 여기서 한 가지 중요한 점을 강조하고 싶다. 당신은 지금 막 일어났다. 당신이 전날 밤 기회 시계를 맞췄을 때 바라던 상태가 아닌가. 더욱 중요한 사실은 당신이 태도를 고치기 위해 큰 걸음을 내딛었다는 사실이다. 연령과 직업, 성별에 상관없이 수없이 많은 성공한 사람들이 이 책을 (이미 읽었거나) 읽을 거라는 사실을 염두에 두고 이 점을 강조하고 있다.

여러분 중 일부는 이게 유치하다고 생각하는 사람도 있을 것이다. 그런 식으로 생각한다면 특별히 성심 성의껏 노력해 보라고 강요하고 싶다. 왜냐하면 그만큼 당신의 욕구가 크기 때문이다. 결국 당신은 손해 볼 게 없다. 얻을 건 많고.

지난 밤 당신이 그다음 날 아침에 일어나려고 '기회 시계'의 알람을 맞춰 놓았을 때 이미 시작했다는 사실을 이해해 주길 바란다. 그 시점에서 당신은 이미 결정을 내렸다. '내일 이 시간엔 일어나야지.'

다음 날 아침 기회 시계가 울릴 때 당신은 새로운 결정을 내리지 않는다. 그 전날 밤 이미 결정해 놓은 것을 단순히 따를 뿐이다. 그 전날 당신은 어떻게 일어날지를 결정한다. 그래서 첫 번째 알람이 울렸을 때 투덜거리며 일어나거나, 감사한 마음으로 일어난다. 한 사람은 하루를 긍정적으로 시작하고, 다른 한 사람은 부정적으로 시작한다. 그 전날 선택을 올바르게 하고 그다음 날은 자신이 선택한 결정을 따르라.

당신의 배우자가 깊이 잠들어 있거나 아이들이 어려 깨우고 싶지 않다면 기회 시계가 울렸을 때 벌떡 일어나 두 주먹을 불끈 쥐고 '화이팅' 하고 힘차게 외쳐라. 그리고 실제로 손뼉을 치는 대신, 손뼉을 치는 흉내를 내라. 자신의 모습을 보고 웃지 않을 수 없을 것이다. 아주 건전한 일이 아닌가!

우연찮게 침대 옆에 큰 거울이 있어 당신이 얼마나 우스꽝스러운지 볼 수 있다면 금상첨화다. 이것은 하나의 희극이다. 보통 사람이라면 이 장면을 보고 즐거워하고, 심지어 웃음보를 터뜨릴지도 모른다. 정말 우스꽝스럽고 웃기기 때문에 더 재미있는 게 아닐까. 당신은 이제 자신의 모습을 보며 웃고 있다. 이런 일을 계속 하면 어떤 문제도 해결할 수 있다. 자기의 모습에 웃지 않는 사람은 남이 자신의 모습을 보고 웃는 것을 참을 수 없다. 자신의 모습에 웃을 수 있다는 것은 바로 감정적으로 성숙했고 안정됐다는 의미다. 아내가 함께 '일어나면' 효과가 훨씬 좋아진다. 이젠 희극이 두 배가 되니까 말이다. 부부가 함께 웃게 된다. 이는 인생을 더욱 즐겁게 만들어 주고 부부관계를 돈독히 해 준다.

열정적이고 흥분된 마음으로 하루를 시작하면 시편 118:24절에 나와 있는 것처럼 된다. 즉, "이날은 여호와께서 지으신 날이니 이날에 우리가 즐거워하고 기뻐하자." 내가 여러 부부에게서 받은 전화와 편지를 당신과 함께 공유할 수 있는 공간이 있으면 좋겠다. 이들은 하나같이 이렇게 말하고 있다.

"이것 때문에 우리가 함께 웃기 시작했어요. 결혼 생활을 도와줬을 뿐만 아니라 다른 면에서도 여러 가지 혜택을 받았지요."

## 샤워하면서 노래 부르기

이제 일어나 샤워를 하라. 어린아이가 자고 있지 않다면 큰 소리로 쾌활하게 노래를 불러라.

"전 노래에는 영 취미가 없어요." 이런 식으로 변명할 생각은 하지도 마라. 언젠가 미치 밀러<sup>Mitch Miller</sup>에게 편지를 받은 적이 있다. 그는 노래를 굳이 '따라 부르지' 않아도 된다고 말했다. 우리 애들이 나보고 교회에서 노래를 부르지 말아달라고 했다. 노래에 대한 재능이나 음정이 중요한 게 아니다. 생각이 중요하다. 샤워하면서 노래 부르는 건 간단한 일이다. 큰소리로 노래를 부르면 부정적이 될 수 없다.

윌리엄 제임스<sup>William James</sup>는 이렇게 말했다.

"우리가 행복해서 노래를 부르는 건 아니에요. 노래를 부르니까 행복한 거죠." (게다가 이건 당신의 '타고난 권리'다.) 같은 맥락에서 "우리가 나이가 들어 일하지도 않고 놀지도 않는 게 아닙니다. 우리가 일도 하지 않고 놀지도 않기 때문에 나이가 드는 겁니다."

한 집안의 가장으로 한 단계 더 나아가면 더 많은 혜택을 얻게 된다. 거실에 가서 책상을 몇 번 두드린 다음 이렇게 말했다.

"여보, 아침으로 베이컨과 달걀을 준비했구려. 마침 먹고 싶었는데 고마워요."

622일 동안 같은 음식을 먹었는데도 재미있는 일이 생길 것이다. 우선 아내는 당신을 놀란 눈으로 쳐다볼 것이다. 아내의 이런 충격은 상당히 가치가 있다. 아침 식사가 진수성찬이 아닐지라도 그다음 날엔 아내가 더 신경 써서 준비할 가능성이 크다. 다시 말해 당신은 손해를 볼 게 없다는 뜻이다. (남편이 직접 요리를 하면 이런 과정이 더욱더 효과를 발휘할 수 있다.)

자, 이젠 이런 과정이 어떤 것을 이루었는지를 설명해 보겠다. 행동보다 생각이 앞서기 때문에 그다음 날 아침 실천에 옮기기 위해선 밤에 행동을 계획하게 된다. 이는 긍정적으로 계획을 세우는 습관을 들게 해 주고 훨씬 중요한 결과를 내게 된다.

이유는 다음과 같다. "행동이라는 씨앗을 뿌리면 습관이라는 열매를 맺게 된다. 습관이라는 씨앗을 뿌리면 성격이라는 열매를 거두게 된다. 성격이라는 씨앗을 뿌리면 운명이라는 열매를 맺게 된다." 이유는 간단하다. 논리는 감정을(예를 들어 부정적인 감정) 변화시켜 주지 않는다. 그러나 행동은 변하게 할 수 있다. 아니면 텍사스 댈러스에 있는 마그넷 의료학교 교장이자 내 친구인 브루스 노먼이 말한 것처럼 될 수 있다.

"행동이 어떻게 바뀌는지를 느낄 수는 없지만 새로운 기분이 들도록 행동할 수는 있다."

이런 행동의 결과, 훨씬 더 위대하고 파장 효과가 큰 열정을 낳게 된다. 열정적인 태도를 가지면 당신의 운명은 더욱더 위대해진다는 사실을 역사가 증명해 주고 있다. 열정적인 마음으로 아침에 일어나 식사를 하는 건 좋은 하루를 위한 무대를 설치하는 것과 같다. 하루는 인생의 축소판이다. 좋은 날을 계속 보내다 보면 보람찬 인생을 살게 되는 것과 같다. 열정은 홍역보다 전염성이 강하기 때문에 가족이나 친구도 이득을 보게 된다. 일단 열정을 보이면 가족이나 지인들에게 전염되고, 그로 인해 모든 사람들이 혜택을 본다.

이런 행동들은 그 밖의 다른 장점들도 있다. 정상으로 향하는 계단 끝으로 올라가는 도중에 가장 큰 장애물이 되는 것, 즉 무엇인가를 미루는 버릇에 효과적인 정면 승부를 던지기 때문이다. 미루는 버릇이 있다면 이런 간단한 절차가 문제를 극복하는 출발점이 될 수 있다. 습관을 다룬 단원에서 보면 이 점은 더욱 확실해진다. 현재로선 당신이 어느 곳을 가든 우선 시작해야 한다는 것을 분명히 해 두라. 당신이 아침에 어떻게 일어나느냐에 따라 얼마나 높이 올라갈 수 있는지 결정하는 중요한 역할로 작용하고 있다는 것도 사실이다.

이 시점에서 이런 아침 기상 습관이 '좋은' 습관이고, 좋은 습관이라면 모두 '움켜잡아야 하며' 끝까지 붙들어야 한다는 점을 강조하고 싶다. 여기서 격려의 말 한 마디를 덧붙인다. 당신은 처음부터, 어쩌면 첫 날부터 '재미있는' 혜택을 받게 될 것이며, 연속적으로 21일 동안 굉장한 변화를 맛보게 될 것이다.


## 두 번째 단계―상징을 만들라

오늘날 미국 사회는 부정적인 분위기가 만연하다. 예를 들어 우리는 도시, 마을, 전국 교차로 거리 구석에 달린 수천 개의 장치를 '빨간red' '멈춤stop' 혹은 '교통traffic' 신호라고 부른다. 이런 용어들은 부정적이다. 실제로 그 신호는 '통행'을 나타내는 신호이기 때문이다. 믿지 못하겠다면 이 신호들 중 하나가 작동되지 않았을 때 어떤 일이 벌어지는지 주의 깊게 관찰해 보라. 차들은 몇 블록이나 줄줄이 서 있게 된다. '빨간' '멈춤' '교통' 신호의 불빛이 꺼졌기 때문에 그런 게 아니라 '통행' 신호가 고장났기 때문이다. 그렇다면 왜 사람들은 이것을 '멈춤' 신호라고 부를까? 이유는 단순하다. 이들은 부정적인 영향력의 포로들이기 때문이다. 그들은 남이 '빨간' 신호라고 하니까 그렇게 부른다.

안타까운 사실은 미국인이 보통 '통행' 신호 앞에서 색깔이 바뀌어 '지나갈 수' 있을 때까지 매년 27시간을 기다린다는 통계가 나왔다. 대부분의 사람들은 27시간을 어떻게 보내는가? 평균적으로 사람들은 세 가지일을 한다. 우선 운전대를 꽉 부여잡아 차가 앞으로 나가지 않게 한다. 두 번째, 필요할 경우 '통행' 신호와 이야기할 정도로 입을 꽉 다물고 있다. 세 번째이자 가장 중요한 대목인데, 이들은 액셀러레이터에 발을 올려놓는다. 엔진을 공회전시키면 신호가 더 빨리 바뀐다고 생각하는 모양이다. 당신도 여기에 책임을 물을 생각인가? 본인이 느끼지도 못한 채 죄를 저지를 가능성이 크다. 정말 당신이 그렇다면, 그리고 박수를 치며 하루를 시작하는 게 어리석다고 생각했다면 신호를 바꾸려고 공회전을 시킨 건 어떻게 생각하는가?

## 본인의 문제로 생각하라

다 같이 생각해 보자. 신호를 기다리며 이런 절차를 밟는 대신 전혀 다른 방법을 시도해 보자. 건설적으로 할 수 있는 일이 두 가지 있다. 신호 바뀌기를 기다리며 신호를 본인 문제로 생각할 수도 있다. 신호를 보며 이렇게 말할 수 있다.

"저건 내 거야. 날 위해 세워졌어. 내 이름도 적혀 있어. 내가 좀 더 멀리 갈 수 있도록, 더 빠르고 쉽게 그리고 안전하게 목적지에 갈 수 있게 세워진 거야."

실제론 그게 '통행 신호'다. 두 번째, 이제 당신은 '통행 신호'를 이야기할 정도로 깊이 빠져 있다. 여기서부터 재미가 시작된다. 당신이 어떤 사람이고, 무슨 일을 하며, 어디에 있든지 대화를 나눌 때나 표정이 없을 때 '통행 신호'라는 용어를 사용하라. 당신이 할 수 있으리라고 생각한다.

'통행 신호'라고 말한 순간 두 가지 일이 벌어진다. 첫째, 당신은 환한 미소를 짓게 될 것이며, 당신과 함께 한 사람도 덩달아 웃게 될 것이다. 둘째, '통행 신호'라고 말한 순간 당신은 어쩔 수 없이 웃게 되며, 당신의 태도 또한 변하기 시작한다. 이 부분을 다시 들여다보고, 내가 말하는 것이 얼마나 실용적인지 다시 한번 깨닫게 될 것이다. 삶의 긍정적인 면을 바라보면서 한 마디의 말과 한 번의 행동이 연속해서 긍정적인 사고를 낳게 되고, 이는 곧 긍정적인 행동을 이끌게 되며 최종적으로는 긍정적인 결과를 배출해 낸다.

## 통행 신호, 힘있는 마무리 그리고 온기

매니토바 위니펙에 가까운 친구가 살고 있다. 솔직히 그는 친구라기보다는 형제에 가깝다. 그의 이름은 버니 로프칙Bernie Lofchick이며 내 주변 사람 중 가장 긍정적이다. 어찌나 긍정적인지 그가 가끔 '온기warm(감기에 걸리면 열이 난다는 의미에서)'가 있다고 말했는데도 감기cold에 걸리지 않는다. '주말(weekend의 week가 약하다는 뜻의 weak와 발음이 같은 것을 꼬집어서)'이란 단어도 부정적이라서 쓰지 않을 만큼 긍정적인 사람이다. 그것을 '힘있는 마무리'라고 부른다. 이 단어를 보면서 이런 생각이 떠오를지도 모르겠다.

'이런 짓까지 해야 돼?'

그럼 난 이렇게 말하고 싶다.

"이런 사소한 게 없으면 평범해질 수 있어요."

그러나 내가 인생에서 더 많은 것을 얻고 싶다고 증명한 '당신'과 이야기 나누기를 바란다. 이런 사소한 것들이 없으면 평범해질 수 있다고 스스로 생각할 가능성이 크기 때문이다.

"평범하다고! 도대체 무슨 이야기를 하시는 거죠? 전 대학생이라고요! 제 몸값은 천만 달러 이상이에요." 혹은 "지난 3년간 계속 최고 세일즈맨이었다고요." "난 사장이야!"

잘하고 있다! 그래도 성공이란 남들이 하는 일과 내가 하는 일을 비교해서 평가되는 게 아니라, 당신이 가진 소질로 무슨 일을 할 수 있는지와 실제로 당신이 한 일을 비교해 평가하는 것이기 때문에 난 '평범하다'고 말하겠다.

『정상에서 만납시다』의 주요 목적은 당신이 자신의 능력을 깨닫고, 계발시키며 최대한 활용할 수 있도록 돕는 것이다. 이 정도까지 읽었다는 것은 내가 분명 당신과 이야기했으며, 당신은 인생에서 좀 더 많은 것을 얻고 싶다는 점을 확실하게 밝힌 셈이다. 다시 한번 강조하지만 큰 것들이 변화를 만드는 게 아니라 사소한 것들이 변화를 만든다.

대화를 나눌 때 혹은 당신의 인생에 '통행 신호' '온기' '힘있는 마무리' 같은 단어를 쓰기 시작할 때, 굉장한 변화가 일어난다. 인생을 좀 더 즐겁고 재미나게 살게 된다. 즉, 이전보다 더 행복하고 건강하게 살 것이라는 뜻이다. 왜냐하면 이런 과정이 당신 얼굴에 미소를 가져다주고, 당신 마음에 웃음을 가져다줄 테니까 말이다. 이런 속담도 있다.

"마음의 즐거움은 계속되는 축제다."

인생을 이런 식으로 접근하면 당신의 태도를 조정하는 세 번째 단계가 훨씬 쉽고 간단해진다.


### 세 번째 단계 —
### 성공을 향해 당신의 자이로스코프를 조절하라

수년 전 '몰래 카메라'에 관한 일화가 내 머릿속에서 잊히지 않는다. 사무실이 있는 빌딩에서 어떤 배우가 복도를 서성거리고 있었다. 그녀에겐 굉장히 크고 무거운 가방이 있었다. 그녀는 복도를 조금 더 걸으면 있는 사무실까지 가방을 들고 가 줄 사람을 찾고 있었다. 남자가 나타날 때마다 여배우는 도움을 요청했다. 물론 그럴 때마다 우호적인 대답을 들었다.

가방을 들고 복도를 따라 걷기 시작하면서 그들은 대화를 나누기 시작했다. 여배우는 사무실이 어디 있는지 가르쳐 주었다. 그러나 남자가 가방을 안으로 들여놓으려고 할 때 난관에 봉착하게 되었다. 본인이 사무실로 들어가는 건 쉬웠지만 가방 속 자이로스코프gyroscope; 회전의는 직선 방향으로 들어가야 했다. 따라서 방향을 바꾸면 강하게 부딪힌다.

지구상의 모든 생명체는 태어날 때부터 자이로스코프를 가지고 있다. 다른 다람쥐 떼들과 멀리 떨어진 어린 다람쥐가 한 마리 있다. 날씨가 쌀쌀해지자 겨울을 위해 나무 열매를 비축해 두었다. 겨울을 견뎌낼 수 있을지조차 모르지만 말이다. 이것이 바로 자기 보존의 법칙이다. 다람쥐가 태어날 때부터 갖고 있던 자이로스코프인 것이다. 마찬가지로 한 번도 겨울을 경험하지 못한 어린 오리도 무리와 떨어졌지만 겨울엔 남쪽으로 날아간다. 자기 보존의 법칙이 요구하는 것이다. 그것이야말로 오리의 타고난 자이로스코프인 셈이다.

사람들에게도 역시 자이로스코프가 있다. 물론 차이점은 있다. 그 차이점이란 사람은 자신의 자이로스코프를 설정할 수 있다는 것이다. 호수나 해변에 가서 항해하는 배를 보라. 배들은 여러 방향으로 떠다니고 있지만 바람은 한쪽 방향으로만 분다는 것을 알게 된다. 어떻게 배들이 여기저기로 떠다닐 수 있을까? 대답은 간단하다. 항해를 조정하는 사람이 배에 타고 있기 때문이다. 항해를 조정하면 배의 방향이 정해진다. 당신이 앞으로 갈 방향을 결정하는 건 당신의 항해를 조절하는 방식(자이로스코프)이다. 그리고 그 방향이 운명을 결정짓는다.


**중요한 성공을 위한 사소한 변경**

앞에서 언급했던 조리 기구 세일즈맨을 기억하는가? 그는 매일 자이로스코프를 설정했다. 사실 하루에도 몇 번씩 자이로스코프를 수정했다. 성공을 위해선 꼭 필요한 일이다. 물론 당신도 마찬가지다. 앞에서도 말했지만 당신이 어떻게 할 수 없는 변화와 일들이 많이 생기게 된다. 당신과 목적지 사이에 어떤 방해물이 있는지 정확하게 예측할 순 없다. 그러나 누군가 당신의 진로를 방해한다고 해서 원점으로 돌아가 다시 출발할 필요는 없다고 말해 주고 싶다. 약간만 수정한 후 목표를 향해 전진하면 된다. 명심하라. 볼 수 있는 데까지 가라. 그리고 목적지에 도달하면 더 먼 곳을 볼 수 있다.

당신의 자이로스코프는 어떻게 설정할까? 그 질문엔 잠시 후에 대답하겠다. 그러나 그 전에 질문을 하나 하겠다. 장시간 통화를 할 때 낙서를 하는가? 정사각형, 직사각형, 원을 그리는가? 대화가 상당히 길어지면 명암을 그려 넣기 시작하고, 명암 속에 또 디자인을 하고 있는가? 어느 정도 심각한 낙서쟁이인가? 낙서의 고수들은 자신들의 낙서가 '발견되길' 바라면서 낙서를 남겨두기도 한다. 자신의 낙서에 가장 높이 매긴 가격은 얼마인가?

여러 사람들과 함께 수년 동안 일해 왔지만 낙서를 팔았다는 사람은 본 적이 없다. 이 점을 염두에 두고 낙서 시장은 제한되어 있다고 감히 말해 본다. 이익이 되지 않는 낙서를 하는 대신, 깨끗한 종이를 꺼내 이렇게 적어라.

"난 할 수 있다. 난 할 수 있다. 난 할 수 있다……."

그리고 구체적으로 어떤 것을 할 수 있는지 적어라. 종이 위에 그리고 목욕탕 거울 위에 당신의 목표를 계속해서 적어라. 그리고 종이나 거울의 맨 아래에 이렇게 적어라.

"난 할 거야. 난 할 거야. 난 할 거야……."

당신의 목표를 잠재의식 속으로 입력시키면서 '당신의 자이로스코프'

를 조정할 것이다.

많은 사람에게 『정상에서 만납시다』는 훌륭한 성과를 얻을 수 있는 로드맵이 되어 왔다. 이런 간단한 공식이 그들이 시작할 수 있게 만든 촉매제 역할을 한 셈이다. 당신이 찾는 촉매제가 될 수 있지만 주의를 해야할 게 있다. 이 공식을 따르는 데에는 어려움이 있기 때문이다. 이런 아이디어를 사서 올바른 태도를 취하고 내가 추천하는 과정을 따르면 인생에서 소중한 것들이 담겨 있는 금고를 열어 현재 있는 것을 구하는 대신 원하는 것을 얻을 수 있는 소수에 포함된다.

가치 있는 것에 대해선 비평에 신경 쓰지 않는다. 유사 이래 비평가를 위해 조각상을 세워 준 적은 없다. 따라서 이들은 그렇게 큰 존경을 받아서도 안 된다.

어떤 이들은 당신을 보고 웃을지도 모르지만 여기서 하나만 이야기하겠다. 살면서 좋은 것을 놓치는 사람들은 작은 세상과 작은 사람들이다. 반면 최후에 웃는 자는 바로 당신이다. 알렉산더 그레이엄 벨이 전화를 발명했을 때 작은 세상은 웃었지만 큰 세상은 귀를 기울였다. 라이트 형제가 역사적인 첫 비행에 성공했을 때 작은 세상은 비웃었지만, 큰 세상은 키티호크Kitty Hawk*에 있었다. 작은 세상은 당신이 여행을 떠날 때 비웃을지도 모르지만, 큰 세상은 결승점에서 당신의 우승을 학수고대하며 기다리고 있을 것이다. 무엇보다 목표를 달성해 상으로 얻을 수 있는 것보다 목표에 도착함으로써 당신이 어떤 존재가 될 수 있는지가 더 중요하다.

---

* 키티호크(Kitty Hawk)
미국에서 제작한 증기터빈 추진 방식의 초대형 항공모함이다. 뉴저지주 캠던에 있는 뉴욕조선소에서 건조되어 1961년 4월 필라델피아 해군기지에서 정식 취역하였다. 키티호크라는 이름은 1903년 12월 라이트형제가 세계 최초의 동력비행기를 타고 비행에 성공한 노스캐롤라이나주의 작은 마을 이름에서 따온 것이다.

# 16

## 네 번째 단계
## 마음에 양식을 제공하라

### Step Four-Feed Your Mind

태도 조절에 대해 앞에서 나온 세 단계들은 아주 간단하다. 다시 한번 되짚어 보자.

첫 번째 단계. 아침에 열광적으로 박수를 치며 일어난다.

두 번째 단계. '통행 신호' '온기' 그리고 '힘있는 마무리' 같은 새로운 단어들을 이용하라.

세 번째 단계. 긍정적 어조, '나도 할 수 있다'는 어조로 자이로스코프를 설정하라.

네 번째 단계. 많은 것을 포함하기 때문에 이번 단원 전체를 할애하고자 한다. 이 공간을 전부 차지할 만큼 가치가 있다.

**배가 고프면 ― 먹어라**

여기서 질문! 지난달에 식사를 했는가? 지난주에는? 어제는? 오늘은? 이런 질문을 받으면 당황할 것이다. 물론 당신은 지난달, 지난주, 어제 그리고 오늘 뭔가를 먹었을 것이다. 내일도 뭔가를 먹을 것이다. 그렇다면 오늘 먹는 건 소용없다는 뜻인가? 그건 절대 아니다. 오늘 먹는 건 오늘을 위한 것이다. 보통 사람이라면 매일 식사를 할 뿐만 아니라 정해진 스케줄에 따라 먹는다. 어떤 사람이 너무 바빠 식사를 걸렀을 때 자기 이야기를 들어주는 사람에게 항상 이렇게 말한다.

"있잖아요, 어젠 너무 바빠서 식사도 못 했어요."

그러고는 상대방이 확실하게 알아들을 때까지 몇 번이고 같은 이야기를 되풀이한다. 그에겐 식사를 거른 것이 큰일이기 때문에 남들도 그의 '희생'을 알아주었으면 하는 바람이 있다. 똑같은 사람에게 정신적인 식욕에 대해 물어보면 어떨까?

"일정에 따라 마음에도 양식을 제공한 게 마지막으로 언제였죠?"

그의 대답은 어땠을까? 그러면 당신은 어떻게 대답하겠는가? 당신의 대답이 중요하다. 왜냐하면 배가 고픈 것만큼이나 정신적으로 배고픈 것 역시 중요하기 때문이다.


**마음이 고프면 ― 어떻게 할까?**

사람들은 참 재미있다. 배고픈 사람이 이렇게 말한 걸 들어본 적이 없다.

"배고파 죽을 지경이야. 뭘 해야 되지? 좋은 생각 있어? 해결책을 제시해 줄 수 있겠어?"

개인적으로 난 이와 같은 특별한 상황을 접한 일이 없었다. 배고프면 먹으면 되니까 고민할 필요도 없다. 배를 채우기 위해 주당 몇 백 달러 이상을 소비하는 사람은 거의 없다. 반면 머리는 무한정으로 채워 넣을 수 있다.

그렇다면 우리는 이제 어떻게 해야 할까? 우리는 아랫부분에 있는 배를 매일 채운다. 그렇지만 무한정의 가치와 수익, 잠재적인 행복을 가지고 있는 마음은 어떠한가? 우리들 대부분은 자신이 편할 때에만, 혹은 할 일이 없을 때에만 가끔씩 그리고 우연찮게 마음을 채운다. 흔히 하는 변명은 '시간이 부족하다'는 것이다. 솔직히 말도 안 된다. 매일 배를 채울 '시간'이 있다면 무한한 잠재력이 있는 부분을 채울 만한 시간을 일부러 내야 한다는 생각이 들지 않는가?

기가 죽고 부정적이며 패배감에 젖은 불행한 사람들을 많이 접했다. 그것이 부정적인 측면에 있다면 그들과 딱 어울린다. 여기서 재미있는 사실은 이들이 자신의 마음이나 태도에 양식을 주지 않는다는 점이다. 이들은 정보와 영감을 절실하게 필요로 하지만 세미나에 참석하지도 않고, 좋은 책을 읽지도 않으며 훌륭한 강의를 듣지도 않는다. 이들의 이야기를 들어 보면 재미있을 때가 있다. '비극적'이라고 해야 할까? 성공한 사람들이 얼마나 긍정적이고 낙관적인지 이야기를 하면 패배자들은 이렇게 말한다.

"당연히 긍정적이고 좋은 태도를 가질 수밖에 없죠. 연봉이 25만 달러잖아요. 그 정도 돈을 벌면 저도 긍정적인 사람이 될 겁니다."

실패자들은 성공한 사람들의 연봉이 25만 달러라서 긍정적이라고 생각한다. 오히려 그 반대다. 성공한 사람들은 올바른 정신자세를 가졌기 때문에 연봉이 25만 달러 혹은 그 이상이 되는 것이다. 빈속처럼, 빈 머리도 속에 뭔가 채워질 때까지 주인을 괴롭히면 참 좋을 텐데.

법, 의학, 세일즈, 교직, 스포츠, 과학, 예술 등 모든 분야에서 정상에 있는 사람들, 혹은 정상을 향해 달려가는 사람들은 자비를 들여 세미나에 규칙적으로 참가한다. 이들은 양서를 읽고 동기를 유발하는 강의를 듣는다. 계획적으로 정보와 영감을 찾기 때문에 성장가도를 달리고 있다.

## 잘하라— 무의식적인 상태로

왜 성공한 사람은 긍정적일까? 바꿔 말하면 왜 긍정적인 사람들이 성공하는 걸까? 항상 좋고, 깨끗하며, 강하면서도 긍정적인 사고방식을 규칙적으로 마음에 입력하기 때문에 긍정적이 된다. 이들은 음식으로 다이어트를 하듯이 긍정적인 사고로 생활의 다이어트를 한다. 이들은 머릿속을 채우면 배를 채울 걱정이 필요없다는 것을 안다. 집은 물론이요, 노령에 따른 금전 문제에 대해서도 걱정이 없다. 학습 과정을 연구하고 실례를 살펴보면 왜 그런지 이유를 분명히 알 수 있다.

말 그대로 우리는 모든 것을 의식적으로 배운다. 그러나 무의식적으로 할 때에만 진정으로 잘할 수 있다. 당신은 의식적으로 운전을 배웠다. 클러치를 어떻게 사용하는지 기억하고 있는가? 클러치를 밀어라. 액셀러레이터를 약간만 밟아라. 조심해서 변속 기어 레버를 밀어라. 이제 클러치를 조작하라. 쉽게 할 수 있다. 변속기어 레버를 당겨라. 기억에 있는가? 차체가 요동을 치거나 시동을 꺼트린 기억도 나는가?

그때는 당신이 사회에 위협적인 존재였으며 사고 발생 1순위였다. 왜냐하면 운전을 의식적으로 배우고 있었기 때문이다. 그러나 얼마 후 액셀러레이터를 밟고, 기어를 올리고, 클러치를 조작하고, 껌을 씹고, 창문을 내리며 이웃과 수다를 떠는 일을 동시에 할 수 있게 된다. 이제 운전 과정이 의식적인 마음에서 잠재의식으로 이동했기 때문에 이런 일들을 안전하게 할 수 있다. 처음엔 의식적으로 배웠지만 나중엔 '무의식적으로' 혹은 자동적으로 운전을 한다. 일종의 반사 행동이라고 할 수 있다.

음악가들은 어떤 악기든 다루는 법을 의식적으로 배우는 고통스럽고도 긴 과정을 거치게 된다. 이렇게 배우는 동안에는 친구와 친척들이 악기 소리 듣는 것을 피한다. 그러나 시간이 흘러 그 음악가가 본능적으로 혹은 무의식적으로 연주하기에 이르면 비로소 듣고 싶어 한다.

워드 치는 법을 배웠을 때가 기억나는가? 분당 10단어를 칠 때마다 집중해야만 했다. 의식적으로 워드를 치고 있었으며 그것도 제대로 잘 못했다. 그러나 시간이 흐르면 자판을 생각하지 않고 그냥 치게 된다. 이 단계로 접어들면 당신은 무의식적으로 잘 치게 된다.

뭔가를 의식적으로 배우기만 하면 무의식적으로 할 수 있는 단계로 옮겨 가 잘할 수 있게 된다. 당신이 잘하는 건 뭐든지 무의식적인 상태에서 한다. 당신의 태도도 마찬가지다. 이것 역시 무의식적인 단계로 옮겨 갈 수 있다. 긍정적인 상황뿐만 아니라 부정적인 상황에서도 그렇다.

본능적으로 긍정적인 반응을 보이도록 할 수 있다. 이 점은 내가 보장한다. 노력과 실천, 연습이 필요하지만 어쨌든 할 수 있다. 반사적인 행동이나 조건반응처럼 어떠한 자극에도 무의식적으로 긍정적 반응을 보일 수 있다.

이 단원 19장에서 잠재의식과 그것의 본능적인 혹은 제한된 사용에 대해 자세히 설명할 예정이다.

## 여기에 낙천주의자가 있다

장기간에 걸쳐 훌륭하고 깨끗하며 강한 정보를 마음에 심어 주면서 '그 남자'와 같은 태도를 발전시킬 수 있다. 어느 날 홍수 때문에 그는 지붕 위로 피신할 수밖에 없었다. 이웃집 사람이 그의 집 근처로 떠내려 왔다. 이런 엄청난 상황을 접하면서 이웃은 이렇게 말했다.

"존, 이번 홍수는 정말 끔찍하지 않아요?"

존은 대답했다.

"아니요, 그 정도는 아닌데요."

이웃집 남자는 약간 놀라며 이렇게 말했다.

"무슨 말이에요. 그 정도는 아니라니? 저기 보세요. 당신네 닭장이 떠내려가고 있잖아요."

존은 간단명료하게 대답했다.

"알아요. 그렇지만 6개월 전에 전 오리를 기르기 시작했죠. 그런데 저들을 보세요. 이젠 수영을 할 줄 알잖아요. 다 괜찮아지겠죠."

"그렇지만 존, 당신네 농작물도 엉망이 될 텐데요."

이웃집 남자는 포기할 줄 몰랐다. 여전히 초연한 태도로 존은 이렇게 대답했다.

"그건 아니에요. 이번 농작물은 이미 엉망이었어요. 지난주에 농사고문이 와서 우리 땅에 물이 부족하다고 했거든요. 이제 그 문제는 해결된 셈이네요."

비관주의자는 한 번 더 이 낙천적인 친구의 기를 꺾으려고 시도했다.

"이거 봐요, 존. 수위가 계속 높아지고 있어요. 이제 창문까지 물이 찰 텐데요."

그러자 더 밝은 미소를 지으며 이렇게 이야기했다.

"그러면 더 좋겠네요. 마침 창문이 더러워서 물 청소를 해야 했거든요."

물론 이건 어디까지나 농담이다. 그러나 종종 그렇듯 유머에 진실이 담겨 있다. 우리의 영웅이 상황을 긍정적인 태도로 바라보기로 했다는 사실은 분명하다. 결국 사전에서 말하는 정신자세란 목적을 이루기 위해 취하는 입장이나 태도이기 때문이다. 오랜 시간에 걸쳐 살면서 접하는 부정적인 상황에 본능적으로 그리고 자동적으로 긍정적인 반응을 보일 수 있게 당신의 마음을 조절할 수 있다. 이런 방법을 취하고 살기 위해선 마음에 훌륭하고 건전하며 강한 동기 유발이 될 메시지를 제공해야 한다. 그리고 나서는 끊이지 않게 양식을 제공해야 한다.

『정상에서 만납시다』 앞부분에도 나와 있지만 당신은 옛날 쓰레기들을 완전히 묻을 수 있지만(쓰레기장 위에 세운 쇼핑센터를 기억하는가?) 라디오나 TV를 켜고 신문을 보며 부정적인 사람과 대화를 나누고 심지어는 부정적인 대화를 엿듣게 되면 누군가가 당신의 깨끗하고 긍정적인 마음에 새로운 쓰레기를 붓는 것과 같은 꼴이 된다. 자, 이젠 어떻게 하겠는가?

**정답:** 앞에 나온 두 단원에서 우리가 어떤 이야기들을 했는가. '기상' 습관으로 마음을 조절하고, '통행 신호'와 같은 긍정적인 어구를 사용하며 '당신만의 자이로스코프를 설정하라.' 통화하면서 할 수 있다. 그리고 마음의 양식을 규칙적으로 제공하는 것을 다룬 이번 단원에 나와 있는 과정을 따라야 한다. 이유는 간단하다.


## 세 가지 종류의 동기유발

첫 번째는 '두려움'이다. "저녁 11시까지 안 들어오면 이번 달엔 외출 금지다.""실적을 올리지 않으면 해고야." 어떤 사람들에겐 이런 방법이 먹히지만 대부분의 사람들에겐 그렇지 않다. 오히려 반발심을 불러오는 분노를 유발하기 때문이다.

두려움이라는 동기는 다음의 일화에 잘 나타나 있다. 어떤 부유한 텍사스 신사가 초호화 파티를 개최했고, 특히 결혼 적령기의 젊은이를 집중적으로 초대했다. 밤이 깊어가고 대부분 손님들의 기분이 좋아지자 파티 호스트가 독사와 악어를 풀어놓은 수영장 주위로 모든 사람들을 불러 모았다. 그는 손님들에게 이 수영장을 건너오는 사람에게 상을 내리겠다고 발표했다. 우승자는 세 가지 상 중에서 하나를 고를 수 있었다. 상품 후보는 1,000만 달러 현금, 수천 평의 땅, 주인의 딸이었다. 말이 떨어지기 무섭게 '첨벙' 소리가 나더니 엄청나게 빠른 물장구 소리가 들렸다. 얼마 지나지 않아 어떤 청년이 풀장 반대쪽 끝에 나타났다. 세계 신기록도 깰 만한 속도였다.

파티 주인은 열광적으로 그 청년을 축하하며, 어떤 상을 받고 싶은지 물었다. 현금으로 1,000만 달러? 청년은 고개를 저었다. 수천 평의 땅? 다시 거절을 했다. 그러면 딸과의 결혼? 청년이 그것도 싫다고 하자 원하는 게 무엇인지 물었다. 그러자 그는 재빨리 대답했다.

"풀장으로 저를 민 사람이 누군지 알고 싶어요."

두 번째 동기는 인센티브 혹은 '당근'이다. 간단히 말하면 성과에 대한 상이다. "3포인트 이상 실적을 올리면 월급을 인상해 주겠네." "알아서 잘하면 자네 자리는 평생 보장될 것이네." 이런 동기는 자유기업사회에서 상당히 많은 사람들에게 먹힌다.

당나귀가 수레를 끄는 그림을 보았을 것이다. 당근이 당나귀 앞에 매달려 있는 걸 볼 수 있다. 당나귀가 당근을 향해 걸어갈 때마다 수레가 앞으로 나간다. 이런 동기가 효과를 발휘하려면 몇 가지 전제 조건이 필요하다. 우선 수레가 가벼워야 하고, 당근을 매단 줄이 짧아야 하며, 당나귀가 일을 할 수 있게 유혹할 만큼 당근이 맛있어야 한다. 우리는 경험을 통해 당나귀가 좌절하지 않게 하려면 최소한 몇 번 정도는 당근을 먹게 해야 한다는 것을 안다. 그렇지 않으면 당나귀는 자신이 쓸모 없는 실험에 참여한다고 느끼며, 당근을 먹으려고 시도조차 않을 것이다.

당나귀가 당근을 먹게 되면 식욕을 채워주는 셈이다. 더 이상 배고프지 않으면 방법을 변경할 필요가 있다. 예를 들어 당나귀가 계속 일을 하게 만들려면 줄을 더 짧게 하거나, 당근을 더 달콤하게 하거나, 짐을 가볍게 해야 한다. 그러나 이런 과정도 어느 단계에서는 결국 쓸모 없게 된다. 보상이나 인센티브가 너무 높아 전체에서 이윤은 보이지 않게 되고 프로그램도 중단된다. 가끔 참여자가 '안전한 지대'에 도달하게 되며, 더 이상 편안함이나 당근이 필요없는 단계까지 오게 된다. 이젠 어떻게 하겠는가?

## 갈증나게 하라

그 대답은 아주 간단하다. 당나귀를 경주마로 변화시켜 뛰고 싶도록 만들어라. 세 번째 종류의 동기 유발을 실행하라. 내면적인 것 말이다. 당신이 이렇게 하도록 돕고 싶은 게 이 책의 목적이다. 이런 속담이 있다. "말을 물가까지 데려갈 순 있지만 물을 마시게 할 순 없다." 사실이다. 그러나 말에게 소금 덩어리를 오랫동안 핥게 만든다면 곧 갈증을 느끼게 되고 물을 마시고 싶어 한다. 내가 낙천주의자라서 그런지 이 책은 당신의 '소금 덩어리'라고 생각한다.

심리학자 데이비드 맥클랜드David McClelland의 지도 아래 하버드 대학교에서 25년 동안 이루어진 '강경책hard line'에 대한 연구는 자신과 주변 환경을 생각하는 방식을 바꿔 동기를 바꿀 수 있다는 사실을 과학적으로 증명해 주었다. 이 책이 이야기하려는 것도 바로 이런 것이다. 이미 결과물이 나왔기 때문에 다음과 같은 절차와 함께 이 책에 있는 정보는 본인과 주변 환경을 바라보는 관점(덧붙이자면 좀 더 긍정적인 방식으로)을 바꾸게 해 준다고 생각한다. 즉, 당신의 수행을 향상시켜 준다는 뜻이다.

'지적인 지인들'과 나는 종종 '전략 수업'에서 동기에 대해 토론을 벌인다. 이들은 하나같이 모든 동기가 '자기self' 동기이며, 누구도 남에게 '동기 유발'할 수 없다는 점에 일치된 의견을 보이고 있다. 게다가 그 주제에 대해 깊이 있게 이론화하고 '증명'한다. 나는 이런 분석을 좋아한다.

일요일 오후 서재 벽난로의 장작이 타는 모습을 지켜보면서 댈러스 카우보이 경기를 시청했다. 그러다 졸기도 했다. 졸다가 깨면 불꽃은 거의 꺼져 통나무만 연기를 냈다. 일어나 '부지깽이'를 집어 들고 몇 번 통나무를 찔러댄다. 그러면 불꽃은 금방 활활 타오르게 된다. 다시 한번 아름답게 춤추는 불꽃을 감상할 수 있다. 그렇다고 장작을 더 집어넣거나 하진 않았다. 다만 안에 있는 장작들을 '흔들어' 불꽃이 살 수 있게 만들었을 뿐이다. 이렇게 휘저으니 산소가 들어가 불꽃이 일게 되었다.

장작불처럼 당신의 일부가 그 순간에 연기를 피우며 태울 수 있게 정보를 뒤섞게 되어 있다. 대부분은 이미 들어봤으리라 생각하지만 실제로 보거나 들어본 적은 거의 없을 것이다. 왜냐하면 정보를 이용해 무엇인가를 해서 최대한의 결과를 내려고 활용하지 않기 때문이다.

듣고, 읽고, 배우는 것은 다르다. 뭔가를 확실하게 배워 완전히 당신의 수족처럼 만들어야 한다. 의식적으로 파악하고 무의식적으로도 느낄 수 있게 완벽하게 익혀, 살면서 부정적인 사건을 접해도 본능적으로 긍정적인 태도로 대처할 수 있게 한다. 이것이 바로 태도의 조절이다. 다음에 나오는 세 가지 예가 이런 목표는 얼마든지 세울 만하고, 이룰 수 있으며 외부의 '부지깽이'나 자극에 의해 '섞여질 수 있다'는 사실을 증명해 준다.

## 당신은 변할 수 있고 또 변화시킬 수도 있다

몇 년 전 주스트 A. 미어루<sup>Joost A. Meerloo</sup> 의학박사가 『마음의 강간<sup>The Rape of the Mind</sup>』이라는 책을 썼다. 이 책에서 그는 한국 전쟁에서 왜 일부 전쟁 포로들이 변절자가 되었으며, 미국으로의 귀향을 거부하고 북한에 머무르게 됐는지 그 이유를 설명했다. 또한 왜 그렇게 많은 사람들이 분노하고 혼란스러워하며 자기 자신과 자유경제 사회에 대한 본인들의 가치를 인정받지 못하게 되었는지도 언급했다.

미어루는 젊은 포로가 솜씨가 뛰어난 공산주의 세뇌 전문가 두 명에게 10시간에서 12시간 동안 '세뇌'를 당한다고 했다. 그 후에도 두 번째, 세 번째 팀이 이어받아 세뇌 작업은 계속된다. 24시간에서 36시간 동안 이런 고통을 겪은 후 포로는 그야말로 신체적으로나 정신적, 감정적으로 녹초가 되어 버린다. 이런 과정을 몇 번만 더 겪게 되면 이 젊은 군인은 결국 '항복하게 되고' 이렇게 말하게 된다.

"좋아요, 알았어요. 할 게요. 믿어주세요. 잠 좀 자게 해 주세요."

물론 무자비한 고문자들은 이 시점에서 그를 재워 줄 생각이 전혀 없다. 계속해서 머릿속에 쓰레기를 집어넣는다. 이 젊은 청년은 자기를 가둬놓은 적군 앞에선 꼼짝도 못한다. 물론 미어루가 지적했듯이 딱 한 가지 예외가 있다. 종교적으로 강한 믿음이 있어 세뇌를 당하면서 신의 도움을 요청하는 사람들의 경우가 그렇다.

이사야 40:31절에 그 이유가 나와 있다.

"오직 여호와를 앙망하는 자는 새 힘을 얻으리니 독수리의 날개 치며 올라감 같을 것이요, 달음박질하여도 곤비치 아니하겠고 걸어가도 피곤치 아니하리로다."

히브리어로 '갱생<sup>renew</sup>'이란 단어는 칼라프<sup>Chalaph</sup>라는 뜻이다. 즉, 바꾸거나 '교환하다'란 뜻이다. 하나님께 봉사할 때 자신의 힘을 하나님의 것과 바꾸거나 교환하게 된다. 이런 교환이야말로 당신이 할 수 있는 최고의 거래라고 할 수 있다. 왜냐하면 당신이 할 수 없는 것은 많이 있지만 당신과 하나님께서 할 수 없는 일 중에서 좋은 건 없기 때문이다.

이 청년들이 자신의 나라를 배반했다는 소식을 들었을 때 솔직히 끔찍한 기분이 들었다. 미어루의 책을 읽은 후에 난 이들이 맨손으로 탱크를 멈추게 하는 것처럼 사고의 전환을 막는 건 어쩔 수 없다는 것을 이해했다. 이 청년들도 처음엔 강하게 저항했지만, 결국엔 억지로 주입되는 이데올로기의 희생양이 될 수밖에 없었다는 점을 강조하고 싶다. 이 점을 한번 생각해 보자. 이들은 자신의 의지와 상관없이 거짓말과 파괴라는 원칙의 희생자가 되었다. 그렇다면 훌륭하고 순수하며 힘있는 정보와 동기를 규칙적으로 마음에 심어 주면 엄청난 혜택을 받을 수 있다는 게 이제는 이해가 되는가?

다음에 나올 이야기가 이런 주장을 뒷받침해 주고 있다.


## 음악을 틀어라

신이치 스즈키Shinichi Suzuki는 많은 사람들이 우리 시대의 기적이라고 부르는 것들을 이룬 평범치 않은 과학자였다. 신이치는 태어난 지 몇 주밖에 안 되는 아기의 침대 옆에 아름다운 음악을 틀어놓았다. 같은 음악을 반복해서 들려주고, 30일 후에는 또 다른 음악을 반복해서 들려주었다. 신이치는 아기가 2살이 될 때까지 이런 실험을 계속했고, 아기 엄마에게 3개월 동안 음악을 가르쳤다. 2살 된 아기에게 그 과정을 지켜보게 하고 말이다. 그다음 아기 손에는 바이올린 모형이 쥐어졌다. 아기는 활의 움직임을 배우면서 이제 막 악기의 촉감을 느끼기 시작했다. 첫 수업은 이삼 분 정도였다. 그때부터 수업 시간이 한 시간이 될 때까지 천천히 늘려간다. 바이올린을 배우는 게 어려운 일이라는 것을 깨달을 나이가 됐을 때 아이는 이미 그것을 마스터하고 즐길 단계까지 올라간다.

스즈키 교수는 1,500명 정도의 아이들을 데리고 콘서트를 열었다. 평균 나이는 대략 7살 정도였고, 쇼팽, 베토벤, 비발디 같은 고전을 연주했다. 여기서 주목할 만한 사실이 있다. 스즈키 교수의 연구에 따르면 대다수의 아이에겐 '타고난' 음악적 재능이 없었다. 그러나 그는 우리가 말을 가르칠 때처럼 교육을 시켜 아이들의 능력을 계발시킬 수 있다고 믿는다.

아이들은 끊임없이 말하는 어른 주변으로 모인다. 그래서 첫 번째 단계는 노출이다. 그다음 아이는 말을 하려고 할 것이다. 이게 바로 흉내 단계다. 친구들과 친척들은 아기를 엄청나게 칭찬해 주는데, 이렇게 하면서 아이가 다시 한번 시도할 수 있게 동기를 유발시켜 주고 격려를 해 주는 셈이다. 이게 바로 반복 과정이다. 그런 후 아이는 조금씩 단어를 내뱉으며, 어구나 문장으로 만들기 시작한다. 이런 과정이 바로 순화 과정이다. 아이가 3살이나 4살이 되었을 때 어휘력은 많이 늘지만 단어를 읽지 못하는 경우도 생긴다.

스즈키 교수는 같은 방법으로 뭐든지 가르칠 수 있다고 했다. 많은 사람들을 위해 '패배자의 변명'을 없게 해 주었다.

『정상에서 만납시다』에서 몇 번이나 강조했지만 살아가면서 당신이 혜택을 누릴 수 있는 것은 당신이 존재하기 때문이라기보다는 당신의 행동 때문이다. 당신의 행동은 주변 사람들과 마음속에 집어넣은 것들에 영향을 받는다. 다음의 일화가 이를 아주 재미있게 설명하고 있다.


## 왜 그들은 말을 더듬지 않는가

몇 년 전 아메리카 인디언 두 부족과 함께 연구를 진행한 과학자가 순

수 혈통의 인디언들은 말을 더듬지 않는다는 놀라운 사실을 발견했다. 그는 이게 우연인지 아니면 인디언들에게만 나타나는 특성인지 궁금했다. 그의 흥미와 관심은 점점 높아져 미국 내 인디언 보호 구역에 살고 있는 모든 인디언들을 대상으로 연구를 시작하기에 이르렀다.

정말로 말을 더듬는 인디언을 찾아볼 수가 없었다. 그래서 과학자는 그들의 언어를 연구했고, 왜 인디언들은 말을 더듬지 않는지 알아낼 수 있었다. 이들에겐 그 단어가 없었다. 심지어 '말더듬이'라는 단어를 대체할 말도 없었다. 그런 단어가 없다면 인디언들이 말을 더듬는다는 건 불가능할 것이다.

당신은 지금 미소를 지으며 이런 정보가 꽤 흥미 있다고 생각할지도 모르겠다. 그러나 왜? 한 단계 더 나아가 보자. 우리는 말이 마음속에서 그림을 그리고, 이 마음이 그 그림 속에서 생각을 한다는 사실을 안다. 예를 들어 '실패다, 할 수 없다, 거짓말쟁이, 바보'와 같은 말을 듣거나 읽으면 마음은 이런 말들이 그린 그림을 완성한다. 말더듬이 같은 단어가 없으면 마음은 말더듬이라는 그림을 그릴 수도 없고 시각화할 수도 없다.

**결과:** 말더듬이는 존재하지 않는다.

인터내셔널 페이퍼 회사에는 어휘력이 좋으면 좋을수록 연봉이 높아진다는 주장을 증명해 줄 통계적인 증거가 있다. 당신 스스로가 어휘를 바꾸면 연봉 액수를 높일 수 있고, 더욱더 즐겁게 살 수 있으며 인생을 바꿀 수 있다고 확신한다. '미움'이란 말을 사전에서 없애라. 보지도 말고 생각하지도 말 것이며 쓰지도 마라. 대신 '사랑'을 적고 느끼며, 보고 꿈꾸라. '편견'이라는 말을 아예 없애라. 보지도 말고 생각하지도 말며 입 밖에도 내지 마라. 대신 '이해'라는 말로 대체하라. '부정적인'이라는 단어 대신 '긍정적인'이라는 말을 쓰도록 하라. 분명히 몇 몇 단어들을 삭제하고 다른 단어들로 대체해야 한다. 그러면 혜택이 뒤따르게 된다. 마음은 어떤 것을 먹느냐에 따라 행동한다. 정신적인 다이어트 방식을 바꿔보고 부정적인 정보들을 없애라. 우선 부정적인 정보를 줄이고, 그 후엔 완전히 없애버려라.

## 정신적으로 무엇을, 언제 먹는가?

지금쯤이면 당신도 마음의 양식이 당신과 당신의 미래에 얼마나 중요한지 확실히 깨달았을 것이다. 이제 이런 질문이 나올 게 뻔하다. "어떻게 마음의 양식을 제공하나요? 살기도 바빠 죽겠는데 그런 시간을 어떻게 내죠?" 자기 도끼를 갈 시간조차 내지 않아서 나무 생산량이 계속 줄어든 나무꾼 이야기를 들었는지 묻고 싶다.

이것을 생각해 보자. 평범한 사람들은 머리 '바깥' 것을 치장하느라 일년에 200달러 이상의 돈과 많은 시간을 보낸다. (면도, 이발, 화장 등) 여성도 이런 치장에 얼마나 시간을 보내는지 아무도 모른다. (개인적으로 집사람이 얼마나 많은 시간을 보내는지 알고 싶지 않다!)

**질문:** 머릿'속'을 치장하는 데 많은 돈과 시간을 소비해야 하는 게 옳은 일이 아닐까?

내 판단에 의하면 교육적이며 동기를 가장 많이 유발시켜 줄 수 있는 도구가 바로 오디오 기기다. 오디오 기기가 설치되어 있는 자동차와 이런 교육 장비가 전혀 없는 새로운 캐딜락 차 중에서 골라야 한다면 난 단연코 교육 장비가 장착된 차를 고를 것이다. 그것도 아주 단호하게 선택할 것이다. 그렇다. 오디오 기기를 활용한 교육과 동기부여가 낼 수 있는 효과만큼 강력하고 유용한 도구는 없다. 또한 동기도 없고 교육도 받지 않은 자수성가 백만장자를 본 적이 없다.

당신이 사용할 시간과 장소만큼 주변에서 구할 수 있는 자료는 무궁무진하다. 재미있고 동기를 유발해 주며 교육적이거나 종교적인 메시지가 일의 속도를 높여 주고, 고된 일을 많이 없애 줄 것이다. 면도를 하면서, 옷을 입으면서, 화장을 하면서 아이디어와 영감을 얻을 수 있다. 오늘날과 같은 경쟁 사회에서 교통 체증과 싸우며 보내는 '죽은' 시간을 정신적·감정적 회복을 위해 동기와 교육을 받는 '살아 있는' 시간으로 바꿀 수 있다.


## 가장 최고

반가운 소식이 있다. 동기를 유발해 줄 내용들을 운전하면서 들을 수 있다면 출근길이 그날의 가장 중요한 부분이 될 수 있다. 보통 미국인들은 매년 자동차에서 400시간 이상을 소비한다. 당신이 세일즈맨이라면 그 시간이 600시간도 될 수 있다. '자동차 대학Automobile University'에서 학력을 높일 수 있다. 예를 들어 캘리포니아 대학에서 이루어진 연구는 대도시 사람이 3년 동안 운전하며 강의를 들으면 2년제 대학 학력 정도의 수준에 이를 수 있다는 사실을 밝혀냈다. 운전을 하는 동안 듣는다면 당신이 투자해야 할 시간은 거의 필요없다. 자동차는 당신이 구매한 순간부터 가치가 떨어진다. 그러나 자동차를 움직이는 대학으로 활용한다면 엄청난 투자가 될 것이다.

유익하면서 교육적인 강의뿐만 아니라 영감을 받을 수 있는 강의(어차피 같은 것이지만)를 경청하면 일을 더욱 효과적으로 끝낼 수 있게 도와

주는 정보를 얻을 수 있다. 출근 시간이 20분 정도이고 현재 듣는 강의가 라이브로 녹음된 것이라면 실제로 당신의 마음에 미치는 효과는 엄청나다. 단지 정보라는 차원을 넘어 당신의 두뇌는 수많은 신경 전달물질로 넘치게 될 것이고, 새로운 지식을 얻은 데다 에너지가 넘치는 상태로 출근하기 때문에 더욱더 중요하다.

내가 추천한 것 중에서 출·퇴근길에 오디오 기기로 듣는 것이 가장 효과가 있다. 강의를 정기적으로 듣는 사람은 행복하고 적응을 잘하며 활발한 그룹에 속한다. 이것을 건전한 독서 프로그램과 결부시켜라. 이제 당신은 본격적으로 강의를 듣겠다고 나섰다. 규칙은 당신이 이동할 때 듣는 것이다. 자리에 앉으면 읽어야 한다. 문자 그대로 당신의 마음을 긍정적인 삶의 태도로 흠뻑 적시는 것이다. 이는 전반적으로 훌륭한 교육이 될 것이며, 살아가면서 큰 도움이 될 가치와 태도를 제시해 줄 것이다.

독서도 계획이 필요하다. 그래서 독서 습관을 상기시켜 줄 어떤 기준이 필요할 수도 있다. 대부분 사람들이 말하는 '핑계'는 '시간' 부족이다. 시간은 많지만 마음의 양식을 제공할 '시간'이 없다는 건 또 다른 '패배자의 변명'일 뿐이다. 우리는 해야 할 일을 하는 것이며, 하고 싶은 일을 하는 것이다. 할 일에 시간을 할애한다면(좋은 책을 읽어라) 해야 할 일의 항목이 상당히 줄어들 것이다.

**제안:** 책을 빌리거나 빌려 주지 마라. 가능하면 많은 책을 사서 앞으로 참고할 수 있게 표시를 한 후 당신만의 도서관을 만들어라. 좋은 위치에 읽을 책들을 전략적으로 배치하라. ①침대 옆에 ②목욕탕에 ③TV 위에 ④즐겨 앉는 의자 옆에 ⑤혼자 있는 조용한 장소에.

## 성공한 사람들이 하는 일

영광스럽게도 알랜 빈Allan Bean, 미 해군 대령이자 NASA 우주비행사과 알고 지내는 사이다. 그 역시 정기적으로 동기를 유발해 주는 강의를 듣는다. 빈 대령은 우주에 첫발을 내딛은 소수의 사람들 중 한 명이자, 두 번째 유인 우주 실험실 사령관이었다. 미국과 러시아 합동으로 우주 실험을 할 때 러시아 우주 비행사와 함께 프로그램에 참여하기도 했다.

자기 이미지, 목표 설정, 올바른 정신자세의 중요성을 알았기에 빈 대령은 NASA로 출근하는 차 안에서도 계속 강의를 들었다. 그와 동료 우주 비행사들이 59일 연장된 우주 비행 동안 내 강의를 들었다는 것을 알고 기뻤다. 그 강의 자료에는 당신이 지금 읽고 있는 내용들을 상당 부분 다루고 있다. 이 책이 '현재 살고 있는 세상을 벗어났다'는 것을 입증해 준다고 해서 나쁜 농담으로 여기지 않았으면 좋겠다. 알랜 빈이 이런 개념들을 얼마나 귀하게 생각하는지 알려주고 싶다. 그는 소중한 시간을 할애해 당신이 살아가면서 더 많은 혜택을 받을 수 있도록 이 책을 위해 몇 가지 제안을 해 주었다.

역사가 기록되기 시작한 이래 우리가 상상할 수 있는 모든 테스트를 거친 우주 비행사들은 어떤 곳에서도 유례를 찾아보기 힘들 만큼 신중하게 뽑힌 사람들이다. 이 사람들은 강하고 건전한 자기 이미지를 가지고 있어야만 한다. 이들은 올바른 태도, 즉 정신적으로 강해야 하고 원칙과 결단력이 있어야 하며 최고로 긍정적인 정신자세로 임해야 한다.

우주선에 탑승해서 '지구로 다시 돌아갈 수 있을까?'라고 고민하는 부정적인 사고를 가진 우주비행사를 상상할 수 있는가? 이들은 우주 프로그램에 뽑히기 전에 이런 자격들을 모두 갖추어야만 한다. 물론 이 프로그램에 계속 참가하고 싶으면 이런 자질들을 계속 연마해야 한다. 이들은 국가의 자랑이며 명예로운 임무이자 목숨이 달린 위험한 임무를 수행하고 있다. 이들이 짊어지는 압박은 상상하지 못할 정도다.

월드 와이드는 캐나다에서 가장 규모가 큰 배급사다. 위니펙에서 열린 회의에서 총괄 매니저가 내게 이렇게 말했다. "최고 세일즈맨 11명을 포함해 19명의 뛰어난 세일즈맨 중 17명이 매일 동기를 유발시켜 주는 강의 자료를 듣고 있다"라고 말이다. 이들은 자신들이 최고이기 때문에 그 강의를 듣는 것이 아니라, 그것을 듣기 때문에 최고라는 사실을 강조했다. 세일즈 매니저와 기업 임원들이 내게 한 말이 있다. 회사 내 최고 사원들은 예외 없이 규칙적으로 강의를 듣거나 책을 읽는다고 말이다.

여기서 내가 간절하게 강조하고 싶은 포인트가 있다. 남녀를 불문하고 이런 종류의 동기가 필요한 사람은 그것을 찾는 사람이자 가장 활용을 잘하는 사람들이다. 그래서 이들이 현재 그 위치까지 올라갈 수 있었다. 오랜 시간동안 이들은 지금 내가 당신에게 강조하는 일을 해 왔다. 이유는 아주 명백하다. 사람들을 정상까지 오르게 만든 동기는 지속적인 영양 섭취와 보강을 통해 이루어진다.

현재 자신의 분야에서 성공의 정점을 이루고 있는 사람들은 다음의 사실도 알고 있다. 즉, 정상에는 빈자리가 많지만 앉아 있을 정도로 넓은 공간은 없다는 것을 말이다. 마음도 몸처럼 계속 영양분을 공급해 주어야 한다는 사실도 안다. 꼬박꼬박 배를 채우는 게 중요하다면 머릿속을 채워 넣는 건 당연한 일이라고 생각한다. 그들은 신체적으로 정신적으로 그리고 영적으로 영양분을 골고루 지급해야 한다는 사실을 이해한다.


## 이건 모두 환상이다

많은 사람들이 기분이 '안 좋을 때'나 우울할 때만 빼고 영감을 줄 책을 읽거나 강의를 들을 '필요'가 없다는 잘못된 생각을 하고 있다. 기분이 '안 좋을' 때 '필요성'이 더 강해지며 그로 인해 얻을 수 있는 혜택도 상당하다. 그러나 당신의 기분이 '좋을 때' 읽거나 들으면 장기적으로 혜택이 더 커질 수 있다. 이유는 두 가지다. 우선 기분이 '안 좋을 때' '잘못된 지푸라기를 잡거나' 정반대로 접근해 즉석에서 소중한 아이디어를 내칠 가능성이 크다. 쓰레기더미에 파묻혀 있을 때는 해결책보다 문제에 더 집중하게 된다.

기분이 좋을 때 당신의 낙관주의와 야망은 필요 이상으로 작동된다. 상상력이 무한대로 뻗치고, 당신의 능력에 대한 긍정적인 말들에 더욱 반응을 보이게 된다. 문제를 의식하는 대신 해결을 의식하게 되고, 좋은 아이디어에 반응을 보이며, 이런 새로운 아이디어를 따라 '행동'할 가능성이 크다. 이때야말로 당신의 실행 수준이 높아진다. 당신의 태도, 열정, 협동심, 고용주에게 비치는 당신의 가치가 당신을 단숨에 도약하게 만들어 준다. 당신의 월급이 올라가고 승진할 때가 바로 그때다.

지인 중에 가장 활발하며 동기 의식이 강한 편인 샌디 브레이너<sup>Sandy Breighner</sup>는 이런 생각을 확고히 다잡고 계속 노력을 한다. 개개인과 주요 기업에 세일즈 교육 프로그램과 동기 유발 프로그램을 팔고 있다. 그녀는 개인도 책을 읽거나 강연을 들으면서 이해심과 인지도를 한층 더 높은 수준으로 끌어 올려 많은 혜택을 얻을 수 있다고 말한다. 수준이 한층 높은 상태에서 같은 자료를 다시 읽거나 들으면 처음에 읽거나 들었을 때 놓쳤던 부분을 '보거나' '듣게' 된다. 이것 때문에 그는 한층 더 이해심이 높아지고 성과도 많이 올리게 된다. 그래서 성공 마인드를 가진 사람은 언제든 참고할 수 있도록 자신만의 '성공' 도서관을 짓는다. 이런 도서관은 그를 꾸준히 성장시킬 수 있다.

그렇다고 기분이 안 좋을 때 동기 유발이 될 도움을 구해선 안 된다는 뜻이 아니다. 동기를 유발해 줄 책과 강의 자료들이 정상으로 올라갈 수 있게 도와주는 부담 없는 에스컬레이터로, 평범함이라는 대열에서 벗어나게 해 줄 사다리로, 그리고 쓰레기더미에서 벗어나게 해 줄 초석으로 그 역할을 할 수 있다는 점을 당신이 이해하기를 바란다. 처음엔 매일 같이 무엇인가를 읽거나 듣도록 스스로를 '강요'해야 할지도 모른다. 그러나 일단 시도해 보면 세 가지를 깨닫게 된다. 당신은 즐기게 될 것이고 뭔가를 배우게 되며 본능적으로 그리고 무의식적으로 당신이 읽고 듣는 대로 행동하게 된다. 다시 말해 정기적으로 동기 유발이 될 자료들을 섭렵하는 사람이야말로 가장 큰 혜택을 받을 수 있다.

다음에 나오는 두 단원에서 좋은 습관과 나쁜 습관에 대해 자세히 설명할 예정이다. 지금은 좋은 습관을 말하고 있으며, 처음엔 이런 좋은 습관에 따라 행동하는 게 필요하다. 올바른 사람과 관계를 맺을 수 있도록 노력하라. '박수치기' '통행 신호'와 같은 과정을 매일 같이 반복하라. 강의 자료를 들어라. 21일 동안 이런 일을 되풀이하면 당신이 '움켜잡은' 습관들이 이젠 당신을 움켜잡게 된다.


## 성공을 진지하게 생각하는 사람만을 위해

현실적으로 이른 아침에 매일 박수를 치는 것은 쉬운 일이 아니다. 그러나 이런 과정이 가장 필요한 시기에 당신에게 위안이 되는 극적인 결과를 주며 열정을 갖게 해 준다. 21일간 박수치기를 계속 시도하면 당신의 마음이 좀 더 풍요롭고 흥미진진한 삶을 가져다줄 놀랄 만한 경험을 받아들이도록 준비시키고 훈련시킨다. 이제는 정신적으로 신체적으로 영적으로 꾸준히 성장할 최고의 방법을 알아보자.

일어나서(박수를 치든 안치든) 부정적인 생각이나 정보가 마음속에 자리잡기 전에(신문, 라디오 심지어 TV도 안 됨) 첫 번째로 마음의 간식을 섭

취할 수 있는 가장 조용하고 '성공적인' 위치를 찾아라. 영감을 주는 자기 수양 책을 선택해서(성경이야말로 훌륭한 선택이 될 것이다.) 10분이나 15분 동안 읽거나 강의 자료를 들어라. 그런 후 15분 동안 산책을 하거나 조깅을 하며 눈에 보이는 좋은 것들을 마음속으로 메모하라. 그리고 몇 분을 투자해 의사가 처방해 준 운동을 하면서 중간에 빈 시간을 채우고, 'X'라고 한 행동은 하지 않도록 하라.

자, 가득 찬 머리와 빈속으로 하루를 시작하기 전에 영양가 있는 아침 식사를 해야 한다. 그래야 마음의 양식으로 흡수한 훌륭한 것들을 사용할 수 있는 에너지를 충전할 수 있다. 올바른 종류의 정신적 영적 신체적 아침 식사로 하루를 시작하라. 그러면 당신은 그날 하루를, 아니 평생을 보람 있고 뿌듯하게 보낼 수 있을 것이다.

그렇다. 나는 당신에게 아침 일찍 일어나 이런 일을 하라고 요구하고 있다. 물론 바쁘고 시간에 쫓긴다는 것도 안다. 책과 강의 자료들을 구입하려면 돈도 들 것이다. 그러나 투자한 시간은 더 활발한 에너지, 열정, 스테미너 그리고 몇 년 정도 연장된 수명으로 보상받는다. 책과 강의 자료에 투자하는 것은 더 큰 수입을 보장해 줄 뿐만 아니라 무한정 풍요롭고 보람된 삶을 살게 해 준다. 솔직히 말해 당신이 영원히 풍요롭고 충만하며 보상받는 삶을 누리고 싶거든 시간과 돈을 투자해야 한다고 말하고 싶다.

# 습관과 태도
### Habits and Attitudes

## 먼저 습관을 들여라

어떤 습관을 선택한다는 것은 그 습관의 결과까지 선택하는 것이다. 처음부터 좋은 습관을 들이기는 힘들지만 그것으로 살아가는 것은 쉽다. 나쁜 습관은 금방 배울 수 있지만 그것은 삶을 무척 어렵게 한다. 처음부터 좋은 습관을 들이기는 어렵지만 그런 습관은 살아가는 데 도움이 된다. 반면 나쁜 습관은 쉽게 배울 수 있으나 살아가는 데 나쁜 영향을 미친다. 대개 나쁜 습관은 천천히 그리고 흔쾌히 스며들어서 당신이 그런 습관을 가졌다고 깨닫기도 전에 당신을 지배하게 된다. 흡연과 음주를 하고 마약에 빠진 사람들은 그런 습관을 처음 들였을 때 고통을 겪었을 것이다. 하지만 시간이 흘러 그들을 만나보면 그들에게 고통이란 존재하지 않는다.

일단 흡연을 생각해 보자. 심리학자 머리 뱅크<sup>Murray Bank</sup>가 흡연이야말로 초라한 자기 이미지를 확실하게 나타내 주는 표시라고 했다. '무리에 속하고 싶어서' 담배를 피우게 된 경우가 많다. 당신의 몸 전체가 강하게 거부하며 이렇게 말했을 것이다. '안 돼, 안 돼.' 그러나 당신은 신체가 담배를 억지로라도 받아들이게 만들었다. 친구들에게 자신도 다 큰 '어른'이라 담배를 피울 수 있다는 것을 보여 주기로 결심한다. 처음으로 담배 연기로 원을 그리고, 그 원 속에 또 다른 원을 집어넣었을 때 얼마나 뿌듯함을 느꼈는지 기억 나는가? 한 번도 콜록거리지 않고 담배 연기를 깊이 들여 마셨을 때 얼마나 짜릿했는지 기억 나는가? 담배 연기를 뿜으면서 말할 수 있는 법을 배웠을 때 당신이 얼마나 '세련됐다고' 생각했는가? 게다가 '흡연' 클럽의 초보라는 사실을 드러내지 않고 이런 일들을 '자연스럽게' 할 때 얼마나 신이 났는가?

담배를 쉽게 피우기 시작한 것처럼 수월하게 털어 버리는 게 좋지 않을까? 흡연이 몸에 미치는 영향에 관심이 있다면 댈러스에 클리닉이 있다는 것을 알려주고 싶다. 이곳에선 11년 동안 2만 7,000명에게 임상 실험을 했다. 즉, 반은 필터, 반은 담배로 채운 새로운 종류의 담배를 피우게 했다. 암에 걸린 사람이 단 한 명도 없었다.

다음의 조사 자료는 흡연을 얼마나 신중하게 혹은 경솔하게 결정하는지를 보여 준다. 미국 내 5%가 안 되는 흡연자들이 22살 전에 이미 담배를 피우기 시작했다고 한다. 이는 일정 기간 흡연자를 지켜본 성인은 담배를 피우지 않는다는 뜻이다. 성인 2,100만 명과 의사 10만 명이 담배와 폐암의 상관관계가 밝혀지자 담배를 끊었다는 사실도 중요하다. 일단 당신이 어떻게 담배를 피우게 됐는지로 돌아가 보자. 당신의 몸이 용감하게 그리고 강하게 흡연을 거부했지만 당신은 계속 담배를 강요했다.

그러자 당신의 몸도 수정을 하게 됐다. 즉, '알았어. 받아주지 뭐. 그래도 좋진 않아.' 그러면 당신은 이렇게 말한다. '그건 중요치 않아. 어쨌든 받아들이게 될 테니까.' 후에 당신의 몸은 다시 한번 타협을 하게 된다. '내가 왜 반대를 했는지 모르겠어. 사실 그렇게 나쁘지도 않은 데 말이야.'

한참 후에 당신이 실제로 흡연을 즐길 수 있을 때까지 몸은 이런 식으로 계속 변하게 된다. 그 시점에서 당신은 친구들에게 담배 피우는 게 좋아서 피우게 되었다고 말한다. 결국 당신은 그들에게 사람은 자기가 즐기는 일을 해야 한다는 확신을 준다. 심지어 원하면 언제든지 그만 둘 수도 있다고 이야기한다. 당신은 이미 여러 차례 그만 둔 적이 있다. 결국 나쁜 '습관'이 아니라는 말이다. 마침내 당신의 몸은 담배 피우는 것을 습관으로 받아들이고 담배를 요구하는 단계로 변하게 된다.


## 이젠 습관이 당신을 지배한다

니코틴을 맛본 사람들은 담배가 떨어지면 사거나, 구걸하거나, 빌리거나, 훔칠 수 있을 때까지 '격노'한다는 사실이 이미 입증되었다. 90kg이 넘는 사람이 수십 g도 안 되는 담배를 갈망하며 부들부들 떠는 모습까지 봤으니 말 다한 셈이다. 우리가 감정의 피조물보다는 이성이 있는 피조물이었으면 하고 바란 적도 있었다.

그렇다. 습관이란 참 재미있는 것이다. 재미있는 것, 아니 비극적이라고 해야 하나, 나쁜 습관은 충분히 예측 가능하고 피할 수도 있다는 점이다. 그런데도 나쁘고, 비싸며, 문제를 불러올 습관들이기를 주장하는 사람들이 아직도 수없이 많다. 담배의 경우, 흡연자들은 습관의 고리가 깨질 수 없을 만큼 강하다고 느낄 정도는 아니라고 생각한다. 길들이고 싶지 않았던 습관이 이들을 지배했다.

도덕성이나 비도덕성 모두 습관이다. 이들은 가르칠 수 있다기보다는 저절로 '갖게' 된다. 아주 도덕적인 사람도 충분히 예측 가능한 상황에서 비도덕적으로 될 수 있다. '모범' 청소년들은 우연히 자신들이 혐오하고 싫어하는 상황에 노출되기도 한다. 파티나 피로연, 클럽 모임에서 자유연애, 계약 결혼, 약물 실험, 부부 스와핑, 음주를 하는 그룹에 빠져들 수도 있다.

처음에는 강하게 반대하고 거부할지도 모르지만 그룹 내 누군가가 매력 있어 보이면 그땐 조심해야 한다. 이제 관계가 형성되는 초기 단계에 와 있다. 접촉을 자주 하다 보면 유유상종이라는 말이 있듯이 그렇게 관계를 맺게 된다.

마음은 조정도 할 수 있고 합리화할 수도 있는 놀라울 정도로 유연한 메커니즘이다. 처음엔 혐오스럽게 여기던 죄나 도덕적이지 못한 행동들도 '인내'가 '최고'의 미덕으로 여겨지는 환경에 몇 번 노출되면 반대하는 마음이 수그러지게 된다. 특히 개인에게 애착이 생기면 인내심은 점차 수용으로 변한다. 수용은 전략적인 승인으로 바뀌고 이는 곧 승인으로 변한다. 그렇게 되면 그 속에 발을 들여놓게 된다. 이 과정에서 합리화하는 과정은 전력 질주하게 된다.

포르노도 마찬가지다. 포르노의 영향은 예일 대학교 법대 교수인 알렉산더 M. 바이클Alexander. M. Bickel이 제대로 설명했다. 포르노의 영향을 언급하면서 그는 이렇게 말문을 열었다.

"포르노가 만들어 내는 건 도덕적인 분위기입니다. 도덕적 분위기는 행위를 최종적으로 단속하는 역할을 하죠. 말할 수 있다면, 보여 줄 수 있다면, 사회가 용납한다면 사회는 분명 그것을 할 만한 것do-able이라고 생각하기 시작할 겁니다."

## 한 번에 한 입씩

과식도 습관이다. 과식이 습관처럼 되어서 사람들은 자신이 얼마나 먹는지 제대로 알지도 못한다. 사랑하는 아이가 원하는 건 뭐든지 주어야 한다고 생각하는 부모들 때문에 이런 현상이 시작되었을 수도 있다. 이들은 물론 좋은 의도가 있었겠지만 잘못된 지식을 갖고 있었다. 내 연령대 사람들 역시 많은 '뚱뚱보'를 배출해 냈다. 왜냐하면 우리 세대의 부모들은 음식을 구하는 게 무척 어려웠기 때문에 음식이 바로 건강을 뜻했다. 또한 음식을 낭비하는 게 죄라고 생각했다. 그 결과 많은 부모들이 아이들에게 '접시를 깨끗이 비우라고' 가르쳤다. 계속해서 일정량 이상으로 먹는 음식이 결국 매주 몇 g씩 살을 찌우게 된다. 하루에 28g을 먹으면 결국 일 년에 10kg을 찌우는 꼴이 된다. 28g은 많지 않다. 그러나 10kg은 상당한 양이다.

당신이 과체중이라면 어제 하루 많이 먹어서 그런 게 아닐 거다. 내일 굶는다고 해서 해결될 문제도 아니다. 확실하게 비만이 될 때까지 한 번에 한 입씩 몸무게를 늘렸음에 틀림없다. 거의 예외 없이 자주 과식을 한다. 한 번에 한 입씩, 몸무게를 늘렸던 방식대로 문제를 해결해야 한다.

많은 사람들이 이것과는 약간 다른 문제를 갖고 있다. 어떤 사람들은 맛과 즐거움을 중요시하기 때문에 전분과 당분 함량이 높은 것들에 집중하는 파괴적인 식습관을 갖게 된다. 게다가 '운동도 전혀 하지 않는다면' 하루에 28g 이상 빠르게 늘어나는 셈이 된다.

과체중이 고민이라면 목표에 관한 단원으로 돌아가 살을 빼기 위해 어떤 일을 해야 되는지 살펴보라.

## 가장 현명하면서 가장 확실한 추락

문제가 있는 사람들과 어울려도 영향받지 않는다고 생각하는 사람이 있다면 그것은 스스로를 기만하는 짓이다. 세상에서 가장 현명한 솔로몬 왕은 우상을 숭배하는 사람을 부인으로 맞아들였다. 무슨 일이 생겼는지 아는가? 얼마 지나지 않아 솔로몬을 둘러싼 악마도 그의 마음과 판단력에 혀를 내두를 정도가 되어 버렸다. 솔로몬 역시 우상을 숭배하기 시작했다. 삼손은 세상에서 가장 강한 사나이였다. 그러나 데릴라로부터 계속 성적으로 유혹을 받자 결국 데릴라의 소원을 들어주게 되었고 그를 장님과 노예로 만들어 버릴 비밀을 폭로했다. 잠언 22:24-27에서는 잘못된 관계가 어떤 결과를 초래하는지 분명히 말해 주고 있다. 사도 바울도 이렇게 말한다.

"속지 말라. 악한 동무들은 선한 행실을 더럽히나니"(개역한글)

이를 가장 잘 나타내 주는 예가 바로 말할 때의 '어투'다. 남쪽 지방 출신의 소년이나 소녀가 북쪽으로 이사 오면 몇 개월 안에 그 지방 사투리를 배우게 된다. 마찬가지로 북쪽 지방 출신 소년, 소녀가 남쪽 지방으로 내려오면 몇 개월 안에 그 지방 사투리를 자연스럽게 구사하게 된다. 당신은 주변 사람들에게 맞춰 변하게 되고 그들의 영향을 받으며 그들의 일부가 된다.

어느 날 12살짜리 아들이 점심 값을 달라고 한 적이 있다. 그래서 나는 탄수화물이 가득한 점심 대신 영양가 있는 단백질 바를 먹어 보라고 아이를 '설득'시키려 했다. 아이는 단호히 거절했다. 그래서 나는 아들에게 좋은 음식을 먹이려고 그런다고 이야기했다. 아들의 대답은 간단명료했다.

"네, 아빠. 하지만 아빠는 햄버거를 먹는 친구들과 점심을 같이 먹진 않잖아요."

역시 '또래들의 압박'이 청소년들에게 약물이나 의상, 섹스, 폭력과 같은 영향을 미치고 있다.

우리는 꾸준히 지인들의 특성을 닮아갈 뿐만 아니라 주변 환경의 소음이나 냄새에 면역이 되고 무감각하게 된다. 제지 공장 마을에 사는 사람들이나 비료 공장 근처에 사는 사람들은 냄새에 익숙해서 누군가가 지적해 줄 때까진 알아차리지 못한다. 제2차 세계대전 당시 십대 청소년이던 나는 유전이 있는 지역 근처에서 살았고, 기차가 24시간 내내 증기를 뿜으며 왕복했다. 집이 철로와 가까운 거리에 있었기 때문에 기차 소리와 진동에는 익숙했다. 그래서 기차가 정지할 때까지는 이들이 지나가는 것도 몰랐다. 오히려 고요함이 우리를 깨울 정도였다.

이런 예들은 당신이 부정적이고 사악하며 파괴적인 환경에 오랫동안 노출되어 있으면 반대를 하다가도 참게 되고, 참는 단계를 지나 받아들이는 단계로, 받아들이는 단계가 지나면 참여를, 심지어 즐기는 단계까지 넘어가게 된다. 얼마나 사소한 것에서 시작되었는지는 중요하지 않다. 점점 커 가기 때문이다.

## 나의 야망 — 헤로인 중독

알코올을 포함해 약물은 청년들에게 가장 위협이 되는 존재다. 과거 몇 년 동안 내 일은 약물이나 알코올과의 전쟁에 관련되었다. 내가 이 일을 하는 동안에 자신이 중독자가 되겠다고 해서 시작한 약물 중독자를 본 적이 없다. '마리화나'가 '더 큰 약'으로 옮기기 위한 출발점이라고 말한 청년은 아무도 없었다. '해시시'에서 '스피드' '코카인' 그리고 마침내 '헤로인'까지 어떻게 옮겨갈 것인가 구체적으로 계획을 세워 이야기하는 사람도 없다. '마리화나'를 '애들 장난' 혹은 그냥 거쳐가는 단계로 비웃는 사람을 본 적도 없다. '가벼운 약'에서 'H'까지 옮기거나 코카인까지 하겠다고 야망을 품은 청년도 없다. 대부분 아이들은 자신들이 이런 짓을 할 만큼 어리석다고 생각지 않는다. 그들은 약의 해로움을 알고 있으며, 절대로 걸려들지 않겠다고 맹세를 한다.

꺼져 가는 성냥의 불꽃이 숲을 불태울 수 있는 것처럼, 수개월 전 처음으로 마리화나를 '피운 것' 처음으로 마신 것이 '한 번만 더' 혹은 한 번 더 마시고 싶다고 요구하게 만든다. 습관이란 밧줄과 같다. 우리가 끊을 수 없을 정도로 튼튼해질 때까지 매일 한 줄씩 꼬고 있다. 그 습관이 좋은 것인지, 혹은 나쁜 것인지에 따라서 우리를 정상으로 끌어올릴 수도 있고 밑바닥에 묶어 둘 수도 있다.


## 자신을 낭비하지 마라

열렬한 하키 팬이라면 데릭 샌더슨<sup>Derrick Sanderson</sup>이라는 이름을 아직도 기억할 것이다. 경기장에서 뛴 지가 벌써 몇 년이 지났는 데도 데릭은 그야말로 슈퍼스타였다. 믿을 수 없을 정도로 뛰어난 기술과 신체적인 재능, 수백만 달러를 벌게 해 준 카리스마까지 겸비한 선수였기 때문이다. 그러나 데릭은 약물과 방탕한 생활에 빠졌다. 팁으로 자동차나 수백 달러를 소비했다. 얼마 지나지 않아 돈과 기술은 온데간데없이 사라지고, 마이너리그로 강등당했다. 전성기를 누려야 할 나이에 은퇴를 할 수밖에 없었다. 마이너리그에 있을 동안 리포터가 그에게 돈을 다 쓴 게 후회되지 않은지 물었다. 데릭은 이렇게 말했다.

"아니요. 돈을 쓴 건 후회되지 않아요. 제 자신을 낭비한 게 아까울 뿐이죠."

누군가가 자신의 일부를 낭비해 버리는 건 참으로 안타까운 일이다.

그러나 앞에서도 말했고 지금도 말하지만, 누구도 처음부터 약물중독이나 알코올중독자가 되려고 한 건 아니다. 마리화나를 포함해 약에 대해서 우리가 모르는 것들이 많다. 마침 증거도 있으니 말인데 약물 사용이 위험천만하다는 건 점점 사실이 되고 있다. 약물은 판단력에 영향을 주고, 기형아 출산 확률을 높이며, 자각심이 감소하고, 위대한 통찰력과 감정적인 성숙함에 대해 환상을 꿈꾸게 해 준다. 복용자들은 자신들이 '더 똑똑해진다고' 생각하나 실제로 그런 일은 없다. 마리화나는 습관적 복용자들 사이에서 무관심을 만들어 내며, 세포를 파괴하고, 거리감을 왜곡하며, 섹스에 대한 욕구를 감소시킨다.

마리화나 복용의 위험을 아는 친구에게 주의를 받기도 하지만, 약물을 복용해도 크게 달라지지 않아 복용자는 전혀 위험도 못 느끼고 변화도 감지하지 못한다. 그들은 마리화나 흡연은 무해하다고 생각한다. 그러나 의학 박사 닐 솔로몬Neil Solomon은 많은 사람들이 잘못 알고 있다고 지적했다. 마리화나는 헤로인과 비교해 봤을 때 해가 없는 편이지만 결국은 같다. 어디까지나 '자신의 인생'이며, 누구에게도 해가 될 일이 없고 손해를 본다면 자기 자신만 손해 보는 일일 거라고 구구절절 설명을 늘어놓을 것이다. 이들은 재미도 있고 '패거리의 일원'으로 인정을 받았다. 이게 비록 사실일지라도 젊은이들이 무기력해져 자신의 삶을 파괴하는 모습을 지켜보는 건 참으로 안타깝다.

그러나 비극적인 경험을 겪은 나로서는 음주자들처럼 마리화나 상습 복용자들도 자신 외에 사람들을 다치게 한다고 말할 수 있다. 형과 형수는 굉장히 뛰어난 25살짜리 막내아들을 잃었다. 몰지각한 청소년이 마리화나를 복용하고 속도감을 상실한 채 운전하다 사고를 낸 것이다. 부모와 주변 사람들의 슬픔은 말로 표현할 수 없었고, 그 사고를 일으킨 소년의 죄책감 또한 그 가족을 아는 사람이라면 누구에게나 확실한 영향을 미쳤다. 마리화나가 무해하다고 주장하는 사람들이 죄 없는 희생자의 가족들과 대면하지 않기를 진심으로 바랄 뿐이다. 마리화나를 피우는 사람들은 점점 대담해지고 복용 횟수도 빈번해진다. 결국에 그는 '낡여서' 거물급 'H'를 복용하는 단계로 가게 된다. 세계에서 가장 앞서가는 권위자들, 즉 약물 골수분자들은 대부분 약물 중독자들이 이런 경로를 따라간다고 한다.

## 이제는 행동해야 할 때

마리화나 복용에 대한 재미있는 사실이 하나 있다. 얼마 전 그룹 일원 중 한 명이 '마리화나'를 피우는 건 애들 장난이라고 이야기했다. 이젠 '해시시'나 '스피드' 아니면 좀 더 강한 것을 피워야 할 때라고 주장했다. 그들은 이렇게 말한다.

"'마리화나'가 재미있으면 이걸 꼭 피워봐야 해!"

일원들은 이미 약에 빠졌기 때문에 이런 '아이디어로 쉽게 설득할 수 있었다.' 일단 마음속에서 습관을 정당화하면 첫 번째 단계에서 그다음 단계로 옮겨가기란 식은 죽 먹기다. 게다가 '마리화나'를 구입할 돈으로 더 심각한 약물을 구매하게 된다.

친구나 애인이 연루되어 있다면 이들은 암울한 지하 세계의 성격 때문에 빠지게 된 건 아닐 것이다. 그들이 신뢰하고 따르던 누군가가 '설득'했기 때문이다. 불법 행위를 할 때 남을 설득시킬 수 있다면 자신의 죄가 조금은 가벼워질 것이라고 생각한다. 알코올을 빼면 마리화나는 가장 위험한 약이다. 백이면 백, 내가 지금껏 만났던 중독자들은 모두 '담배나 마리화나'에서 시작했다고 한다. 약물과의 전쟁에 참여하고 있는 지인도 같은 의견이다.

약물에 관해서 미국에서 가장 뛰어난 권위자인 포레스트 테넌트<sup>Forest</sup> Tennant 박사는 이렇게 말했다.

"'마리화나'는 대부분 중독자들이 처음에 시작하는 불법적인 약물이지만 담배와 알코올은 말 그대로 모든 중독자들이 첫 번째로 시작하는 '신고식 약물'이다. 금연 문제를 해결하면 대부분 약물 문제도 해결할 수 있다."

약물에 관한 전문가들도 마리화나가 신체적인 중독성이 있지 않다는데 의견을 모으고 있다. 그러나 클라우드 페퍼의 마리화나에 대한 연방 의회조사위원회 의장은 교육을 제대로 받지 못한 어떤 젊은이의 질문을 받았다.

"마리화나가 습관이 아니라면 왜 제가 그걸 못 끊는 거죠?"

위원회는 그에게 대답을 주지 못했다. 심리학자들은 '마리화나' 복용이 신체적으로는 습관성이 아니지만 심리학적으로는 습관성이라고 했다. 아이들과의 이런 말장난도 참 우습다. 왜냐하면 신체적인 습관보다 정신적인 습관을 없애는 게 훨씬 어렵기 때문이다. 체포된 헤로인 중독자도('전' 알코올중독자가 없는 것처럼 '전' 약물 중독자도 없다) 신체적인 욕구가 사라지기까지 몇 년 동안 헤로인에 대한 정신적인 중독과 싸워야만 했다.

## 안타깝게도 그건 아주 황홀하다

마리화나를 '많이' 한다고 해서 신체적으로 불편하거나 후유증으로 고생하지 않는다. 흡연자는 기분이 아주 좋고 편안하기 때문에 '왜 피우지 말아야 하는지'를 이해할 수 없게 된다. 그러면서 나락으로 떨어지게 된다. '마리화나'의 부작용은 천천히 나타나기 때문에 흡연자는 그 변화를 알아차리지 못한다. 변화는 너무 사소해서 말하기도 어렵다. 흡연자는 당신의 말을 믿을 수도 없고 믿으려고 하지도 않는다. 그를 매일 보는 사람들은 변화를 눈치채지 못한다. 한 마디로 오랫동안 그를 보지 못했던 친척이나 친구가 먼저 눈치채게 된다.

원래 청소년이 이런 '습관'을 들이게 되면 처음엔 비용이 저렴하기 때문에 용돈에서 그럭저럭 문제를 해결할 수 있다. 그러나 흡연자가 좀 더 규칙적으로 약물을 복용하면 더 많은 돈이 필요하다. 그 시점에서 옷장 위에 두었던 돈이나 엄마의 잔돈 지갑, 아빠의 지갑에서 돈이 사라진다. 몸에 습관이 배면 돈은 점점 더 필요하고 돈을 구하는 기술도 발전하게 된다. 중독자가 될 가능성이 있는 청소년은 더 많은 돈을 훔치며 집에서 눈에 띄지 않는 물건을 팔아서 돈을 구한다. 상황이 더 심각해지면 집에서 물건을 훔치는 수준에서 벗어나 지역 내 가게를 털기 시작한다. 이렇게 훔친 물건들은 장물로 시장 가격의 10~20% 가격으로 팔게 된다. 이 가격으로 사소한 취미 생활을 계속 하려면 약간의 재치도 필요하다.

습관에 점점 더 깊게 빠져들수록 절도 행위는 대담해진다. '스피드' 'LSD' '헤로인' '코카인' 같은 심각한 약물을 규칙적으로 복용하기 시작하면 위험한 수준의 도둑질도 감행하고 대가도 커진다. 결국 중독자가 말 그대로 도둑질을 일삼아야 할 때까지 말이다. 결국엔 이런 짓에도 한계가 오기 마련이다. 여자 아이들은 매춘을 하고, 남자 아이들은 뚜쟁이 질을 한다. 그 후엔 약물 복용이 심각해져 중독자 자신이 약물을 살 돈을 조달할 수 없는 단계까지 오게 된다. 그때가 되면 '마리화나를 피우기' 전에 그들 '패거리'에 속하려고 담배를 피우기 시작한 모범생이 물주가 된다. 이 모범생들은 이런 일이 자기에게 일어나리라고는 전혀 생각지도 못할 것이다.

## 환각 상태에서의 살인

약물에 관해 알아야 할 게 두 가지 있다. 우선 약물의 영향을 받는 동안엔 약물 중독자가 어떤 일을 할 것인지 예측하는 건 불가능하다. 두 번째, 일단 약물 중독이 되면 자신의 욕구 충족을 위해 무슨 일을 할지 추측할 수가 없다. 약물 중독자들이 약을 살 돈을 구하기 위해 여동생이나 부인을 매춘부로 파는 것부터 시작해 친척을 살인한 경우까지 있다. 한 소년은 환각 상태에서 친구를 죽이고 심장을 먹기도 했다.

약물 중독자가 물주가 되면 아주 독특한 처지에 있게 된다. 대부분 이들은 기존 복용자들에게 자신의 물건을 팔 수 없기 때문에 새로운 시장을 '찾아야 한다.' 새로운 '물주'가 새로운 영토를 확장하기 위해 다른 물주의 '고객'에게 팔려면 살인이 생길 수도 있다. 새로운 물주는 자신이 쉽게 시작한 취미를 다른 사람도 배울 수 있도록 하기 위해 잘못된 사이클을 형성한다. '한 패거리가' 되려면 얼마나 비싼 대가를 치러야 하는가!

## 도대체 누구 책임인가?

우리 세대들은 이런 삶의 방식 때문에 젊은 세대들을 비판한다. 부도덕하며 무책임한 아이들에 대해 안 좋은 소리를 했으며, 이들이 역사상 '최악의' 세대라고 욕하기도 했다. 우리의 생각이 맞을 수도 있지만 우리는 문제의 원인을 무시하고 문제 그 자체에만 집중하는 과오를 범하기도 한다. 그러나 내가 이 책을 위해 자료 조사를 하는 동안 다음과 같은 사실을 알 수 있었다. 즉, 청소년들의 행동은 성인을 모방한 결과이며, 성인들이 만들어 놓은 유혹의 희생물이 된 예가 많았다.

여기까지 읽었다면 내가 무엇을 말하려는지 대충 그림이 그려질 것이다. 그래서 당신에게 다음과 같은 사실을 상기시킬 뿐 이에 대해 다시 논

할 생각은 없다. '뿌린 대로 거두리라.'

텔레비전이나 비디오, 게임, 인터넷(오늘날 미국에서 집과 교회를 능가하고 가장 큰 영향을 미치는 매체), 극장, 라디오, 책, 잡지 그리고 일반 사람들의 행동들이 아이디어와 힌트를 제시한다. 십대들이 TV방송국이나 신문사, 매춘업소, 영화관, 약물 수입 비즈니스, 음주와 도박 사업을 운영하는 것이 아니다. 그렇지만 희생자들은 대부분 청소년이고, 소유자의 이익이 어마어마한 만큼 엄청난 피해가 청소년들에게 고스란히 돌아간다. 오늘날 심각한 고민에 빠진 젊은이를 보면 내 동기들이나 우리 세대는 젊은이들에게, 또 여러 면에서 그들을 위해 죄를 주장해야 한다는 생각이 든다.

책임질 나이가 된 성년이라면 다들 인류에 대한 자신의 책임감을 받아들여야 한다. 난 우리 세대가 받아들여야 할 책임감을 인정한다. 왜냐하면 우리는 이런 파괴적인 습관을 부추기거나 이런 것들의 확장을 막기 위해 교육면에서나 법적인 면에서 압력을 넣는 등, 어떤 조치도 내리지 않기 때문이다. 가장 큰 실수는 당신이 할 수 없다고 생각해서 아무것도 하지 않은 데 있다.


## 그가 일부러 그런 건 아니야

신성모독 역시 나쁜 습관이다. 누군가가 하나님을 모독하는 것을 들으면 상당히 기분이 안 좋다. 나는 종종 사람들이 '다양한 표현으로' 부르짖는 걸 들었다. 대부분 지인이나 사람들이 "존이 욕한 건 아무 뜻도 없어. 말하는 게 항상 저래." 이렇게 설명한다. 나 역시 당신과 비슷한 문제로 고민한다. 어떤 사람이 말을 할 때 그게 의미가 있는 건지, 없는 건지 구분할 수가 없다. 그가 말을 할 때마다 '별 뜻 없는 것'인지 '의미가 있는 것인지' 물어보는 건 예의가 아니라고 생각한다.

하나님을 욕보이면서 서로 좋은 방향으로 긍정적인 영향을 미쳤다는 건 믿기 힘들다. 반면 그것 때문에 거래도 끊기고, 우정도 깨지고, 기회를 놓치고, 애인과 헤어진 경우는 많이 봤다. 신성모독은 대부분의 사람들이 눈치채지 못할 정도로 천천히 익히게 되는 나쁜 습관이다. 가정 학대의 대부분이 폭력적이고, 더러우며, 신성을 모독하는 언어로 시작된다는 연구 결과가 나왔기 때문에 더욱더 괴롭다.

심지어 성폭력도 나쁜 습관이 계속 축적된 결과물이다. 도로시 힉스Dorothy Hicks 박사가 플로리다에서 진행한 연구 결과를 보면 대부분의 성폭력 범죄자들이 비슷한 방법으로 범죄를 시작한다. 박사는 습관적인 성폭행범에게는 성폭행이 섹스 행위가 아니라 폭력행위라는 점을 지적한다. 그 순간 성폭행범은 여성을 미워하게 되고, 여성의 나이나 외모는 신경쓰지 않으며 그녀에 관한 건 어떤 것도 기억해 낼 수가 없다. 보통 성 범죄자들은 처음에는 엿보는 것에서 시작하다가 결국 침실로 들어가서 여성들이 잠든 모습을 지켜본다. 그런 후 비폭력적인 강간(이런 게 있다면 말이다)에서 폭력적으로 강간하게 된다.

습관적인 거짓말쟁이, 예를 들어 항상 늦거나 불규칙한 사람, '경고를 듣지 않는' 사람, 늦잠 자는 사람들도 마찬가지로 처음엔 똑같이 시작한다. 처음에 약간 타협을 하나 나중엔 점점 늘어나 결국 나쁜 습관이 삶의 방식으로 굳어지게 된다.


## 느리지만 천천히

나쁜 습관이나 추세는 느리면서도 조용하게, 겉으로 보기엔 전혀 해가 없이 시작된다. 그것이 개인적인 차원이든, 국가적인 차원이든, 국제적인 차원이든 마찬가지다. 처음에는 '이런 사소한 것들을' 이슈로 만든다는 것 자체가 어리석게 보인다. 수천만 명을 망설임 없이 학살한 부다페스트의 도살자, 니키타 흐루시초프Nikita Khrushchev는 누구보다도 이 사실을 잘 알고 있다. 그는 미국 연방의회의사록에서 공산주의의 입장을 분명히 밝혔다.

"미국인이 하루아침에 자본주의에서 공산주의로 체제 전환하기를 바라는 게 아니다. 미국민들이 어느 날 일어나 보니 공산주의로 바뀌었다는 것을 자각할 때까지 대통령이 사회주의의 씨앗을 조금씩 뿌려놓는 작업은 도울 수 있다."

흐루시초프가 말한 '이 적은 양의 씨앗'은 구호 프로그램이 상당한 물품을 가지고 있을 때인 대공황 때 뿌려지기 시작했다. 미국인들이 손을 들어 항복하는 대신 '구호품'을 찾기 시작한 때가 바로 이즈음이었다. 우리는 강함과 존엄성 대신 두려움과 욕심을 바탕으로 한 국가 정책의 초석을 놓고 있었다.

트루먼Truman 대통령이 패튼Patton 장군과 탱크를 베를린 외부에서 멈추게 하고 하나님이 무자비한 적들에 대해 동맹군에게 부여한 승리를 거부하며, '승산이 없는' 정책을 세울 때 나쁜 습관의 '사소한 씨앗은' 뿌려진 셈이다. 그 후로 국가의 사고방식을 지배한 '승산이 없는' 정책의 무대가 마련된다. 그는 우리의 '친구'와 마오쩌둥의 뒤를 이어 엄청난 인명을 살육한 스탈린Stalin을 위해 그런 일을 했다. 나중에 처칠Churchill의 설득력 있는 호소에도 우리는 유럽의 취약점을 공격하지 않았고, 결국 세 나라를 공산주의 국가에 넘겨주었다.

패전국 일본과의 전쟁에 참전해 달라고 러시아 측에 부탁했을 때에도 이런 상황은 계속되었고, 그 결과 북한은 공산주의 국가가 되어 버렸다. 나중에는 우리가 거대한 항복 프로그램에 연연한 동안 조지 마샬George

Marshall 장군이 마오쩌둥과 그의 친구들은 아무런 해를 끼치지 않는 농지 개혁자라고 주장하는 말을 들었다. 우리는 지원군을 철수했고 오랜 기간 친구이자 동맹이었던 장개석을 공산주의 무리에게 빼앗겼으며, 중국도 공산주의 손아귀에 넘어가게 되었다.

지금쯤 미국의 정치가와 유권자들은 우리가 큰 충돌을 겪기 일보 직전이라는 상황을 예견했어야 했다. 그래도 교훈은 있다. 공산주의에서 우리는 적당한 스승을 발견했다. 한국을 지키는 데 성공했지만 자유주의 사상과 '승산이 없는' 정책은 우리를 오늘날에도 여전히 존재하는 궁지에 몰아넣었다. 그다음엔 쿠바 사태. 신빙성 있는 정보를 통해 몇 번 보고를 받았음에도 우리는 피델 카스트로Fidel Castro의 혁명을 도왔다. 그런 후 우리는 베트남에서 '승산 없는' 정책의 비극을 경험하게 된다. 대부분 박식한 군인들은 좀 더 일찍 호치민 루트Hoi Chi Minh Trail를 막아버리고 하이 퐁 항Haiphong Harbour을 폐쇄했다면 전쟁에서 이길 수도 있었다고 한다.

흐루시초프도 자기네 측이 유리하다고 생각되면 서구 세계와 사인한 모든 조약을 깨버리고 우리를 '묻어 버렸을 것이라고' 이야기했다. 북 베트남과 베트콩, 미국과 남 베트남 쪽이 파리 휴전 동맹을 맺었는 데도 캄보디아와 남 베트남은 공산주의 국가가 되었다.

공산주의자들은 우리가 준수하는 도덕률을 따르지 않는다. 이들은 스스로 '인민'당과 해방자라고 부르지만 서독에서 동독으로, 홍콩에서 중국으로, 마이애미에서 하바나로 서유럽에서 헝가리와 러시아로 넘어가는 망명자를 보았는가? 좀 더 최근엔 자신들의 '해방자'를 포용하기 위해 북쪽에서 하노이로 날아가는 망명자를 보았는가? (공산주의 '해방자'들에게 달려가는 망명자를 볼 수 없는 이유가 두 가지 있다. 역사적으로 이들은 자유가 없었고 먹을 것도 부족했다. 그러나 지구상 어떤 공산주의 국가도 자급자족할 수 있는 곳은 없다.)

개인적인 차원에서든 국가적인 차원에서든, 모든 추세와 습관은 미약하고 천천히 시작되나 나중에는 빠르고 강하게 변한다. 이런 추세를 역전시킬 시간은 있지만 우선 개인적인 입장을 확실히 밝히고, 지금은 나라의 입장을 확실히 해야 한다. 당신을 포함해 모든 사람들이 도덕적으로 건전하고 강해질 수 있다면 우리는 내부든 외부든 적을 두려워할 필요가 없다.

그렇다. 『정상에서 만납시다』가 처음으로 출간된 이후 공산주의는 더 이상 우리를 위협하지 못한다는 사실을 깨달았다. 우선 미국을 보면 로널드 레이건Ronald Reagan 대통령의 리더십 아래 군사력을 강화시켰고, 실상 독일로 하여금 베를린 장벽을 무너뜨리게 만들었다. 왜냐하면 이들은 더 이상 미국을 그렇게 강하고 부유한 나라로 만들어 주는 자유기업체제와 경쟁할 수 없기 때문이다. 공산주의에 대한 정보는 책에 남겨둔다. 왜냐하면 우리에겐 아직도 공산주의 독재자의 손에 놓여 있는 북한과 중국, 쿠바가 있다는 사실을 상기할 필요가 있기 때문이다. 그러나 중국이 자유기업체제로 빠른 속도로 변하고 있어 공산주의라는 이념이 거의 사라지고 있다. 따라서 전 세계를 통틀어 공산주의는 거의 죽은 것과 다름 없다.

반면 미국은 점차 사회주의로 흐르는 경향이 있다. 즉, '큰 정부'가 모든 사람들이 요구하는 사안들을 들어줄 수 있는 사회주의 체제로 변하고 있다. 다시 말해 이들은 정부가 뭔가를 '빚지고 있다고' 생각한다. 물론 여기서 '정부'란 우리, 시민, 납세자를 말하며, 말 그대로 복지에 들어간 수없이 많은 돈은 오히려 빈곤층을 증가시키고 있을 뿐이라는 점을 이해해야 한다. 자급자족과 책임감을 받아들이는 것이 강하고 자유로운 미국뿐만 아니라 강하고 자유로운 개인이 될 열쇠라고 할 수 있다.

## 나쁜 습관은 천천히 그리고 쉽게 익힌다

나쁜 습관은 천천히 조금씩 익히게 된다. 마리화나에 대한 분석은 음주에도 적용된다. 약물 복용은 비난하지만 음주는 괜찮다고 생각하는 부모들이 많다. 많은 사람들이 이렇게 말한다.

"어떻게, 어디서, 왜 우리 애가 그런 짓을 배운 거지? 있을 건 다 있는데 왜 하필 약이야?"

그럼 아이들도 부모에게 같은 질문을 던질지도 모른다. 결국 알코올도 약이다. 독선적인 태도로 분노하며 어떤 부모들은 이렇게 말할 수도 있다.

"어떻게 우리에게 이럴 수 있어?"

하나만 강조하고 싶다. 많은 부모들이 '각성제'를 먹으며 하루를 시작한다. 나중엔 신경을 안정시키기 위해 '진정제'까지 복용한다. 식욕을 억제하려고 '다이어트 약'을 먹기도 한다. 식사 전엔 '칵테일'을 한 잔 하기도 하고, '잘 때 마시는 술'로 하루를 마감한다. 낮 시간엔 담배를 한두 갑 정도 피우기도 하며 아스피린을 몇 알씩 복용하기도 한다. 그런 후 부모들은 이렇게 말한다.

"도대체 약을 복용하겠다는 생각이 어디서 나온 거지?"

몇 년 전 어머니와 함께 사우스캐롤라이나 컬럼비아에서 찰스턴으로 차를 몰고 가던 중, 미시시피 야주 시티 고향 친구에 대해 물어본 적이 있다. 어머니는 갑자기 속삭이면서 이렇게 말씀하셨다.

"글쎄 말이다. 그 애가 '최악의 음주자'로 변했지 뭐니."

농담조로 난 어머니께 물었다.

"어머니, '최악의 음주자'란 어떤 의미죠?"

그 친구는 술을 한 병 사서 집에서 조용히 한두 모금씩 마시기 시작했다. 가족들에게 실수하지 않고, 폭력을 휘두르지도 않았으며, 만취한 적도 없었다. 음주 습관 때문에 일에 지장을 초래하지 않았고, 나름대로 그 지역에서 '존경받는' 멤버였으며, 최근엔 정치에 입문하기도 했다.

약간 당황한 나는 이렇게 물었다.

"어머니, 그게 정말 '최악의 음주자'란 거예요?"

어머니께서는 단호하게 그렇다고 말씀하시며, 그 이유를 설명하시는데 논리는 단순했다. 그는 음주자의 '모범'을 보였고, 아이들은 자신을 위해 열심히 일하고, 쉴 때는 쉬면서 술을 마시는 아빠에게서 어떤 잘못된 점도 발견할 수 없게 되었다. 이제 아이들은 친절하고, 자상하며, 헌신적인 아버지는 술을 마실 수 있다고 생각하게 된다.

어머니께서 지적하셨듯이 누구도 술 취한 사람을 모방하고 싶어 하지 않는다. 만약 이 친구가 가족들을 괴롭히고 그들의 존재를 거부했다면 아이들은 음주에 대해 부정적인 이미지가 심어졌을 것이다. 도박에 빠져 살거나 술고래로 살았다면 누구도 그를 '닮고 싶어' 하지 않았을 것이다. (그래서 주류 계에서 '적당히' 술을 마시라고 권하는 것일까?)

어머니께서 말씀하신 부분을 좀 더 보충하자면 다음과 같다. 프랑스는 전 세계에서 1인당 와인 소비량이 최고다. 그뿐 아니라 간경변과 알코올중독자 비율이 가장 높다. 혹시 이게 '우연'이라고 생각할지도 모르니 부연 설명을 해야겠다. 칠레 역시 1인당 와인 소비량이 세계 2위이며, 간경변과 알코올중독자의 수가 세계 두 번째다.

한 번 더 반복되는 '우연'에 관심을 가질 필요가 있다. 정확한 수치를 집어내기엔 아직 이르지만 맥주와 와인의 TV 광고가 증가하는 동시에 십대 알코올중독자 수가 극적으로 증가했다. 더 안타까운 사실은 이런 광고들, 특히 맥주 광고들은 많은 수의 청년 팬을 확보하고 있는 스포츠 이벤트에 집중하고 있다. 위선도 이런 위선이 있을까. 삶과 건강을 위해 하는 운동 경기가 삶과 건강을 해치는 알코올 회사들의 스폰서를 받고 있으니 말이다.

음주 습관은 맥주나 와인을 소량 마시는 것으로 시작된다. 시간이 흐르면 몸은 알코올을 좀 더 요구하고 내구성도 증가되며, 결국 끔찍한 결과를 맞게 된다. 부모들이 어린아이에게 맥주 한 스푼을 먹이는 걸 보면서 내가 지금 또 한 명의 알코올중독자의 탄생을 보는 게 아닌가 하는 생각이 든다. 한 사람이 알코올이라는 정글에 비틀거리며 빠지는 것만 해도 충분히 나쁘다. 부모가 되어서 청소년을 그 정글로 이끄는 것은 가장 혐오스러운 행동이며 어리석은 행위다. 테넌트 박사가 말하길 음주를 어린 나이에 시작하면 할수록 알코올중독자가 될 가능성이 크다고 했다.

**메시지:** 아이들에게 어떻게 마시는지 가르치는 것은 알코올중독자가 되라고 '가르치는 것'과 같다.

분명히 무지한 행동이지만 우리가 사람들에게 진실을 말할 때까지 알코올중독자는 계속 증가할 것이다. 알코올중독에 대해 배우고, 알코올중독 환자들이 생산적인 삶을 살 수 있도록 돕는 일이 매우 중요하다. 그러나 음주를 방지하는 교육이 없는 이런 단계들은 열을 '내릴 수 있다는' 착각 속에 온도계가 화씨 103도를 막 넘어섰을 때 얼음을 몸에 놓는 것과 같은 어리석은 행동이다.

문명국가로서 우리는 300만 명의 십대를 포함해 1,600만 명의 알코올중독자뿐만 아니라(어떤 전문가들은 2,500만 명에 근접하다고 했다) 프랑스와 칠레를 보고 교훈을 얻을 수 있다. 현재는 알코올이 미국 내 가장 심각한 '약물 문제'이며 청소년들 사이에서 특히 중독자의 숫자가 계속 증가하는 추세다. 예를 들어 뉴욕만 하더라도 학생들의 12% 정도는 음주 문제에 노출되어 있고, 고등학생의 60% 정도는 한 달에 한 번 정도

술에 취한다는 연구 결과가 있다. 이 연구에서는 초등학교부터 조치를 취해야 한다고 말한다. 옳은 말이다. 초등학교 때부터 강하게 금지시켜야 한다. 아이들이 아직 엄마 품에 있을 때 부모가 모범을 보여야 한다.

이런 결과가 나왔는데도 자신의 아이들은 '약은 절대 하지 않고 술만 약간 마실 뿐'이라고 떠벌리는 부모들이 있다. 심지어 자신들이 제대로된 '음주법'을 가르친다고 자랑한다.

관련자의 말에 따르면 사회생활을 하면서 술을 마시는 사람들 중에 열한 명 중 한 명은 알코올중독자가 된다. 다시 말하지만 다른 약물 중독자들과 마찬가지로 알코올중독자도 처음부터 알코올중독자가 되고 싶어서 된 게 아니다. 나쁜 습관은 천천히 시작되지만, 습관이 있다는 사실을 깨닫기도 전에 습관이 당신을 지배한다.

미국은 담배 회사 측이 포장지에 경고 문구를 넣어야 한다고 요구한다. 당연히 그래야 한다. 문제는 왜 술병에는 그보다 훨씬 강한 문구를 적지 않느냐는 것이다. 베트남 전 참전에 강하게 반대하던 사람들이 담배와 주류 산업, 인간의 질병에 대한 과중한 벌금에 대해 그 절반만 반대했더라면, 그야말로 조국에 진정한 애국을 보여 주었을 것이다. 결국 제임스 메리트James Meritt 박사의 말처럼 알코올은 심장병, 암, 발작에 이어 네 번째로 사망률이 높은 사인이다. 살인 행위의 50%, 자살 행위의 삼분의 일, 방화 행위의 50%, 익사의 50%가 알코올 때문에 일어난다.

지상에선 역시 대법원이 가장 높은 위치에 있다.


**질문:** 이 책을 잠시 덮어두고 펜을 들어 의원들에게 알코올의 정체를 밝힐 법안을 소개하면 국가의 영웅이 되고 다음 번 선거에선 당신의 표까지 얻을 수 있다고 왜 편지를 쓰지 않는가?

현행법 상 술병에는 어떤 게 들어 있는지 표기만 하면 된다. 그러나 정작 그 내용물이 어떤 영향을 주는지 소비자들에게 이야기를 해 주는 게 상식이지 않을까? 이제 우리는 담배가 중독성 있고 건강에 나쁘다는 것을 알기 때문에 많은 사람들이 피우긴 하지만 과거보다는 흡연자가 상당히 줄어든 것도 사실이다.

## 아직도 부족하다

로키산맥의 서쪽 경사면에 거대한 세쿼이아가 한 그루 있다. 예수가 갈릴리 바다를 걸었을 때만 해도 아주 어린 묘목이었다. 콜럼버스가 미국 대륙을 발견했을 때 이 나무는 성장기에 접어들었고, 내전이 일어났을 당시엔 높은 위치에서 아래로 내려 볼 정도로 컸다. 화재, 홍수, 태풍 그리고 가뭄에도 잘 버텨냈다. 앞으로도 몇 세기는 더 살 것만 같았다. 그런데 몇 년 전에 자그마한 딱정벌레가 나무껍질 깊숙이 들어가 알을 낳았다. 처음엔 공평치 못한 게임처럼 보였으나 몇 마리의 딱정벌레가 몇 백 마리, 수천 마리, 심지어 수백만 마리로 늘어났다.

처음에 딱정벌레들은 나무의 껍질을 공격했고, 점점 더 나무 속 깊이 들어가더니 결국엔 이 웅장한 거인의 심장 부분까지 파고들어 갔다. 그러던 어느 날 수세기 동안의 어려움을 견뎌낸 그 나무는 비바람이 불고 번개가 치자 쓰러지고 말았다. 비바람 때문에 쓰러진 게 결코 아니었다. 조그마한 딱정벌레들이 나무를 약하게 만들었기 때문에 쓰러진 것이다. 나쁜 습관은 이런 딱정벌레와 같은 존재다. 이 나무처럼 사람이 쓰러질 때까지 천천히 자기 몫을 빼간다.

〈바람과 함께 사라지다Gone with the Wind〉라는 영화에서 처음으로 상스러운 단어가 사용되었다. 대부분이 남침례교였던 상황에서 당시 커뮤니티의 반응을 결코 잊지 못한다. 한 마디로 사람들은 말문이 막혔다. 자유주의자들은 걱정도 팔자라고 우리를 비웃었다. 말 한 마디가 무슨 해가 있냐고 하면서 말이다. 그다음 해 가족용 영화에 '쓸 수 있는' 단어가 또 하나 추가되었고 우리의 입장은 다소 약해졌다.

45년 이전에 잭 파<sup>Jack Parr</sup>라는 사람이 자신의 프로그램에서 '변소'라는 말을 써 혹독한 비판을 들었다. 어느 TV 구성 작가가 이렇게 말했다.

"우린 이제야 성장하기 시작했어요."

강도가 센 포르노 역시 '성인'용 서점에서만 팔다가 이제는 가족용 잡지 판매대에서도 팔기 시작했다. TV 토론과 기타 프로그램들에서도 점점 시청자들에게 '뭐든지 괜찮은' 포맷이 될 때까지 '음란한' 소재들이 사용되기 시작했다. 〈사우스 파크<sup>South Park</sup>〉와 같은 쇼들은 여러 가지 기준들을 합해서 만든 역겨운 결과물이라고 할 수 있다.

오늘날 〈오스틴 파워<sup>Austin Power</sup>〉와 〈아메리칸 파이<sup>American Pie</sup>〉 같은 영화를 '가족용' 극장에서 볼 수 있다. 영화 비평가 로저 에버트<sup>Roger Ebert</sup>는 이렇게 말했다.

"전 사회학적인 관찰자이며, 1999년 여름을 할리우드의 심미안 기준이 마지막으로 몰락한 날로 기억할 것입니다. 요즘 만들어지는 새로운 코미디에는 역겨운 소재란 없어요."

토크쇼에서 심심찮게 자유연애, 계약 결혼, 동성애에 대한 이야기를 들을 수 있다. 이 모든 건 제방에 사소하게 갈라진 틈으로 시작된다. 조금씩 타협하다 보면 개개인의 도덕성이 무너지는 건 순식간이다. 처음엔 하나, 그다음부터는 줄줄이. 청소년들이 소중한 처녀성을 '포기할 때' 난혼이 시작되며, 순간의 혼란스러운 열정이 진정한 사랑의 자리를 침범할 때 도덕성은 바람에 휩쓸리게 된다.

슬픈 일이지만 한 번 장벽이 낮아지면 그다음부터는 장벽을 허물어

버리기가 쉬워진다. 그렇다. 나쁜 습관은 천천히 아주 쉽게 시작되지만, 그 습관은 당신이 눈치채기도 전에 당신의 것이 되어 버린다. 습관이 당신을 지배하면 결과는 참담해진다. 그러나 우리도 한 가지는 분명히 알고 있다. 나쁜 습관은 잘못된 학습에서 비롯되지만 그것이 배울 수 있는 거라면 고칠 수도 있다는 걸 말이다.

자, 내가 몇 가지 나쁜 습관을 제시해 보았으니 다음 장으로 넘어가 나쁜 습관을 어떻게 없애는지, 그리고 좋은 습관은 어떻게 배울 수 있는지 알아보자.

# 18

# 나쁜 습관은 이제 그만
# —좋은 습관은 지금부터

## Stop Bad Habits · Start Good Habits

## 습관 피하기

흡연이나 음주, 약물, 불법행위, 난혼, 사기, 저주, 손톱 물어뜯기, 과식 같은 습관은 처음부터 들이지 않는 게 좋다. 미국 전역에서 노심초사하는 부모들과 책임감 있는 시민들이 이런 문제에 지대한 관심을 쏟고 있다. 이런 파괴적인 습관을 피해 가는 데 도움이 될 몇 가지 가이드라인을 보도록 하자.

텍사스 베이 시티에 있는 베이 시티 교육청의 커리큘럼 디렉터인 샘 마글리토Sam Maglitto는 5학년, 6학년 학생들에게 『정상에서 만납시다』의 철학을 가르친다면 성교육, 약물교육, 커리어 교육은 할 필요가 없을 거라고 이야기한다. 어떻게 보면 과장되게 들릴 수도 있지만 어디까지나

마글리토는 개인적인 경험에서 우러나와 이런 말을 하는 것이다. 실제로 철학을 공부하는 딸을 둔 아버지로서 또 그런 과목이 있는 학교 관리자로서 말을 할 수 있다. 그의 말에 의하면 첫 번째로 해야 할 일은 청소년들이 심신을 단련하고, 건전한 도덕의식을 갖추며, 문제를 피하고 파괴적인 습관을 들이기 전에 없앨 수 있도록 설득하는 것이다. 물론 나도 같은 생각이다.

UCLA의 포레스트 테넌트 박사는 나쁜 습관, 특히 약물 복용을 피할 수 있는 두 번째 단계는 바로 '아이들에게 회초리를 들고 교회로 데려가는 것'이라고 말했다. 자유주의자들은 분명히 애들에게 손을 댄다는 소리만 듣고도 경기를 일으킬 것이다. 그러나 심리학자들은 보통 아이들이 자신의 행동에 책임을 져야 한다는 사실을 이해할 때 좀 더 신중하게 행동한다고 한다.

테넌트 박사는 미국이 베트남에 이어 두 번째로 약물 문제가 심각했던 당시 독일에서 GI미군 병사들의 약물 문제에 대해 광범위하게 연구를 했고, 두 가지 요소가 약물 복용을 막아준다고 발표했다. 첫 번째는 아이가 15살이 될 때까지 50번 이상 교회에 데려가는 것. 두 번째는 필요한 경우 적정선에서 아이에게 매를 드는 것. (그렇다고 매주 목요일 오후 네 시, 이렇게 시간을 정해 놓고 때리라는 말이 아니다. 아이들이 9살이 될 때까지는 일관되게 훈육해야 한다는 말이다. 즉, 아이들이 성질을 부리거나 확실하게 지시 사항을 내렸는데도 말을 안 들을 경우에 말이다.) 성경에도 아이들을 사랑한다면 이렇게 대해야 한다고 분명히 말하고 있다.

심리학자 제임스 돕슨James Dobson은 아이들이 체벌 속에 표현된 사랑을 경험하지 못하고 살아가는 건 해를 끼치는 것과 같다고 했다. 아이가 체벌을 받으면 자신이 가치 있는 존재이며, 자신에게 해로운 행동을 한 데에 당신이 벌을 줄 만큼 자신을 사랑하고 있다고 느끼게 된다.

테넌트 박사가 말한 약물 사용을 막아 줄 두 가지 요소 외 세 번째 단계가 있다면 그것은 부모가 모범을 보이는 것이다. 자녀들이 음주나 흡연, 약물 복용에 빠지거나 부도덕한 삶을 살지 않기를 바라는 부모라면 자신부터 모범을 보여야 한다. 부모가 담배를 피우거나 음주를 하면 아이들도 그 뒤를 따를 가능성이 높다는 증거도 많다.

네 번째 단계로는 허위 광고와 맞서는 것이다. 담배와 알코올 산업은 가장 돈줄이 튼튼하고 상상력이 풍부한 광고가 많다. 맥주회사는 텔레비전에서 가장 설득력 있는 광고로 맥주를 판다. 알코올 업계는 우아한 삶과 '뛰어난 남자' 광고로 접근하며, 그들의 영광을 조정하며 '적절하게' 마실 것을 제안하고 있다. 담배 광고는 담배를 피우면 '세련된 사람이며' 같은 '멤버'가 된다는 점을 강조하며 '여성다움'과 '남자다움'이라는 아이디어를 팔고 있다. 이런 허위 광고는 유독 설득력이 있을 뿐만 아니라 계속 반복되기 때문에 대부분 아이들은 7살이 될 때까지 담배를 피워보겠다는 결심을 하게 된다. 앞에서도 말했지만 이런 광고 기술 덕분에 십대의 알코올중독자 수치도 지난 5년간 급증해 왔다.


## 광고의 진실게임

내 생각에 이런 허위 광고에는 진실이라는 극적인 수단을 이용해 싸워야 한다. 예를 들어 나이 든 여성이 기침을 하려고 담배를 빼낼 때까지 입에 간당간당하게 물고 있는 모습을 본 일이 있는가? 아니면 어떤 남성이 니코틴 자국이 선명한 손가락을 이용해 담배를 입에 갖다 대고, 담뱃재를 옷 위로 떨어뜨리는 모습을 보았는가?

이런 문구를 한번 생각해 보자. '담배를 피우는 사람과 키스하는 건 마치 재떨이를 빠는 것과 같다.' 자, 이렇게 생각했는데도 아직도 담배를 피우면 섹시하고 교양 있어 보이는가? 아니면 이제 피울 맛이 달아났는가? 게다가 흡연이 피부를 건조하게 만들고, 주름살도 빨리 생기게 한다는 반박할 수 없는 증거들이 있다.

만약 상해로 말하자면(폐암이나 심장병을 상해라고 말해도 괜찮을 거라 생각한다) 미국은 이미 담배를 재배하는 농부들에게 보조금으로 수백만 달러를 지원했다. 이렇게 암과 심장병을 일으키는 담배 산업에 수백만 달러를 쏟아 붓더니 이제는 암 치료에 또 다른 수백만 달러를 쓰는 상황에 이르렀다. 여기저기에서 압력을 받을 만큼 받은 정부는 자신이 지원한 제품 판매를 저지하기 위해 추가로 돈을 투자할 의지가 생겼다. 우리가 왜 담배 산업을 키워야 하는지 열렬히 설명하다가 이제는 건강에 해롭다며 담배 광고를 제한시켜야 한다고 하질 않나, 또 담배가 암을 일으키자 그 치료를 위해 세금을 높여야 한다고 떠들어대는 꼴을 보고 있으면 꽤나 흥미롭다(이 단락을 다시 한번 읽고 싶을 것이다).


## 아이 스스로 볼 수 있게 하라

나쁜 습관을 피할 수 있는 다섯 번째 단계는 아이들과 견학을 가서 흡연, 음주, 약물의 결과가 어떤지 보여 주는 것이다. 가족 전부가 흡연 때문에 폐암에 걸렸거나 폐기종으로 고생하는 사람을 찾아가 보라고 권하고 싶다. 이런 병에 걸려 고생하는 환자와 직접 대화하도록 해 주고(가능하면 지인이 좋겠지만), 숨 쉬기 위해 애쓰는 그들의 모습을 직접 볼 수 있도록 하라. 물론 굉장히 극적인 교육이라고 할 수 있다.

그러나 이 점을 잊어선 안 된다. 희생자들은 모두 담배 한 개비로 시작했다는 것을. 이렇게 하면 아이들도 광고에서 볼 수 없는 담배의 다른 효과를 볼 수 있다. 암에는 어떠한 '매력'도, '세련미'도, '관능성'도, '취향'

도, '휴식'도 없다. 담배 광고에 '현혹되어 넘어간' 희생자들이라면 이렇게 말할 것이다. 심하다고? 그럴 수도 있다. 그러나 나쁜 습관은 반드시 대가를 치러야 한다는 점을 확실하게 인지시켜야 한다. 나 역시 흡연에 대해선 강하게 반대하는 사람이다. 왜냐하면 우리 가족만 보더라도 12명의 형제가 있는데, 흡연하지 않은 사람이 평균 24년은 더 오래 살고 있기 때문이다.

살다보면 중요한 결정을 내려야 할 때가 있다. 흡연, 음주, 약물, 과식, 혼전 관계에 대한 결정은 감정적이지 결코 논리적인 결정이 아니다. 대부분 청소년들은 남에게 인정받고 싶어 하는 감정적인 욕구가 있다. 이들은 이런 행동이나 습관을 익히면 인정받을 수 있다고 생각한다. 그래서 부모 자식 간에 마음을 열고 대화를 나누며 사랑을 표현하는 게 중요하다. 또한 당신에게 『정상에서 만납시다』와 돕슨 박사의 『데어 투 디스플린』의 철학을 받아들이라고 요구한 이유도 바로 거기에 있다.

당신의 아이가(당신도 마찬가지지만) 자신을 받아들이고 인정하면(건전한 자기 이미지) 더 이상 남의 인정을 받으려고 애쓰지 않는다. 게다가 목표를 확실히 정하면 파괴적인 습관이 목표 달성의 기회를 없애버린다는 사실을 이해하게 될 것이다. 그리고 신중하게 계획한 미래와 씨름하는 데 더욱더 많은 생각을 기울이게 된다.

가볍게 한두 잔 마시는 술일지라도 시간이 흐르면 당신 몸에 해로운 것들이 쌓인다. 이런 위험이 발생할 확률이 낮다고 그 가능성을 접어둘 것인가? 당신에게도 충분히 일어날 수 있는 일이다. 이제 공개적으로 열리는 AA모임<sub>알코올중독자 모임</sub>에 참석해 보라. 이런 일과는 전혀 상관없을 것 같은 영리하고 재능 있는 사람들이 모인 것을 보면 깜짝 놀랄 것이다. 이들의 이야기를 들어 보면 광고에서 묘사하는 대로 재미있고, 세련되고, 전혀 해가 없어 보이는 알코올을 달리 생각하게 될 것이다.

알코올중독자 이야기를 들으면 모두 술 한 잔으로 시작했다는 점을 명심하자. 올 한해 22,630명의 음주자들이 딱 한 잔으로 시작해 결국 고속도로에서 생을 마감했다. 이 통계를 보면 '누구나 똑같고' 음주에서도 '다들' 똑같다.

자녀가 환자에게 처음부터 알코올중독자가 되겠다고 마음먹은 사람이 있는지 물어보도록 해 보자. 확실한 교육 효과를 볼 수 있다. 금단증세로 괴로워하는 약물 중독자의 비명과 이들이 왜 이런 소리를 지르는지 그 이유를 듣게 되면 아이들의 호기심도 어느 정도 충족되리라 믿는다.

자녀를 법원에 데려가 보자. 14살짜리 청소년들이 자신이 겁쟁이가 아니라는 것을 '증명하며' 스릴을 느끼기 위해서든, 혹은 약물이나 음주를 계속하기 위해서든 도둑질을 하면 소년원으로 간다는 사실을 직접 보여 줘도 상당한 효과를 볼 수 있다. 솔직히 앞에서 언급한 방법들 중에는 조금 잔인한 것들도 있지만 당신이 사랑하는 사람의 미래가 달려 있다고 생각하면 꼭 그렇지만도 않다. 정말 진지하게 생각해야 할 문제다.

## 파괴적인 습관 없애기

비만, 습관성 지각, 불경한 태도, 흡연, 급한 성미, 동성애, 알코올중독, 난혼 등 이제 파괴적인 습관을 없애기 위해 어떤 일을 할 수 있는지 살펴보자. 가장 중요하면서 먼저 할 일은 당신이 그 습관을 없애고 싶어 하는지 결정을 내리는 것이다. 오직 당신만이 내릴 수 있는 결정이다. 당신의 입장에서 이런 동기가 없다면 어떠한 사람이나 과정도 중요한 영향을 미칠 수 없다.

누군가가 당신을 '설득하면' 당신도 시작할 수 있지만 작심삼일로 끝날 가능성도 있다. (명심하라. 보통은 다른 사람의 목적을 이루진 않는다.)

아직 애착이 가는 습관을 버리려고 시도조차 않는다면 지금보다 훨씬 뒤처질 것이다. (다이어트 후 요요현상이 대표적인 예다.) 우선 해야 할 일은 당신이 더는 파괴적인 습관의 노예가 아니라는 점을 명확히 해야 한다. 자신의 인생을 좌우하고 자유를 만끽하며 되는 대로 살아가기보다는 인생을 개척하고 싶다는 생각을 하라.

## 나쁜 습관을 고친 자의 말에 귀를 기울여라

나쁜 습관을 버리기는 매우 어려운 일이지만 그나마 다행인 것은 나쁜 습관을 버리면 그 결과가 훨씬 유익하고 보상도 크다는 것이다. 예전에 담배를 피웠거나 알코올에 빠진 사람들, 혹은 뚱뚱했던 사람들은 다이어트에 성공하고, 금연에 성공하고, 알코올에서 벗어나 얻게 된 즐거움과 흥분을 일일이 설명하려고 한다.

예전에 담배를 피웠던 사람은 음식의 맛이라든지 공기, 옷, 가구의 깨끗한 냄새에 대해 이야기를 한다. 자신들의 삶 속에서 많은 것을 뺏어가고 심지어 2년에서 10년 정도 자신의 수명까지 단축시켜 버릴 그런 나쁜 습관을 버리게 됨으로써 얻게 된 새로운 자존심과 만족감에 대해 이야기를 한다. (관련 언론기관에 따르면 영국의 전국 의학대학Britain's medical college 과 왕실 의학대학Royal College of Physicians이 협력하여 해낸 연구를 보면 담배가 흡연자의 수명을 5½분을 단축시키며, 흡연 때문에 흡연자 삼분의 일이 사망한다. 흡연으로 인한 질병으로 매년 영국에서는 5,000만50million days의 근로일이 손실된다는 결과가 나왔다. 또한 금연을 한 사람들은 그 즉시 혜택을 얻게 되며, 10~15년 안에 추가로 사망할 위험성을 크게 줄여준다고 했다. 하루에 한 갑을 피면 담배 한 개비 당 수명이 5½가 줄어든다는 말은 즉, 흡연하는 연 수에서 28일이 줄어든다는 말과 같다.)

좀 더 풍요로운 삶을 찾으면서 왜 전직 흡연자들이 여생을 이곳에서 보내며, 파괴적인 것보다는 가치 있는 것에 돈을 쓰려는지 그 이유를 깨닫게 되어 기쁘다는 설명을 듣는 것도 좋은 방법이다.

당신이 과체중이라면 체중에 신경 쓰는 사람이나 단식 모임에 참석해 22kg에서 158kg 가량을 줄인 사람들의 이야기를 들어야 한다. 이들이 힘들게 이겨내야 했던 고통과 이제는 자신 것이 된 보상에 대해 이야기하는 것을 들어 보자. 적당한 가격으로 진열장에 있는 옷을 살 수 있다는 아주 소박한 기쁨에 대해 들어 보자.

새롭게 찾은 사랑, 수월하게 신발 끈을 묶을 수 있다는 스릴, 엘리베이터를 기다리지 않고 계단을 껑충껑충 올라갈 수 있는 기쁨을 이야기하는 모습을 지켜보자. 이웃의 마음속에 담긴 말, 경멸, 비웃음보다 새롭고 늘씬한 용모에 대해 칭찬하는 것을 들어 보자. 과식을 포기한 사람의 이야기를 들어 보면 과식 습관을 고치는 데 많은 도움이 될 것이다.

한 번 체포된 경험이 있는 알코올중독자들은 새로운 친구와 자신의 소중한 것들을 어떻게 다시 되찾을 수 있는지 이야기한다. 이들은 눈물 어린 눈으로 다시 합류한 가족들과 오랫동안 맥이 끊겨버린 커리어의 회복, 새로운 자존심, 새로운 사회생활 그리고 자신의 길을 개척해 가면서 느끼는 엄청난 성취감을 이야기한다.


## 나쁜 습관은 과감히 버려라

여기서 재미있는 사실은 대다수 사람들이 처음에 나쁜 습관을 들이게 된 것과 같은 방법으로 습관을 버리게 된다는 점이다. 즉, 같은 생각을 가진 사람들과 관계를 맺으면서 목적을 달성한다. 알코올중독자는 알코올중독 방지회를 통해, 도박중독자는 도박중독 방지회를 통해, 그리고 과체중인 사람은 체중에 신경을 쓰는 사람들의 모임에서 입증이 되었다. 다른 방법들은 모두 실패했지만 이 모임만이 성공을 거둔 이유에는 여러 가지가 있다.

알코올중독자나 도박중독자, 과체중인 사람이 평생 자신을 괴롭혀 온 문제를 해결한 사람들이 있는 모임에 가면, 패배의 참담함과 승리의 달콤함을 듣게 되고 걱정해 주는 사람들도 많기 때문이다. "제가 했으니 당신도 할 수 있다"라는 식의 수많은 이야기들이 이런 습관의 희생자들에게 꼭 필요한 자신감과 힘을 불어 넣어준 올바른 환경에서 우러나오는 격려와 열정, 낙관주의에 둘러싸여 있으니 결과 또한 극적일 수밖에. 몇 번이나 반복하지만 주변 사람들은 당신의 습관에 지대한 영향을 미친다. 성공이나 건강, 행복에 대한 대가를 지불하는 게 아니다. 오히려 혜택을 누린다고 해야 맞는 말이다.

알코올중독 방지회가 그토록 영향력을 발휘하는 이유는 다음과 같다. 우선 알코올중독자들은 스스로 알코올중독에 대해 할 수 있는 일이 아무것도 없다는 사실을 깨닫게 된다. 이들은 무기력해지지만 그것이 결코 음주를 그만두고 싶어서가 아니다. 정상적인 사람이라면 알코올중독자가 되어 본인이나 가족에게 고통을 안겨주고 싶진 않기 때문이다. 알코올중독자 스스로 좀 더 강력한 도움이 필요하다는 사실을 인정하면 그는 문제 해결에 한층 더 다가간 셈이다. 알코올중독 방지회의 열두 단계에서 회원들은 하나님을 말할 때 '있는 그대로의 신God as we understood Him'이라고 한다. 나는 그들처럼 어떤 규율에도 묶이지 않기 때문에 하나님이라고만 간단히 말한다. 앞에서도 이미 나왔지만 이사야 40:31을 보면 '갱생'이라는 말은 '변화' 혹은 '교환'이라는 뜻을 의미한다. 당신이 할 수는 없지만 하나님께선 하신다. 알코올중독자들의 유일한 희망은 자신보다 더 강력한 힘이다. (요한복음 15:5-7을 보면 이 점에 대해 분명히 설명하고 있다.)

알코올중독자가 그런 결론을 내릴 때까지 질병을 '치료'할 가능성은 희박하다. 심각한 약물 중독자도 마찬가지다. 알코올중독 방지회나 그 회원들은 알코올중독자들이 '핑계'대는 것을 좋아하지 않는다. 알코올중독자들은 자신들이 너무 많이 마시기 때문에 중독자가 됐다는 사실을 인정해야 한다.

파괴적인 습관을 시작하기 위해 어떤 변명을 했더라도 그 결과에 고통받는 사람이 본인만이 아니라는 사실을 직면하면 친구, 자녀, 부모, 지인 모두가 부정적이며 아주 비극적인 영향을 받게 된다. 알코올중독자들이 자신의 행동과 이런 행동이 자신과 남에게 불러올 고통에 대한 책임을 완전히 이해하고 받아들일 때 이 습관을 없앨 수 있는 단계로 한 걸음 내딛게 된다.

습관을 들이게 된 원인이 쓸모 없는 현실과 접할 때도 많다. 예를 들어 불안감을 느껴서 혹은 또래에게 인정받기 위해서 약물을 복용하거나, 음주, 도박, 욕, 흡연을 시작할 수도 있다. 앞서 말한 사실을 깨달으면서 건전한 자기 이미지를 쌓게 되면 개인은 이런 파괴적인 습관을 시작하게 된 원인에서 자유롭다. 또 그런 습관을 포기하게 될 가능성이 더 높아진다.

활동적인 청소년들, 예를 들어 운동선수는 많은 에너지를 소비하는 동시에 엄청난 양의 음식이 필요하다. 신체적인 활동이 줄어들면 많은 음식이 필요없지만 이들에게 과식의 습관은 여전히 남는다. 따라서 현재 당신에게 필요한 행동과 원하는 목표를 확실하게 파악하면 이전 습관 가운데 버려야 할 것이 무엇인지 판단하기 쉽다.

세 번째 단계는 바로 교체다. 습관을 없애 버린다는 건 무척 어려운 일이다. 따라서 나쁜 습관 대신 좋은 습관을 들여야 한다. 알코올중독자들은 그들의 정신적, 신체적 동반자인 술, 술집, 태만, 복통 등등을 긍정적, 낙관적, 희망적, 헌신적인 사려 깊은 친구들로 교체해야 한다. 심리학적으로 나쁜 습관을 버리기 시작할 때, 공허한 마음을 달랠 새로운 습관이나 활동을 하는 게 중요하다. 알코올중독자들이 금주를 하며 자신과 다른 알코올중독자의 변화를 보았을 때 스스로 목표를 세우게 되고 처음으로 '목표에 도달한' 자신을 보게 된다.

나쁜 습관이 당신의 마음속에 자리잡기 때문에(담배나 알코올, 약물에 대한 욕구가 비교적 적을 때) 마음을 책과 연설에서 강조하는 건전하고 깨끗하며, 영감을 주고 자신감을 키워주는 '당신도 할 수 있다'는 메시지로 가득 채워 바쁘게 유지하라. 한 번에 두 마리 토끼를 잡을 순 없다. 긍정적인 마음을 가짐으로써 장기간의 성공과 행복을 바라는 마음으로 성격을 형성하면서 '나쁜 습관'에 대한 갈망을 없애게 된다. 즉, 무분별하게 습관을 들이는 대신 성숙함과 지혜에 의존하며 항상 올바른 마음으로 긍정적인 아이디어에 감정을 집중시켜라.

내 친구인 의학박사 빌 슈멜저Bill Schmelzer의 말에 따르면 금연은 의외로 간단하다고 한다. 그렇다고 쉽다는 건 아니다. 그는 흡연 습관을 버릴 수 있는 방법을 다음과 같이 제시했다.

우선 담배를 갖고 다니는 장소에 포켓 사이즈의 신약성경을 두라. 정말로 담배가 피우고 싶을 때, 혹은 그럴 경우가 훨씬 많겠지만 자동적으로 담배에 손을 뻗게 될 때, 당신은 담배를 원했지만 생명을 단축시키는 대신 오히려 생명을 구원해 줄 하나님의 말씀이 담긴 책을 손에 쥐게 된다. 신약성경을 접할 때 간단히 기도하라. '신이여, 도와주소서.' 성경의 두 구절을 읽어 보자. 요한복음 15:5-7절과 빌립보서 4:13절이다. 이 단계를 밟으면서 흡연하는 습관을 구원의 메시지를 흡수하는 습관으로 바꾸는 동시에 건전한 습관을 익힐 수 있다. 며칠 후면 이 습관도 몸에 배게 되지만 한 번이라도 나쁜 버릇을 다시 시작하면 모두 수포로 돌아가게 된다. 물론 좋은 습관은 수명도 연장시킨다. 이제 에베소서 2:8-9절로 돌아가 삶의 주기를 영원히 연장시킬 법을 배워보도록 하자. 그러면 지금 시야를 가리는 안개를 없애 줄 뿐만 아니라 머리를 식히는 데도 도움이 될 것이다.


## 나는 그것을 이미 알고 있다

나쁜 습관을 없애기 위해서는 자기 이미지가 나온 단원을 반복해서 읽으면서 자신이 정말 특별한 존재라는 사실을 계속 상기시켜야 한다. (누군가에게 특별한 존재라면 당신은 특별한 존재다.) 나쁜 습관을 버리면 응당 그에 따른 상도 받아야 한다. 목표 단원으로 되돌아가 보자. '목표에 도달하는 모습을 보는 법'부터 배워라.

앞서도 말했지만 나쁜 습관을 '그만'두려면 처음부터 시작하지 않는 게 가장 좋은 방법이다. 첫 담배를 피우지 않는다면, 첫 잔을 비우지 않는다면, '사소한 선의의 거짓말'을 하지 않는다면, 사무실에서 '서글서글한' 동료들과 퇴근 후에 술을 마시거나 '무해한' 점심 모임에 참석하지 않는다면, 처음으로 포르노나 동성애 잡지를 읽지 않는다면, 게임에 빠지지 않는다면, 복권 티켓을 구매하지 않는다면, 학교에서 커닝을 하지 않는다면 처음 한 행동으로 인한 결과로 고생하지 않을 것이다.

나쁜 습관을 가지고 있다면 애초부터 그런 습관을 들이지 말았어야 했다고 자신에게 이야기할 필요도 없을 테고, 또 원치도 않을 것이다. 이 버릇을 없앨 수 있는 방법을 알아야 한다. 다시 말하지만 가장 간단하면서도 확실한 최고의 방법은 하나님께 도움을 요청하는 것이다.

『십자가와 칼』의 저자이자 복음 전도사인 데이비드 윌커슨David Wilkerson

에 따르면 심각한 약물중독자를 다룰 때 약물이나 보조도구를 사용하지 않는다고 했다. 이들은 오직 예수 그리스도의 치유 능력만을 이용한다고 했으며, 실제로 80% 이상 성공률을 보이고 있다. 뉴멕시코 앨버커키에 있는 D.A.R.E<sup>약물 중독자 갱생 시설</sup>에 입원 중인 환자들을 방문했다. 피라미 도둑과 매춘부부터 시작해 위조자, 살인자까지 다양한 사람들이 모여 있다. 이들의 유일한 공통점은 약물 중독자라는 점과 악습에서 벗어나고 싶어 한다는 점이다. D.A.R.E에서는 성경의 가르침이 치료법이고, 환자가 48시간 동안 캠퍼스에 머무르기만 해도 회복율이 85%를 넘긴다. 대부분 중독자들은 어떤 약제나 약물을 복용하지 않아도 금단증세로 고생하지 않는다.

이와 반대로 켄터기 주 렉싱턴에는 최신식 기술과 첨단 시설을 자랑하는 연방정부 직영 기관이 있다. 이곳은 시설을 짓는 데 든 비용만 하더라도 수백만 달러였고, 환자 당 수천 달러의 비용이 든다. 그러나 전체 중독자의 2% 미만만 시설의 혜택을 받을 수 있다. 예상치보다 훨씬 밑도는 결과를 보여 시설은 결국 문을 닫게 되었다.

실제적인 문제로 들어가서 한 가지 질문을 던지겠다. 중요한 수술을 앞둔 상태에서 의사는 단 두 명밖에 없을 때 누구를 선택하겠는가? 담당 환자의 2%가 회복된 의사를 선택하겠는가, 아니면 담당 환자의 80%가 회복된 의사를 선택하겠는가? 어떤 의사를 선택할지는 불을 보듯 뻔하다. 약물중독과 알코올중독은 개인이 다룰 수 있는 범위를 초월한 문제라 자기를 좀먹는 질병을 없애기 위해선 자신보다 더 큰 무엇인가가 필요하다.

## 좋은 습관을 들여라

열다섯 번째 단원에서 아침에 일어나는 과정에 대해 자세히 다루었다. 내 생각으로는 그것은 참 좋은 습관이다. 예를 들어 기상 습관처럼 처음으로 무엇인가를 익힐 때에는 여러 가지로 힘든 법이다. 어찌됐든 '꼭 배워야만' 하는 습관이다. 그다음은 습관을 계속 몸에 익혀야만 한다. 며칠이 지나면 재미있는 일들이 생기게 된다. 처음엔 힘들던 것이 점차 익숙해지고 심지어 재미있어질 때가 온다. 21일 동안 해 보면 정말 '좋은' 습관을 갖게 된다. 전혀 다른 세상에 살게 되며 좋은 결실을 맺게 된다. 행복하고, 좀 더 적극적이고, 흥분되며, 열정적인 사람이 된다. 좋은 습관들을 자세히 관찰하고 익히도록 노력하라. 좋은 습관을 들이면 살아가면서 많은 것을 얻게 된다.

『정상에서 만납시다』의 4부, 열 번째 단원 시작 부분에서 목표 설정에 대해 자세히 설명했다. 달리기 프로그램을 시작했을 때 나로선 그 습관을 들이는 게 엄청 힘들었다고 이야기했다. 말 그대로 첫째 날 그리고 둘째 날, 셋째 날…… 어찌됐든 달려보려고 억지로라도 노력해야 했다. 그러나 하루하루가 몇 주가 되고 몇 주가 다시 몇 개월이 되자 달리기가 훨씬 수월해졌다. 성취감을 느끼기 시작했기 때문에 수월해진 것이다. 어쩔 수 없는 상황들 때문에 달릴 수 없을 때가 불만이었다.

대부분 좋은 습관이 그렇듯 달리기와 운동은 처음 익히기가 힘들다. 그러나 그런 '어려운' 습관을 익히면 이들은 곧 '재미있는' 습관이 된다. 특히 지금 어려운 일을 하면 미래엔 큰일을 할 수 있도록 준비시킨다는 사실을 생각하면 더욱더 그렇다. 켄 쿠퍼[Ken Cooper] 박사의 새로운 연구에서 걷는 게 조깅보다 낫다는 사실이 밝혀졌다. 그래서 1992년에 조깅을 포기하고 걷기로 했다.

## 자신에게 감사하라

돈을 저축하는 것도 좋은 습관이다. 청구서를 지불하려면 먼저 돈을 저축해야 한다. 수입이 얼마이든 첫 번째로 해야 할 일은 자신과 미래를 위해 번 돈의 일부를 저축하는 것이다. 저축을 하면서 느끼는 쏠쏠한 재미는 계좌에 돈이 쌓이면서 점점 커진다. 그리고 얼마 지나지 않아 이런 '좋은' 습관은 당신의 일부가 되어 버린다. 중국 속담에도 있듯이 아이가 (돈) 아이를 낳고, 그 아이가 다시 아이를 낳는 것처럼 이 습관은 완전히 당신의 것이 되어 버린다.

그렇다. 저축은 좋은 습관이다. 처음부터 '확실하게 잡아' 계속 유지해야 한다. 게임 초반에는 이런저런 이유로 도저히 저축을 못할 것 같은 유혹에 빠질 때가 많다. (매번 지불할 때마다 그렇다는 게 믿어지는가?) 다시 한번 이 말을 강조하고 싶다.

"저축을 할 수 없는 이유가 아무리 합당하더라도 저축하는 습관을 확실하게 해놔야 하는 이유만큼 합당하지 못하다."

수년 전 미시시피 야주 시에 있는 첫 번째 고용주가 이렇게 말한 적이 있다.

"주당 몇 달러로 생활할 수 있다면 10% 정도 돈이 감소된다고 해도 굶어죽지 않는다."

그의 말이 옳다. 돈을 모을 수 있는 능력은 그 사람의 성격을 분명히 나타내 주고, "현재 수입에서 저축하지 않는다면 앞으로도 계속 저축하지 않게 된다"라는 그의 말은 절대적으로 옳다.

'성공한 기업가들'이 하나같이 이야기하는 것은 바로 행운의 여신이 당신을 향해 미소짓기를 바란다면 꾸준히 저축하는 습관이 필요하다는 것이다. 돈은 사업의 기회나 삶의 방향을 전환시켜야 할 때 결정적인 역할을 한다. 하지만 그것보다 더 중요한 것은 목적을 달성하기 위해 순간의 기쁨을 자제할 수 있도록 훈련하는 것이다.

## 좋은 습관은 좋은 결과를 낳는다

공손함, 행복, 열정은 모두 좋은 습관이다. 말 그대로 만나는 사람들을 공손함으로 대하고 행복해 하며 열정적으로 대하라. 단기간이라도 그렇게 하려고 노력하면 얼마 지나지 않아 습관이 몸에 밴다.

미소도 습관이다. 어떤 사람들은 진심이 담기지 않는 미소가 싫다고 한다. 그러나 개인적으로 나는 솔직한 투덜거림보다는 진실하지 못한 미소를 보는 게 낫다고 생각한다. 여러분은 어떤가? 다행스럽게도 어떤 종류의 웃음이든 얼마동안 웃는 습관을 들이면 가식적인 미소란 사라진다. 윌리엄 제임스<sup>William James</sup>가 뭐라고 했는지 기억나는가? 미소도 마찬가지다. 우리가 행복해서 미소를 짓는 게 아니라 미소를 짓기 때문에 행복한 것이다.

미소를 지어야 하는 중요한 이유가 또 하나 있다. 그건 바로 당신이 사람들에게 어떻게 '행동'하느냐에 따라 사람들도 당신에게 그대로 반응하기 때문이다. 그들을 향해 미소를 지으면 그들도 미소를 보낸다. 그들을 향해 얼굴을 찡그리면 그들도 마찬가지로 당신에게 찌푸린 얼굴을 보여준다. 미소의 장점을 발견해 가면서 당신은 좋은 습관을 얻게 된 셈이다. 그 과정에서 당신의 미소는 자연스러워진다. 왜냐하면 내면의 감정을 표현하기 때문이다. 그 외에도 미소는 많은 것을 올바르게 해 주는 기술이라는 사실을 알게 된다.

낙천적인 성격을 갖는 것, 배우자의 말을 경청하거나 교회에 가는 것도 좋은 습관이다. 여기에 흥미로운 사실이 하나 있다. 좋은 습관에는 항상 친구와 동반자가 있다는 것이다. 어떤 것이든 좋은 습관을 가지면 '좋은' 태도라는 추가 보너스를 얻게 된다. 예컨대 저축을 하면 그만큼 안정적이 된다. 이는 당신을 편안하게 하고 우호적으로 만드는 자신감을 준다.

처음에는 좋은 습관을 위해 노력해야 하지만 자신과 주변 사람들에게 끼치는 영향이 엄청나기 때문에 더 이상 노력하지 않아도 된다. '좋은 습관'은 자연스럽게 나오며, 성공과 행복은 바로 이런 것들로 이루어져 있다.

그렇다. 습관은 우리를 성공하게 하거나 실패하게 만든다. 좋은 습관은 익히기가 어렵지만 그것을 익히면 세상을 살아가기가 쉬워진다. 나쁜 습관은 얻기 쉽지만 평생 그 습관을 지닌 채 살아가기란 매우 힘들다. 보통 좋은 것들이 그런 것처럼 훌륭한 습관은 결국 우리가 선택하는 것이다. 우리는 행복하고, 건전하고, 활기차며, 예의바르고, 성공할 수 있는 삶을 선택할 수 있다. 우리가 습관을 선택할 때 이런 결정을 내리게 된다. 우리가 습관을 익히면 습관이 우리를 만든다. 평소에 하나씩 쌓아가는 습관이 성격을 만든다는 말은 전적으로 사실이다. 하나하나의 습관은 사소한 것처럼 보이지만 이런 습관들은 우리가 깨닫기 전에 환경을 만들어 버린다.

성공과 행복은 목적지가 아니라 여행이다. 인생은 흥미롭다. 그러나 정상으로 향하는 여행은 한 걸음 한 걸음 내딛을 때마다 더욱더 흥미진진하다. 우리가 목적지에 가까이 다가가면 갈수록 '결승점의 냄새를 맡고' 좀 더 분발할 가능성이 크다. 정상으로 향하는 계단의 네 번째에 서 있는 자신의 모습을 보며, 당신도 이런 흥분을 느끼리라 믿고 또 느끼기를 바란다.

자, 이제 네 번째 계단에 와 있다. 우리를 위해 마련된 모든 보상과 미래의 임원실 유리문이 점점 더 가까워지고 있다. 여기까지 잘 따라와 준 당신이 자랑스럽다. 당신이 아직도 정상을 향해 올라가고 있다는 사실에 더욱더 뿌듯하다. 그러나 당신에게 좀 더 훌륭해지라고 강요하면서 아이디어 노트 사용을 다시 한번 강조하고 싶다.

이제는 약간 기뻐할 때도 됐다고 생각한다. 자, 정상을 향하는 계단에서 당신을 대표하는 사람 옆에 큰 글자로 '야호!'라고 써 보는 건 어떤가? 자, 주저하지 말고 실행해 보라. 당신 책이 아닌가.

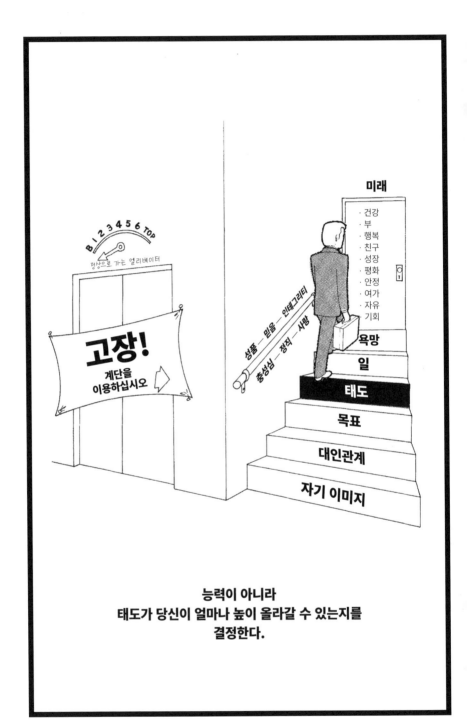

능력이 아니라
태도가 당신이 얼마나 높이 올라갈 수 있는지를
결정한다.

# 잠재의식

The Subconscious Mind

## 이상적인 직원

가정<sup>假定</sup>을 해 보자. 이건 어디까지나 가정이지만 당신이 한 명의 직원을 구하는 고용주라고 해 보자. 어떤 류의 직원을 원하는가? 카탈로그에서 직원을 선택할 수 있다면 어떤 성격의 직원을 원하겠는가? 신뢰할 만하고, 솔직하며, 항상 일에 집중하고, 군소리 없이 지시사항을 따라주며, 굉장히 영리하고 유능하면서도 활발하고 붙임성 있고, 평생 계약을 맺고 임원으로 근무할 의지가 있는 사람이길 바라는가? 그야말로 이상적인 직원처럼 들리지 않는가? 이런 직원이 있다면 어떻게 대우하겠는가?

이 질문에 대한 답은 굉장히 중요하다. 왜냐하면 이런 '이상적인' 직원의 업무 수행 결과는 전적으로 회사에서 어떻게 대우해 주느냐에 달려 있기 때문이다. 당신이 예의 바르게 대하고 상대방을 배려해 준다면 그는 오랫동안 열심히 일해 줄 것이다. 만약 당신이 무례하고 사리 분별이 없는 사람이라면 그 역시 고집을 부리며 반항할 것이다. 과장이다 싶을 정도로 칭찬해 주라. 얼마나 그가 똑똑한지 그리고 얼마나 일을 잘하는지 칭찬해 주라. 게으르며 멍청하고, 책임감 없다고 이야기하면 말을 듣지 않을 것이다. 그를 아끼고 존중한다고 이야기해 주면 어떻게 해서든지 당신의 문제를 해결하기 위해서 밤샘 근무라도 할 것이다. 화를 내고 그를 아끼지 않는다고 이야기하면 그 역시 화가 나 일을 제대로 하지 못한다.

여러모로 봤을 때 뛰어난 직원이 당신의 회사로 찾아왔다면 그를 고용하겠는가? 어리석은 질문이긴 하다. 그를 고용한 후 어떻게 대우하겠는가? 어떤 대답이 나올지 우리 모두 잘 알고 있다. 그렇지 않은가?

아, 잊어버릴 뻔했다. 이 '이상적인' 직원은 주변 사람들의 영향을 쉽게 받는다. 주변 사람들이 '쓰레기 같은 사고방식'을 가진 사람들이라면 그 역시 부정적인 사고방식을 가진 사람이 될 것이고, 재미도 없을 뿐더러 효율적이지도 못하다. 긍정적인 사고를 가진 사람, 긍정적으로 말하는 사람, 긍정적인 행위를 하는 사람들에 둘러싸여 있을 때 그가 얼마나 생산적이며, 얼마나 유쾌한 동반자가 되는지 놀라울 정도다.

이제 당신은 긍정적인 사람과 긍정적인 환경으로 그를 조심스레 에워싸기로 결정했으리라 믿는다. 상냥하고 활발한 태도로 선행을 특히 눈여겨 보며 그를 '칭찬'해서 일을 더 잘할 수 있게 만들 거라는 계획을 세우리라 믿는다. 최대치의 결과물을 얻기 위해 생각하고, 일하고, 기안하며 세세한 사항까지 계획을 세울 것이다. 이 초특급 에이스 직원에게 잘해 줘서 득이 되면 됐지, 손해 볼 건 전혀 없다. 당신이라면 멋지게 계획을 실행시킬 수 있을 것이다. 그렇지 않은가?

마지막 질문의 답은 아마 '그렇다'일 것이며, 정확히 그대로 실행할 '계획'을 세울 거라 믿어 의심치 않는다. 그러나 이 에이스 직원을 남용하거나 제대로 이용하지 못할 가능성도 높다. 아직도 많은 사람들이 가난과 비참함에서 헤어 나오지 못한다는 사실을 봤을 때, 대부분 사람들이 자신의 이상적인 직원인 잠재의식을 남용하고 제대로 활용하지 못해 이런 말을 한다고 생각한다. 정말 믿을 수 없을 만큼 믿음직한 직원은 내가 묘사한 '꿈'같은 직원처럼 행동한다. 솔직히 말해서 당신은 이 소중한 직원, 즉 지시사항이 긍정적이든 부정적이든 지시받은 대로 행동할 당신의 소중한 직원, 즉 잠재의식을 어떻게 대해 왔는가? 당신이 어떤 지시를 내리느냐에 따라 잠재의식은 당신이 원하는 것, 혹은 원하지 않는 것을 가져다준다.

이제 우리의 잠재의식을 자세히 들여다보자. 우리가 그것을 이용하면 어떤 일이 벌어지는지 보고, 어떻게 하면 우리의 마음을 규칙적으로 그리고 교묘하게 좀 더 나은, 좀 더 생산적인 직원으로 만들 수 있는지를 배워보자. 이런 환상적인 직원의 강함과 다재다능함을 엿볼 수 있도록 세 가지 다른 방면에서 고른 예제와 분석을 이용해 설명할 것이다.


## 잠재의식

찰스 데니스 존스Charles Dennis Jones는 180cm의 체구였는데, 내가 지금부터 말하고자 하는 사고를 목격한 사람들은 그를 거인이라고 부른다. 트럭이 도로를 벗어나 가로수를 들이받았다. 엄청난 충격으로 엔진은 차의 뒷부분까지 튕겨져 나왔고 운전사의 몸은 차의 윗부분에 뒤엉켰다. 그의 발은 클러치와 브레이크 페달 사이에 끼었고 문은 완전히 찌그러졌다. 구조차가 도착해서 운전사를 꺼내려고 모든 노력을 기울였다. 그러나 차가 심하게 부서져 숙련된 기술자들이 아무리 애를 써도 문을 열 수가 없었다. 설상가상으로 차체에 불이 붙기 시작했다. 걱정이 곧 경악으로 변하고 말았다. 소방차가 도착하기 전에 운전사가 불에 타 죽을 게 분명했기 때문이다.

구조대의 힘으로 문을 열 수 없는 최악의 상황이었지만 데니스 존스는 발로 차체를 밀면서 힘껏 당기기 시작했다. 그러자 조금씩 문이 열리기 시작했다. 존스가 어찌나 힘을 세게 주었던지 팔 근육들이 셔츠를 찢을 정도로 팽팽히 확장되었다. 마침내 문이 열렸다. 존스는 내부로 들어가 맨손으로 브레이크와 클러치 페달을 치워버렸다. 또한 맨손으로 불을 끈 다음 남자의 다리를 꺼내고는 안으로 들어가 발을 바닥에 대고 운전대 위로 등을 기댄 채 몸을 웅크린 후 엄청난 힘으로 차체를 밀어올렸다. 구경꾼들이 안전하게 차 속에서 운전사를 끌어내자 존스는 조용히 사라졌다.

그 후 존스를 만난 어떤 사람이 헤라클레스와 같은 행동을 어떻게 할 수 있었는지 물었다. 그의 대답은 아주 간단했다.

"저는 불을 증오합니다."

그에게는 그럴 만한 이유가 있었다. 몇 개월 전에 자신의 어린 딸이 불에 타 죽는 모습을 옆에서 지켜 봐야만 했기 때문이다.

또 다른 경우를 보자. 37살의 여성이 아들을 구하기 위해 1,632kg이나 되는 차를 들어 올렸다. 그녀는 생각하지도 않았고 망설이지도 않았다. 그녀 또한 그럴 만한 이유가 있었다. 이번 예는 '빛'이다. 별다른 생각 없이 운전을 하다가 갑자기 어떤 생각이 떠올라 이렇게 중얼거린 적이 있는가? '그래, 바로 그거야! 세상에, 왜 이걸 몰랐을까?' 며칠 동안 씨름해 오던 문제를 풀 해결책이 떠오른 것이다. 이제 당신은 너무 흥분해 스스로 억제하기가 힘들 정도다.

재미있게도 찰스 데니스 존스와 37살의 여성 그리고 당신은 모두가 같은 일을 했다. 당신은 잠재의식 속에 쌓여 있던 지식과 힘을 활용한 것이다. 오랜 세월 동안 사람들은 마음속에 있는 무한한 잠재력을 규칙적으로 활용할 수 있기를 바랐다. 수세기를 걸쳐 사람들은 이런 엄청난 자산을 아주 가끔씩 그리고 우연한 기회에만 사용할 수 있었다. 우리가 잠재의식이라고 부르는 이 수수께끼 같은 힘에 대해 최근까지 알려진 바는 거의 없다.

문외한의 관점에서 연구를 해 보고, 어떻게 활용되는지 그리고 어떻게 의식적인 마음과 연결되어 있는지 살펴보자. 그런 후 당신에게 이미 있는 무의식적인 정보에서 정보를 끌어낼 수 있게 도와주는 절차들을 알려 줄 것이다.

의식적인 마음이란 마음 중에서도 계산하고, 생각하며 추론하는 부분을 뜻한다. 자신에게 보이는 것은 어떤 것이든지 수용하거나 거절할 능력이 있다. 배우는 것은 의식적으로 학습하는 것이다. 그러나 뭐든지 잘하고 싶다면 의식적인 수준에서 무의식적인 수준으로 옮겨가야 한다.

잠재의식의 기억력은 완벽하다. 보고, 듣고, 냄새를 맡고, 맛보았거나 심지어 생각한 것에 대해서는 무의식적으로 영원히 마음속에 남게 된다. 하루 24시간, 일주일 내내, 일 년 365일 동안 잠재의식은 항상 깨어 있고 반응을 보인다. 일단 들리는 건 의심하지 않고 받아들이며 어떤 정보도 거절하거나 분석하지 않는다. 지시 사항이나 명령을 수용하고, 사람이 자판을 칠 때마다 문자가 입력되는 것처럼 명령을 실행한다. 잠재의식은 우리가 입력하는 모든 정보를 저장할 수 있는 능력과 무한한 잠재력을 모두 갖췄다.

## 깨끗한 책상

이 페이지를 읽는 독자들 중에서 책상이 온갖 서류로 뒤덮인 모습을 보지 못한 사람은 없을 것이다. 어제 신문부터 오늘 신문, 지난해 세금 환급금과 다음 달 예산 계획표까지 각양각색이다. 당신과 이 책상의 주인은 같은 말을 하게 된다.

"바쁜 사람이라고 말할 수 있지······."

책상을 보면 책상 주인의 수입을 대충 파악할 수 있다. 대체로 책상이 잡동사니로 지저분하다면 그 사람의 연봉은 6만 달러 미만일 것이다. 물론 책상이 아니라 다른 곳에서 생각을 하고 계획을 짜는 기업가, 세일즈 매니저, 세일즈맨, 작가는 예외다. 책상이 정리가 잘 되어 있다고 해서 연봉이 높은 건 아니지만, 연봉이 10만 달러가 넘는 사람들의 책상을 보면 대다수가 깔끔하다.

여기에 그 이유가 있다. 책상 위에 해야 될 것들로 잔뜩 늘어놓은 적이 많을 것이다. 한 프로젝트에 열심히 집중하는 동안 당신의 시야가 책상 위에 널려 있는 종이를 '보게' 되면 당신은 자연적으로 그 종이를 집게 된다. 이는 당장 하는 일에 집중하는 대신, 여러 군데로 주의를 분산시키게 된다. 여러 개의 문제를 다루고 있으며, 실제로는 그들 중 어떤 것에도 집중하지 못하고 있다.

집중력이야말로 구체적인 문제에 초점을 맞출 수 있는 능력이다. 책상 위에 있던 사물들을 정리해서 눈앞에 보이지 않게 하라. 여러 개의 일을 동시에 하는 건 불가능하므로 한 번에 한 개의 서류만 책상 위에 올려두라. 그렇게 하면 세 가지 변화가 생길 것이다. 첫째, 책상을 정리하는 순간 심적으로 훨씬 편해질 것이다. 둘째, 일을 더 잘할 수 있을 뿐만 아니라 속도도 빨라진다. 세 번째, 필요한 물건을 제때 찾을 수 있다. 다시 말하면 시간이 엄청나게 절약된다는 말이다.

저녁에 책상을 정리하고 가면 하루의 일을 마무리한 셈이다. 심리적으로 뭔가를 끝냈다는 기분이 든다. 즉, 일을 남겨둔 게 아니라 끝마쳤다는 기분 말이다. 여기에는 분명 차이점이 있다. 다음 날 아침, 똑같은 일을 되풀이하는 게 아니라 새로운 일을 하게 된다. 하던 일을 들었다 놓았다 하는 게 아니라 일을 끝내고 정리하면 좀 더 많은 일을 능숙하게 할 수 있다. '일'에서 해방된 기분은 아주 재미있다. 당신이 더 많은 일을 하고 있으며, 더 많은 것을 얻게 된다는 사실을 아는 것도 괜찮다. 이런 걸 긍정적인 보상이라고 한다.

## 경고

잠재의식이 우리가 '입력하는' 정보를 무조건 받아들일 뿐만 아니라 기억력도 완벽하기 때문에, 우리가 모든 것에 마음을 열어놓으면 오히려 해가 될 가능성이 크다. 예를 들어 오늘날 연주되는 대부분의 음악은 남에게 어떤 영향을 미치는지 전혀 고려하지 않은 채 마약이나 폭력의 남용, 프리섹스, 계약 결혼, '마음대로 하기' 등을 부르짖고 있다. 이런 무책임한 행동들이 리듬을 타고 개방된 마음에 '버려지면' 결과는 그야말로 재앙이 된다.

맨슨Manson의 경우가 대표적인 예이다. 샤론 테이트Sharon Tate와 그녀의 친구들을 잔인하게 살해한 찰스 맨슨은 비틀즈 음악이 살해 동기를 심어줬다고 한다. 라디오를 들으며 잠들지 말아야 하는 이유가 바로 여기에 있다. 제대로 잘 수 없을 뿐만 아니라 마음은 완전히 무방비 상태가 되어 방송되는 온갖 잡동사니 아이디어를 받아들이게 된다.

이런 부분이 일부 사람들의 예측 불허 행동을 어느 정도 설명할 수 있으며, '수리를 위해' 일부 '열린' 마음을 닫아야 하는지를 설명하고 있다.

라디오를 틀어놓고 자는 것에 대해 내가 말한 것의 대부분은 상식이다. 우리가 영적으로, 심적으로, 혹은 개인 성장에 대해 안내해 주는 제대로 훈련받고 믿을 만한 전문가 외에 우리의 마음을 함부로 개방하는 건 현명하지 못하다.


### 잠재의식을 활용하라

잠재의식은 결코 잠드는 법이 없기 때문에 의식적인 마음이 잠을 자는 동안 우리는 추가적으로 배우고 동기를 유발할 수 있는 시간을 가질 수 있다. 이런 잠재의식의 활용을 설명해 주는 개인적인 경험을 소개하겠다. 딸 중 한 명이 야뇨증이 있어서 우리를 걱정시켰다. 그래서 '수면 요법'과 잠재의식에 대해 배웠을 때 우리 부부는 흥분했다. 우리는 실험을 해 보기로 했다. 아이가 잠든 후에 부부 중 한 명이 무릎을 꿇고 아이 옆에 앉아 이렇게 속삭였다.

"넌 정말 귀여운 소녀야. 우리가 얼마나 사랑하는지 알지. 네가 명랑하고 쾌활한 성격인 데다 즐거워하니까 다들 좋아하는 거란다. 따뜻하고 청결하며 마른 침대에서 자기 때문에 너를 사랑한단다. 항상 따뜻하고 마른 담요 속에서 자는 거야. 화장실에 가고 싶으면 언제든지 일어나렴."

결코 지시를 해서는 안 된다. 보통은 아내가 아이들을 돌보는데, 오후 3시부터 내가 퇴근하고 집에 돌아올 때쯤인 자정까지는 전적으로 아이들은 아내의 책임이었다. 일을 공평하게 분담하고 아이들에게도 필요할 때 언제든지 부를 수 있는 아빠가 있다는 사실을 인식시키기 위해서 한밤중에 일어나면 나를 불러달라고 이야기했다. 수면 요법을 처음 시작했을 때 나는 집에 있었다. 아이가 잠든 후 시험삼아 밤중에 화장실을 가고 싶으면 우리를 부르라고 아이에게 속삭여 줬다. 새벽 1시쯤 되자 아이가 큰소리로 우리를 불렀다. 너무 기쁜 나머지 아이의 호출에 바로 달려갔다.

**메시지:** 수면 요법은 정말로 효과가 있었다.

이런 상황에서 부정적인 지시를 내려서는 안 된다. 항상 긍정적인 단어를 써야 한다. 낮에도 우리의 대화를 들을 수 있는 곳에 딸이 있을 때 이 방법을 쓰기로 했다. 우리는 자연스럽게 그녀가 얼마나 자랑스러운지, 우리가 얼마나 기쁜지에 대해 대화를 나누었다. 이렇게 잠재의식에 긍정적인 지시를 넣어주면 아이의 의식적인 마음은 한층 더 강화되어 갔다. 결과는 아주 놀라웠다. 치료를 시작한 지 열흘만에 아이는 더 이상 침대에 오줌을 싸지 않았고, 그 후 한두 번의 '사고'만이 있었을 뿐이다.

## 잠재의식 활용은 쉽다

잠재의식을 제대로 사용할 수 있다면 당신에게 굉장한 가능성이 있다는 의미이며, 그로 인한 혜택도 거의 무한정이라고 볼 수 있다. 잠재의식을 제대로 사용하려면 다음의 여섯 단계가 필요하다. 첫째, 당신이 보고, 듣고, 냄새를 맡고, 맛 보고, 만지고 생각한 모든 것은 영원히 당신의 일부가 되었다는 사실을 명심해야 한다. 그것은 컴퓨터 안에 저장되어 사용되기만을 기다리고 있는 정보와 같다. 당신의 컴퓨터는 수년에 걸쳐 얻게 된 지식을 수집해 체계적으로 모을 수도 있고 나눌 수도 있다. 또 미궁에 빠진 문제의 실마리나 질문에 대한 답도 갖고 있다.

두 번째, 잠재의식은 압력이 아니라 격려에 반응한다는 사실을 알아야 한다. 그러므로 구체적인 시간을 정해 놓고 대답을 '요구'할 수 없다.

그래서는 소용이 없다. 그 대신 교육적이고 동기를 유발할 수 있는 내용들을 들으며 무의식이 활동할 수 있게 자극할 수 있다. 좀 더 강력하게, 열정적으로 그리고 유머러스하게 새로운 성장 원료들이 마음속에 주입되면 될수록 점점 더 활용성이 높아진다. 그 중에서도 최고는 좀 더 새로운 재료를 추가하면 추가할수록 이미 있던 정보의 활용도가 높아질 거란 사실이다.

세 번째, 당신 스스로가 잠재의식을 우롱하거나 잘못된 방향으로 이끌 수 있다는 점을 기억해야 한다. 잘못된 사고와 정보를 입력하면 잠재의식이 그대로 반응할 것이다. 그래서 영화나 TV 프로그램뿐만 아니라 함께 지내는 동료나 책들도 신중히 선택해야 한다. 부정적인 정보를 입력하면 부정적인 피드백을 받을 수밖에 없다. 사람들은 이것을 '기—고$^{Gi-Go: Garbage In-Garbage Out}$'라고 부른다. 즉, 쓰레기를 입력하면 쓰레기를 배출한다는 뜻이다. 내가 대다수의 TV 프로그램을 혐오하는 이유가 바로 여기에 있다. 우리는 어려움에 처한 주인공을 보면서 자신을 주인공과 동일하게 여기는 경향이 있다. 그런데 우리는 가끔 TV 프로그램에서 목격하는 그런 문제와 똑같은 문제를 겪는다. 예를 들어 의대생의 3분의 2 이상이 자신들이 연구하는 질병을 앓고 있다는 사실을 알고 있는가? 이게 바로 심리학에서 말하는 '동일시$^{고정固定}$' 현상이다.

네 번째, '잠자리까지 문제를 가져가지 마라'는 잘못된 충고다. 왜냐하면 잠자리는 그야말로 많은 문제들을 해결할 수 있는 장소이기 때문이다. 그 비결은 이렇다. 밤에 잠자리에 들면 몸이 편안해지고 조용해진다. 그러면 그날 있었던 좋은 경험을 떠올리고 불쾌했던 경험들은 잠시 잊어버린다. 그 상태로 조용히 누워 있으라. 이 고요함이 힘을 만들어 준다. 하나님을 믿음으로써 많은 혜택을 받고 있는 사람들은 이 단계에서 이렇게 말한다.

"하나님, 당신은 이 문제에 대한 답을 갖고 있습니다. 그래서 당신께 문제를 넘기겠습니다. 이제, 그 문제는 당신의 손 안에 있습니다. 저는 인내로써 당신의 해결책을 기다리겠습니다."

이게 바로 믿음이며 하나님의 능력에 대한 당신의 반응이다. 밸리 포지에서 조용히 기다리는 동안 조지 워싱턴은 미국을 해방시킬 수 있는 힘을 찾았다. 겟세마네 동산에서 예수는 엄청난 시련을 견딜 강건함을 얻었다. 침대에 누워 있는 동안 당신이 받은 모든 축복에 귀를 기울이고 생각의 시간을 갖도록 하라. 주님의 말을 들으며 인생이라는 게임에서 성공을 거두고 행복해질 수 있는 힘을 찾는 동안 당신에겐 자신감이 생긴다. 이런 절차는 깊은 잠에 빠지게 하면서 스트레스에서 해방시켜 준다. 당신은 이제 안전하다. 부정주의는 존재하지 않는다. 당신의 창조적인 마음 혹은 잠재의식은 '자신의 일'을 자유롭게 할 수 있다. 로버트 슐러Robert Schuller 박사가 말했듯 이런 평온함은 창의력을 만들어 준다.

다섯 번째, 당신이 품고 있는 모든 질문에 긍정적인 대답과 긍정적인 혜택을 기대하라. 명심할 것은 좋은 것을 기대하는 사람들에게만 좋은 일이 생긴다는 것이다. 잠재의식 속으로 좋고 힘 있는 생각을 집어넣은 후에 이런 지시를 하라. '나는 네가 그 문제에 대한 해답을 갖고 있다는 사실을 알고 있다. 네가 그것을 내게 주고 싶어할 때까지 자신감을 갖고 인내하며 기다리겠다.'

여섯 번째, 펜과 종이, 녹음기를 침대 옆에 준비하라. 잠재의식은 굉장히 빠르고 효율적으로 움직이기 때문에 해결의 실마리나 멋진 아이디어를 떠올리며 한밤중에 깨어나게 된다. 이런 아이디어나 해결책이 떠오를 때 얼마나 확실하게 잠에서 깨어 있는지와 상관없이 그다음 날 아침에 일어났을 때 기억 못할 가능성이 매우 크다. 따라서 불현듯 떠오르는 아이디어를 기록하면 다음 날 바로 볼 수 있다. 이런 이유로 언제든지 쓸 수 있도록 침대 옆에 펜과 종이, 녹음기를 두는 게 중요하다. 결국 이유가 있어서 일어나는 것이다. 5분 더 자겠다고 아이디어를 날리지 않길 바란다.

이런 절차를 따르다 보면 얼마나 빨리 문제를 해결할 수 있는지 놀라게 될 것이다. 결과를 얻는 것만큼이나 중요한 건 바로 자신감이 커진다는 것이다. 자신감이 커지면 그만큼 더 많은 결과를 얻을 수 있고 그렇게 되면 자신감도 영구적으로 계속 확장하게 된다.

Chapter

# 정상은 일을 통해 성취된다

**Work**

### 목표

- '공짜 점심은 없다'라는 사실을 인식시켜 준다.
- '대가를 지불하는 것'과 '대가를 즐기는 것'과의 차이를 분명하게 인식시켜 준다.
- 적극적인 태도의 필요성을 알려준다.
- 결과를 얻기 위해 왜 뭔가를 배워야 하는지 알려준다.

# 20

# 일하는 사람이 승리자다

Workers are Winners

## 공짜 점심은 없다

오래전에 나이 많고 현명한 왕이 현인들을 불러 임무를 주었다.

"'세기의 지혜'에 대해 자료를 수집해 주시오. 책으로 만들어 자손에게 남길 수 있도록 말이오."

현인들은 오랜 시간 작업에 착수했다. 마침내 이들은 12권의 책을 가지고 돌아와 이 책이야말로 '세기의 지혜'라고 주장했다. 왕은 책을 보더니 이렇게 말했다.

"여러분, 여러분이 주장하는 대로 이 책이 '세기의 지혜'이며 인류가 알아야 할 모든 지식이 담겨 있다고 생각하오. 그렇지만 이 책은 분량이 많아서 사람들이 읽지 않을 것 같소. 요약해 보시오."

다시 한번 현인들은 열심히 작업했고 마침내 한 권의 책을 들고 돌아왔다. 그러나 왕은 아직도 길다고 생각해 다시 한번 요약하라는 명령을 내렸다. 현인들은 이 책을 한 단원으로, 한 페이지로, 한 문단으로 그리고 마지막엔 한 문장으로 요약하게 되었다. 왕이 그 문장을 보고 매우 기뻐하며 이렇게 말했다.

"여러분, 이 문장이야말로 세기의 지혜요. 그리고 모든 사람들이 이 진리를 깨닫게 되면 그들의 문제는 대부분 해결될 거요."

그 한 문장은 매우 간단했는데, 바로 "공짜 점심은 없다."였다. 그렇다. "공짜 점심은 '절대' 없다."

그런데 합법화된 카지노나 경마, 개싸움, 복권을 옹호하는 사람들이 "공짜 점심은 없다." 또는 "공짜로 얻을 수는 없다."와 같은 철학을 내세우는 모습은 참 아이러니하다(또는 위선적이다). 자신의 부모도 그렇게 생각하는지 청소년들이 혼란스러워하는 것도 당연하다. 가족으로 비유하자면 일$^{Work}$은 아버지, 인테그리티$^{Integrity}$는 어머니라 할 수 있다. 이러한 '부모(일과 인테그리티)'와 '화목'하게 지내면 '나머지 가족(일 외에 여러 가지 활동)'과도 전혀 문제가 없다. 요컨대 일은 사업의 기초이자 번영의 원천이다.


부모가 해 주는 것보다 일로 얻는 부가 더 크다. 일은 소액 저축에서부터 모든 재산의 기초를 쌓는다. 음식의 맛을 내는 소금처럼 우리 인생에 위대한 은총과 성과를 건네는 건 일이다. 따라서 커다란 성과를 이룩하기 전에 먼저 일을 소중하게 여겨야 한다. 일을 소중하게 생각하면 인생은 달콤하고 풍족해진다.

## 개방적인 마음을 가져라

일의 중요성을 알아보려면 먼저 마음을 활짝 열어야 한다. 당신이 이미 알고 있을지도 모르지만 어떤 사람들의 마음은 여러 가지가 혼합되어 굳어진 콘크리트와 같다. 그러나 마음은 낙하산 같아서 활짝 펴져 있을 때에만 기능을 발휘한다. 우리는 초당 39.906km의 속도로 메시지를 보낼 수 있지만, 메시지를 마음에 완전히 닿게 하는 데는 수년이 걸리기도 한다.

사람들이 인생에서 더 많은 것을 약속해 주는 철학에 열광하고 진심으로 자극받는 것을 여러 번 봐 왔다. 이들은 철학의 긍정적인 면들과 목표 설정, 건전한 자기 이미지, 올바른 정신자세에 동반되는 모든 혜택인 기쁨, 행복, 아름다움, 이익에 대해 주의 깊게 듣는다. 그러나 안타깝게도 실제로 이 철학을 적용하는 법은 한 귀로 듣고 한 귀로 흘려보낸다. 여기서 내가 강조하고 싶은 것은 이것이다. '실용적이고 아름다우며 실행 가능한 철학도 당신이 실천하지 않으면 소용이 없다.' 현인은 이렇게 표현했다.

"교육이 많은 부분을 덮어주지만 성장시키지는 못한다."

대다수 사람들은 직장을 구하자마자 더 이상 일을 찾지 않는다. 이들은 앞에서 말한 남자와 비슷한 유형이다. 회사를 위해 얼마나 일했느냐고 물었을 때 그는 이렇게 대답했다.

"나를 해고시키겠다고 위협했을 때부터죠."

누군가가 고용주에게 그를 위해 일하는 사람들이 얼마나 있냐고 묻자 그는 이렇게 말했다.

"직원 중 절반쯤."

출근한 사람들이 일을 전염병처럼 피하는 모습이 우습지 않은가!

## 일은 모든 병을 치료한다

앞에서 나왔던 현명한 왕은 그야말로 정곡을 찔렀다. 일을 할 때 채찍질이 필요하다는 사실을 알면 많은 것을 이룰 수 있다. 성공이라는 고속도로를 달리기 위해선 일이라는 대가를 즐겨야 한다. 소매를 걷어붙이는 것이 셔츠를 잃어버리지 않는 최선의 방비책이다. 많은 사람들이 성공은 땀을 얼마나 흘리느냐에 좌우된다고 믿고 있다.

이 나라를 세운 건 노를 올리고 젓는 일을 쉰 사람이 아니라 열심히 일하고 노를 젓는 사람들이었다. 배가 아무리 부드럽고 편안하게 나아가더라도 뒤떨어지는 사람들이 있다. 마찬가지로 아무리 험난하게 나아가도 앞서가는 사람들이 있다. 미국의 유명한 고무 회사 이사회 회장은 일은 재미있어야 한다고 했다. 월 로저스Will Rogers는 "성공하려면 지금 하는 일을 정확히 파악하고, 좋아해야 하며 믿어야 한다"라고 했다. H. M. 그린버그H. M. Greenberg가 18만 명의 심리를 분석한 결과, 이들 중 80% 이상이 매일 출근하기를 싫어 했다. 이들은 자기가 하는 일이 싫은 것이다. 이건 정말 비극이 아닐 수 없다. 우리의 성과가 이류급이고, 가끔은 삼류급의 상품을 제조한 것도 놀랄 만한 일이 아니다.

자신의 일에 대해 부정적으로 말하는 사람들이 많아 가끔 놀란다. 누군가에게 안부를 물어보면 그는 아마 이렇게 대답할 것이다.

"월요일이라는 걸 감안하면 나쁘진 않아." 혹은 "좋아, 금요일이잖아."

시계의 80%가 사람들에게 퇴근 시간을 알려주는 목적으로만 사용되는 것은 참으로 안타까운 일이다. 따라서 대부분의 노동자들이 근면한 사람보다는 일하기 싫어하는 사람으로 인식되는 것은 의심할 여지가 없다.

최근에 라스베이거스에서 연설을 하는 동안 카지노 중 한 곳이 축구경기장 두 곳을 합친 것만큼 크다는 이야기를 들었다. 엄청난 규모의 방에는 고객의 돈을 차지하려는 수백 개의 기계가 놓여 있다. 라스베이거스에 있는 다른 카지노들처럼 이 카지노에도 시계가 없다. 단 한 개도 말이다. 이유는 뻔하다. 사람들은 여러 가지 이유로 도박을 하는데 처음엔 도박을 즐긴다. 그러다 어느 순간 게임에 빠져 시간 따위는 잊어버리게 된다. 당연히 카지노 주인은 고객들에게 시간을 상기시켜 줄 시계를 걸고 싶어 하지 않는다. 따라서 많은 사람들이 테이블에서 잠들어 버릴 때까지, 혹은 가진 걸 모두 잃을 때까지 게임을 하게 된다. 도박자가 자기 일에 그렇게 빠졌으면 도박장 테이블에서 결코 만족할 수 없는 심리적 욕구를 충족시켰을 뿐만 아니라 재물도 얻었을 것이다.

## 일은 태도다

내가 사업의 세계에 뛰어들었을 때 정상으로 올라가려면 많은 희생을 각오해야 하며, 대가를 치러야 한다는 것을 몇몇 연사에게 들었다. 나 역시 연사가 된 후에 그런 정신자세에 대해 반복해서 이야기했다. 그러나 시간이 흐를수록 정상을 향해 올라가는 대부분 사람들이 '대가를 지불하는 것이' 아니라는 사실을 깨달았다. 이들은 정말로 자신의 커리어와 그에 관련된 일을 즐기기 때문에 열심히 한 것이다.

어떤 분야에서든 정상에 있는 사람들은 자신의 일에 몰두한다. 이들은 자신의 일을 사랑하기 때문에 성공하게 된다. 이들은 흔쾌히 일터에서 시간을 보낸다. 더 중요한 것은 일이 이들을 잡고 있다는 것이다. 간단히 말하면 이들은 남다른 태도로 대하기에 일을 고역에서 기쁨으로 바꿔준다. 그래서 올바른 정신자세를 갖는 게 중요하다고 말하는 것이다.

몇 년 전 호주에서 연설을 할 때 존 네빈John Nevin이라는 청년을 만난 적이 있다. 그는 올바른 직업 정신을 가지고 있었다. 자기 인생과 가족,

415

일을 매우 소중히 생각했다. 그는 세계대백과 사전을 파는 '직업'을 가지고 있었을 뿐만 아니라 이 직업이 그를 사로잡고 있었다. 그가 그렇게 빨리 발전한 것도 어찌 보면 당연한 결과였다. 단기간에 그는 '파트 타이머'에서(그의 원 직업은 우유 배달원이었다) 호주의 필드 엔터프라이즈의 경영 이사가 되었다. 존은 필드 엔터프라이즈의 두 번째 외국인 이사로 금전적으로 안정된 생활을 했고, 자신이 자유기업 체제를 믿는 나라에서 일하며 살고 있다는 사실에 감사하고 있다.

찰스 게츠<sup>Charles Getts</sup>가 가이드포스트<sup>Guidepost</sup>지에서 말한 작은 에피소드는 대가를 '즐기는' 정신자세를 강조하고 있다.

프랑스의 위대한 화가 피에르 오그스트 르느와르는 노년에 관절염으로 고생했는데, 손이 뒤틀리고 경련이 나기도 했다. 예술 동지인 마티스는 르느와르가 손가락 끝으로 겨우 붓을 움켜쥔 채 고통 속에서 그림을 계속 그리는 것이 측은해 보였다. 어느 날 마티스는 르느와르에게 왜 그런 고통 속에서 그림을 계속 그리는지 물었다. 르느와르는 이렇게 대답했다.

"고통은 한순간이지만 아름다움은 영원히 남는다."


## 승진으로 가는 길

현 상황에서 혹은 현 직장에서 제시간에 출근을 해서 하루 종일 성실하게 일하고, 고용주에게 충성을 다하며 일에 대한 정당한 금액을 받는다면 당신과 고용인 사이는 매우 평탄할 것이다. 회사가 제대로 돌아갈 수 있게 일은 하고 있지만(일시적인 불경기가 없는 한), 고용주가 임금을 인상시켜주고 싶을 만큼 일을 하는 건 아니다. 관찰한 바에 의하면 고용주는 당신에게 항상 더 많은 월급을 주고 싶어 한다.

그러나 고용주는 자선사업을 하는 것이 아니라 사업을 하고 있다. 당신에게 월급을 더 주려면 당신부터 그에게 소중한 존재임을 증명해야 한다. 따라서 더 많은 노력과 더 많은 충성심, 더 많은 열정, 더 많은 시간을 들이고 더 많은 일들을 맡아 자신의 존재를 입증해야 한다. 간단히 말해 막힘 없이 뻗은 고속도로를 달리듯 더 빨리 더 힘차게 달려가야 한다. 이런 단계들은 불경기에는 당신의 일을 보장해 주고 호경기에는 임금인상과 더불어 승진까지 가능하게 해 준다.

현 고용주는 당신의 월급을 인상해 줄 것이다. 규칙은 분명하다. '뿌린 대로 거두리라.' 따라서 현 직장에서 월급이 인상되지 않는다면 다른 곳에서라도 받게 될 것이다.

청소년기에 잡화점에서 일을 했던 나는 여러 가지 상품을 빌리고 돌려주느라 많은 가게들을 돌아다녔다. 거리를 가로질러 반대편의 가게에는 찰리 스코트Charlie Scott라는 소년이 있었다. 찰리만큼 일을 '척척해 내는' 사람을 보지 못했으며, 심부름도 뛰어다니며 했다. 그러던 어느 날 나는 앤더슨 씨네 가게의 찰리는 왜 항상 저렇게 바쁜지 물어보았다. 찰리는 월급을 올리고 싶어서 저런다고 말해 주었다. 찰리의 임금 인상은 확실했다. 실제로 훗날 앤더슨 씨는 임금 인상을 요구하는 직원에게 이런 이야기를 했다.

"월급을 인상해 주겠어요. 그렇게 하면 훨씬 효율적일 테니까."

방금 들은 '아멘'은 전국에 300개가 넘는 사무실과 이 나라에서 가장 큰 임원 배치 조직인 경영 리쿠르트 인터네셔널Management Recruiters International 부회장 루 스코트가 내뱉은 말이었다. 이들이 추천하는 사람들은 수습직원을 제외하고 95% 이상이 채용된다. 게다가 남보다 더 앞서 가고 월급 받은 것 이상으로 일하는 '평균 이상'의 직원들은 해고될 가능성이 적다. 루의 말처럼 '성실한 사람은 해고되지 않는다.'

그렇다. 극적인 결과를 가져오는 건 항상 추가분이다. 월급만큼만 일을 하는 사람치고 성공한 사람은 없다. 경쟁이 있기 때문이다. 사람들은 40시간 동안 '일할' 의지가 있다. 그러나 그 시점을 넘기면 대부분은 흥미를 잃게 되고, 경쟁도 눈에 띌 만큼 줄어들게 된다. 실제로 경쟁이 중단되거나 경쟁할 시도조차 하지 않을 때 이기거나 승진할 확률은 높아진다.

나는 대공황 시절에 자랐기 때문에 내 직업의식이 이런 걸 인정한다. 당시 소년이던 나는 매일 성인 남자들이 도둑질만 아니라면 어떤 일이라도 상관없다는 듯 집을 나가는 모습을 봤다. 이들이 일자리를 구했을 때 너무나 기뻐했기 때문에 내게 깊은 인상을 주었다. 일은 특권이라고 생각한다. 일은 우리에게 단순히 살아가는 것 이상을 주기 때문이다. 우리에겐 삶을 주고, 청소년들에겐 삶에 대한 준비과정이라고 할 수 있다. 여기 나와 있는 이야기가 나타내는 것처럼 말이다.

농부에게 여러 명의 아들이 있었다. 농부는 아들에게 열심히 일을 시켰다. 어느 날 이웃이 농사 때문에 애들을 그렇게 부려먹을 필요는 없다고 말했다. 그러자 농부는 조용하면서도 확고한 어조로 이렇게 말했다.

"전 농사를 짓는 게 아니라 자식 농사를 짓고 있는 중입니다."


## 공짜 심리를 가진 사람들의 전망은 밝지 않다

스모키 마운틴에 사는 노인 이야기를 좋아한다. 오래전에 돼지 몇 마리가 산의 외딴 지역으로 도망쳤다. 몇 세대를 거치면서 돼지들은 점점 사나워져 결국 그 길을 지나는 사람들에겐 공포의 대상이 되었다. 솜씨가 좋은 사냥꾼들이 돼지들의 위치를 파악해 사냥하려고 했지만, 돼지들은 그 지역 최고 사냥꾼들의 노력을 물거품으로 만들어 버렸다.

그러던 중 한 노인이 조그마한 당나귀가 끄는 마차를 타고 야생 돼지가 출몰하는 지역과 가장 가까운 마을에 왔다. 마차에는 목재와 곡물이 실려 있었다. 주민들은 이 노인이 어디로 가는지, 또 무슨 일을 하려는지 궁금했다. 노인은 이들에게 "야생 돼지를 잡으려고 왔다"는 말을 했다. 지역 사냥꾼들도 하지 못했던 일을 노인이 할 거라 생각한 사람은 아무도 없었기 때문에 다들 비웃었다. 그러나 2개월 후 노인은 마을에 돌아와 야생 돼지들이 산 정상 근처 우리에 갇혀 있다고 말해 주었다. 그런 후 돼지를 어떻게 잡았는지 설명했다.

"돼지들이 먹이를 먹으려고 내려오는 장소를 찾아 중간쯤에 곡식을 조금 뿌려 함정을 만들었소. 처음엔 돼지들도 무서워하더니 호기심을 이기지 못한 늙은 수퇘지 한 마리가 무리들을 이끌고 주변을 맴돌기 시작했소. 그가 한 입 베어 물자 나머지 녀석들도 합류해서 먹었소. 난 이때다 싶어 그다음 날엔 더 많은 곡식을 놓아두었소. 그리고 얼마 안 떨어진 곳에 널빤지를 세워 두었소. 처음엔 그 널빤지에 놀라더니, '공짜 식사'의 유혹이 너무나 커 다시 돌아와 먹었소. 그 녀석들은 아무것도 몰랐지만 이미 내 손아귀에 들어온 것이나 다름없었소. 덫을 설치하는 데 필요한 것들을 다 갖출 때까지 곡식 옆에 매일 몇 개의 널빤지를 갖다놓기만 하면 됐소. 그런 후 구멍을 파고 모퉁이에 자리를 잡았소. 내가 뭔가를 갖다 놓을 때마다 잠깐 주춤하다가 결국 '공짜로 먹으려고' 다시 돌아왔소. 우리가 다 지어지고 덫의 문이 준비되었을 때 평소대로 음식을 먹으려고 우리로 들어선 순간 문을 닫아버렸소. '공짜 식사'를 하도록 만든 후에는 정말 쉬운 일이었소."

이 이야기는 실화이며 여기서 이야기하려는 요점은 간단하다. 동물에게 계속 사료를 주다가 음식을 뺏으면 그 녀석에겐 문제가 생긴다. 사람도 마찬가지다. 폐인으로 만들고 싶으면 그 사람에게 몇 달 동안 목발을 주거나 공짜로 얻는 게 익숙해질 만큼 '공짜 점심'을 제공하라.

## 세 가지 어려운 일

우리가 하기 힘든 일이 세 가지 있다. 하나는 당신 쪽으로 기울어져 있는 담을 기어오르는 것이다. 또 다른 건 당신에게 마음이 떠난 여자와 키스하는 일이다. 세 번째는 도움 받고 싶어 하지 않는 사람을 돕는 것이다. 지금 와서 솔직하게 고백하지만 난 결코 담을 기어오르려고 한 적이 없다. (이 점에 대해 잠시 생각해 봐야 한다.) 사람들이 이렇게 말하는 건 여러 번 들었다.

"만약 누군가가 내게 많은 돈을 준다면 한 번에 여러 가지 청구 대금을 다 지불하고, 은행에 1만 달러를 저축해 여생을 편안하게 쉬면서 보낼 수 있을 텐데."

많은 사람들이 이런 이야기를 믿고 누군가가 이렇게 시작해 주기를 '기다린다'는 건 참으로 불행한 일이다. 나 역시 남을 도와야 한다고 주장하지만, 이미 앞에서도 말했듯이 물고기를 잡아주면 그날의 끼니는 해결되지만, 물고기 잡는 법을 가르쳐 주면 평생 먹여 살리는 것과 같다는 원칙을 믿는 사람이다.

'낚시'법을 가르쳐야 한다고 생각한다. 누군가에게 돈을 쥐어주는 것은 올바르게 도와주는 게 아니다. '노다지'를 캐면 평소에 간절히 원했지만 가질 수 없던 것을 사거나, 남들의 수준을 '따라잡기 위해' 쓴다. 이는 재정적으로 불리한 상태로 몰아넣는 소비 습관을 계속 지속, 아니 오히려 더 확고하게 만들어 준다. 일단 이런 습관을 들이게 되면(좋은 습관이든 나쁜 습관이든) 습관이 당신을 사로잡게 된다.

예를 들어 1960년대 텔레비전에서는 꽤 규모가 큰 퀴즈쇼가 몇 개 있었다. 이 쇼의 상금이 보통 7만 5,000달러, 10만 달러 이상이었다는 사실을 기억할 것이다. 7년 후 이 쇼의 '우승자'를 대상으로 설문조사를 했다. 여기서 흥미로운 사실을 알 수 있었다. 그들은 하나같이 그렇게 큰돈을 얻기 전에 그만한 돈을 관리해 본 사람이 없었다. 그러나 우승자들은 분명히 노다지를 캤지만, 그 돈으로 삶의 질을 영구적으로 향상시켜 줄 투자를 하는 대신 모두 써버리고 말았다.

좀 더 최근의 예를 보면 수백만 달러의 복권에 당첨된 사람들 역시 놀랄 만큼 부정적인 결과를 보였다. 이들의 일상생활은 무너지고, 가족은 붕괴됐으며, 일자리를 잃고, 옛 친구들은 떠났으며, 태도와 이미지는 심각하게 손상되었다. 공짜 돈을 얻었다고 해서 삶이 편해진 게 결코 아니었다. 대부분이 그렇듯 얻는 것보다 잃은 게 더 많다.

1997년 9월 4일 존 스토슬John Stossel과 ABC뉴스가 다음과 같은 아주 재미있는 프로그램을 방영했을 때 이런 사실이 확실히 밝혀졌다. 이 프로그램에서는 억만 달러의 복권을 타고서 일 년이 지나면 그 사람은 심각하게 부상을 당해 하반신 마비에 걸린 사람보다 나을 게 없다는 사실을 보여 주었다. 그 이유는 다음과 같다. 복권 당첨자는 이제 자신의 앞날은 보장되고 모든 문제가 해결됐다고 생각하게 된다. 물론 대부분은 사실이 아니다. 돈은 곧 없어지고 당첨자는 쓸쓸하게 후회를 하며 과거를 돌아본다. 반면 하반신 마비에 걸린 환자는 조금씩 발전해 가는 과정을 거치며 희망을 쌓아간다. 그러면 인간의 감정 중에 가장 건전한 감사하는 마음이 저절로 생기게 된다.


## 노동시간을 늘려라

아메리카 인디언의 비극적인 이야기는 누군가가 '당신을 돌봐 줄 때' 어떤 일이 일어나는지를 확실히 보여 주고 있다. 19세기 말 미국 정부는 인디언 부족, 특히 서부 지역에 거주하던 인디언들과 일련의 조약을 맺었다. 이 조약에는 여러 가지가 포함되어 있지만, 그 중에서 가장 핵심적인 부분은 바로 인디언들이 무기를 버리고 보호지역으로 들어가 정부가 '자신들을 돌봐주는 것'을 받아들이라는 조항이었다. 오늘날 인간이 자존심을 포기할 때 어떤 일이 벌어지는지 알려면 인디언 보호구역을 방문해 미국 원주민들의 상태를 관찰해 보면 된다. 당신이 그에게 구호품을 준다면 그것은 그의 존엄성을 부인하는 것이고, 당신이 그의 존엄성을 부인한다는 것은 그의 운명을 뺏는 꼴이 된다. 오늘날 워싱턴에선 무료 식사를 많이 제공하는 것 같지만, 알고 보면 이것들은 모두 위탁 판매다. 조만간 이 혜택을 받는 사람들뿐만 아니라 우리도 이자까지 쳐서 비싼 원금을 치르게 될 것이다.

요즘엔 근무 시간을 바꿔야 한다는 말들이 많다. 대부분 사람들은 주당 40시간이 아니라 30시간을 일해야 한다고 생각한다. 이들은 주5일보다는 주4일 근무를 선호한다. 나는 우리가 '못하는 일'을 바꾸는 데 집중하고, '근무 시간'은 그대로 둔다면 더 많은 것을 얻을 거라 생각한다. 어려운 일을 하다가 방향을 전환한 사람보다는 어려운 일은 해보지도 않고 피하는 사람이 더 많다. 실제로 인생이란 맷돌과 같다. 당신이 어떤 '자질'을 갖추고 있는지가 당신을 추락하게 만들지 아니면 위로 상승시킬지를 결정한다.


## 당신의 인생을 위해 일하라

전국의 기업체와 개인을 상대하면서 미래의 삶을 위한 소망 리스트에 무엇을 우선순위로 둘 것인지 질문을 던졌다. 가장 많이 나온 대답이 바로 안정된 생활이다. 일의 존엄함과 일이 주는 안정성에 대해 이야기할 때 내게 흥미를 느끼게 한(그렇지만 놀랍지는 않은) 예가 있었다. 몇 년 전 스웨덴에서 일어났던 일과 관련이 있다.

스웨덴 정부는 모든 국민이 요람에서 무덤까지 '보살핌을 받을 것'이라고 했다. 성경에선 분명히 일하지 않는 자는 먹지도 말라고 했지만 대다수 스웨덴 사람들은 정부가 그들의 생계를 책임져야 하며 '그들을 돌봐야 한다고' 생각한다. 실제로 상당 부분 그렇게 운영되고 있다. 병원에 가면 치료비가 공짜다. 정부가 지불해 주기 때문이다. 아기가 태어나면 정부가 돈을 대신 지불하고 엄마와 아이를 돌봐준다. 소득이 최저 생활 수준을 유지하지 못하면 정부가 그 차액을 보조해 준다.

이런 복지 제도들 때문에라도 보통 사람들에겐 스웨덴 사람들이 가장 행복한 사람처럼 보인다. 그러나 과연 그럴까? 스웨덴은 서구 여러 나라 가운데 가장 비싼 세금을 내는 나라 중 하나이며 청소년 범죄율이 가장 빠르게 증가하는 국가다. 약물 문제와 이혼율이 급격하게 증가하고 있으며 교회 참석률은 현저하게 줄어드는 실정이다. 이런 것들이 현안에 더해지고 앞으로도 문제가 더욱더 많이 생기게 될 것이다.

이런 자료는 우리에게 청년과 중년층에 대해 많은 것을 이야기해 주지만 노인들은 어떨까? 이런 '안정의 나라'에는 서구의 다른 나라에 비해 노인들의 자살률이 높다. 누군가가 당신을 돌봐주는 것과는 대조적으로 은퇴와 당신만의 안정된 생활을 추구하는 것에는 엄청난 차이가 있다. 그렇다. 진정한 안정감은 일을 하면서 찾을 수 있다. 누가 줄 수도, 제공할 수도 없다. 스스로가 안정을 찾아야만 한다.

**Security**(안정)라는 말은 제각기 다른 단어의 첫 번째 문자들로 이루어져 있다. **S**ecurity **E**arned **C**arefully **U**sually **R**esults **I**n **T**reasure-filled **Y**ear (계획성 있게 얻은 안정감은 소중한 미래를 보장한다.)

## 바쁘게 일하라. 그리고 최선을 다하라

미국에서는 제2차 세계대전 이후 여가 시간이 엄청나게 늘어났다. 마찬가지로 이 시기에 사회문제와 병폐들도 증가했다. 좌절, 신경 쇠약, 이혼, 알코올중독, 약물 중독, 범죄율 등은 할 일 없이 빈둥거리는 시간이 늘어가는 것과 직접적인 관계가 있다. 이것과 우리의 문화에 스며든 방임주의, 뭐든지 대충하려는 태도를 결합하면 문제는 더욱 가중된다.

노동자들은 자신의 기량에 자부심을 잃게 됐고, 그들의 효율성도 추락하기 시작했다. 효율성이 나빠지자 제품의 품질 또한 나빠지게 됐고, 품질이 나쁜 상품은 시장에서 환영받지 못했다. 왜냐하면 미국의 소비자들은 고품질을 원했기 때문이다. 이들은 외국 수입상품에 눈을 돌렸고, 미국의 제조사들은 판매량 감소로 발목을 붙잡히게 되었다.

한 국가 안에서 우리는 임금을 위해 기울이는 정직한 노력과 능력에 대한 아이디어를 다시 팔아야만 한다. 물론 국가는 우리의 생계를 책임져야 하지만, 우리도 그에 맞게 일을 해야 한다. 적게 일하고 많이 가져간다는 철학을 바꾸지 않으면 형편없는 제품과 서비스로 궁지에 몰리게된다. 오랫동안 효과를 볼 수 있으려면 우리의 철학을 안에서부터 바꾸는 것밖에 없다. 적정한 가격에 사람들이 요구하는 양질의 제품을 만들어 내지 않으면 소비자들은 점점 더 수입제품에 의존하게 된다.

다행히 우리는 그렇게 할 수 있다. 특별히 생각할 필요도 없이 이런 말을 할 수 있는 이유는 적절한 테스트를 거친 미국의 노동자들은 생산력에서 경쟁국인 일본이나 유럽을 능가했기 때문이다. 좀 더 저렴한 가격에 양질의 제품, 우리가 할 수 있는 만큼 해낼 때 미국인은 노하우나 생산력에서 여전히 세계 정상의 자리에 남게 된다. 안타깝게도 최근 우리의 노력은 최고가 아니었다. 1974년 세계에서 가장 산업화한 12개 국가를 대상으로 조사를 한 결과 미국 노동자는 생산 부문에서 11위를 차지

했다. 결론은 품질은 나빠지고 가격은 오히려 오른 셈이다. 즉, 수입품이 더 많아졌다는 뜻이다. 최선의 노력을 기울이며, 동시에 관세를 더 이상 올리지 않는 게 문제의 해결책이다. 최선의 노력에 대해선 '대가를 지불하지 않고 그저 즐길' 뿐이다.

워너 앤 스워시Warner and Swasey 광고에서는 이렇게 표현한다.

하얀 재킷 기사단Order of the White Jacket. 버지니아, 윌리엄 앤 메리 컬리지 동창회William and Mary College에 가면 유명한 주지사, 대학 학장, 혹은 저명한 기업가, 전문가들이 자랑스럽게 하얀색 재킷을 입고 있는 모습을 볼 수 있다. 이 재킷은 사람들이 아르바이트로 테이블에서 서빙 일을 하면서 대학 공부도 같이 했기에 이 모든 걸 얻었다는 뜻이다.

이들은 시시한 일도 부끄러워하지 않았고, 자신들이 좋아하는 일을 강요하지 않았으며, 정부의 도움을 요청하지도 않았다. 이들은 식사 시중을 들었으며, 이런 경험을 통해 자신들의 화려한 경력에 도움이 될 만한 교육을 받을 수 있었다. 하얀 재킷 기사단은 이 나라 어떤 그룹에서도 자랑스러워할 만한 초대 연사가 되었다. 미국 대학에는 연회가 있기 마련이다. 마지막 '아멘'은 그들에게서 나왔다.

안정의 사전적 의미는 위기나 위험, 의심이나 두려움, 긴장과 불확실에서 해방된 상태를 말한다. 개인적으로 더글라스 맥아더 장군이 더 확실하게 정의를 내린 것 같다. 그는 이렇게 말했다.

"안정이란 생산력을 뜻한다."

맞는 말이다. 자기의 욕구를 충족시키기 위해 일을 하며 자존심과 자신감을 얻는 사람은 자신의 문제나 욕구를 남에게 맡기는 사람보다 훨씬 안정적이다. 앞에서도 말했지만 "일은 우리에게 단순한 생계living 이상의 것, 즉 삶life을 준다." 스스로 밥을 벌어 먹으면서 남을 돕지 않으면 행복해지기란 어렵다.

## 먼저 시작하라

고용주들은 회사에 다니는 사람들이 실업자보다 일자리를 찾을 가능성이 더 높다고 말한다. 특히 실업자가 무직인 상태로 오래 있으면 더 그렇다. 취업은 사다리의 첫 번째 계단이며 가장 도달하기 힘들다. 일자리를 얻는 데 필요한 조건을 갖췄다면 입사 후에는 올라가기가 쉽다.

대다수 사람들에게 있는 문제는 일에 대한 기대치가 너무 높다는 점이다. 자신들이 완벽한 직원이 아닐 수도 있다는 사실은 깨닫지 못하고, '완벽한' 직장이나 고용주를 찾는다. 회사는 의무를 수행해야 되고, 휴가, 병가, 은퇴 같은 복지제도에 지나치게 신경을 쓰고 있다. 어떤 직장에 소속되어 성공의 길을 달리는 사람은 일 속에서 이런 점들을 찾으려고 한다. 실업자이자 성공하지 못한 사람들은 지나치게 야망이 넘쳐서 처음부터 이런 조건만을 찾으려고 한다. 명심하라. 정상에서 시작하지만 항상 구멍에서 끝나는 사람은 무덤 파는 일꾼밖에 없다는 사실을.

일단 시작을 하면서 정상으로 올라가야 한다. 빨리 시작해야 한다는 위기감은 꼭 필요하다. 일단 시작하면 꾸준히 노력하라. 일이 어렵고 지루하다면 더욱 열심히 하라. 오래 머뭇거릴수록 더욱 어려워지고 두려워질 뿐이다. 수영장 다이빙대에 처음으로 올라간 것과 같다. 당신이 다이빙을 할지 말지 결정해야 할 때 오래 머뭇거릴수록 다이빙을 할 가능성은 적어지는 법이다.

# 21

## 준비하라

### Be Ready

### 인내심, 끈기 그리고 노력

이 주제에서 태도, 즉 정신자세를 언급하지 않고 일에 대해 이야기하는 건 불가능하다. 토머스 에디슨은 정신자세와 일이 어떻게 연관되어 있는지를 잘 보여 주는 대표적인 예다. 어떤 젊은 기자가 에디슨에게 오랫동안 연구해 온 발명품에 대해 질문을 던졌을 때 그는 비밀 하나를 털어놓았다. 젊은 기자가 물었다.

"에디슨 씨, 지금까지 실험을 하면서 1만 번 실패한 기분이 어떠세요?"

"이보게, 젊은이! 자네는 이제 막 인생을 시작했으니 앞으로 자네에게 도움이 될 만한 충고를 해 주겠네. 난 어떤 것도 1만 번이나 실패한 적이 없었네. 다만 제대로 작동하지 않는 1만 가지의 방법을 성공적으로 발견했을 뿐이지.”

에디슨은 완벽한 백열전구를 완성시킬 때까지 1만 4,000번의 실험을 거쳤다. 제대로 작동하지 않는 방법도 여러 가지 발견했지만, 제대로 작동하는 방법을 발견할 때까지 꾸준히 해 나갔다. 큰 성공과 작은 성공의 차이는 작은 성공을 계속하다 보면 큰 성공이 된다는 사실을 보여 준다. 마침내 에디슨이 백열전구를 밝혔을 때는 우연히 한밤중이었다. 부인은 그에게 이렇게 외쳤다.

“불 좀 꺼요, 톰. 아직도 안 자고 뭐해요.”

## 포기하지 않는 한 실패하지 않는다

그만둘 때까지는 패배한 게 아니다. 다른 말로 하자면 ‘u’자 위에 혹을 달면 ‘우울함chump’이 ‘챔피언champ’이 된다. 다른 예를 한번 보도록 하자. 위대한 농구선수 중 한 명인 제리 웨스트Jerry West는 신체 조건이 나빠서 이웃집 아이들이 게임에 넣어주려 하지 않았다. 그러나 연습이 그의 삶을 바꾸어 놓았다.

처칠이 영국 국민들의 의식을 자극할 때 사용한 끈기, 헌신, 노력, 피, 땀, 눈물과 같은 단어들이 그렇게 매력적으로 들리지 않을 수도 있다. 그러나 사실 그러한 것들이야말로 사람을 위대하게 만드는 가장 중요한 요소라고 할 수 있다. 현실적으로 이런 말은 장애물을 극복할 수 있는 특징만을 묘사하고 있다.

유명한 그리스 웅변가 데모스테네스는 언어 장애가 있어 수줍음을 많이 타고 성격도 내성적이었다. 아버지는 그를 부유하게 만들어 줄 땅을 남겼는데, 그리스 법에 따르면 재산을 물려받기 전에 공개 토론회에서 소유권을 주장해야만 했다. 워낙 숫기가 없는데다 언어 장애까지 있어 데모스테네스는 땅을 포기할 수밖에 없었다. 그런 일을 겪은 후 데모스테네스는 열심히 노력해 누구보다도 뛰어나고 숙련된 웅변가가 되었다. 선조의 재산을 물려받은 자의 이름은 역사 속에 기록되지 않지만 전 세계의 아이들은 데모스테네스의 업적에 대해 수세기에 걸쳐 학교에서 배우고 있다. 그렇다. 아무리 많이 '넘어졌다고 해도' 넘어지는 대로 또 일어나기만 하면 당신은 성공할 수 있다.


## 실패 때문에 겁쟁이가 되지 마라

스스로 최선을 다했다고 생각하지만 성공하지 못했을 때 결코 포기해선 안 된다. 새로운 프로젝트를 다시 시작하면 된다. 가까운 친구가 잘 팔리지도 않는 가정용 기계 관련 사업에 나를 끌어들였다. 다행히 나는 사업이 망하기 전에 손을 뗄 수 있었다. 그러나 내 친구는 수천 달러를 손해 보았다. 모든 게 끝났을 때 그는 이렇게 말했다.

"이보게, 지그. 정말 돈을 잃는 건 싫은데 말이야. 이번 일 때문에 너무 몸을 사려 다른 사업 기회가 왔을 때 금전적인 겁쟁이가 되지 않을까 걱정된다네. 그런 일이 생기면 손해가 갑절이나 될 텐데 말이네."

이 얼마나 옳은 말인가.

어떤 젊은이는 이런 일이 발생하지 않게 했다. 그는 석유 사업에 종사했는데 수중에 돈이 다 떨어지자 자신의 주식을 그 일에 손을 떼지 못한 동업자에게 팔았다. 그 동업자는 많은 시간과 노력을 기울여 돌파구를 찾았다. 바로 유전을 발견한 것이다. 이 회사는 훗날 시티스 서비스Cities Service가 되었고, 오늘날 시트고CITGO로 알려졌다. 애초에 그 사업에서 물러난 젊은이는 다시 의류 사업을 했는데 석유 사업 때보다 일이 여의치 않았다. 말 그대로 그는 파산했다. 그래도 그는 좌절하지 않고 후에 정계에 진출했다. 역사가들은 이런 해리 S. 트루먼<sup>Harry S. Truman</sup>에 대해 좋은 말만 했다. 하지만 그는 미국의 대통령이 되기까지 두 번이나 쓴맛을 봐야 했다.

실패란 곧 인내하지 못하는 것을 말한다. 반면에 성공이란 그 일에 충실하고 열심히 일하는 동안 자신을 믿는 것이다. 일이 생각보다 어렵다면 이 사실을 떠올리라. 벨벳으로는 면도날을 예리하게 만들 수 없으며, 숟가락으로 떠서 먹여 주면 그 사람은 결코 성공할 수 없다는 사실 말이다.

준비된 자가 기회를 잡을 때 성공할 수 있다. 흔히 말하지만 성공은 가까운 곳에 있는 법이다. 가까운 곳에 도달하기 위해서는 약간의 노력이 더 필요하다. 예부터 내려오는 말이 있다.

"충분히 밀어주면 당기는 것은 걱정할 필요가 없다."

캘빈 쿨리지<sup>Calvin Coolidge</sup> 대통령은 이렇게 말했다.

"이 세상에 끈기를 대신할 만한 것은 없다. 재능도 그 자리를 대신할 수 없다. 재능이 있으면서 성공하지 못한 사람은 도처에 널려 있다. 천재도 마찬가지다. 제대로 대우를 받지 못하는 천재는 흔하고 흔하다. 교육도 끈기를 이길 수 없다. 이 세상에는 교육받은 낙오자들이 넘쳐난다. 끈기, 결단력, 성실한 노력만이 변화를 이끌어낸다."


## 끈기는 어려움을 이겨낸다

정상으로 향하는 여정을 계속하면서 한 가지 사실을 반드시 명심해야 한다. 그 계단들은 당신이 더 높은 단계로 올라갈 수 있도록 발을 올려놓으라고 만든 것이지 결코 쉬라고 만든 것이 아니다. 지치거나 좌절하기도 하지만 헤비급 챔피언 제임스 코벳<sup>James Corbett</sup>이 말했듯, "라운드를 한 번 더 뛰면서 챔피언이 되어 가는 법이다." 또 윌리엄 제임스<sup>William James</sup>가 "우리에게는 한 번 더 싸울 능력뿐만 아니라 세 번, 네 번, 다섯 번, 여섯 번, 심지어 일곱 번이라도 다시 도전할 만한 잠재력이 있다"라고 했다. 개개인의 내면에는 엄청난 잠재력이 들어 있지만 본인이 그것을 깨닫지 못하거나 사용하지 않는다면 아무 소용이 없다.

세계적으로 유명한 첼로 연주가인 파블로 카살<sup>Pablo Casals</sup>은 예술가로서 국제적인 명성을 얻은 후에도 여전히 매일 여섯 시간씩 연습을 했다. 누군가가 그에게 성공한 지금도 왜 그렇게 연습을 열심히 하는지 물었다. 그의 대답은 간단했다.

"실력이 계속 늘고 있다고 생각하기 때문이오."

위대해질 수 있는 기회가 저절로 찾아오진 않는다. 이런 기회는 모든 이에게 잠재되어 있다. 그러나 그런 기회를 얻기 위해서는 스스로 분발해야 한다. 쇠는 달구어졌을 때 두들기라는 말이 있다. 좋은 충고다. 그러나 더 적절한 충고가 있다면 그건 바로 두들기면서 쇠를 달구라는 것이다. 그렇다. 말 그대로 끈기와 노력이 중요하다. 세일즈 매니저들이라면 '노<sup>no</sup>'라고 들을수록 '예스<sup>yes</sup>'에 가까워진다는 사실을 알고 있다.

새벽이 되기 직전이 가장 어둡다는 말은 결코 진부한 표현이 아니다. 일을 하고 기술과 재능을 계발하다 보면 언젠가 당신의 시대가 오게 된다. 설령 그런 날이 오지 않는다 하더라도 당신은 여전히 승리자다. 왜냐하면 자신이 가진 것으로 최선을 다했다는 사실을 알고 있기 때문이다. 이런 식의 인생관과 인생에 대한 욕망과 결단력이 있으면 원하는 대로 뜻을 이룰 가능성이, 그것도 아주 크게 이룰 가능성이 높아진다. 빈스 롬바르디<sup>Vince Lombardi</sup>는 유일하게 세 번 연속 세계 선수권 대회 미식축구팀을 이끌었고, 슈퍼볼 2연패를 달성한 전설적인 감독이다. 그는 언젠가 이렇게 말한 적이 있다.

"유능한 선수치고 훈련과 연습의 중요성을 모르는 사람은 없다. 진정으로 훈련을 원하고 필요하다고 긍정하는 사람은 남다르기 마련이다."

## 게으른 사람은 이 세상에 없다

이 단원에서는 노동과 그런 아이디어를 '설득'하는 일에 대해 이야기해 왔다. 그러므로 지금 내가 게으른 사람은 존재하지 않으며 아프거나 자극을 받지 못한 사람만이 있을 뿐이라고 이야기하면 놀랄지도 모르겠다. 몸이 아프면 의사에게 가야 한다. 그리고 자극을 받지 못했다면 해야할 일이 몇 가지 있다. 우선 책을 읽고, 다 읽더라도 몇 번 반복해서 읽어야 하며, 동기를 유발할 수 있는 연설을 듣고, 영감을 주는 사람들과 관계를 맺어야 한다. 전직 올림픽 챔피언이자 저명한 연설가인 밥 리처드 Bob Richards는 지인들에게서 받는 영감이 얼마나 중요한지를 보여 주었다. 올림픽 경기에서 세계 신기록이 계속해서 쏟아져 나오는 이유는 이들이 위대한 선수들에게 둘러싸여 있기 때문이라고 했다.

남자 선수든 여자 선수든 전 세계에서 온 운동선수들이 매번 최선을 다하는 순간을 볼 때마다 이들은 '최선을 다하겠다는' 각오를 다지게 된다. 최선의 노력을 기울이는 사람은 가끔 기적 같은 결과를 내기도 한다. 리처드는 챔피언들과의 교류가 챔피언을 만든다는 사실을 말하고 있다.

지나치게 간소화한 경향이 있지만 그래도 나는 이렇게 말하고 싶다. 대다수의 '게으른' 사람들은 마음속에 있는 자기 이미지에 문제가 있는 게 분명하다. 그들은 최선을 다해도 그 일을 해내지 못할 것이라고 생각한다. 그래서 그들은 구실을 찾기 위해 절반 정도의 노력만 기울이고는 모든 힘을 다하면 할 수 있었다고 합리화한다. 이들은 마음속으로 자신들이 최선을 다하지 않았기 때문에 실패했다고 생각하지 않는다. 단지 어깨를 한번 으쓱하고는 이렇게 말한다.

"어쨌든 제겐 별반 다를 게 없어요."

대다수의 노동자들도 마찬가지다. 일하기 싫어하는 마음은 대부분 더 깊은 문제에서 나온다. 이 점을 염두에 두면서 자신을 관찰해 보기 바란다. 이 시점에서 당신이 현재 자기 이미지에서 벗어나지 못한다면 자기 이미지를 확실히 개선할 때까지 두 번째 단원을 파고들어라.

1. 일단 최선의 노력을 기울여라.

2. 펌프에 마중물을 부어라.
(어떤 일을 하든지 푹 빠지기)

3. 뭔가를 만들어 낼 때까지
땀을 흘리며 끈기를 발휘하라.

4. 제 몫을 해낸 후에는
여러 가지 보상을 받게 된다.

# 22

# 끊임없이 시도하라

Priming, Pumping and Producing

## 펌프에 마중물 붓기

내가 화제로 삼는 이야기 가운데 하나가 바로 크롬으로 도금된 구식 양수기다. 펌프 이야기를 좋아하는 이유는 이것이 현재의 미국과 자유기업 시스템 그리고 우리의 삶을 말해 주고 있기 때문이다. 적어도 한 번쯤 은 이런 구식 양수기를 써본 경험이 있을 것이다. 양수기를 써본 사람은 일련의 생각들이 얼마나 중요한지 쉽게 이해할 수 있다.

몇 년 전 몹시 더웠던 8월의 어느 여름날, 내 친구 버나드 헤브굿Bernard Havegood과 지미 글렌Jimmy Glenn은 차를 운전하며 사우스앨라배마의 작은 구릉지를 지났다. 갈증을 느낀 버나드는 폐허가 된 농장에서 양수기를 발견하고 차를 세웠다. 차에서 뛰어내린 그는 양수기로 달려가 손잡이를 움켜쥐고 펌프질을 시작했다. 얼마 후 버나드는 지미에게 낡은 양동이를 가리키며 양수기에 '마중물을 부어야 하니' 근처 시냇가에서 물을 담아오라고 했다. 펌프질을 해본 사람들은 알겠지만 양수기 맨 위에 약간의 물을 집어넣는 '마중물'을 부어야만 제구실을 하게 된다.

인생이라는 게임에서도 결과를 얻으려면 뭔가를 집어넣어야 한다. 안타깝게도 인생이라는 난로 앞에서 이렇게 말하는 사람들이 많다.

"난로야, 날 좀 따뜻하게 해다오. 그러면 장작을 넣어 줄게."

비서는 수시로 상관에게 와서 이렇게 말한다.

"월급을 올려주세요. 그러면 일도 더 잘하고 양심적으로 행동할 게요."

세일즈맨이 자기 상관에게 이런 말을 한다.

"매니저로 승진시켜 주십시오. 그럼 제 능력을 보여드리겠습니다. 지금까지는 실력 발휘를 못한 게 사실이지만 최고의 솜씨를 발휘하려면 중요한 일들을 맡아서 관리해야 합니다. 그러니 저를 승진시켜 주시고 제가 일하는 모습을 지켜봐 주십시오."

학생들은 선생님에게 이렇게 말을 한다.

"성적표가 형편없으면 부모님께 야단맞아요. 그러니 선생님, 이번 학기에만 점수를 잘 주시면 다음 학기엔 정말로 열심히 공부할 게요."

내 경험상 그런 식으로 일이 전개되지 않는다. 만약 그랬다면 농부가 이렇게 기도하는 모습을 쉽게 상상할 수 있다.

"신이시여, 올해 농작물을 주시면 씨를 뿌려 내년엔 열심히 일할 것을 약속합니다."

한 마디로 이들의 속마음은 바로 '상을 주면 결과를 내겠다'는 것이다. 그러나 인생은 그렇게 돌아가지 않는다. 뭔가를 얻고 싶으면 우선 노력해야 한다. 인생도 이런 식으로 생각한다면 우리는 더 높은 곳으로 올라갈 수 있고 그 와중에 행복을 느낄 수 있다.

농부는 가을에 수확하기 전 봄이나 여름에 씨를 뿌려야 한다. 곡물이 수확 단계에 도달하기 전까지 농부는 심혈을 '기울여야 한다.' 학생들은 지식을 쌓고 졸업장을 받기 전에 수백 시간 동안 학업에 정진한다. 미래의 사장이 될 관리자는 자신의 일에 더 많은 시간을 투자한다. 미래의 챔피언이 될 운동선수는 금메달을 따기 전까지 땀과 노력을 '쏟아 붓는다.' 미래의 기업체 사장이 될 신참 관리자는 스스로 일에 몰두해야 한다. 미래의 세일즈 매니저가 될 세일즈맨은 펌프에 마중물을 붓는 원칙을 이해해야 한다. 보상의 법칙에 따르면 당신이 뭔가를 '집어넣을 때' 결과물을 '얻게 될 것'이다.


## 지금 포기하지 마라

자, 사우스앨라배마에 있는 내 친구들 이야기로 돌아가 보자. 사우스앨라배마의 8월은 무척 덥다. 몇 번 펌프질을 한 후 버나드는 그야말로 땀범벅이 되었다. 그 시점에서 그는 물 때문에 얼마나 더 많은 펌프질을 해야 할까 생각했다. 그가 들인 노력만큼 보상이나 받을 수 있을지 신경 쓰기 시작했다. 얼마 후 그는 이렇게 말했다.

"지미, 이 우물에는 물이 없을 것 같아."

지미는 대답했다.

"아니야. 물은 있어, 버나드. 사우스앨라배마의 우물은 원래 깊어. 그래서 더 좋은 거야. 왜냐하면 우물이 깊을수록 깨끗하고, 청결하며, 달콤하면서도 순수한, 맛이 최고인 물을 얻을 수 있거든."

지미는 지금 물이 아니라 인생에 대해 이야기하는 것이다. 우리가 일하는 이유는 바로 가장 소중하게 생각하는 것을 얻기 위해서다.

쉽게 구할 수 있는 건 희소성이 없다. 6주간 여름 수업을 듣기만 해도 의사가 될 수 있다면 의사라는 직업이 가치가 있겠는가? 세일즈 강의를 네 시간만 들어도 최고의 초특급 세일즈맨이 될 수 있다면 경쟁이 심해져서 당신 몫인 수수료도 적어질 것이다. 이런 식으로 살펴보면 당신의 피와 땀, 눈물이 필요한 기술과 목적이야말로 진정한 만족감과 보상을 가져다준다는 사실을 깨닫게 된다. 다시 펌프 이야기로 돌아가 보자.

버나드는 더운 날씨에 매우 지친 상태라 두 손을 들며 한탄했다.

"지미, 이 우물엔 물이라곤 없어."

지미는 재빨리 펌프 손잡이를 잡고 펌프질을 하며 말을 이었다.

"지금에 와서 포기하지 마, 버나드. 자네가 그러면 어느 정도 올라왔던 물이 내려가서 처음부터 다시 시작해야 한다고."

그게 바로 삶이다. 성별, 나이, 직업과 상관없이 물이 없으니 '펌프질을 그만 두는 게' 당연하다고 느끼지 않을 사람은 하나도 없다. 만약 당신도 가끔 그런 식으로 생각한다면 당신 외에 그런 부류의 사람이 많다는 사실을 알게 된 것만으로도 위안이 될 것이다.


## 딱 한 번만 더

흥미진진하면서도 명백한 사실이 있다. 펌프의 외양만 보고 물이 나오게 하려면 펌프질을 두 번 더 해야 할지, 이백 번 더 해야 할지 알 수 있는 방법은 없다. 마찬가지로 인생이라는 게임 역시 당장에 행운을 얻게 될지, 아니면 한 주 더, 한 달 더, 일 년 더 심지어 그 이상의 기간이 지나야 얻을 수 있을지 알지 못한다.

이런 사실은 틀림없다. 어떤 일을 하든지 오랫동안, 열심히, 열정적으로 펌프질을 한다면 머지않아 그 노력이 결실을 맺게 될 때가 온다. 세 번째 베이스에서 멈추면 보탤 점수가 없는 것처럼 펌프에서 거의 나올 뻔한 물로는 갈증을 해소할 수 없다는 사실도 안다. 그나마 다행인 것은 일단 물이 흐르기 시작할 때 펌프에 꾸준히 압력을 가하면 필요량 이상의 물을 얻을 수 있다는 사실이다. 성공과 행복도 마찬가지다.

여기에 담긴 메시지는 분명하다. 당신이 어떤 일을 하든 올바른 태도와 올바른 습관을 바탕으로 해야 한다는 것이다. 그러나 무엇보다도 완강한 고집과 인내가 중요하다. 정말 한 번의 펌프질이 물을 흐르게 할 수 있듯이 성공과 승리의 달콤한 맛도 바로 우리 주변에서 볼 수 있다. 의사든 변호사든 학생이든 주부든 노동자든 세일즈맨이든 간에 일단 물이 나오면 그다음에는 조금씩 꾸준히 노력해 물이 계속 나오게 할 수 있다.

매일 10분 정도도 공부하지 않아 장학금을 놓친 대학생들도 부지기수일 것이다. 하루에 몇 분 정도도 일에 매달리지 않아 승진의 기회를 놓친 직원들도 우리가 몰라서 그렇지 엄청 많을 것이다. 잠재고객들이 당장 구입하겠다는 결정을 내릴 만한 타당한 이유를 찾지 못해 무산된 거래도 많을 것이다.

펌프 일화는 바로 우리네 인생과 자유기업 시스템에 대한 이야기라고 할 수 있다. 이런 말을 하는 이유는 나이나 교육 배경이 전혀 상관없으며 당신이 백인이든 흑인이든, 남성이든 여성이든, 과체중이든 저체중이든, 외향적이든 내성적이든, 천주교든 유대교든 아무 관계가 없기 때문이다. 이것은 당신이 얻고 싶은 것을 갖기 위해 자유인으로서 원하는 만큼 오래, 열심히 그리고 열정적으로 일할 권리와 관계가 있다.

당신이 정상으로 올라가려면 펌프 이야기를 명심하라. 하는 둥 마는 둥 펌프질을 하면 뭔가가 벌어지기 전에 평생 펌프질에서 벗어나지 못한다. 처음엔 힘들게 펌프질을 하라. 그리고 물이 나올 때까지는 그 상태를 계속 유지해야 한다. 그러고 나면 엄청난 변화가 일어난다. 일단 물이 흐

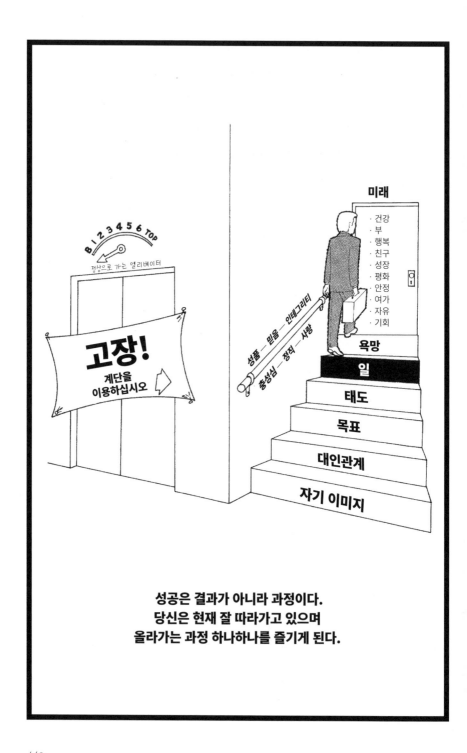

성공은 결과가 아니라 과정이다.
당신은 현재 잘 따라가고 있으며
올라가는 과정 하나하나를 즐기게 된다.

르기 시작하면 그다음은 꾸준히 압력을 가해 줘야 한다. 그러면 보상이 엄청나서 가질 것을 바라는 대신 원하는 것을 가질 때가 온다.

13장에 나와 있는 기관차를 움직이게 하는 일화의 유추법은 여기에서 활용하는 것이 적절하다. 기차를 움직이게 하는 건 무척 어렵지만 일단 움직이기만 하면 계속 움직일 수 있는 연료가 생각보다 적게 든다.

정상으로 향하는 계단 위에 있는 당신 모습을 보면 '일'이라는 계단에 서 있다. 이제 마지막 계단 혹은 '욕망'이라는 계단에 오를 준비가 되었을 것이다. 이 계단 앞에는 당신이 열 준비가 되어 있는 '미래'라는 유리문이 있다. 이 시점에서는 그 문을 '당길pull' 필요도 없이 약간만 '밀면push' 된다. 이제 한 계단 더 올라가 그 유리문을 밀어 보자. 당신은 인생이라는 연회장에서 한 발자국밖에 떨어져 있지 않다.

Chapter

# 원하는 대로
# 이루어진다

**Desire**

**목표**

- 평범이라는 온수를 압도적인 욕망의 증기로 전환할 수 있도록 당신의 동기유발의 불꽃을 화염으로 부채질한다.
- 당신에게 지적 무지를 알려주고 인생의 레몬을 얻는 방법과 그것으로 레모네이드를 만드는 법을 가르쳐준다.
- 장애물을 풍요로운 삶을 위한 초석으로 이용하는 법을 가르쳐준다.
- 어떤 일이든 장점을 볼 줄 아는 사람이 되도록 자극한다.
- 애국심을 고취한다.

# 23

## 성공으로 가는 길

From Mediocrity to Meteority

**평형장치**

옛날 서부시대에는 누구나 동등하게 만들어 주는 도구가 있었는데 그것을 '6연발 권총'이라고 불렀다. 이 권총은 체구가 작은 사람이라도 거구의 남자를 한방에 쓰러뜨릴 수 있었다. 오늘날 6연발 권총은 더 이상 사용되지 않지만 그 대용으로 쓰이는 게 있다. 그것을 우리는 '욕망'이라고 부른다. 욕망은 평범이라는 뜨거운 물을 남다른 성공이라는 증기로 바꿔준다. 그것은 평범한 능력의 사람이 자신보다 더 뛰어난 사람과 성공적으로 경쟁할 수 있도록 해 준다. 욕망은 사소한 차이를 만들어 주는 '추가적인 노력'이고, 인생에서 큰 차이를 만들어 주는 것은 바로 이런 사소한 차이들이다.

'뉴스레터'에 따르면, 욕망이 있기 때문에 젊은 클레멘트 스톤Clement Stone은 시카고 거리에서 신문을 팔았다. 나중에 그는 미국 보험 연맹 소유주로 전국에서 가장 부유한 사람 가운데 한 명이 되었다.

짐 마샬Jim Marshall도 이런 욕망이 있었기에 불멸의 프로축구 선수가 될 수 있었다. 마샬은 연속으로 282게임에 출전했고 42살이 될 때까지 수비역할도 맡았다. 팀의 동료인 프랜 타켄톤Fran Tarkenton은 한때 그를 '운동 종목과는 상관없이 가장 놀라운 선수'라고 했을 정도다.

존 하블리첵John Havlicek도 욕망이 있었기 때문에 '영원한 운동맨Mr. Perpetual Motion'이라는 별명을 얻었다. 보스턴 셀틱스 선수로서 하블리첵은 열여섯 시즌 연속 게임마다 200퍼센트 점수를 올렸다. 원기왕성함, 리더십, 용기가 남들이 평가하는 하블리첵을 만든 셈이다. 욕망을 가진 사람들은 더욱더 열심히 일하게 되고, 자신의 목표에 집중하며 더 나아지려는 갈증에 목이 마르기 마련이다.

욕망은 바로 '추가적인 노력'이다. 물을 증기로 바꿔주는 건 사소한 온도차이다. 화씨 211도의 물은 면도를 하거나 커피를 타 먹기에 적당한 온도다. 온도를 1도만 높여도 전국을 돌아다니는 기관차나 전 세계를 여행하는 여객선을 움직이게 하는 증기로 바뀐다. 이처럼 추가적인 노력이 당신을 정상에 오르게 만든다. 남들도 그 혜택을 받았다. 예를 들어 타이 콥Ty Cobb 선수를 보면 그 역시 야망이 많은 인물이었다. 그랜틀런드 라이스Grantland Rice는 욕망이 우리와 어떤 관계가 있는지 이렇게 말했다.

"타이 콥이 양다리에 심한 부상을 입은 채 게임에 열중했죠. 체온이 화씨 103도까지 올랐고 의사들은 그에게 며칠 푹 쉬라고 이야기했어요. 그러나 그날 그의 팀이 게임을 했어요. 타이 콥은 팀이 게임을 한다면 자기도 참여해야 한다고 생각했어요. 결국 그는 게임에 참여해 안타를 세 번 쳤으며 삼루까지 진출해 이겼죠. 그리곤 벤치에서 쓰러졌어요."

446

욕망이라고 하니까 또 다른 야구선수가 생각난다. 피트 그레이[Pete Gray]는 뉴욕의 쿠퍼스타운에 있는 야구선수 명예의 전당에 오른 불멸의 선수다. 오른팔이 없는데도 최고의 자리에 올랐다. 젊었을 때 그의 꿈은 메이저리그 선수가 되는 것이었다.

"전 꼭 최고의 선수가 될 겁니다."

그는 앵무새처럼 이 말만 반복했다. 그의 원대한 야망은 양키스 스타디움에서 게임을 하는 것이었다. 1945년 그레이는 마침내 세인트루이스 브라운 팀 소속으로 메이저리그에서 활약하게 되었다. 메이저리그에서는 일 년 정도 활약했는데, 규칙적으로 출전한 것도 아니었으며 한 번도 홈런을 친 적이 없었다. 하지만 피트 그레이가 명예의 전당에 속하는 영원불멸의 선수라는 것을 말하고 싶다. 그는 오른팔이 없어도 최고의 자리에 올랐기 때문이다.

그레이는 자신의 부족한 점을 탓하지 않고 장점을 살렸다. 인생에서 성공이란 단순히 좋은 손이 있느냐 없느냐로 결정되는 게 아니다. 성공이란 당신에게 주어진 능력을 최대로 활용하면서 결정된다. 저명한 연설가이자 샬롯 N. C의 TV 스타인 타이 보이드[Ty Boyd]가 지적한 것처럼 "당신에게 주어진 손을 활용하라." 그것도 가치 있게.

욕망은 개인에게 그가 하는 일에서 자신의 능력을 최대한 활용하게 한다. 욕망이 있는 사람은 장애물을 극복하고 자신의 모든 것을 투자한다. 또한 욕망은 발목을 붙잡히지 않고 온 힘을 다해 앞으로 전진할 수 있게 한다. 살아가면서 모든 어려움을 극복한 팀이나 개인만이 승리의 터치다운을 맛볼 수 있다. 시험을 보는 일이든, 보고서를 제출해야 하는 일이든, 운동 경기에 참가하는 일이든 어떤 일을 하든 최선을 다해야 한다. 무언가를 갈망하는 마음은 경제적인 능력보다 중요하기 때문에 무슨 일이든 항상 최선을 다해야 한다.

우리가 최선을 다할 때 결과에 상관없이 자신에게 만족하며 살 수 있다. 최선을 다하지 않을 때 우리는 이렇게 말한다.

"만약 그랬다면~"

정말 안타까운 일이다.

누트 로크[Knute Rockne]는 많은 사람들이 훌륭한 패배자가 되거나 나쁜 승리자가 되어야 한다고 생각하는 것 같다고 했다. 누트의 관점에서 보면 이보다 어리석은 일도 없다. 그는 익숙해지려고 일부러 실패해 보겠다는 생각은 전혀 없다고 했다.

"훌륭한 패배자를 소개시켜 주면 그를 패배자로 둘 수밖에 없다. 하지만 열한 명의 흠집투성이 패배자들을 소개시켜 주면 이들을 모아 국가대표 축구팀으로 만들겠다."

이 말에 전적으로 찬성표를 던진다. 한 사람이 성공하면 자신의 성격이 대부분 나타나고 실패하면 자신의 성격이 숨김없이 드러난다. 그러나 나는 지금 의지, 결단력, 승부욕에 대해 말하고 있다. 훌륭한 패배자와 나쁜 승리자에서 고를 필요는 없다. 우리는 훌륭한 승리자가 될 수 있으며 승리 경험이 많아질수록 승리자의 특권을 얻는 데 익숙하게 된다. 이런 법칙은 팀은 물론이요, 개인에게도 적용된다. 물론 당신도 예외는 아니다. 이 점은 내가 장담할 수 있다.

## 잠재력을 발휘하라

승부욕은 적어도 이론에서는 압도적인 상대를 마주해 이길 확률이 없는 사람들에게 승리를 안겨줬다. 빌리 마이스케[Billy Miske]가 바로 그런 사람이었다. 그는 예전부터 훌륭한 직업 권투선수였다. 그는 토미 기본스[Tommy Gibbons], 해리 그렙[Harry Greb], 베틀링 레빈스키[Battling Levinsky]와 시합을 했다. 잭 뎀프시<sup>Jack Dempsey</sup>와 세계 헤비급 챔피언 자리를 두고 싸우기도 했다. 전성기에 더 높은 중량에 도전할 때쯤인 25살에 중병으로 입원하게 되었다. 의사들은 그에게 권투를 당장 중지하라고 권유했다. 빌리는 의사의 말을 들어야 했지만 그가 할 수 있는 건 권투밖에 없었다.

29살이 되었을 때 그의 콩팥에 문제가 생겼다. 그는 브라이트 병으로 죽어가며 그 해 한 번밖에 경기를 치르지 않았다는 사실을 알고 있었다. 일은 물론이요, 체육관에서 훈련조차 할 수 없을 정도로 약해졌기 때문에 가족들과 함께 돈이 떨어져 가는 모습을 지켜만 봐야 했다.

이제 얼마 후면 크리스마스였다. 그는 가족들이 '즐거운 크리스마스'를 보낼 수 있도록 자신이 뭔가 할 수 있는 일이 있기를 바랐다. 그래서 11월에 미니애폴리스에 있는 친구이자 매니저인 잭 레디<sup>Jack Reddy</sup>를 찾아가 대전을 준비해 달라고 부탁했다. 물론 레디도 처음에는 펄쩍 뛰며 반대했다. 빌리의 상태를 잘 알던 터라 부탁을 들어줄 수 없었다. 빌리는 땡전 한 푼 없는 자신의 신세를 설명하며 살 날도 얼마 남지 않았다고 했다.

크리스마스가 코앞이라 가족에게 필요한 게 많아서 한 번 더 시합에 나가야만 했다. 마침내 레디는 빌리가 일단 몸을 만들어 놓고 훈련에 임한다는 조건으로 시합 참가를 허락했다. 빌리는 많이 약해진 상태라 몸을 만들기가 힘들다는 사실을 알았지만, 어쨌든 훌륭한 시합을 보여 주겠다고 약속했다.

그의 고집에 항복한 레디는 어쩔 수 없이 옛 친구와 함께 빌 브레넌<sup>Bill Brennan</sup>과의 시합을 주선했다. 시합은 네브라스카 오마하에서 열리기로 예정됐다. 브레넌은 뎀프시와 12라운드까지 간 아주 터프하고 힘겨운 상대였다. 혈기왕성한 나이는 이미 지났지만 죽음을 눈앞에 둔 사람에겐 여전히 무시무시한 상대가 아닐 수 없었다.

빌리는 훈련할 수 있을 정도의 체력도 없었기 때문에 최소한 힘이라도 아끼려고 집에 있었다. 그는 제시간에 시합을 하러 오마하에 갔다. 그 시절 권투 위원회는 오늘날보다 관대한 편이라 빌리의 소원을 들어주었다. 시합은 잘 진행되었다. 시합이 끝나자 빌리 마이스케는 2,400달러의 상금을 받아 가족들이 기다리는 집으로 갔다. 그리고 가족들이 원하는 것을 사느라 그 돈을 모두 썼다. 정말로 행복한 시간이었고, 빌리 가족에게 가장 호화로운 크리스마스였다. 12월 26일 빌리는 잭 레디를 불러 세인트 폴 병원으로 데려다 줄 것을 부탁하고 그곳에서 조용히 생을 마감했다.

그가 죽기 6주 전 마지막 시합을 치렀다. 그의 친구들은 이 사실을 믿을 수 없었다. 빌리는 약했을 뿐만 아니라 죽어가고 있었으며, 포기하는 게 더 쉬울 수 있었다. 그러나 가족을 위해 최선을 다하고 싶다는 그의 소망과 자부심이 믿을 수 없는 노력을 기울이게 만들었다. 빌 브레넌은 네 번째 라운드에서 쓰러졌다. 빌리는 이기고 싶은 욕망 때문에 내면에 있던 힘까지 끌어올렸다. 당신도 내면의 힘을 쓰고 싶은 욕망을 부릴 때 그 힘을 쓸 수 있다.

이기기 위해 열심히 노력하면 결과에 상관없이 그 과정에서 느끼는 개인적인 만족감만으로도 우리를 승리자로 만들어 준다. 앞에서 말한 랜디 마틴^Randy Martin^은 1972년 처음으로 보스턴 마라톤에 참여했다. 경주 거리는 26마일이었고 험난한 언덕이 많은 코스였다. 마틴 박사는 완주자 모두에게 상을 주어야 한다고 말했다. 대부분 참가자들은 자신이 이길 수 있다고 생각해서 참가하는 게 아니다. 경주를 끝내는 사람은 누구든지 승리자다. 왜냐하면 잘한 일의 진정한 보상은 바로 그 일을 끝마치는 데 있다. 이것이야말로 가장 중요한 점이다.

현실에서 당신은 바로 당신 자신과 경쟁을 벌여야 한다. 당신이 최선을 다했고 당신의 소질을 최대한 이용했다는 사실을 알고 있는 만큼 만족스러운 것도 없다. 당신이 기울인 총력은 특별한 승리감, 즉 당신 자신에 대한 승리감을 안겨준다. 어떤 챔피언이 말했듯, "최선을 다하는 게 최고가 되는 것보다 중요"하기 때문이다.

## 승리자 ─ 여전히 챔피언

욕심이라고 하면 벤 호건Ben Hogan의 이름을 언급하지 않을 수 없다. 모든 면을 고려해 봤을 때 벤 호건은 최고의 골프선수라고 할 수 있다. 그는 동료 골프 선수들처럼 훌륭한 신체적 조건은 아니었으나 자신의 부족한 면을 끈기와 결단력, 욕심으로 열심히 채워 나갔다.

벤 호건의 직업은 두 가지였다. 왜냐하면 그가 절정기에 다다랐을 때 치명적인 사고를 당했기 때문이다. 안개 낀 아침 부인 발레리Valerie와 함께 고속도로를 달리고 있었다. 커브를 돌 때 그레이하운드 버스의 불빛이 갑자기 눈앞을 비췄다. 아주 짧은 순간이었지만 벤은 부인을 보호하려고 그녀 앞으로 몸을 던졌다. 그런데 오히려 이 행동이 벤의 목숨을 구했다. 사고가 나면서 핸들 축이 튀어나와 운전석에 깊이 박혔기 때문이다. 그는 고비를 넘겼다는 진단을 받기까지 며칠 동안 생사를 넘나들었다. 의사들은 하나같이 프로 골프선수로서의 생명은 끝났으며 그가 걸을 수 있으면 다행이라고 했다.

그러나 이들은 벤 호건의 의지와 욕망을 간파하지 못했다. 고통스럽게 몇 발자국 떼자마자 호건은 골프선수로서 위대한 부활을 꿈꾸기 시작했다. 그는 계속해서 자신의 손을 강화시키는 훈련을 했다. 어디를 가든지 항상 골프클럽을 들고 다녔고, 집에서는 일어서기조차 힘들 정도로 경련이 나는 다리 사이에 골프클럽을 두고 스트로크 연습을 했다. 퍼팅 그린에 돌아온 첫 번째 기회에서 비틀거렸으나 후에 계속 상처 난 다리로 열심히 운동하고 걷고 강하게 만들면서 그린으로 갈 수 있게 됐다. 처음엔 볼을 몇 번 밖에 치지 못했지만 매번 나갈 때마다 공을 치는 횟수가 늘기 시작했다.

마침내 골프 코스로 복귀할 수 있는 날이 왔다. 호건이 다시 시합에 입성했을 때 정상으로 올라가는 속도는 매우 빨랐다. 이유는 간단했다. 벤 호건은 자신을 승리자로 봤기 때문이다. 이기고 싶은 욕망이 너무나 강해 다시 정상으로 돌아갈 수 있다고 믿었다. 그렇다. 욕망은 평범한 선수와 챔피언을 구별해 주는 요소다.

# 24

# 지적 무지

Intelligent Ignorance

## 뒝벌은 날지 못한다

욕망은 지적 무지를 낳는다. 지적 무지란 할 수 없는 일이 뭔지를 모르는 재능으로, 무조건 밀고 나가는 것을 말한다. 이 때문에 사람들은 할 수 없는 일도 이루게 된다. 예를 들어 신입 세일즈맨이 입사를 한다. 세일즈를 전혀 해보지 않은 사람이라 세일즈에 대해 아무것도 모른다. 다행히도 그는 자신이 그것을 모른다는 사실을 몰랐으며 오로지 필요나 욕망 때문에 자극을 받았다. 그는 매우 열정적으로 일해서 영업 면에서 결국 그 회사 전체를 이끌게 된다. 그는 자신이 할 수 없다는 사실을 모른 채 그 일을 하고 있다. 그래서 '게으른' 세일즈맨보다는 차라리 '신입' 세일즈맨이 더 나은 것이다.

뒝벌이 날 수 없다는 건 잘 알려져 있다. 이에 대한 과학적인 증거는 매우 놀랍다. 뒝벌은 몸체가 매우 무거운 반면 날개는 무척 가볍기 때문에 날 수가 없다. 그러나 실제로 뒝벌은 날 수 없지만 이들은 그 사실을 모르기 때문에 날고 있다.

## V-8 엔진을 만드시오

헨리 포드는 매우 특이한 사람이었다. 그는 40살이 될 때까지도 그다지 물질적으로 성공하지 못했다. 그가 정규적인 교육을 받은 건 얼마 되지 않았다. 자신의 기업을 세운 후 포드는 V-8 엔진에 대한 아이디어를 생각해 냈다. 그는 엔지니어를 모두 불러 모은 후 이렇게 말했다.

"여러분, V-8 엔진을 만들어 주세요."

제대로 교육을 받은 사람들은 수학과 물리, 엔지니어의 원칙을 알고 있었다. 이들은 할 수 있는 일과 할 수 없는 일을 알았다. 이들은 어이없는 표정으로 포드를 쳐다보았다. '이 양반, 정말 웃기는군.' 그러고는 아주 차근차근 V-8 엔진을 왜 과학적으로 실행시킬 수 없는지 설명했다. 심지어 '왜' 경제적으로 만들 수 없는지도 설명해 주었다. 그러나 포드는 주의 깊게 듣지도 않고 이 말만 했다.

"여러분, 전 반드시 V-8 엔진이 필요합니다. 만들어 주세요."

이들은 얼마 동안 건성건성 일을 했고 다시 그에게 보고했다.

"정말로 V-8 엔진은 불가능합니다."

포드는 쉽게 납득하려 하지 않았다.

"자, 여러분, V-8은 꼭 필요해요. 속력을 내 보세요."

이들은 이전보다 오랜 시간을 들여 좀 더 열심히 일하며 좀 더 많은 돈을 투자했다. 그러나 똑같은 보고를 가지고 돌아왔다.

"포드 씨, V-8 엔진은 불가능합니다."

T모델과 A모델로 주당 5달러 임금으로 조립라인 분야에서 선풍을 일으킨 사람에겐 '불가능'이란 말은 통하지 않았다. 이글거리는 눈빛으로 헨리 포드는 이렇게 말했다.

"여러분, 이해를 못하시는 것 같은데 전 반드시 V-8 엔진을 가져야 합니다. 여러분은 그걸 만들어 주셔야 되고요. 자, 어서 시작합시다."

어떻게 됐는지 아는가? 그들은 결국 엔진을 만들었다. 할 수 없는 일도 있다는 걸 무시할 만큼 무지했기 때문에 가능한 일이었다. 이런 일은 일상생활에서도 자주 볼 수 있다. 누군가 할 수 없다고 하면 어떤 이는 시도하지 않는다. 하지만 다른 사람은 할 수 있다고 하면서 해낸다.

'아이 캔I can'의 개념은 매우 중요하다. 토머스빌의 센트럴 고등학교 교사인 마미 맥컬로우Mamie McCullough는 수업시간에 아이 캔eye can 사상을 도입할 생각이었다. (그녀는 바로 이 책을 '아이 캔I can' 코스의 교과서로 이용했다.) 맥컬로우는 수업시간에 깡통을 가져오라고 한 뒤 그 깡통에 눈 그림을 붙여 그야말로 아이 캔eye can이 될 수 있도록 만들었다. 학생이 딴 짓을 하며 '할 수 없다'고 이야기하면, 모든 사람들이 그에게 지금은 '아이 캔I can' 수업 중이라는 사실을 상기시켰다. 그래서 얻게 된 긍정적인 결과는 엄청났으며 400만 명의 학생들이 혜택을 받았다. 광범위한 대중적인 지지를 호소하며 Living to Change Lives Foundation이라는 비영리 재단을 만들었기에 그 수는 더욱 증가할 것이라고 믿는다.

삶을 변화시키기 위한 지도Coaching to Change Lives, 삶을 변화시키기 위한 가르침Teaching to Change Lives이라는 두 개의 챔피언급 수업이 학생들의 주목을 받던 시기가 있었다. 그것은 학자들이나 운동선수들이 성과를 내는 데 특히 도움이 되었다. 1990년대 텍사스 샌 안토니오 저슨 고등학교Judson High School D. W 러틀리지D. W Rutledge 감독은 '아이 캔' 철학을 이용해

네 번이나 4강에 진출했고, 세 번이나 챔피언을 거머쥐었다. 데니스 파커Dennis Parker는 감독으로 임명된 지 3년 후 텍사스에서 가장 규모가 작은 5A 학교인 마샬Marshall 팀을 결승전에 진출시켰고, 그다음 해에는 주 대항 챔피언십 게임에 참가했다. 1948년 Y. A 티틀Y. A Tittle이 쿼터백으로 자리한 이후로 결승전에서 단 한 번도 이겨본 적이 없었는데, 마샬은 우승을 거머쥐었다.

부정적인 요소를 많이 주입한 상황에서 창조적인 상상력과 긍정적인 사고가 해내는 일을 보는 건 참으로 흥미진진하고 신선한 일이다. 마미 맥컬로우 같은 사람이 1만 명 정도 있어서 이 나라의 모든 교실에서 이런 철학을 가르친다면 얼마나 큰 효과를 낼지 상상이나 할 수 있겠는가?


## 지적 무지와 레몬을 더하면 레모네이드가 된다

제2차 세계대전 중 한 전투에서 크레이톤 에이브람스Creighton Abrams 장군과 부하들은 적군에게 완전히 포위당했다. 적군은 사방에서 그들을 둘러쌌다. 이 소식(레몬)을 들은 크레이톤 장군은 말했다.

"여러분, 이번 전쟁이 시작된 후 처음으로 적군을 사방에서 공격할 수 있는 기회가 생겼다."

크레이톤 장군은 살고 싶었을 뿐만 아니라 이기고 싶었다. 상황 그 자체보다는(레몬) 우리가 어떻게 상황에 대처하느냐(그 상황을 어떻게 이용하느냐)가 더 중요하다.

지적 무지란 무슨 말일까? 지적 무지란 살아가면서 겪는 가망 없거나 부정적인 상황에 대처하는 방식이다. 그것은 소아마비에 걸린 다음 두 남자의 이야기에서 잘 나타난다. 한 사람은 워싱턴 거리의 거지고 또 한 사람은 바로 프랭클린 델러노 루즈벨트Franklin Delano Roosevelt였다. 지적 무지란 우리에게 벌어지는 모든 일들에 좋은 결과의 약속이자 희망의 씨앗이다. 어떤 일이 생기든 긍정적인 결과가 나올 수 있으며 우리는 그 결과를 활용할 수 있다. 다시 말하면 인생이 우리에게 주는 레몬을 가지고 레모네이드를 만들 수 있다는 뜻이다.

찰스 케터링Charles Kattering에게 평범하지 않은 레몬이 주어졌다. 그의 팔은 정상이 아니었다. 몇 년 전 그는 앞마당에서 차를 수리하고 있었는데 그 차에 '치이고' 말았다. 젊은 세대들이 알아듣기 쉽게 설명하자면 다음과 같다. 크랭크crank가 풀리지 않아 실린더가 움직이기 시작했다. 크랭크가 상당히 흔들려, 엔진을 가동시키는 대신 오히려 크랭크 자체가 움직이게 됐다는 뜻이다. 갑작스럽게 움직이는 바람에 케터링의 팔이 부러지게 되었다. 당시 그는 어떻게 했을까? 케터링은 고통을 못 이겨 팔을 움켜잡을 수밖에 없었다. 그러나 동시에 그에겐 이런 생각이 떠올랐다. '차를 크랭크할 때 이런 위험한 사고가 생길 수 있겠어. 차를 안전하고 쉽게, 효율적으로 크랭크할 방법을 찾지 않으면 사람들이 차를 갖고 싶다는 생각을 하지 않을 거야.' 그 결과 케터링은 '자동시동기'를 발명했다. 그의 레몬인 부러진 팔이 우리의 레모네이드가 된 셈이다.

야곱 쉭Jacob Schick의 레몬은 금광을 찾으러 다닐 때 영하 40도까지 떨어진 온도였다. 그때 그는 칼로 면도를 할 수 없었기 때문에 최초의 전기면도기를 생각해낼 수 있었다. 이 전기면도기야말로 야곱 쉭이 발견한 금광이었다.

닐 제프리Neal Jeffery는 베일러 대학교의 삼군 신입 쿼터백이었다. 그에게도 역시 엄청난 레몬이 있었다. 닐은 말을 더듬었다. 그는 감독인 티프Teaff에게 대표팀 일군 쿼터백에서 활약하는 게 자신의 목표라고 말했다. 닐의 이런 소망은 결국 꿈을 이루게 했고, 1974년 자신의 팀 베일러를 50년 만에 처음으로 남서부 연맹 챔피언십 게임까지 올라가게 만들었다. 결국 전국 남서부 연맹까지 올라갔고 닐은 그 대회에서 최우수 선수로 뽑혔다.

유진 오닐Eugene O'Neil의 레몬은 질병이라고 할 수 있다. 그는 질병으로 병원에 입원할 때까지 방랑자였다. 그는 누워 있으면서 작품을 쓰기 시작했기 때문에 이 레몬을 레모네이드로 바꾼 셈이 되었다. 수백 개의 유사한 이야기들은 왜 그리고 어떻게 레몬을 골라 적절히 욕심을 섞어 지적 무지를 낳고 레모네이드를 만들어 낼 수 있는지 설명해 준다.


## 쓰레기통에 버려져 있는 성공

마이클 클락Michael Clark은 카펫 설치 일을 하는 자영업자다. 새로운 카펫을 깔기 전에 낡고 지저분하며 다 떨어진 카펫을 마루에서 벗겨내야 한다. 어느 날 마이클 클락은 낡은 카펫을 쓰레기통에 집어넣다가 쓰레기통 안에 있는 '꾸준히 동기 의식을 가질 수 있는 법How to stay Motivated'이라는 포장도 깨끗한 새 강의 자료를 보게 되었다. 한번 훑어 봤을 때 눈에 띈 이름을 어디선가 들은 기억이 있는데, 왜 그런지는 알 수 없었다고 한다. 버려진 앨범을 가져간다고 해서 손해 볼 건 없다는 생각에 그는 그것을 집어 들었다.

마이클은 집으로 돌아가는 길에 1편을 들었다. 첫 번째 강의를 들으며 그는 무척 감명을 받았다. 그날 저녁 아버지께 자신이 발견한 물건에 대해 이야기해 주었다. 그의 아버지도 역시 기뻐했다. 아버지는 마이클에게 이 강의 자료를 제대로 듣는다면 정말 소중한 물건이 될 거라고 말했다. 마이클은 대문자로 이렇게 적었다. '아버지의 말씀이 옳아.'

첫 번째 강의 자료를 들은 지 2년 후 마이클은 아내와 부모님과 함께 사업에 뛰어들었다. 이제 그도 제법 규모가 있는 보육원의 매니저다. 물론 아내(관리자)와 가족들도 그를 돕고 있다. 그는 이렇게 썼다. '훌륭해.' 이제 그들에게도 직원이 39명, 아이들이 239명이나 되기 때문이다. 3년 반 전에 사업을 시작해 그 이후로 계속 성장하고 있다. 굉장한 열정으로 마이클은 곧 보육원을 소유하게 될 것이고, '쓰레기통 속에서 이 보물을' 찾지 못했다면 '이런 일은 언감생심 꿈도 못 꿨을 거라고' 이야기한다.

그렇다면 이 강의 자료를 버린 사람들에게는 어떤 일이 생겼을까. 그 사람이 이 강의 자료를 들었다면 나름대로 성공했을 텐데 말이다. 전혀 알 수 없는 일이지만 최소한 우리가 이 책을 읽지 않고, 강의 자료도 듣지 않으며, 실천하지 않으면 이것들을 모두 가지고 있다 해서 도움이 되는 건 아니라는 사실을 명심하기 바란다.


## 잘못된 가정假定

잠깐 제2차 세계대전 때로 돌아가 보자. 사람들 대부분은 일본이 진주만을 공격해서 제2차 세계대전이 시작됐다고 알고 있다. 그러나 많은 사람들은 충실한 일본계 미국인들도 미국의 시민들만큼 진주만 공격에 안타까워했다는 사실을 잊고 있다. 이런 일본계 미국인들은 매우 부당한 대우를 받았으며 임시 수용소에 갇히기까지 했다. 이미 역사에서도 증명됐지만 미국 정부는 이런 일본계 미국인들이 배반했거나 혹은 배반할지도 모른다는 잘못된 가정假定을 세웠다. 마침내 여러 번의 설득과 자기 성찰을 한 후에 대다수의 일본계 미국인들에게도 전쟁에 참가해 미국을 위해 싸우면서 애국심을 증명할 기회가 주어졌다.

일본계 미국인으로 구성된 442연대가 조직되었다. 재미있는 사실은 미국 역사상 442연대보다 더 많은 명예 훈장을 받은 부대가 없다는 사실이다. 전쟁이 시작된 이후로 일본계 미국인들의 대졸 출신 비율이 미국 첫 번째 세대들 중에서 가장 높았다. 이들은 부정적이면서 굉장히 감정적인 상황에 긍정적으로 대처했다. 이들이야말로 레몬을 레모네이드로 바꾼 사람들이다.

찰스 굿이어Charles Goodyear의 레몬은 법원 소환장을 무시해 감옥형을 선고받은 일이었다. 감옥에서 지내는 동안 굿이어는 불평 한번 하지 않았다. 그 대신 그는 주방에서 보조로 일하게 되었다. 주방에서 일하면서 굿이어는 아이디어 작업에 몰두했다. 그 와중에 고무타이어를 수리하는 방법을 찾아냈다. 그의 레몬인 실형은 레모네이드가 됐다. 우리도 이제 품질이 향상된 타이어를 사용하게 되었으며 이에 따라 더욱 편안한 여행을 즐기게 되었고 삶의 질도 높아졌다.

마틴 루서Martin Luther의 레몬은 와트버그 캐슬에서의 체류였다. 그의 레모네이드는 그곳에서 성경을 독일어로 번역한 번역본이었다. 『천로역정』은 존 버니언John Bunyan의 레모네이드였다. 그것은 그가 감옥에 있는 동안 쓴 책이다.

## 우승자와 새로운 챔피언

스포츠 신문을 읽는 사람이라면 진 터니Gene Tunney가 잭 뎀프시를 이겨서 헤비급 세계 챔피언 권투선수가 되었다는 사실을 안다. 그러나 그가 처음 권투를 시작했을 때 누구든 녹아웃 시킬 수 있는 주먹의 펀처였다는 사실을 아는 사람은 거의 없다. 제1차 세계대전 중 해외 파견군 멤버로 프랑스에서 전시용 한판 승부를 벌이는 동안 그의 양손이 망가졌다. 의사와 매니저는 손이 망가졌기 때문에 세계 헤비급 챔피언이 되겠다는 꿈은 이루기 힘들다고 말했다. 그런데도 터니는 주저하지 않고 이렇게 말했다.

"펀치로 챔피언이 될 수 없다면 기교로 승부를 걸겠어요."

진 터니는 호신술을 배웠다고 알려졌다. 그는 경기장 위에서 가장 과학적이고 노련한 권투선수 중 한 명이 되었다. 권투선수로서 이런 기술은 세계 헤비급 챔피언 자리를 두고 시합을 벌인 잭 뎀프시를 이기게 만들었다. 권투 전문가들은 이렇게 말한다. 터니가 손을 다치지 않고 권투선수가 됐다면 이렇게 치열한 권투시합에서 뎀프시를 이길 수는 없었을 거라고 말이다. 터니가 자신의 펀치만 믿고 스텝을 개발하지 않았다면 세계 헤비급 챔피언은 될 수 없었을 것이다.

이제 내가 무슨 말을 하려는지 분명히 알아차렸기를 바란다. 인생이 당신에게 레몬을 건네 준다면, 당신은 당신만의 레모네이드를 만들 수 있는 주요 성분을 갖게 된 것이다. 우리에게 무슨 일이 벌어지느냐가 중요한 게 아니라 어떻게 대처하느냐가 중요하다는 말이다. 원칙, 헌신, 결단력, 욕망을 가지고 긍정적으로 대처한다면 이는 승리할 가능성을 더욱더 높여준다. 지적 무지, 레몬 그리고 많은 욕심들이 인생에서 갖고 싶은 것을 갖게 해 준다.

## 실패자의 길

실패자의 길은 자신들의 말에 귀를 기울여주는 사람들에게 왜 어떤 일을 '할 수 없는지' 조목조목 설명하려는 비굴한 사람들로 바글바글하다. 반면 그들 옆으로 그들보다 능력이 부족하며 '할 수 없는 일'이 무엇인지 알지 못해 무지몽매한 마음으로 무조건 인생의 레몬을 꺼내어 직접 해 보는 사람들이 지나간다. 실패자의 길에 거주하는 사람들은 보통 능력은 많고 '문제점'은 남보다 적은 사람들이지만, 이들은 여전히 패배자의 변명을 늘어놓으면서 벗어나지 못한다.

비즈니스 세계에서 전형적인 패배자의 변명은 바로 다음과 같다.

"이 사람들은 뭔가 다르다."

"여기는 침체된 곳이다."

사우스다코타<sup>South Dakota</sup>의 위너에서 건설업에 종사한 엘로이 크로스톤 <sup>Elroy Croston</sup>이 할 수도 있었던 변명들이다. 그가 알았다면 말이다. 다행히 도 심슨 스트럭쳐에 대한 딜러이던 엘로이는 '지적으로 무지했던' 사람 이라 이런 '제한점'을 몰랐다.(레몬)

크로스톤의 담당 구역에는 인디언 보호 구역이 두 개 붙어 있으며 그 밖에 세 개 보호구역을 경계로 하고 있다. 정부는 이 지역을 '침체된' 구 역이라고 여겼다. 그러나 엘로이가 이곳을 담당한 이후 매 년 슈퍼 세일 즈맨 상을 받았으며 지난 3년 동안 단위에서나 양에서나 1등이었다.

엘로이 크로스톤은 정식으로 사업에 관한 교육은 받지 못했지만 자기 가 할 수 없는 것보다는 할 수 있는 것이 무엇인지 언제나 생각했다. 그 의 '성공'은 인내심, 겸손함, 신뢰, 자신감, 배려, 믿음이라는 긍정적 인 특징들을 포함한다. 구태의연한 미덕들을 위해 또 다른 승리를 기록 해 두고, 지적으로 무지한 이 선량한 사나이에게 모자를 벗어 경의를 표 하라.

# 25

# 데이비드와 골리앗

David and Goliath

## 내가 사겠습니다

데이비드 로프칙의 이야기는 이 책에서 내가 말하고 싶은 것들을 모두 보여 주고 있다. 1965년 켄사스 시티에서 나는 미국의 저명한 연설가 여섯 명과 함께 연설을 했다. 토요일 저녁 켄사스 시티에서 세미나가 끝났을 때 저녁을 먹으려고 뮬바하 호텔 로비 엘리베이터로 가려는 순간 위니펙에서 온 버니 로프칙의 활기찬 목소리가 들렸다. "어디 가세요, 지그 씨?" 세련된 옷차림을 한 그는 로비 저편에서 나를 부르더니 환한 미소를 지었다. 나는 이렇게 대답했다. "저녁 먹으러 가요, 버니 씨." 눈을 반짝이며 그는 말했다. "그럼 이렇게 하는 건 어떨까요, 지그 씨. 저녁 먹으러 같이 가요. 제가 대접하죠."

나에게는 누군가가 저녁을 사겠다고 제안하면 그렇게 하도록 내버려두는 원칙이 있다. 테이블에 앉자 로프칙과 나는 형제만큼이나 스스럼없는 관계를 맺게 되었다. 사실 난 그를 '형제, 버니'라고 불렀다. 그날 밤우리는 평범한 대화를 나누었다. "여기엔 어쩐 일이세요?" "어떤 일을 하시죠?" "가족은 몇 명이죠?" 이런 종류의 질문들 말이다. 내가 버니에게세일즈 관련 세미나에 참석하려고 먼 길을 왔느냐고 묻자 그는 이렇게대답했다.

"물론이죠. 그럴 만해서 온 거요. 사업을 번창시킬 수 있는 아이디어가 많이 있거든요."

나는 위니펙에서 켄사스 시티까지는 굉장히 멀고 여행비용도 만만치않다는 점을 강조했다. 버니는 미소를 지으며 이렇게 말했다.

"맞아요. 그러나 우리 아들 데이비드 덕분에 돈 걱정을 할 필요가 없답니다."

"뭔가 사연이 있는 것 같은데 이야기 좀 해 주시겠어요?"

내 요청으로 버니는 마음을 터놓고 내 경험에서 가장 스릴 넘치는 이야기를 들려주었다.

"아들이 태어났을 때 얼마나 기뻤는지 모른답니다. 우리에겐 이미 딸이 두 명 있었고, 데이비드가 태어나면서 가족이 완성된 거죠. 그러나 기쁨이 채 가시기도 전에 우리는 뭔가 잘못됐다는 생각이 들었죠. 아이의머리가 오른쪽으로 힘없이 처져 있었고, 건강한 아이들에 비해 침을 너무 많이 흘렸거든요. 주치의는 우리에게 아무 문제가 없다며 데이비드가결국 이 문제를 극복해 낼 수 있을 거라고 하더군요. 그러나 우린 그 말에 넘어가지 않았어요. 결국 우린 아이를 전문가에게 데려갔죠. 주치의와는 정반대의 진단을 내리더군요. 몇 주 동안 그 상태로 아이를 진단하더라고요."

**소아마비에 걸린 아들**

"문제가 심각하다는 것을 알았죠. 그래서 결국 캐나다에 있는 최고 전문가에게 데려갔어요. 철저하게 검사한 후, 이렇게 말했어요. '아이는 경련 환자입니다. 소아마비 증상이 있고 앞으로 걷거나 말하지도 못하고 열까지 세지도 못할 겁니다.' 그런 후에 '아이를 생각해서' 그리고 '정상인' 나머지 식구들을 생각해서 기관에 입원시키는 게 좋을 거라고 하더군요."

눈에서 열정을 뿜으며 버니는 말을 이었다.

"지그 씨도 아시겠지만, 전 구매자가 아니라 세일즈맨이에요. 아들을 식물로 생각할 순 없었어요. 그저 제 눈엔 튼튼하고 행복하며 건강한 아이, 성인이 될 때까지 잘 자라서 생산적이고 보람 있는 삶을 살 수 있는 그런 아이로 보일 뿐이었어요. 이 점을 염두에 두고 의사에게 우리가 도움받을 수 있는 곳을 아는지 물어봤죠. 의사는 지금 자기가 해 준 조언이 최선의 방책이라고 단호히 말하며 자리에서 일어나 면담이 끝났음을 몸소 보여 주더군요."

버니는 이야기를 들려주면서 중요한 말을 했다.

"전문의는 우리로 하여금 문제에 겁먹지 말고 해결책에 관심 있는 의사를 찾아보라는 확신이 들도록 해 준 것밖에 없어요."


**문제에 얽매이지 말고 해결책을 생각하라**

버니는 그런 의사를 찾으려고 데이비드를 20여 명이나 되는 전문가에게 데려갔다. 이들은 한결같이 이전과 같은 충고와 조언을 들려주었다. 그러던 와중에 시카고에 있는 펄스타인Pearlstein 박사 이야기를 듣게 되었다. 그는 세계적으로 저명한 소아마비 전문의였다. 전 세계 환자들이 그에게 모여들었고, 박사와 약속을 잡으려면 최소한 일 년 정도는 기다려야 했다. 펄스타인 박사는 다른 의사의 추천을 통해서만 일을 했기 때문에, 버니는 주치의의 도움을 받기로 했다. 데이비드가 받은 조사결과들이 펄스타인 박사에게 보내졌고, 약속 날짜를 잡게 되었다.

하지만 펄스타인 박사의 일정이 너무 빡빡해 주치의에게 나중에 다시 연락하라는 전갈이 왔다. 의사가 버니에게 그의 말을 전한 후 더는 방법이 없다고 이야기하자, 버니는 직접 나서기로 했다. 버니는 데이비드의 문제로 펄스타인 박사와 직접 약속을 잡을 수 있는지 알아보기로 했다. 엄청난 노력을 기울인 끝에 어느 날 저녁 박사와 통화를 할 수 있었다. 버니는 박사에게 취소된 일정이 생기면 데이비드를 만나 달라고 부탁했다. 11일 후에 마침 일정이 취소된 게 있어서 버니는 박사와 운명적인 약속을 잡았다. 마침내 희망은 쉽게 잡히지 않는 손을 내밀었다.

질병(골리앗)은 몰랐지만 그에겐 새로운 적이 생겼다. 몇 시간 동안 조사를 끝낸 후 같은 결과가 나왔다. 데이비드는 역시 경련 환자였다. 아이는 소아마비에 걸렸고 앞으로 걸을 수도, 말할 수도 없다. 물론 운명의 예언을 귀 기울여 들었다면 말이다. 그러나 버니와 엘레인<sup>Elaine</sup>이 힘들고 끝이 보이지 않는 전쟁을 기꺼이 치를 의지만 있다면 희망은 있었다. 버니는 아들에게 기회를 줄 수 있다면 어떤 대가도 비싸지 않다고 생각했기 때문에 다급히 어떤 일을 해야 하는지 물었다.

펄스타인 박사와 치료 전문가들이 자세히 지시 사항을 알려주었다. 그가 그만둘 때까지 계속해야 한다고 했다. 그리고 더 많은 훈련을 시켜야 한다는 것도 당부했다. 인간이 참아낼 수 있는 한계 이상으로 가혹하게 훈련시켜야 하며, 계속해서 양을 늘려야만 했다. 박사는 버니와 엘레인에게 이 작업은 굉장히 길고 까다로운 일이 될 것이며, 때로는 끝이 없는 사투처럼 보이게 될 것이라고 미리 경고했다. 일단 시작하면 끝까지 계속해야 한다는 점도 덧붙였다. 중간에 포기하거나 손을 놓아버리면 데이비드는 원상태로 돌아가고 그때까지의 모든 노력은 헛수고로 돌아간다는 점도 잊지 말라고 했다. 그렇다. 데이비드가 자신의 골리앗과 싸워야 할 시간이 왔다. 버니에겐 희망이 있었고, 희망은 추진력이 있었다. 그들은 가벼운 발걸음과 마음으로 집에 돌아왔고, 앞으로의 전투를 준비했다.

물리 치료사와 바디빌더를 고용하고 지하실에 작은 규모의 체육관을 준비했다. 신체적인 노력과 강한 정신력이 일상생활의 과제가 되었다. 힘겹고 헌신적인 노력을 기울인 지 몇 달이 지나자, 아주 작은 희망의 빛이 보이기 시작했다. 데이비드가 움직일 수 있는 능력이 생긴 것이다. 비록 오랜 시간이 걸렸지만, 이제 데이비드는 자신의 키만큼 움직일 수 있었다. 엄청난 초석이 놓여진 셈이다.


## 그는 준비되어 있다

물리 치료사가 흥분된 상태로 버니에게 전화를 해서 일찍 퇴근하라고 했을 때 또 다른 초석이 놓여졌다. 버니가 집에 왔을 때 무대가 준비되어 있었고 데이비드는 최선의 노력을 기울일 준비가 되어 있었다. 데이비드는 엎드려 팔굽혀펴기를 시도할 예정이었다. 6살인 데이비드는 최선을 다했다. 그의 몸이 매트 위로 들여 올려지기 시작하자, 감정적, 신체적 소모가 너무 커서 땀으로 흠뻑 젖고 말았다. 매트 위는 물이 뿌려진 것처럼 온통 축축했다. 엎드려 팔굽혀펴기를 한 번 할 때마다 데이비드, 누나들, 물리 치료사, 부모는 감동의 눈물을 흘릴 수밖에 없었다. 이 눈물이야말로 행복은 단순한 기쁨이 아니라 승리라는 사실을 확실히 보여 주었다. 미국의 유명 대학이 데이비드를 진찰하고 그의 몸 오른쪽 편에 운동

신경이 전혀 없다는 사실을 보여 줬을 때 놀라움은 더해졌다. 데이비드는 균형 감각이 부족해서 걸음마를 배우는 데도 어려움을 겪을 뿐만 아니라, 수영이나 스케이트를 배울 수도 없고 자전거를 탈 수도 없다. 그렇다. 질병, 즉 골리앗은 호되게 맞고 있었다.

더욱더 중요한 건 자신의 골리앗을 혼내 주면서 데이비드는 경험에서 배우고, 정말로 인생에서 소중한 교훈을 몸으로 익히고 있었다. 데이비드는 꾸준하게 나아졌고, 의료 전문가의 말에 따르면 놀라운 수준이라고 했다. 데이비드는 정말 엄청난 발전을 보인 소년이며 이는 절대로 놀랄 만한 일이 아니다. 그의 부모가 데이비드를 병에서 회복 중인 건강한 성장기 소년으로 봤기 때문이다.

데이비드는 스케이트를 타기에 너무 따뜻한 날이거나 운전을 하지 않을 때는 네 번째로 바꾼 자전거를 탔다. 스케이트를 배우는 일은 고통 그 자체였다. 하키 스틱의 도움으로 스케이트를 신은 채 그냥 서 있는 걸 배우는 데도 거의 일 년이 걸렸지만, 데이비드는 포기하지 않고 매일 꾸준히 연습했다. 장애물을 극복하기 위해 필요한 일은 모두 했고, 그것도 너무 잘해서 그 지방 하키 팀에서 왼쪽을 담당하기도 했다. 이렇게 성공을 한 후에도 의사는 물에 뜨기까지 2년이 걸릴 거라고 했다.

그러나 데이비드는 2주가 채 안 되어 물에 뜰 수 있었고 첫 번째 여름이 끝나기도 전에 수영을 할 수 있게 되었다. 데이비드는 하루에 팔굽혀펴기를 1,000번이나 할 수 있으며 쉬지 않고 9.6km를 달리기도 했다. 11살이 되자 골프를 시작했으며, 그가 부딪힌 모든 문제와 같이 열정과 단호한 태도로 임했다. 그 결과 그는 이미 90타의 기록을 깼다.

데이비드가 성장하는 모습을 지켜보며 지금 발전시키는 모든 특징들, 신체적, 학구적으로 성공하기 위해 적용하는 원칙들이 그가 선택한 분야에서 원하는 만큼 발전하게 해 준다는 사실을 안다는 건 참 흥미로운 일이다.

데이비드는 몸만큼이나 건전한 정신 상태를 갖고 있다. 1969년 9월 그는 세인트 존 레이븐 코트 남학교에 입학했다. 이곳은 캐나다에서 가장 공부량이 많은 사립학교 중 한 곳이다. 7학년에 재학 중인 데이비드는 9학년 수학도 척척 해낸다. 의사가 10까지 숫자를 세지 못할 거라고 못을 박은 아이치곤 잘하는 편이 아닌가. 1971년 10월 23일, 아내와 나는 데이비드 로프칙의 성년 축하식에 참석할 기회가 있었다. 데이비드가 성숙한 모습을 당신도 볼 수 있었으면 좋았을 것이다. 분명한 시야, 안정적인 목소리, 단호한 발걸음으로 미국과 캐나다에 있는 친척들과 소중한 친구들에게 둘러싸여 있는 데이비드는 이제 성인이 되었다. 그의 연주는 무척 뛰어났다. 이번 공연을 위해 최선을 다해 준비했으니 그럴 수밖에 없었다.

그렇다. 골리앗은 패배했다. 그러나 완전히 쓰러진 것도 아니요, 앞으로도 그럴 일은 없다. 데이비드는 평생 훈련을 해야 한다. 며칠만 쉬어도 여파가 크다. 그는 활달한 여느 19살 소년들처럼 친구들과 더 있고 싶은 적도 많았다. 그러나 연습 시간이 되면 할 일을 이해하고 군말 없이 체육관으로 향한다. 그에겐 부모님 외에도 옆을 지켜주며 응원해 주는 두 명의 누나, 친구, 친척이 있기 때문이라고만 볼 수 없다.

1974년 2월 데이비드의 인생에서 가장 큰 사건이 일어났다. 즉, 10만 달러 보험이 그에게 발행된 것이다. 내가 알기론 이 보험 정책은 표준 기준을 바탕으로 세워졌으며 소아마비 환자가 이 계약 해당자에 포함된 것은 첫 번째 사례다.

## 데이비드의 최근 모습

몇 년에 걸쳐 수천 명의 사람들이 이렇게 물었다. "데이비드는 어때요?" 대답은 간단하다. "최고죠." 믿기 힘들겠지만 그는 지금 40살이다. 그와 부인 미셸Michelle은 세 명의 사랑스러운 아이들의 부모다. 코트니 조이Courtney Joy는 12살, 다니엘Daniel은 11살, 에레일Areille은 8살이다. 말할 것도 없겠지만 아이들은 데이비드와 미셸의 삶에서 자랑이자 기쁨이다. 할아버지 할머니인 버니와 엘레인 로프칙의 기분이 어떤지는 말할 필요도 없다.

신체적으로 봤을 때 데이비드의 상태는 아주 양호했다. 그는 가끔 피곤할 때에만 소아마비 증세가 나타났다. 이런 일이 생기면 오른쪽 발을 질질 끌게 된다. 그의 커리어는 아주 잘 운영되고 있다. 부동산을 운영하며 새로 지은 것이든 재판매든 콘도를 전문으로 한다. 콘도용으로 사용하는 빌딩에 대해서도 관리 계약을 맺기도 한다. 이 이야기는 결코 끝나지 않았고, 항상 더 나아지는 것처럼 보인다.

## 성취는 전염성이 강하다

로프칙의 가족을 아는 사람들은 당신에게 그의 가족 구성원들이 데이비드의 인생에 중요한 역할을 했으며, 그와 함께 성장한 건 특혜라고 말해 줄 것이다. 가족 구성원들은 뛰어났고, 가족과 지역사회에 기여하고 있다. 예를 들어 버니의 성장도 주목할 만하다. 버니야말로 내가 만난 사람 중 가장 완벽한 교육을 받았으나 교육받은 사람답지 않게 행동한 사람이었다. 공식적으로는 7학년을 끝마쳤으나 매일매일을 '학교'에서 보냈다. 모든 사람에게서 뭔가를 배웠고, 훌륭한 것을 추구하는 그의 열정은 그를 기민한 비즈니스 마인드 소유자로 만들었다.

버니는 사생활에서나 일에서나 좀 더 열심히 그리고 똑똑하게 해 나갔다. 7년 동안 일주일 내내 밤낮으로 일했고, 이 기간 매주 딱 한 번 밤에 쉬었다. 이런 사실만 보더라도 그가 얼마나 헌신적이고 결단력이 있으며 욕망이 많은지 알 수 있다.

골리앗 때문에 발생한 경제적인 문제로 인해 생긴 살인적인 스케줄에도 버니는 퇴근해 집으로 올 때마다 데이비드 방에 가서 아이를 안아주고 얼마나 사랑하는지 이야기해 준다. 그리고 데이비드야말로 승리자이고 승리자이기 때문에 원하는 건 뭐든지 할 수 있다고 말해 준다. 그다음 날 아침, 출근 길에 버니는 북미에서 처음으로 이용된 강의 자료를 들었다.

데이비드는 건전하고 깨끗하며 순수하고 힘 있는 동기와 순수한 사랑으로 푹 젖었다. 데이비드를 돕겠다고 나선 버니는 남들이 갖고 싶은 것을 돕는다면 자신도 성공적이고 행복한 삶을 살 수 있다는 사실을 깨달았다. 이런 원칙을 자신의 사업에도 적용시킨 그는 캐나다에서 가장 규모가 큰 가정용품 제조 회사를 세웠고, 그 과정에 재정적인 문제도 해결했다.

어떤 분야에서든 데이비드와 그를 도왔던 사람들은 성공했다고 볼 수 있다. 골리앗을 쓰러뜨리는 데 가족원 각자가 중요한 역할을 맡았기에 이것은 팀의 전투였고, 팀의 승리다. 그가 이 자리에 올 때까지는 가족들이 중요한 역할을 했다.


## 정상으로 향하는 구성 요소

데이비드 로프칙의 이야기를 기억하며 정상으로 가는 계단 그림을 보자. 아기였을 때 데이비드는 첫 번째 단계인 자기 이미지를 가질 수 없었다. 그런데도 부모의 눈에는 그가 여전히 인생에서 기회를 잡을 만한 자격이 있고, 또 그런 기회가 있는 특별한 아이로 보였다. 그때 그들은 오늘날의 데이비드를 보았고, 자신들이 그에게 기회를 줄 수 있다고 생각했다. 오늘날 데이비드는 건전한 자기 이미지를 가지고 있으며, 이는 매우 분명한 증거가 된다.

정상으로 향하는 계단의 두 번째 단계는 대인 관계다. 데이비드 로프칙의 성장과 발전에 중요한 역할을 한 사람들이 꽤 있다. 의사, 간호사, 물리 치료사, 교사 등등 각자에겐 역할이 있었다. 부모와 데이비드, 전문가들의 관계에서 발전된 사랑과 인내심 때문에 '피, 땀, 눈물' 등도 참을 수 있었다. 이들의 도움이 없었다면 데이비드의 상황은 아주 절망적이었을 것이다. 운 좋게 데이비드는 자신이 필요한 도움을 얻었고 승자가 되었다. 데이비드를 도왔던 사람도 마찬가지로 승자다. 왜냐하면 '다른 사람이 올라갈 수 있도록 돕는 사람이 가장 높이 오른다.'는 원리 때문이다.

우리가 세 번째로 다룬 주제는 바로 목표의 중요성, 목표 설정의 방법과 목표에 도달하는 방법 등이었다. 목표 설정의 모든 면들이 데이비드의 이야기에 나와 있다. 가족들이 데이비드를 위해 세운 목적과 관련해 버니는 버니대로 자신의 사무, 일, 금전적인 목표를 세웠다. 처음에 버니는 데이비드의 치료 때문에 발생한 엄청난 경제적 부담을 견딜 수 없었으나 결국 해냈다. 그는 상황에 맞게 임기응변으로 잘 대처했다. 이제 그는 데이비드와 남들이 원하는 걸 얻게 도와주면서 인생의 모든 걸 가질 수 있게 됐다.

네 번째 단계는 올바른 정신자세였다. 데이비드 로프칙의 이야기가 이 점을 잘 보여 주고 있다. 한 번에 하루씩, 한 번에 한 발자국씩 장애물을 헤쳐 가며 부정적인 상황에도 긍정적으로 대응하는 가족들의 태도는 데이비드에게도 전달되었다. 우리는 '너도 할 수 있어, 데이비드.'라는 음식을 계속 먹였다. 데이비드는 옷을 갈아입으면서, 운동을 하면서, 부모와 함께 학교 가는 도중에도 긍정적인 강의를 열심히 들었다. 부모, 가까운 가족, 친구뿐만 아니라 훈련가인 시드 푸카로Syd Pukalo는 그의 인생에서 긍정적인 요소를 강조했다. 결국 적절한 정신적인 다이어트는 데이비드 일생의 한 부분이 되었고, 습관은 건전하고 튼튼한 것이어서 그의 성장과 발전은 어찌 보면 당연한 결과였다.

다섯 번째 단계는 일과 관련된 것이다. 이것 역시 데이비드의 이야기와 잘 들어맞는다. 하루가 24시간밖에 안 된다고 불평할 때 데이비드 로프칙을 기억하라. 몇 년 동안 그에겐 하루가 21시간이었다. 왜냐하면 소아마비 상태를 이기기 위해 하루에 적어도 세 시간은 투자해야 했기 때문이다. 오늘날에도 그에겐 시간이 부족하다. 매일 꾸준히 연습하지 않으면 골리앗은 다시 쳐들어올 수 있기 때문이다. 그렇다. 그는 열심히 노력해야 하지만 데이비드와 로프칙 가족들은 건강을 위한 대가를 치르는 게 아니라 혜택을 누린다는 사실을 알고 있다.

데이비드의 이야기는 여섯 번째 단계에도 정확하게 들어맞는다. 여섯 번째 단계는 바로 욕망에 대한 것이다. 수백 명의 사람을 다루면서 로프칙 가족만큼 욕망이 두드러진 가족은 만난 적이 없다. 가족들은 데이비드가 기회를 가질 수 있기를 간절히 바랐기 때문에 이런 바람은 곧 행동으로 옮겨졌고, 결국 데이비드가 기회를 가질 수 있게 됐다. 어떤 행동들은 상당히 엄격했는데, 여기엔 특별한 종류의 사랑이 담겨 있다. 이런 애정은 우리로 하여금 천성적인 동정을 넘어설 것을 요구하는 그런 깊이 있는 것이었기 때문이다. 버니와 엘레인이 의사의 지시에 따라 보호대를 더욱더 조일 때가 많았는데, 그럴 때마다 데이비드는 울면서 제발 한 번만 봐 달라고, '하룻밤'만 쉬게 해달라고 애원하곤 했다. 버니와 엘레인은 모든 걸 다 줄 수 있었지만, 아들에 대한 애정이 너무 깊어 눈물겨운 호소도 못들은 척할 수밖에 없었다. 데이비드의 사정을 봐준다는 것은 그를 사랑하는 것이 아니라는 것을 너무도 잘 알고 있었기 때문이다.

데이비드의 이야기를 살펴보면 처음부터 끝까지 정직, 성품, 믿음, 충성심, 인테그리티, 사랑을 볼 수 있다. 이 책의 첫 번째 부분에서 당신의 부족한 부분은 얼마든지 보충할 수 있다고 말했다. 데이비드의 이야기가 이런 사실을 뒷받침해 준다. 그를 보면 그가 어떤 병을 앓고 있는지 전혀 모를 것이다. 그가 '평범하고 건강한 아이였으면 얼마나 좋았을까'하고 생각한 적이 많았다. 체격이 크고 강하며 빠르고 영리한 그의 모습을 상상하기란 어렵지 않았다. 그런데 어느 날 엄청난 사실을 깨닫게 되었다. 데이비드가 더 많은 것을 가지고 시작했다면 지금보다 이룰 수 있는 것은 적었을 것이다. 소아마비임에도 불구하고가 아니라 소아마비였기 때문에 그가 저렇게 성공할 수 있었을 거라 믿는다.

그래서 하나님도 우리에게 모든 걸 감사해야 한다고 말하는 것이다. 그렇다. 로프칙이 자신의 아이가 인생이라는 경주에서 기회를 잡을 수 있다고 본 건 아주 특별하고 멋진 기적이었다. 로프칙은 데이비드를 출발시켰으며 바통을 넘겨주었고, 그렇게 데이비드는 계속해서 달려왔다.

데이비드는 아직도 살아 있기 때문에 절정 부분은 쓸 수 없다. 데이비드가 앞으로 할 일이 과거에 한 일을 충분히 앞설 것이라고 믿는다. 참으로 흥미진진한 이야기지만 이 이야기가 수백만 명의 건강한 아이들에게 어떤 의미가 있을까 생각해 보는 건 더욱더 재미있다. 데이비드가 원래의 자리에서 출발해 이런 일을 할 수 있었다면, 건강한 아이에게 적용할 경우 같은 원칙과 절차가 어떤 의미를 가지는지 생각해 보라. 생각만 해도 놀랍고 흥미롭다.

데이비드의 이야기도 후편이 있다. 나는 텍사스 아마릴로<sup>Amarillo</sup>에서 이 이야기를 하는 동안 앞줄에 앉아 있던 젊은 커플이 진심으로 감동받

앉다는 것을 눈치챘다. 개인적으로 그들을 찾아갔다. 그들은 펄스타인 박사가 죽은 후 그 뒤를 이은 시카고 의사의 이름을 찾고 있었다. 그들에게는 15개월 된 딸이 있는데 데이비드처럼 소아마비였다. 그들도 역시 딸을 위해 할 수 있는 것을 기대하고 있었다.

그들은 아이를 시카고에 데려와서 검사를 받았다. 그러나 의사는 아이가 증상은 모두 보이고 있지만 실제로 소아마비에 걸린 건 아니라고 했다. 조산아였고 그 당시 의사가 오진을 했다고 말해 주었다. 일찍 태어났기 때문에 다른 애들보다 발달이 약간 더딘 것뿐이었다. 그러나 그들이 아이를 소아마비에 걸린 것처럼 대했기 때문에 그런 증상을 보이게 됐다. 그들은 즉시 아이를 평범하고 건강한 아이처럼 대하기 시작했고, 몇 주 지나지 않아 소아마비 증세는 사라지게 되었다. 그렇다. 우리는 우리가 보는 대로 사람을 대한다. 이들은 좋든 나쁘든, 긍정적이든 부정적이든 그 치료에 따라 반응을 보인다. 다시 말하지만 그렇기 때문에 '좋은 발견자'가 되는 게 중요하다.

자, 이제 계단의 정상에 올라와 있다. 모든 계단을 올라왔으니 인생이라는 전당으로 들어가는 문 앞에 서 있다. 이 시점에서 문에 분명하게 적혀 있는 '기회'라는 단어에 주목해 주길 바란다. 실제로 '기회'라는 단어는 미국이라는 단어로 풀 수 있다. 다시 한번 보면 기회가 분명 미국이라는 사실을 알 수 있다. 미국과 같은 자유기업 국가에서만 이런 원칙들이 결실을 맺을 수 있다. 그렇다면 이제 자유의 땅, 용기의 근원지, 아름다운 조국을 보도록 하자.

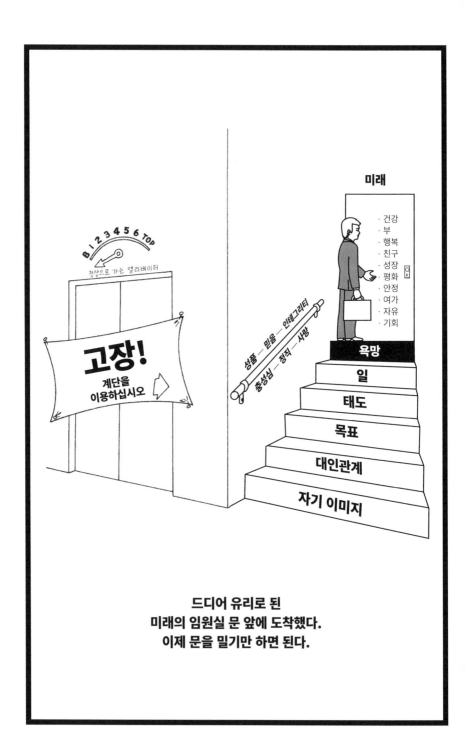

드디어 유리로 된
미래의 임원실 문 앞에 도착했다.
이제 문을 밀기만 하면 된다.

# 조국이여 아름다워라

America the Beautiful

## 자유기업제도 vs 공산주의

이 책에서 당신과 나와 같은 사람들에 대한 이야기를 많이 했다. 앞에서도 말했지만 인생은 한 편의 이야기다. 그래서 이런 실화를 이용해 당신이 더 많은 것을 갖고, 더 많은 일을 하며, 지금보다 나은 존재가 될 수 있도록 돕고 싶다. 여기에 실린 이야기들은 우리 모두에게 해당된다. 우리는 서로 다른 존재지만 자신의 능력을 알차게 활용하는 자유기업체제 속에 산다는 공통점이 있다.

다양한 말과 글을 구사하는 여러 민족의 거주지, 5대륙을 종횡무진 다녔기 때문에 자유기업체제와 미국을 다른 세계와 비교할 수 있었다. 그 결과 미국과 자유기업체제가 압도적으로 우세했다. 간단한 예를 들면,

미국의 신문 배달원 임금은 다른 나라 신문 배달원 임금보다 50% 이상 높다.

이 책에서 내가 주장한 원칙들은 자유기업체제가 존재하지 않거나 정부가 경제를 통제하는 시스템에선 좋은 결과를 맺을 수 없기 때문에 이 시점에서 자유기업체제를 강조하고자 한다. 마지막 단원에서는 우리가 당면한 위험과 조국과 당신을 위대하면서도 자유로운 존재로 유지하기 위해 당신이 할 일을 알리고자 한다.

자유기업체제와 공산주의의 차이를 한눈에 볼 수 있는 사례가 바로 쿠바다. 1958년 카스트로 공산주의 정권이 수립되기 전까지 쿠바 노동자들의 연간 평균 수입은 475달러였다. 모든 것이 풍부했고 배급도 없었으며 원하는 대로 여행할 수 있었다. 그러나 오늘날에는 개인의 자유 따위는 이미 옛말이 되었고 개인의 희망 역시 추억이 되었다. 1974년 공산주의체제 아래 쿠바 노동자들의 평균 수입은 325달러였고, 이 돈으로는 1958년에 475달러로 살 수 있었던 양의 1/3 정도밖에 구입할 수 없었다.

오늘날 쿠바 노동자의 평균 수입은 카스트로가 정권을 잡기 전 임금 수준에 못 미친다. 여행도 제한받고 나라를 떠나기도 힘들다. 카스트로는 수천 명의 쿠바인들이 자유를 찾아 모든 것을 버린 채 미국으로 떠나자 이민을 금지해 버렸다.


## 황소개구리 이론

미국의 문제를 다루면서 두 그룹의 미국인을 생각하게 된다. 한 그룹은 자신이 암에 걸렸다고 생각해 아예 검사받기를 거부하는 사람이다. 이런 부류의 사람들은 이렇게 말한다. "미국엔 문제가 없어요." "걱정 말아요. 미국은 항상 난관을 이겨왔어요. 제게 그런 말 하지 마세요." 두 번째 그룹은 이렇게 말한다. "내가 뭘 할 수 있죠? 전 그저 저일 뿐이에요. 게다가 지금은 너무 늦었어요."

집에 화재가 났다고 생각해 보자. 왜 불이 났는지 알고 싶은 당신은 양동이에 물을 담아 불을 끄려고 할 것이다. 이번 단원의 목적은 바로 당신의 집(나라)에 화재가 났다는 사실을 알려주며, 몇 양동이의 물을 제공하여 화염에 끼얹도록 도와주려는 것이다. 집을 태우는 불길은 끓는 냄비 속에 있는 황소개구리와 비슷하다.

당신은 황소개구리를 뜨거운 물에 넣어서 삶을 수 없다. 황소개구리는 냄비 속에 넣자마자 바로 튀어나오기 때문이다. 따라서 개구리를 삶을 때는 찬물에 집어넣은 후 서서히 가열해야 한다. 물이 미지근해지면 황소개구리는 긴장을 풀고 졸게 된다. 이야기의 결말은 여러분이 아는 대로다. 황소개구리는 잠든 채 죽게 된다. 삶아 죽이는 것이다.

오늘날의 적은 미국을 직접 공격하지 않는다. 제1차 세계대전 당시의 독일과 제2차 세계대전 당시의 일본은 미국에 직접 공격을 감행해 끔찍한 결말을 불러왔다. 오늘날 우리가 직면한 적은 일본과 독일보다 훨씬 치밀하고 강력하며 위험하다. 쿠바가 아직 눈엣가시 같은 존재로 남아 있고 중국과 북한도 여전히 적대적인 입장을 취하며 자기들만의 방식으로 위협하지만, 공산주의는 더 이상 우리의 큰 적이 아니다. 공산주의는 1930년대 기치에 따라 생겼다. 그 당시 미국인들은 워싱턴 중앙 정부와 연결이 되면 '공짜로' 뭔가를 얻을 수 있다는 생각에 사로잡혔다. 그래서 우리는 우리 입장에서 가장 '믿을 만한' 정치인들을 뽑기 시작했다. '개구리'를 물에 담그고 '가열'하기 시작했다.

몇 년 후가 되자 표를 원하는 정치인들이 자유주의 입법안을 통과시켰다(노동자의 돈에 대한 자유). 공평하게 쓰려면…… 모든 '정치인' 들이

서서히 잠이 들면서 죽는다.
자기 만족 때문에 죽게 되는 것이다.

공직에 있는 건 아니라는 사실을 짚고 넘어가야 한다. 대다수 정치인들은 '두 가지' 요구 사항을 내세우며 공무원을 정기적으로 만나는 시민들이다. 두 가지 요구 사항이란 다음과 같다.

첫째, 연방정부의 터무니없는 세금 소비를 줄이기 위해 조치를 취해야 한다. 둘째, 가능하면 고향 사람들이 더 많은 연방정부 자금을 탈 수 있도록 그 방법을 찾아야 한다.

미국인들은 돈이 떨어져도 항상 잘해 왔다고 이야기하는 사람들이 많다. 예전에는 그랬을지 몰라도 지금은 상황이 다르다. 심각한 대공황을 겪어 보지 않은 사람이 2억 명이 넘는다. 이들은 성공하고 번영하는 시기에는 어떻게 대처하는지 알고 있지만, 실제로 위기가 닥쳤을 때에는 어떻게 하는지 모른다. 같은 미국인이지만 이들은 우리가 전쟁에서 승리했을 때나 전후의 평화를 경험하지 못했다. 한국전쟁은 그야말로 궁지에 몰린 격이었고, 베트남전은 재앙이었다. 이들은 승리의 달콤한 맛을 알지 못하며, 해방된 민족이 자신들의 영웅을 포옹하는 감동과 감격도 느껴보지 못했다.

9,600만 미국인들이 25살 이하이며, 18살 연령대 청소년들의 TV 시청시간은 17,000시간, 라디오 청취 시간은 11,000시간이다. 영화는 수시로 감상한다. 이 시간 동안에 청소년들은 4만 명의 살인자를 보고, 수천 건의 강간과 유혹을 목격하며, '엄청난' 양의 외설적이고 상스런 욕을 듣는다.

국립 정신 건강 연구소에 따르면 폭력성 있는 오락물이 폭력적인 행동을 불러온다고 한다. ABC 네트워크의 연구 결과를 살펴보면 폭행죄로 구치소에 들어간 청소년의 22~34%는 텔레비전 프로그램을 시청하면서 익힌 기술을 무의식적으로 모방했다고 한다. 이런 점에서 TV는 결코 사람의 성품이나 판단력을 성장시켜 줄 '양식'이 아니다.

## 커다란 거짓말

'뿌린 대로 거두리라'라는 원칙은 이 책에서 몇 번이나 강조했다. 반복해서 들으면 어떤 효과를 얻을 수 있을까? 다음 문장을 완성시켜 보자.

· 윈스턴은 _____로써 최상의 맛을 낸다.

· 펩시콜라는 _____을 때린다.

· 20온스, 그것으로 _____.

· 코카콜라를 마시자, _____이 순간.

· 더즈는 _____ 한다.


이제 514페이지에 있는 답을 확인해 보자. 여기에 있는 광고들은 이미 35년 전에 텔레비전으로 나갔으니 당신이 40살이 넘었다면 정답을 맞혔을 가능성이 크다. 몇 번씩 반복해서 들으면 거의 모든 것을 믿게 되고 기억하게 된다. 65년 전 아돌프 히틀러가 아무리 커다란 거짓말이라도 대중들에게 자주 들려주면 그것을 믿게 된다는 사실을 확실히 증명해 주었다.

미국의 최고 거짓말이 뭔지 살펴보자. 지난 50년간 자유주의자들은 우리 세대는 섹스란 더러운 행위라고 배웠다는 주장을 펼쳤다. 정말일까? 우리 세대를 대상으로 조사한 결과 하나같이 대답은 '아니다'였다. 섹스에 대해 배우거나 토론한 게 있다면 섹스는 사적인 행위이고, 신성한 행위이며, 부부 사이에서 이루어지는 관계라는 것이다. 성경에선 부부 사이에서 이루어지는 성적인 관계의 성스러움과 아름다움을 강조하고 있다. 섹스는 인간 종족의 번식이라는 목적을 넘어서 애정 행위의 가장 고차원적인 표현이라고 할 수 있다. 그러나 자유주의자들은 섹스가 '더러운' 행위가 아니기 때문에 '의미 있는' 관계라면 누구와도 할 수 있다고 주장한다.

미국의 두 번째 커다란 거짓말을 보자. 지난 50년 동안 우리는 '가난이 범죄를 낳는다'라는 말을 자주 들었다. 그러나 미국이 건국된 이후 가장 혹독한 경제불황이 휩쓸고 지나간 1940년대 범죄율은 초창기보다 오히려 낮았다. 캐나다에서도 마찬가지였다. 중요한 건 아직 범죄와 가난의 상관관계에 대해 확실하게 연구하지 않았다는 점이다. 범죄는 그 사람의 성품과 인테그리티를 떼어놓고 생각할 수 없다. 우리가 이것을 가르치는 것이 아이들이 준법자가 될지, 범법자가 될지를 판가름한다.

아이들이 배우는 게 뭘까? 100만 명에 이르는 아이들이 인스턴트식 행복, 인스턴트식 성공, 인스턴트식 만족과 함께 인스턴트 커피와 차, 인스턴트 감자 스낵 등이 팔리는 TV를 시청하고 있다. 이런 상황을 고려해 보면 아이들이 큰 차와 수영장이 딸린 집을 사려면 어떤 게 필요한지에 대해서 뿐만 아니라 진정한 성공과 행복에 대해 잘못된 생각을 하는 게 당연하다.

남들보다 열악한 환경에서 태어난 청소년들은 자신의 환경과 TV에서나 볼 수 있는 환경을 비교하며 열등감을 느낀다. 사회가 이들에게 가난은 범죄를 낳는다고 이야기하고 있는 실정과 이런 사실을 결합해 보면 우리가 범죄의 씨앗을 심는 것과 다름없다.

미국의 세 번째 커다란 거짓말을 보자. 인구는 가난과 비례한다. 인도가 그 사실을 증명해 준다. 정말 그럴까? 인도는 대체적으로 가난에 허덕이는 나라다. 영국은 인구밀도가 높은 편이며 네덜란드 역시 인도보다 50% 이상 인구밀도가 높지만 삶의 수준은 꽤 높다. 반면 아프리카는 인구밀도가 낮지만 굉장히 가난하다. 한편 미국은 인구밀도가 낮지만 생활수준이 엄청나게 높다. 따라서 인구가 하나의 원인이 될 수 있겠지만 그 자체가 원인이 될 수는 없다.

그러나 이런 '커다란 거짓말' 때문에 자유주의자들의 낙태법이 통과되어 미국 내 출산율 감소를 부추겼다. 그 결과 1975년 미국의 출산율은 1.9%였고 1997년에 이르러서는 1.45%였다. 현재 미국의 인구를 그대로 유지하려면 최소한 2.1%는 되어야 한다.

오늘날 고령화 비율은 사상 최고를 기록하고 있다. 이들은 수준 높은 생활을 즐길 자격이 있고, 이런 대우를 요구하며, 실제로 이런 대접을 받는다. 물론 적절한 처사이긴 하지만 이런 제도를 뒷받침해 줄 노동 연령층은 사상 최저치를 기록하고 앞으로도 이런 현상은 당분간 계속될 전망이다. 우리에겐 하나님을 존경하고 법을 준수하는 아이들을 양육할 성실한 미국시민이 필요하다. 충분한 사랑과 교육을 받으며, 동기를 부여받은 아이들이야말로 문제의 원인이 아니라 문제의 해결책이 될 수 있다. 이 아이들은 미래의 문제를 해결해 줄 수 있는 우리의 희망이다.


## 우리에게 문제가 있다

포르노를 보면서 마리화나를 피우는 것이 남학생에게 어떤 영향을 미치는가를 연구하는 프로그램 등에 정부가 121,000달러라는 엄청난 돈을 낭비하는 것을 보면 심히 염려가 된다. 또한 정부는 『비행 공포증Fear of Flying』에 대한 글을 쓰라고 에리카 정Erica Jong에게 5,000달러를 전달했다. 유고슬라비아 대통령 마샬 티토Marshall Tito에게는 200만 달러의 요트를 선물했다. 그러나 이런 돈은 미국이 여섯 국가에 원조금으로 준 70억 달러에 비하면 새 발의 피다. 이 원조국들은 총 22억 달러에 이르는 아편 1,000톤을 미국 거리에 공급했다. 정부가 우리의 소중한 혈세를 이런 국가들을 건설하는 데 낭비하는 건 엉터리라고 감히 말하고 싶다. 이들은 우리 돈을 가져가는 대신에 고맙다는 말 한 마디 없이 오히려 우리를 파괴하려고 코카인과 헤로인을 배에 실어 보낸다.

당신이 지역구 의원에게 편지를 보내면 효과가 있을 것이다. 이들이 여론을 무시할 수 없다는 건 상식이니까. 프랑스가 마르세이유에서 헤로인을 제조해 이를 미국으로 수출한 것이 알려지자, 미국시민과 기업인들은 이에 대항해 프랑스 제품을 배척했다. 그러자 놀라운 일이 벌어졌다. 프랑스는 불과 6개월 사이에 과거 10년 동안 찾아냈던 헤로인 제조 공장보다 더 많은 수를 찾아내고 파괴했다.

그 밖에 미국인이 일자리를 얻으려면 조합에 가입해야 한다는 법이 신경 쓰인다. 이론으로 봤을 때 이런 법률은 노동자들의 복지를 위해 만든 것이다. 그러나 실제로 이 법률은 의도대로 적용되지 않았다. '클로즈드 샵(노동조합원만을 고용하는 법률)' 법을 적용하는 주는 노동권에 대한 법을 적용하는 주보다 실업률이 높기 때문이다.

나는 범죄와 강제통학제도(백인과 흑인의 균형을 맞추기 위해 아동을 거주 지역 밖 학교로 보냄), 미성년 범죄, 여성의 범죄율 증가, 약물과 술의 남용, 도박, 포르노 그리고 수백 개의 다른 문제들이 걱정된다. 그러나 해결책은 분명히 있다고 믿는다.

이런 문제들 중에서도 젊은이들이 자유기업제도를 거부하는 것이 제일 걱정된다. 상공회의소와 프린스턴 연구원에 따르면 고등학생 중 76%가 사업은 이윤이 있어야 한다고 생각하지 않으며, 그들 중 50% 가까이는 왜 자본주의가 사회주의보다 뛰어난지에 대해 대답할 수 없었다. 미국의 고등학생 63%는 중앙정부가 은행과 철도, 철강기업을 소유해야 한다고 생각한다. 또 62%는 일하는 사람이 자기 능력을 최대한 끌어내지 않아도 된다고 생각하고 있다. 이런 게 바로 정직하지 못한 것이 아닐까. 끔찍한 일이지만 아이들을 비난해서는 안 된다. 모두 우리의 책임이다. 우리가 책을 쓰고 학교를 세웠다. 교사들에게 임금을 지불하는 것도 우리다. 우리는 방송국과 신문사, 잡지사를 소유하고 있다. 우리의 아들과 딸들에게 자유기업제도의 장점을 가르치는 건 바로 우리 몫이다.

## 당신이 지금 할 수 있는 일은?

지금이야말로 절호의 기회다. 미국인들이 긍정적인 방향으로 나아가고 있기 때문이다. 사방에서 그 증거들이 나오고 있다. 고민을 하던 미국인들이 스스로 일어나 자신의 의견을 발표하고 연구하며 오랫동안 절실히 필요했던 변화를 만들려고 한 것이다. 최근 2년 동안 지난 과거 10여 년보다 더 많은 사람들이 부정부패와 싸우기 위해 동참하는 모습을 지켜봤다. 매우 고무적인 현상이다.

나 역시 젊은이들을 볼 때 얼굴을 살피고 평가하는 편이다. 취업난과 불경기로 사람들은 한 가지 사실을 깨닫게 되었다. 즉, 살아남으려고 고군분투하는 고용자 입장에서 현실성 없는 임금과 근로 조건을 요구하는 사람은 뽑지 않는다는 사실을 말이다. 게다가 같은 일자리를 두고 자신보다 뛰어난 젊은이 수십 명과 경쟁하는 상황에서는 더욱더 그렇다. 중요한 것은 자기가 하고 싶은 일만 하는 사람들이 그 일에 만족하지 못한다는 사실을 깨달았다는 것이다. 이런 상황 역시 우리에게 힘이 된다.

이런 일에 정부가 적극적으로 개입하는 것은 해결책이 될 수 없으며, 국민 스스로 독립하는 것이 오늘날의 추세다. 자유주의 정부는 개개인이 자신의 행동과 복지에 책임이 있다고 공공연하게 말한다. 그러나 진정한 해결책은 케네디 대통령이 텍사스 주 댈러스에서 암살당한 날 연설했던 연설문 마지막 네 문장에 나와 있다.

지금 이 나라에 사는 우리가 자유세계의 벽을 지키는 파수꾼이 된 것은 우리가 선택한 일이 아니라 운명이 정해 준 것입니다. 따라서 우리는 스스로 힘과 책임을 가질 자격이 있다고 주장합니다. 지혜와 절제로 우리의 힘을 행사할 수 있어야 합니다. 지구의 평화와 인류애라는 태고부터의 비전을 현재에 실현해야 합니다. 이것이야말로 우리의 목표입니다. 이것이야말로 우리의 내면에서 부르짖는 정의인 것입니다. 오래전 성경에도 적혀 있는 것처럼 말입니다. "여호와께서 성을 지키지 아니하시면 파수꾼의 깨어 있음이 헛되도다."

이것이야말로 이 나라의 건국이념이라고 할 수 있다. 우리가 돌아가야 할 장소도 바로 여기다. 윌리엄 피트<sup>William Pitt</sup>가 말했듯이 "하나님이 세상을 지배하지 않으셨다면 폭군이 그리 하였을 것"이기 때문이다. 다행히 하나님을 존중하는 정치인들이 정치 무대에 돌아오고 있다. 보이스카우트가 아이들에게 신앙을 가르치고 있다는 것 역시 좋은 소식이다. 마찬가지로 약속 지킴이, 믿음의 여성, 미국 가족 협회, 가족 중심과 같은 단체들이 우리사회의 윤리적, 도덕적, 종교적 자유를 가르치며 싸워나가고 있다.

우리는 법을 준수하며 올바르고 당당하게 일어서야 한다. 공평해지기 위해 우리는 피고인을 보호하려 노력해 왔다. 오늘날은 범죄자와 희생자를 공정하게 하기 위해 둘 사이의 권리를 존중해 주고, 희생자가 아니라 죄인에게 죄 값을 치르게 한다.

미국의 문제를 해결할 다른 방법은 정치에 적극적으로 참여하는 것이다. 더 이상 '저놈의 정치가들'이란 말은 쓰지 말아야 한다. '저 하원의원' '저 상원의원' '저 시장'이라 부를 문제가 아니다. 이들을 정확하게 불러주어야 한다. '우리 하원의원' '우리 상원의원' '우리 시장'으로 말이다. 왜냐하면 우리가(당신과 나) 지지표를 보내 주어서, 혹은 지지표를 보내 주지 않아서 뽑혔으니 말이다. 미국을 돕고 싶은가? 최근 선거에서 자격 있는 후보에게 투표하고 지지했는가? 선거에 당선되려면 이에 필요한 인원을 선동할 적극적인 사람 150명만 있으면 된다. 국회의원들은 법안을 통과시키지만 당신과 나와 같은 시민들은 그런 법안을 통과시키는 '국회의원'을 뽑는다.

우리가 할 수 있으며 또 해야 할 일은 바로 가정의 아름다움과 성스러움을 설득하는 것이다. 역사를 돌이켜 보면 88개의 문명이 세계를 지배하는 위치에 올랐다. 어떤 문명은 빠르게, 또 어떤 문명은 천천히 성장했다. 그러나 이들은 모두 예외 없이 한 세대가 끝나기 전에 몰락했고, 가족이라는 단위가 붕괴된 후에 몰락하기 시작했다. 어떤 경우를 보더라도 패턴은 같았다. 즉, 윤리적 가치가 해이해지면 포르노가 유행한다. 얼마 지나지 않아 난잡하고 부정한 스와핑에서부터 동성애까지 등장하기 시작했다. 미국도 조심하지 않으면 과거 88개 문명의 전철을 밟게 될 것이다.

## 손 떼세요, 엉클 샘

유권자라면 적극적으로 선거에 참여해 정부의 기업 활동 간섭을 막아 주고, 좀 더 많은 재계 사람들이 정계에 진출하는 것을 도와줄 후보를 뽑아야 한다. 지금 운영되는 우체국이나 저소득층과 노인을 위한 의료제도, 사회보장제도, 그 밖의 정부 프로그램을 봐도 국가와 국민을 위해 평생 성실히 일해 온 공무원들이 온갖 노력을 기울였음에도 정부가 시설을 제대로 운영하지 못한다는 표시가 확연히 드러난다.

정부의 비용과 비효율성이 증가하는 현 상황을 보면 누군가가 비즈니스 원칙을 제시해 주고 방향을 이끌어 줄 필요가 있다. 예를 들어 우체국을 통해 댈러스에서 포트워스로 편지를 한 통 보내는 것보다 엑손 사<sup>Exon</sup> <sup>Corporation, 미국의 대표적인 정유회사</sup>가 휴스턴에서 뉴욕으로 기름 1갤런을 보내는 것이 훨씬 빠르고 저렴하다. 거기에 수익에 대한 상당한 세금도 내고 있다. 이에 비해 정부는 생산적인 개인과 수익성 있는 기업에서 할 수 있을 만큼의 서비스만(우편 서비스나 그 밖의 것들) 제공할 뿐이다.

1975년 12월 「리더스 다이제스트」에 비슷한 이야기가 실려 있다. 1915년 당시 20달러면 뉴욕에서 샌프란시스코로 전화를 걸 수 있고, 뉴욕에서 샌프란시스코로 1,000통의 특급 우편을 보낼 수 있었다. 1974년에는 밤 9시 이후에 뉴욕에서 샌프란시스코로 전화를 거는데 65센트였고, 이 돈으로 뉴욕에서 샌프란시스코로 편지를 5통 보낼 수 있었다. 그래서 정부가 통신 회사를 분리시킨 것이다. (반 독점법에 의한 AT&T의 계열 분리 사건을 이야기하고 있음-역주) 더욱더 걱정스러운 것은 정부 기관에 종사하는 공무원의 시간 당 생산성이 기업 평균 생산성보다 39% 떨어진다는 사실이다. 자그마치 39%씩이나! 해마다 정부 예산이 수십억씩 (거의 예외 없이) 적자가 발생하는 것도 예상된 결과다.


## 발전에 대한 보고

관심이 있는 시민으로서 문제만 보지 말고 발전도 볼 필요가 있다. 숨긴다고 문제가 해결된다고 생각하지 않는다. 오히려 문제를 정확히 파악하는 게 해결에 도움이 된다고 믿는다. 어떠한 문제든 희망과 격려만이 해결책의 중요한 요소라는 사실을 명심할 필요가 있다. 예를 들어 인종 문제도 마찬가지다. 누구나 문제를 인식하고 있지만 우리가 얼마만큼 문제 해결에 다가갔는지 아는 사람은 없다. 결과적으로 이 문제는 해결할 수 없다는 절망적인 결과가 나오게 된다. 그래서 중도에 포기하는 사람들도 많다.

다행스럽게도 인종 문제에 관심이 많은 시민과 단체, 교회가 이것을 해결하려고 동분서주하고 있다. 콜로라도 대학의 감독이었던 빌 메카트니Bill McCartney가 설립한 '약속 이행자Promise Keeper'의 활약이 가장 돋보인다. 미국 전역의 축구경기장에서 열리는 이 행사에 수백만의 사람들이 모인다. 행사의 첫 번째 주제는 남편이 자신의 책무를 파악하고 부인과 아이들을 사랑하고, 존중해 주며 아낌없이 지지해 주는 것이다. 두 번째 주제는 모든 남성이 인종 간 화해를 위해 일하는 것이다. 피부색도 신앙도 다른 수백 명의 사람들이 행사에 참석해 서로 팔을 두른 채 절차를 따르며 약속을 지키겠다고 선서하는 모습을 봤다.

1975년 미시피 대학 소속으로 미들가드를 담당한 선수인 젠틀 벤 윌리엄스Gentle Ben Williams는 '코로넬 레벨(미시시피 대학에서 전통적으로 선출하던 학교를 대표하는 남학생, 젠틀 벤은 미시시피 대학에서 선출된 최초의 흑인 코로넬 레벨이다)'로 뽑혔다. 젠틀 벤은 아프리카계 미국인, 즉 흑인이었다. 13년 전만 하더라도 또 다른 아프리카계 미국인인 제임스 메르디스James Meredith는 미시시피 대학 수업을 들으러 올 때마다 연방경찰의 보호가 필요했다. 13년 만에 '흑인을 죽여라'라는 외침에서 '젠틀 벤을 코로넬 레벨로'라는 구호로 바뀐 건 그야말로 엄청난 발전이다. 우리는 큰 장벽을 넘어섰고, 매일 같이 더 많은 미국인들이 피부색은 그 사람의 성격이나 마음, 능력과는 상관없다는 사실을 깨닫고 있다.

아프리카계 미국인들은 지난 40년 동안 과거 어떤 사람들보다도 큰 발전을 이룩했다. 우리는 국내외 비평가들에게 '미국에는 세계 어느 나라의 수를 합한 것보다 많은 아프리카계 미국인 백만장자들과 아프리카계 미국인 대학생들이 있음'을 상기해야 한다. 내각의원, 상원의원, 하원의원, 시장을 비롯한 많은 분야에서 아프리카계 미국인들이 고위 공무원을 맡고 있다. 변호사, 회계사, 교수 그리고 다른 전문직에 종사하는 아프리카계 미국인의 수는 60년대에서 70년대까지 10년 사이에 두 배가 되었으며, 80년대에서 90년대에도 수치는 계속 증가하고 있다.

아프리카계 미국인 대학졸업자 수의 증가는 이미 100%를 넘어서고 있다. 1968년과 1973년 사이 이들의 연간 소득은 1만 5,000달러에서 거의 세 배가 되었다. 1997년 젊은 아프리카계 미국인 부부가 버는 수입은 백인 부부가 벌어들이는 수입의 86%가 되었다.

그렇다고 아프리카계 미국인과 다른 소수 민족이 백인계 미국인과 동등하게 대접받는다고 말할 수는 없다. 동등하게 대접받는 날이 빨리 오게 하려면 자신들이 이룬 발전을 강조하고 인종주의를 없애는 데 힘을 모아야 한다. 『한 핏줄One Blood』이란 책의 DNA 검사결과에 따르면 2000년 전 하나님이 말씀하셨듯이(사도행전 17:26) 우리는 모두 한 여인(이브)의 후손이라고 한다. 이제 인종주의도 없어질 거라 확신한다.


**당면한 문제를 긍정적으로 생각하라**

1974년과 1975년 사이 예언자들은 인플레이션과 경기침체, 실업사태 때문에 미국이 파멸할 거라 말했다. 2년 전에는 같은 예언자들이 오일 부족으로 죽음의 경종을 울릴 거라 말했다. 그보다 5년 전에는 대학 캠퍼스 내 폭동으로 우리는 파멸할 뻔했다. 하지만 예언자들이 가장 활개를 친 것은 1957년 10월 4일 러시아가 스푸트니크 위성을 우주로 쏘아 올렸을 때다. 그들은 하나같이 말했다.

"러시아가 모든 국가 기밀을 빼내갈 것이다. 우리를 제1 강대국에서 밀어낼 것이며, 달까지 빼앗기게 될 것이다."

그러나 실제로 스푸트니크는 미국의 종말을 가져다주지 않았다. 러시

아는 단지 1941년 일본이 진주만에 그랬던 것처럼 미국의 단잠을 깨운 것뿐이다. 시작은 러시아가 빨랐지만 우리는 쉽게 추월했다.

**메시지:** 1776년 미국이 독립한 이후로 우리는 주기적으로 비관론자들에게서 미국이 멸망할 거라는 소리를 들어왔다. 옛 영광이 아직도 미국의 창공을 배회하고 있다.

나는 러시아의 기술력과 경제력이 무섭지 않았다. 단지 세계 정복의 목표, 이데올로기 그리고 그들의 헌신이 두려웠을 뿐이었다. 이러한 것들이 개인의 성과를 얼마나 바꿀 수 있는지를 알고 싶다면 높이뛰기 전 세계 기록 보유자 팻 매츠돌프 Pat Matsdorf의 일화를 보면 된다. 그는 러시아 선수와의 경합에서 세계 기록을 수립했다. 더욱더 놀라운 사실은 그가 6주 전 대학 경기에서 참패를 했다는 것이다. 하지만 러시아 선수와의 시합에서는 대학 경기 때보다 5와 1/2인치나 높게 점프했다. 기자는 단시간에 그런 발전을 이룰 수 있는지 물었다. 팻은 체육복 상의에 있는 USA란 글자를 내려다본 후 말했다.

"나는 이만큼 중요한 것을 대표한 적이 없습니다."

수백만 미국 청년들과 성인들의 마음속에도 이런 자긍심이 솟아날 수 있으며 또 그래야만 한다.

어려움을 겪고 또 그 어려움을 헤쳐 가는 도중에 유머감각을 잃어선 안 된다. 역사책을 펼치고 1858년에 어떤 어려움이 있었는지 보도록 하자. 당시에는 고래 기름이 부족했을 뿐만 아니라 세계적으로 저명한 '고래학자'들이 현재 고래로는 과거와 같은 고품질의 고래 기름을 얻을 수 없다고 했다. 종말론자들은 하나같이 램프를 사용하지 못하게 될 것이고, 아이들은 암흑의 시대에서 자랄 것이며 교육 체계도 엉망이 될 거라

예언했다. 그러다 석유가 발견됐다.

지금도 그때와 같은 국가적 긴박함과 위기가 당신의 인생에 수도 없이 많을 것이다. 하지만 빈센트 필Norman Vincent Peale 박사는 이렇게 말했다. "고민이 없는 사람은 시체밖에 없다"라고. (눈을 빛내며 이렇게 덧붙였다. "죽은 사람들조차 고민이 있다.") 고민 때문에 괴로워한다는 건 당신이 살아 있다는 것을 보여 주는 증거다. 고민이 많으면 많을수록 당신은 그만큼 생명력이 활발한 것이다. 그는 농담으로 이런 제안을 하기도 했다. 당신에게 적당한 고민거리가 없다면 하나님에게 무릎을 꿇고 한 번만이라도 당신을 '믿어'달라고 애원하라고 말이다.

이런 골칫덩어리들이 좋은 결과를 내는 때도 있다. 1974년에는 오일파동으로 1만 1,000여 개의 고속도로 사망률을 낮출 수 있었다. 미국인들은 필요없는 여행을 삼갔고, 연비를 높이기 위해 조심스럽게 운전했다. 게다가 미국은 에너지를 자급자족하는 데 바빴고 연료가 적게 드는 자동차를 제조했으며 결과적으로 연비를 증가시켜 주었다. 일본에서 위기의 개념은 '재앙과 기회'의 혼합이라고 할 수 있다. 미국의 위기로 발생하는 '기회'가 위기로 인한 '재앙'보다 훨씬 크며, 대개 미국은 위기라는 '레몬'을 '레모네이드'로 바꾸는 데 능숙하다.


## 사람 VS 자원

국가 차원에서 적극적으로 관여함에 따라 우리는 가장 위대한 자연자원, 즉 인재들을 활용할 수 있다. 이들은 앞으로 조국에 풍부한 다른 자원들을 개발해 줄 것이다. 여기에는 발견된 자원, 발견되지 않은 자원, 알려진 자원 그리고 알려지지 않은 자원도 포함되어 있다. 나는 하딩 대학의 빌리 레이콕스Billy Ray Cox의 말에 동감한다. 우리의 중요한 문제는 자원 부족이 아니라 인재 부족이다.

석유와 가스자원은 언젠가 바닥날 테지만 우리의 숨은 자원들은 부족한 부분을 보충하고도 남을 것이다. 콕스 박사는 300년 전 사람들은 석탄을 바위로 사용했다는 사실을 지적했다. 100년 전 사람들은 석유를 단지 검은 재앙으로만 알았고, 85년 전에는 우라늄을 어떻게 써야 하는지 몰랐다.

그러나 우리가 알고 있는 자연 자원들은 그다지 많이 활용되지 않는다. 와이오밍의 한 시골에는 우리나라 전역에 있는 석유와 가스자원보다 더 많은 에너지를 낼 수 있는 석탄이 대량으로 묻혀 있다. 그렇다. 이 석탄에는 황이 다량 포함되어 있지만 미국의 과학 기술력은 이제 황을 추출하고 활용하는 수준까지 와 있다.

태양열과 태양광 역시 나날이 개발되고 있으며, 일부 전문가들은 여기에 노력을 집중한다면 가까운 시일 내에 가정과 사무실의 주요 열 공급원이 될 것이라 전망한다. 해양자원 개발에도 잠재력은 무궁무진하다. 아직 개발되지 않은 자원들을 나열하자면 끝이 없다. 곧 해결되리라 생각하는 다른 문제들과 마찬가지로 에너지 문제도 미국인의 창의력이 해결해 줄 것이라 믿는다.


## 자랑스럽게 국기를 휘날려라

한 국가의 국민으로서 우리는 국가의 영웅들과 윤리적 가르침을 역사책에 포함시켜 달라고 요구해야 한다. 토머스 제퍼슨 리서치 센터에 의하면 미국이 독립했을 당시 종교와 윤리, 가치, 인성 계발에 대한 내용이 교육과목에 90% 이상 포함되어 있었다고 한다. 그런데 1926년 당시에는 6%에 불과했고, 오늘날에는 거의 찾아볼 수 없다. 과거를 보더라도 본보기가 될 만한 영웅과 도덕 원칙을 제시하면 아이들이 그대로 따라주었다. 우리는 어릴 때부터 아이들에게 조국의 과거 영웅들에 대해 가르쳐야 한다. 아이들에게 조국의 이야기를(위대함과 선함을) 들려주어야 한다. 가르치는 과정에서 조국의 영혼이 전달되기 때문이다.

패트릭 헨리Patrick Henry의 명언에 귀 기울일 필요가 있다. 특히 청소년들이 배울 수 있도록 해야 한다. 패트릭 헨리는 킹 조지 3세King George III 앞에서 주먹을 휘두르며 이런 명언을 남겼다.

"인생이란 평화롭고 달콤한 것이다. 인간이 사슬에 묶여 노예로 매매된다는 것은 있을 수 없는 일이다. 전능하신 주님, 그것을 중지하게 하시고 용서치 마옵소서! 다른 사람은 어떤 것을 선택할지 몰라도 내게 만큼은 자유가 아니면 죽음을 달라!"

이 말을 들으면 자긍심과 애국심이 솟아나며 감동으로 가슴이 벅차오른다. 뻔한 이야기지만 이것은 사랑이다. 조국에 대한 사랑이 보다 나은 조국을 건설하려는 의지를 만들어 낸다.

존 폴 존스John Paul Jones 제독 이야기를 들을 필요가 있다. 영국해군의 오만한 항복 요구를 들었을 때 그의 전함은 기울어져 갔으며, 보유한 무기의 대다수도 고장난 상태였다. 머릿수나 무기수로 봐도 이미 열세였으며 전세 역시 불리한 상황이었다. 하지만 굽힐 줄 모르는 그의 영혼은 이렇게 대답했다.

"나는 아직 싸움을 시작하지도 않았소."

그는 항복하지 않았다. 곧이어 전세가 역전되어 전황에서 중요한 승리를 이끌어 낼 수 있었다. 어디 그뿐인가. 조국이 그토록 원하던 새로운 영웅도 갖게 되었다.

네이선 헤일Nathan Hale의 이야기를 들어 보자. 그는 21살의 젊은 나이에 스파이로 체포된 미국인 애국자였다. 항복하면 권력과 호화로운 삶을 보장해 주겠다는 제안을 받은 네이선 헤일은 주저하는 기색 없이 일어나서 조용히 대답했다.

"조국을 위해 목숨을 한 번밖에 바칠 수 없어서 애석하다."

그는 미국 역사의 중요한 한 페이지를 장식하며 우리가 자랑스러워하게 만들어 주었다. 여기서 잠깐, 국가의 상징인 흰머리독수리를 살펴볼 필요가 있다. 흰머리독수리는 미국의 상징이다. 독수리는 바람과 폭풍의 한복판, 높은 산꼭대기에서 태어나 어릴 적부터 스스로 살아갈 수 있도록 가르침을 받는다. 날개를 시험할 때가 오면 어미는 어린 독수리를 절벽에서 밀어낸다. 어린 독수리는 살려면 스스로 날아올라야 한다.

다 자란 흰머리독수리는 높이 날아올라 먹이를 찾을 수 있게 시야를 넓힌다. 시야는 1.5km까지 볼 수 있으며, 태양을 보면서도 땅에 있는 생쥐를 흘깃 쳐다볼 정도로 시력이 좋다. 자기보다 작은 새 무리에게 공격받았을 때 빛을 향해(태양을 향해) 날아갈 수 있는 동물은 독수리밖에 없다.

부모와 선생님은 아이들에게 이런 교훈을 가르쳐야 한다. 우리가 성격을 발전시키며 조화롭게 살아갈 때 부당한 공격을 받아도 진실의 편에 서서 적과 맞설 수 있도록 해야 한다. 지금껏 그래 왔고 또 앞으로도 계속 그래야 할 미국의 그림이 바로 이런 것이다. 다른 강대국과 대등하게 맞설 만큼 강하지만 동시에 도움이 필요한 약소국을 돌봐주고 상황에 따라 그들의 우산이 되어 주거나 도움의 손을 내밀 수 있는 나라. 이러한 미국으로 남기 위해서 우리는 아이들이 성장하는 동안 힘과 유산을 가르쳐야 한다.

학교에서는 무엇을 가르치고 있는가? 캘리포니아에서 훈육한 역사교육이 일부 학생들에게 잘못된 사고방식을 심어 주었다. 즉, 에이브러햄 링컨은 '인종 차별주의자'였으며, 일본이 진주만을 공격한 것이 정당한 일이라는 것이다. 역사책이 학생들에게 모국을 수치스럽게 생각하라고 가르친다면 이들(청소년들)은 자신들이 '인종 차별주의자'라고 생각하는 사람(여기서는 링컨)이나 '전쟁광(진주만 폭격을 '야기'시킨)'인 '기성세대'를 존경하지도 협력하지도 않을 것이다.

우리는 매일 아이들에게 성조기에 경의를 표하고, 조국의 신조를 존중하도록 가르쳐야 한다. 윈스턴, 더즈, 펩시콜라, 그 밖의 것들을 반복해 보면서 무엇이 우리 마음에 자리잡고 우리 몸의 일부가 되었는가? 우리가 지닌 조국에 대한 충성의 맹세와 신조가 아이들에게도 그대로 이어져야 한다. 이런 과정을 거치다 보면 아이들의 마음속엔 애국심이 자라날 것이며, 스스로 미국 시민임을 자랑스러워할 것이다.


## 조국은 말한다

내가 사랑하는 조국을 보여 주기 위해 상상 속의 세계로 당신을 초대하겠다. 우리는 커다란 제트기를 타고 조국을 상징하는 곳으로 여행하고 있다. 당신이 이 위대하고 아름다운 나라와 일부 훌륭한 사람들과 친숙해졌으면 한다.

댈러스에서 출발해 조국을 부유하게 만들어 주는 소와 석유가 풍부한 대초원을 가로질러 서쪽을 향하고 있다. 우리의 목적지는 엘파소. 이곳은 '메리 멕스Merry Mex'라 불린 리 트레비노Lee Trevino의 고향이다. 그가 미국 프리미어 골퍼로 또 훌륭한 인격자로 두각을 나타내기 전에는 고급 골프 코스를 따라다니던 캐디였다. 북쪽으로 방향을 바꾸어 그랜드 캐년의 자연미를 감상해 보자. 칼즈베드 동굴에 잠깐 들른 후, 독특한 모하비 사막을 내려다보도록 하자. 드디어 캘리포니아의 청정하고 비옥한 과수원과 야채농장에 이르게 되었다. 이곳에서 우리는 리처드 세스나

Richard Cessna와 칼 카쳐 주니어Jr. Karl Karcher, 로버트 페첸Robert Patchen을 만날 것이다.

리처드 세스나 주니어는 키드코 사의 사장이다. 이 회사는 1년 남짓 사업을 해왔지만 이미 월 3,000달러를 벌어들일 만큼 성장했다. 샌디에 고 컨추리 에스테이츠 여섯 곳의 주요 거리를 청소하기로 월 150달러에 계약했다. 그는 아버지와의 계약을 시작으로 사업을 시작했는데, 그의 아버지는 사유지 110여 개의 마구간을 관리하고 있다. 그들은 나무 부스러기와 배설물 등을 치우기로 했는데 이것은 퇴비를 만드는 데 사용된다. 이들은 전문 공급자들보다 낮은 가격으로 퇴비를 정원사와 골프장에 공급한다. 덧붙여 말하자면 리처드 세스나 주니어는 12살이다. 이 회사의 부사장은 여동생으로 9살이다. 비서는 다른 여동생인데 나이는 11살이며, 회계원은 배다른 누이로 14살이다. 전형적인 미국의 모습이다. 이것이 자유기업체제다.

미드웨스턴 스톡에 사는 점잖은 부호인 칼 카쳐는 하나님의 존재를 믿는다. 그는 레스토랑 사업에 종사하고 있다. 독립하면서 자산을 담보로 필요한 자금을 모아 자신의 사업체를 꾸려나가면서부터 그의 성공담이 시작되었다. 중학교 2학년 중퇴자는 이렇게 무난히 사업을 시작해 오늘날 '칼 주니어 레스토랑' 체인점으로 사업을 확장했고 전국적으로 성공을 거두었다. 그가 정직, 성품, 믿음, 충성심, 인테그리티, 사랑을 바탕으로 사업에서도 성공하고 인생에서도 성공(그에겐 12명의 훌륭한 자녀가 있으며, 마가렛 하인즈와의 40여 년 간의 결혼 생활에 대한 책도 출판할 정도)을 거뒀다는 사실은 그다지 놀라운 일도, 또 처음 듣는 이야기도 아니다.

다음에 만날 자유기업가이자 애국 시민은 로버트 페첸이다. 그는 켈리포니아 샌머테이오에서 부동산 사업을 하고 있다. 로버트는 오랜 세월 동안 엄청난 수익을 벌어들이고 있다. 그렇다고 이 분야에서 가장 많은 돈을 받는 중개인은 아니지만, 그는 자신이 판 집을 한 번도 본 적이 없다. 그는 시각장애인이다. 정말로 대단한 성과가 아닐 수 없다. 로버트역시 미국 자유기업체제에서 일하기 때문에 스스로 자신의 생활비를 벌뿐만 아니라 기부금을 내기도 한다.

**질문:** 12살의 꼬마, 중학교 2학년 중퇴자, 장님이 미국에서 이것을 '이루어' 냈다면, 당신은 이보다 더 큰 것을 할 수 있다는 것을 왜 믿지 못하는가? 이제는 모든 국민에게 적용되는 이야기라는 걸 믿을 수 있지 않을까?

## 기업가의 말을 들어 보자

제트기 여행으로 돌아가 해변을 내려다보며 잠시 구경해 보자. 오른쪽으로 틀어 장엄한 로키산맥을 가로지르기 전, 자이언트 세쿼이아와 삼나무 숲을 내려다보라. 우리는 캔자스와 네브라스카, 일리노이의 옥수수와 밀밭을 내려다보고 있다. 이곳 때문에 오늘날 미국은 세계의 곡창지대가 되었다. 우리는 그 너머 시카고로 날아간다. 이곳은 과거 신문배달소년이었던 클레멘트 스톤Clement Stone이 사는 곳이다. 그는 자유기업가로서 보험 상품 판매를 위한 좋은 아이디어를 고안해내고 개인의 부를 일구어낸 사람이다. 의미 있는 일들에 1억 달러 이상을 기부해도 그의 재산은 어림잡아 백억 달러 정도다. 현재 그는 책과 강연, 녹음을 통해 자신의 성공 비법을 공유하고 있다.

여행을 계속해 보자. 우리는 미시간 호를 가로질러 북동쪽으로 향한다. 그리고 몇 분 사이에 미시간 주의 에이다에 도착한다. 이곳은 부호인 리치 디보스Rich De Vos와 제이 벤 앤델Jay Van Andel이 살고 있다. 이 둘은 오늘날 미국 자유기업주의의 대표라 칭송되는 성공인들이다. 자유기업제도에 대한 그들의 확신은 개인적 경험의 결과였다. 1957년 그들은 주유소에서 암웨이를 시작했다. 암웨이는 미국의 길American Way의 줄임말이다. 사업 초기에 자금은 부족했고, 많은 문제가 발생했다. 하지만 조국과 하나님에 대한 무한한 믿음과 일에 대한 엄청난 역량을 통하여 위기를 극복했다. 오늘날 암웨이 기업은 전 세계에 제품을 공급하고 있으며, 이를 시적으로 표현해 '암웨이에는 해가 지지 않는다'고 한다.

## 이민자들의 말을 듣자

다음 정거장은 미시간 주의 디트로이트다. 그곳엔 헝가리 망명자인 이오나 짐머스먼Ilona Zimmersman이 살고 있다. 그녀는 풀뿌리와 나무열매로 연명하면서 사회주의 압제자들로부터 탈출했다. 한밤중에 헝가리를 맨발로 걸어서 말이다. 나는 짐머스먼 여사가 디트로이트에서 가장 뛰어난 부동산 중개인으로 상을 받는 연회장에서 만났다. 대화가 진행됨에 따라 그녀가 왜 성공할 수 있었는지 확실히 알 수 있었다. 그녀는 넓은 주택을 파는 것이 아니라 지구표면에서 가장 위대한 땅인 미국의 아주 작은 조각이라고 볼 수 있는 가정을 팔았다.

나는 당신이 이오나 짐머스먼이나 샘 무어와 같은 망명자들을 만나봤으면 한다. 샘 무어는 테네시 주 네쉬빌에 거주한다. 이들은 다른 지역과 미국을 비교해 가면서 제대로 된 세일즈 이야기를 들려줄 것이다. 샘은 벅찬 가슴을 안으며 눈물을 머금고 레바논에서 미국으로 이민을 왔다. 그는 야채가게 청소부로 시작해 토머스 넬슨 출판사의 이사장이 될 수 있는 기회를 준 이 땅에 성심 성의를 다해 봉사하고 있다.

## 한 사람이 이루어 놓은 것

디트로이트에서 출발해 우리는 켄터키의 아름다운 초원과 테네시의 언덕을 가로질러 남쪽으로 내려가고 있다. 이제 앨라배마 주 버밍햄의 철강공장을 지나 몽고메리에 다다랐다. 여기서 우리는 다리가 불편한 여인을 만나게 된다. 그리 오래지 않은 과거에 로자 팍스Rosa Parks는 버스 운전자에게 뒷좌석으로 갈 것을 요구받았고, 그녀는 거절했다. 불편한 다리를 가진 여성 재봉사가 이를 거부했기 때문에 모든 이들이 궐기해 앞으로 나아갔다. 바로 여기서 로자 팍스의 푸념을 들었던 마틴 루서 킹의 심금을 울리는 연설이 있었다. 그는 미국인의 우상으로 남아 있으며, 수백만의 발걸음이 흑인의 시민권을 위해 행진하도록 했다.

앨라배마의 몽고메리를 떠나 이제 플로리다의 펜서콜라에 있는 알카니즈 거리로 가 보자. 이곳은 어릴 적 다니엘 제임스의 집이 있는 곳이다. 다니엘의 어머니는 중학교만 다녔지만 열정적인 여성이었으며, 가족에게 기대도 컸다. 펜서콜라의 흑인학교에 만족하지 않았던 그녀는 학교를 열어 60여 명이나 되는 학생들을 하루 5센트를 받고 받아들였다. 5센트 동전은 제임스의 컨트리클럽 회원권만큼의 가치는 없다. 다니엘 제임스는 이야기한다.

"결코 우리는 자선사업을 하는 것이 아닙니다. 단지 우리는 자신을 스스로 세우면서 우리의 머리를 계속해서 위를 향해 들었을 뿐입니다."

제임스 여사는 가족들에게 이렇게 말했다. 기회의 문이 열린다면 이렇게 말해선 안 된다고. "잠깐만요, 가방 좀 가지고 올게요. 그다음에 지나가겠습니다." 그녀는 말했다. "가방도 준비되어 있고, 시장에 뛰어들 준비가 되어 있으며, 목표와 목적을 갖고 있어야 해요. 떠날 준비가 되어 있어야 하죠." 그녀는 다니엘에게 11번째 계율을 가르쳤다. "그대여, 포기하지 말지니, 당신의 자녀가 당신보다 나은 교육을 받도록 하라."

다니엘 제임스란 이름이 생소하게 느껴질지 모른다. 하지만 '채피 Chappie' 제임스라고 하면 단번에 알 것이다. 그는 미 공군의 4성 장군이자, 미 공중 방위 사령부의 최고 지휘자다.

한 번에 모든 것을 할 수는 없지만 최소한 무엇인가는 할 수 있다. 1974년 가이드포스트 매거진 기사에 초등학교 5학년을 마친 이탈리아 이민자 리타 워렌Rita Warren의 이야기가 실렸다. 리타의 딸이 가톨릭 미션 스쿨에서 공립학교로 전학했을 당시, 그 학교는 기도가 금지되어 있었다. 딸은 리타에게 물었다.

"엄마, 하나님을 믿지 않는 여자 선생님 한 분이 학교에서 기도를 못하게 하는데, 하나님을 믿는 엄마가 학교에서 다시 기도하도록 해 주면 안 되나요?"

그 순간 리타는 메사추세츠 정부와 전쟁을 선포해 그들이 항복하게 만들기로 했다. 시립도서관에서 시작해 법적인 절차를 배우기까지 긴 시간이 흘렀지만 그녀는 한 편의 아름다운 이야기를 만들어 냈다. 그 후로 주지사의 거부권 행사를 포함해 수많은 재판과 가슴 아픈 일들이 연달아 벌어졌지만, 리타 워렌 덕분에 메사추세츠 주는 1분간의 기도 시간을 갖게 되었다.

방금 읽은 이야기를 곰곰이 생각해 보자. 한 사람이 역사를 바꾸었지만 모든 인류가 그 혜택을 받았다. 당신이 바로 그 한 사람이다.

어떤 사람이 애런 버Aaron Burr가 미국 대통령이 되는 것을 막았다.(투표 했다) 한 사람은 앤드류 존슨Andrew Johnson이 탄핵되는 것을 막았다.(투표 했다) 제너럴 모터스, 포드, 듀퐁, AT&T 이 모든 기업은 한 사람의 마음에서 시작되었다. 다시 말하지만 그 한 사람은 바로 당신이다. 바하가 이렇게 기록한 것도 전혀 놀랍지 않다. "이 세상에는 위대한 존재가 여러 개 있다. 바다, 산, 그리고 헌신적인 남성 혹은 여성이 바로 그들이다."

각 주에 리타 워렌 같은 사람이 한 명씩만 있어도 산이라도 움직일 수 있으며, 많은 문제들을 해결할 수 있다.

아직도 무엇을 해야 하는지, 어디서부터 시작해야 할지 감이 안 잡히면 이것을 읽어 보자.

> 하나님은 보다 나은 세상을 만들라 하셨다.
> 나는 어떻게 해야 하냐고 물었다.
> 세상은 너무나 춥고, 어두운 곳이며 복잡한 곳이다.
> 내가 아직 너무 어리고 능력이 없어 할 수 있는 일이 아무것도 없다.
> 그러나 무한한 지혜를 가진 하나님은 이렇게 말씀하셨다.
> "보다 나은 너를 만들라."

보다 나은 당신을 만드는 것이야말로 보다 나은 조국을 만드는 첫걸음이다. 해결책은 바로 당신에게 있다.

"모든 사람들이 해결책의 일부가 된다면 미국에도 골치 아픈 문제가 없어질 것이다."

## 영웅들과 장애인의 말을 들어 보자

펜서콜라에서 성서지대Bible Belt라 알려진 남부 깊숙이 농장지역을 지나 서쪽을 향한다. 이제 우리는 뉴 오를레앙을 내려다보고 있다. 이곳은 테네시에서 온 앤드류 잭슨과 그의 너구리털 모자를 뒤집어쓴 동료 영웅들이 미국 역사에 한 획을 그은 곳이다. 그들은 천 가리개 뒤에 숨어 있다가 영국에 결정적인 패배를 안겨줌으로써 유럽 대륙에 신생 국가인 우리 조국에 대한 경외심을 심어 주었다.

우리는 이제 뉴 오를레앙에서 산 안토니오로 향하면서 근처를 서성이고 있다. 이곳은 알라모의 역사적인 지역이다. 이곳은 알라모 요새를 방어했던 트래비스Travis, 후엔테스Fuentes, 크로켓Crockett, 보이Bowie, 구에레로 Guerrero 그 밖의 헌신적인 이들이 역사를 만든 곳이다. 압정에 대항하여 싸운 이들은 모범적인 선례를 남겼으며, 자유를 원하는 이들의 마음속에 영원히 남아 있을 것이다.

마지막으로 텍사스 와코에서 멈추어 보자. 우리는 이곳에서 제임스 브레즐튼 워커James Brazelton Walker를 만난다. 캐나다 위니펙의 데이비드 로프칙과 마찬가지로 브레즈 워커는 우리가 이야기하는 원칙을 가장 전형적으로 보여 주는 예라고 할 수 있다. 그래서 나는 그의 이야기를 『정상에서 만납시다』의 마지막 이야기에 넣고 싶었다. 브레즈는 열대 물고기에 대한 글을 쓰는 작가로 세계의 주목을 받았다. 그의 사진은 전국 출판물의 표지를 장식했다. 1968년 그는 와코 제이시스 상Waco Jacees을 수상했으며, 미국의 뛰어난 젊은이로 주목받았다. 그는 작가, 연설가, 사진가로서 상당한 수입을 얻게 되었다.

전형적인 미국의 성공스토리로 들리는가? 그렇지 않다. 19살의 나이에 브레즈는 소아마비에 걸렸고, 그 여파로 허파와 근육, 신경계가 영향을 받았다. 목 아래로는 움직일 수 없게 되었으며, 인공호흡기를 통해 숨을 쉬어야 했다. 그래서 제너럴 일렉트릭 사에서 고안한 입에 무는 도구를 통해 자신의 원고를 작성해 나갔다.

확실히 브레즈는 그가 사랑하고 그에게 헌신적인 부모를 포함한 많은 사람들로부터 격려와 도움을 받았다. 그는 인생이란 보장되지 않은 선물이며, 결점을 가졌다는 것은 그만큼 능력이 뒤떨어진다는 것을 의미하는 것이 아니라 하나님이 부여한 재능과 상상력을 최대한 발휘하고 사용할 기회라고 믿고 있다. 브레즈가 자신의 어려움을 극복할 때 그는 이 세상에서 가장 독특한 나라에 살고 있는 유일한 시민이라는 사실에 진정으로 고마워하고 있다. 그가 활용할 수 있는 것은 많지 않았다. 하지만 그는 자신에게 결여된 것이 자신이 지닌 것을 활용하는 것을 방해하도록 내버려두지 않았다. '패배자의 변명'이란 그에게 존재하지 않는다.


## 모두를 설득해야 한다

'자유기업주의야말로 인류가 만들어 낸 가장 효과적인 경제제도'라는 사실을 증명해 줄 수 있는 사람들이 있는데, 나는 여기에서 이들에 관한 실화를 1,000여 개 이상 소개할 수 있다. 자유기업제도는 너무나 효과적이어서 우리나라 사회보장 수혜자라도 전 세계 서민층 중에서 상위 4% 안에 든다. 이 말은 지구 60억 사람들이 미국의 가난한 사회보장 수혜자보다 잘살지 못한다는 뜻이다.

자유기업제도의 장점에도 불구하고 추측을 너무 많이 하는 심각한 실수를 저지를 수 있다. 우리는 동시대 젊은이들과 다음 세대의 시민들에게 미국과 자유기업시스템의 장점과 혜택을 굳이 설득시킬 필요가 없다고 잘못된 추측을 해 버린다. 그로 인한 결과는 답답하기 그지없으며 실망스럽기까지 하다. 이러한 태도는 반발과 충돌 그리고 불화를 불러일으킨다. 우리 선조들이 이런 행동과 발언을 직접 목격하고 들었다면 무덤에서 당장이라도 벌떡 일어났을 것이다.

아이러니한 것은 미국의 자유기업제도를 외국인에겐 납득시킬 필요가 없다는 것이다. 쿠바의 망명자를 예로 들어 보자. 대다수 쿠바 망명자들은 몇 년을 기다리며 하바나에서 마이애미로 오는 배표와 자신의 재산을 맞바꾼다. 헝가리 망명자들을 보자. 그들은 노예로 사느니 죽겠다며 말 그대로 러시아 탱크 앞에 몸을 던진 동포들을 직접 눈으로 목격했다.

그들에겐 미국의 장점을 납득시킬 필요가 없다. 베를린 장벽이 무너지기 전 동 베를린에 살았던 주민들도 마찬가지다. 그들은 장벽 너머로 서독을 보며 그 차이를 확인할 수 있었다.

그러나 우리 아이들에게는 미국과 자유기업주의의 장점을 분명히 이해시켜야 한다. 세계의 모든 경제체제와 우리 사이에는 한 세대가 차이 나기 때문이다. 또한 우리는 교사와 교수를 설득해야 한다. 자신들을 뒷받침하고 있는 사회 시스템이지만 이를 흠잡는 반대파들도 설득해야 한다. 우리는 모두를 위해서라도 노동자 본인이 원하는 만큼 열정적으로 그리고 열심히 일할 자유를 주어야 한다고 지도자와 조합원을 설득해야 한다. 이것이야말로 자유기업주의이며, 미국의 방식이다.

시민들에게 '문제'가 있다고 주장하는 사회체제야말로(사실 그들 중 일부는 그 문제에 원론적인 책임이 있다) 그들을 세상에서 가장 생산성 있게 만들었으며 이 땅을 가장 풍족하게 만들었다는 사실을 좀 더 많은 사람들에게 알려야 한다.

또한 공무원과 정치인에게 국가가 수익이나 부를 창출하는 기관이 아님을 납득시켜야 한다. 자유로운 이 땅에서 열심히 일하는 자유시민이 국가를 떠받치고 있기에 국가가 존재하며 살아남을 수 있다. 명석한 사상가라면 사회주의 국가를 관찰하는 것만으로 자유기업제도야말로 우리가 선택할 수 있는 유일한 길임을 확신할 것이다.


## 조국과 사랑에 빠지다

조국과 사랑에 빠진 감상주의자처럼 들린다면 그 부분은 인정하지만 거기엔 나름대로 이유가 있다. 다른 나라에도 많이 가 봤지만 미국을 따라올 나라는 없었다. 세계에서 유일하게 이민자가 들어오려고 긴 줄을

서는 나라가 바로 미국이며, 나가려는 사람을 누구도 막지 않는 나라가 바로 미국이다. 내가 사랑하는 미국과 미국인들은 1998년 한해 세계 20위 안의 자선단체에 76억 달러나 기부했다.

내가 사랑하는 조국은 자애심이 깊어 아프리카의 기근, 칠레의 지진, 한국의 태풍 사태가 벌어질 때마다 아낌없이 원조했다. 내가 사랑하는 조국은 이해심이 많다. 과거 미국에 패했던 일본, 독일, 이탈리아는 황폐한 나라를 재건하기 위해 우리 조국으로부터 수십억 달러의 원조를 받았다.

내가 사랑하는 조국은 전 세계 사람들에게 이익이 되는 의약품과 치료법 개발에 헤아릴 수 없는 돈을 쓰고 있다. 내가 사랑하는 조국은 소아마비 치료법을 개발했으며, 사람을 달로 보내는 방법을 찾아냈다. 또한 암 치료제와 다른 만성질병 치료제 개발에 매일매일 힘쓰고 있다. 내가 사랑하는 조국은 이해심 많고, 자비로운 존재다. 너무나 체계적이기에 워터게이트 사건이 일어났을 때에도 공정한 마음을 가진 시민들은 그것이 정부와 자유기업주의의 문제가 아닌 개인의 문제였음을 이해했다.

사실 워터게이트와 그 고발 과정을 통해 우리 정부와 자유기업주의의 결백이 입증된 셈이다. 미국 역사상 최초로 대통령과 부통령이 관련 없는 스캔들에 의해 사임했다. 그런데도 우리 조국은 새 리더십으로의 변혁과정에서 발을 잘못 들이지 않았다. 파업이나 폭동, 데모도 없었으며, 국력을 잃지도 않았다. 하지만 빌 클린턴은 잘못을 저질렀음에도 자리에 남아 있는 것이 허락되었다.

미국이 지금도 자유의 땅임에는 의심의 여지가 없다. 여전히 용감한 자들의 고향이며, 누구나 원하는 게 있으면 무엇이든 가질 수 있다. 그에 필요한 과정을 감내할 의지가 있다면 말이다. 그렇다. 나는 그에 필요한 과정을 겪을 의지가 확고하다.

## 조국은 당신 손에 달렸다

여행을 마쳤으니 결론을 내려야 할 때가 왔다. 미국인은 무한한 기회와 그에 걸맞는 의무를 가진 굉장한 조국을 가지고 있다. 오늘날 우리는 세계에서 유일한 강력한 힘이 있으며, 이에 따른 의무를 기꺼이 받아들이고 수행해야 할 것이다. 그것은 오직 정직함과 자비로움 그리고 공정함에 헌신하는 강하면서도 건전한 윤리의식을 가진 국민만이 할 수 있는 것이다.

우리의 의무를 다하기 위해 아래 글에 집중할 필요가 있다. 이 글은 우리나라의 국부 중 한 명인 존 애덤스가 1776년 6월에 작성한 것이다.

친애하는 여러분, 자유에 대해 숙고하고 기획하는 것은 정치가이지만 자유가 확고히 설 수 있는 토대를 만드는 건 종교와 도덕뿐입니다. 순수한 선함이야말로 자유헌법의 유일한 근간입니다. 만약 이것이 우리 국민들에게 자신이 가진 것보다 더 중요한 가치로서 자리잡지 못한다면 지도자를 바꾸고 정부를 바꿀 수도 있을 것입니다. 하지만 그들은 더 이상 자유를 지속시키지 못할 것입니다.

이후 1778년 6월 2일 애덤스는 파리에서 아래의 기고문을 작성했다.

어린 시절 아이들이 원칙을 잃은 방탕한 행동에 영향을 받았다면 학교나 학원, 대학 교육은 무의미합니다. 부모의 잘못된 행동과 그 본보기는 아이들로부터 가려질 수 없는 법입니다. 어머니를 배신하는 아버지와 아버지를 배신하는 어머니, 어린 시절 이런 부모 밑에서 자란 아이들이 어떻게 도덕과 종교의 성스러운 의무를 알겠습니까?

**메시지:** 선한 사람만이 강한 조국을 유지할 수 있다.

2000년대에 들어서면서 우리는 신의와 덕성, 품성, 자유의 메시지를 교환할 수 있는 미증유의 기회를 접하게 되었다. 오늘날 통신수단은 정말로 놀랍다. 불과 몇 초 안에 우리는 전 세계의 모든 사람과 교신할 수 있다. 우리는 사업, 정부, 기업, 사회단체 등 모든 분야에서 최신 정보를 접할 수 있고, 사람들을 이롭게 할 정보를 교환할 수 있다.

부작용이 있다면 이미 인터넷이 접근하기 쉬운 수많은 음란사이트들로 전염되었고, 컴퓨터 전문가가 아니면 이를 제거하기 어렵다는 것이다. 오늘날 사이버 공간에서 일어나는 무서운 일 중 하나가 성 폭력범들이 인터넷을 활용하여 아이들에게 음란물을 배포하고 끔찍한 결과를 낳는다는 점이다.

이것이야말로 부모와 국민들이 끊임없이 경계해야 하는 이유다. 우리는 언론의 자유를 믿지 방종의 자유를 믿는 것이 아니다. 마가렛 대처는 "언론의 자유엔 그에 따르는 책임으로부터의 자유가 포함되어 있지 않다."라고 말했다.

1996년 투표권이 있는 미국 시민들 중 오직 49%만이 대통령 선거에 참여했다. 절반이 안 되는 사람들이 미국 시민의 운명과 미래를 결정한 셈이다. 투표하지 않았다면 정부가 하는 일에 불평할 권리를 잃어버린 것이다. 우리는 공약을 분석하고 후보자들에게 질의해야 한다. 그들의 신념과 가치관이 무엇인지 알아야 한다. 따라서 우리와 가치관이 맞는 사람, 과거 자신의 말을 제대로 행한 사람을 지지해야 한다. 많은 사람들이 약속을 남발하지만 막상 당선되면 이런 약속들을 곧잘 잊어버린다. 우리는 그들의 발 밑에 불을 지펴 몰아붙여야 한다. 우리에게 거짓말을 하고 지킬 수 없는 약속을 했던 사람들이라면 다시는 공직으로 돌아오지 못하게 해야 한다.

그나마 위안이 되는 소식이 있다면 미국 정부 내에서 시작해 많은 사람들이 도덕적으로 결여되어 있다는 사실을 국민 대다수가 알고 있다는 것이다. 다행히 대부분의 국민들은 무엇이 옳고 무엇이 그른지 구분할 수 있는 균형잡힌 가치관을 갖고 있다. 이 세상에 '적당한' 것은 없다. 그 누구도 '적당히 정직한' 경리를 고용하지 않을 것이다. 두 사람이 서로를 '적당히 믿고' 있다면 행복하고 탄탄한 결혼 생활을 유지할 수 없다.

세상에는 선행을 베푸는 기관과 교회가 존재한다. 내가 예전에 말했던 '약속의 이행자'는 이제 수백만의 남성들도 가입해 활동하고 있으며, 인종차별주의는 우리 사회의 추한 오점임을 알리고 있다. 또한 남자는 아버지가 되었을 때 자신의 책임을 다해야 하며, 남자에겐 아버지로서 아이들을 돌보고, '사나이로서의 일'을 해야 할 훌륭한 의무가 있다는 사실에 공감대가 빠르게 형성되고 있다.

성적 자제에 대한 운동이 빠르게 확산되고 있다. 이는 남침례회 연맹에서 시작되었지만, 지금은 수많은 종파가 참여하고 있다. 젊은이들은 혼전 순결을 지키겠다는 맹세로 "진정한 사랑은 기다린다"를 외치고 있다. 순결한 신랑과 신부가 만날 때 가장 성공적이고 행복한 결혼이 이루어진다는 것은 역사적으로 증명된 사실이다. 두 남녀가 성에 대해 적극적이 되기에 앞서, 결혼 전까지 기다린다면 그들의 성생활이 훨씬 좋아진다는 것은 상당히 흥미로운 사실이다.

그 밖에 선행을 많이 하는 단체에는 '신앙의 여성'이 있다. 100만이 넘는 사람이 세미나에 참석했으며, 그들의 운동은 조용히 퍼져나가고 있다. 이 여성들은 주변으로부터 격려를 받고 정보를 얻으며 지도를 받는다. 그 결과 그들은 가족과 신앙에 더욱 전념했으며 사회에 변화를 가져왔다.

올림픽대회에서 일어난 폭파사건, 무차별 살인, 학교에서의 총기 난사와 그 밖의 폭력적인 행동에서 비롯된 비극은 이제 우리가 이 문제들을 해결하기 위해 행동에 나서야 된다는 점을 깨닫게 해 주었다. 사람들에게 책임의식을 심어줘야 한다. 가정에서 인성 교육이 이루어져야 하며, 학교에서는 이를 강화시켜 주는 역할을 맡아야 한다.

오늘날 많은 기업과 개인들이 '삶을 바꾸기 위한 삶의 재단'에 기부하고 있다. 덕분에 우리는 이러한 자질을 보다 많은 학교에서 가르칠 수 있고 기업은 인성을 갖춘 사람을 더 많이 고용할 수 있게 되었다. 그렇다. 미국에는 좋은 일들이 많이 일어난다.

이와 더불어 우리가 어디로 가고 있는지는 알아야 한다. 올바른 사람을 공직에 선출해야 하며, 학교에서 올바른 교육을 가르치도록 해야 한다. 광고주가 자신의 프로그램에 책임을 다하도록 언론을 자극해야 한다. 많은 프로그램에 살인과 의미 없는 성적 장면, 폭력 장면들이 포함되어 있다. 우리는 텔레비전에서 볼 수 있는 도덕적 타락과 폭력에 항의해야 한다.

아쉽게도 1999년 봄에 소개된 새로운 TV 시리즈는 항의가 많았지만 최악의 모습을 보여 주었다. 무의미한 성적 장면과 폭력을 TV에서 보았을 때 부모가 해야 할 일 중에서 효과를 볼 수 있는 건 바로 광고주에게 항의하는 것이다. 스폰서인 광고주가 그 프로를 계속 지원한다면 해당 제품을 사지 않겠다고 경고를 한다. 검열이 아니다. 이것이야말로 타락과 폭력을 퍼뜨리는 데 돈을 쓰지 않겠다는 공공의 결정인 것이다.

과연 효과가 있을까? 물론이다. 미국가족협회저널에서 던칸 장난감 회사에 대한 두 가지 기사를 공개했다. 이 회사는 미국에서 가장 큰 규모의 요요 제작사이자 판매사다. 이곳에서 우리에게 잘 알려진 저속한 손짓이 담긴 30초 TV 광고를 내보냈다. 자막에는 이런 글이 있었다. "손가락을 내밀어 봐, 우리가 힘을 주겠다." 던칸 회사 사람들은 그 광고를 비판하는 기사들을 간과했으며 이렇게 선언했다. "스스로 바른 척 하는 샌님들에게는 지지 않겠다."

그러나 전국의 체인점이 미국가족협회의 생각에 동의했다. 이들은 요요 장난감 판매를 거부했다. 어떻게 되었을까? 던칸은 더 이상 광고를 방영할 생각을 못하게 되었다.

그렇다. 시민들이 함께 움직이면 긍정적인 효과를 불러올 수 있다. 예를 들어 보자. 디즈니 불매운동이 처음 시작되었을 때 많은 사람들이 비웃었다. 하지만 불매운동을 전개한 사람들에는 미국가족협회저널과 남침례회 연맹도 포함되어 있었으며 오랜 투쟁이 될 것이라 선언했다. 불매운동이 벌어진 지 4년째 되던 해 결과가 나왔다. 디즈니의 4분기 실적은 사상 최악이었으며, 순이익은 71% 하락했다. 우리가 앞으로 해야 할일은 많다. 하지만 과거에 해왔던 일들도 하나하나가 중요한 법이다.

이런 난관이 있어도 난 미국민이 스스로 가치를 지키기 위해 필요한 행동을 할 것이라고 확신한다. 많은 이들이 개인이 할 수 있는 무언가가 있다는 것을 깨닫기 시작했다. 우리가 자유를 얻었을 때 선조들이 그려왔던 그 가치를 조국에 되돌리기 위해 많은 사람들이 참여하기 시작했다.


## 당신은 무엇을 이야기해 줄 것인가?

나는 매년 미국 전역을 횡단하며 많은 사람들에게 강연을 한다. 따라서 당신과는 언젠가 마주칠 기회가 있을 것이다. 만약 그렇다면 "안녕하세요"라고 인사하며 이 책을 읽었음을 이야기해 주었으면 한다. 당신은 이 책의 효과에 대해 말할 것이다. 이 책이 재미있다고 말하면 나는 미소를 지을 것이다. 하지만 개인적으로 바라는 것은 당신에게 그 이상의 이야기를 듣는 것이다. 당신이 이 책을 통해 많은 것을 얻었다고 말한다면 나는 더 환한 미소를 지을 것이다. 이 책을 통해 인생에서 더 많은 부와 더 많은 혜택을 얻었으며, 만들어 나가고 있다고 말한다면 나는 진심으로 감동할 것이다.

이 이야기를 하는 이유는 당신이 이 책을 재미있게 읽기를 바라고 있지만 단순히 당신을 즐겁게 하기 위해 집필된 것이 아니기 때문이다. 또 이 책은 엄청난 양의 정보가 담겨 있지만, 단순히 정보를 전달하기 위해 집필된 것도 아니다. 이 책은 당신에게 동기를 부여해서 행동하도록 자극하기 위해 집필되었다. 그 외의 다른 것은 아무것도 받아들일 수 없다. 당신에게도 그렇다. 왜냐하면 당신이야말로 당신의 잠재력을 사용할 수 있는 유일한 존재이기 때문이다. 이것은 막중한 책임이기도 하다.

웹스터 사전은 '기회'를 '적합한 때'라고 정의하고 있다. 당신은 행운아다. 지금이야말로 당신에게 '적합한 때'이기 때문이다. 이 책에 담긴 정보를 제대로 활용한다면 당신의 잠재력을 사용하고, 가고 싶은 곳에 가며, 하고 싶은 일을 할 것이다. 이 책은 당신이 가지고 싶은 것을 갖게 해 줄 것이고, 되고 싶은 존재가 되게 해 줄 것이다.

나는 이 점을 과장 없이 말할 수 있다. 나는 당신에게 이 나라가 만들어 낸 가장 위대한 마음가짐에 대한 지혜를 알리는 보고자이기 때문이다. 또한 하나님의 무한한 지혜를 알리는 보고자이기도 하다. 이러한 생각을 염두에 두고 확신을 가지고 말할 수 있다. 이제 당신은 정보와 영감을 얻게 되었다. 이것은 앞으로 살아가면서 당신이 바라던 보물 상자를 열어 줄 것이다.

당신에게 당부하고 싶은 게 있다. 나 역시 인생의 시험대에 올라 있다. 나는 당신에게 어떻게 하면 부자가 되는지, 어떻게 하면 보다 풍족하고 보다 혜택 받은 삶을 살 수 있는지를 이야기했으며, 당신은 이 책의 재판관이자 배심원이 된다. 나는 과거에 해왔던 그대로를 이 책에 적어놓았다. 이 맺음말을 읽고 있는 당신의 얼굴에서 빛나는 눈동자와 환한 미소를 보고 싶다. 다음 페이지에 그려진 그림은 내가 봐야 하는 당신의 모습을 상징한다. 이 세상이 당신에게 줄 유익한 것들을 늘어놓은 인생이라는 연회석상에 당신이 서 있는 모습이다. 이 모든 것이 가능하며, 당신의 것이다. 당신이 진정으로 원한다면 정직과 성품, 믿음, 충성심, 인테그리티, 사랑의 기반을 토대로 당신의 인생을 쌓아올릴 수 있다.

이제 이 삶에서 어떻게 풍족한 결과를 수확할 것인지에 대한 생각들을 공유한 지금, 마태복음 6:33의 말씀을 당신에게 들려주고 싶다.

"너희는 먼저 그의 나라와 그의 의를 구하라. 그리하면 이 모든 것을 너희에게 더하시리라."

10장 뒤인 16:26에는 그 이유가 나와 있다.

"사람이 만일 온 천하를 얻고도 제 목숨을 잃으면 무엇이 유익하리요."

---

**482페이지 해답**

· 윈스턴은 담배로써 최상의 맛을 낸다.
· 펩시콜라는 그곳을 때린다.
· 20온스, 그것으로 충분하다.
· 코카콜라를 마시자, 상쾌한 이 순간.
· 더즈는 무엇이든 한다.

515

# 시작

The Beginning

혼란스러운가? 그렇지 않다. 난 당신이 『정상에서 만납시다』의 첫 번째 여정을 끝냈다는 사실을 안다. 그리고 대부분 사람들이 이것을 '끝'이라고 생각한다는 것도 안다. 하지만 당신은 대부분의 사람에 포함되지 않는다. 당신은 당신이다. 여러분은 이제 과거에도 미래에도 또 다른 나란 없음을 알고 있다.

자신이 하나님의 모습을 본떠 만들어졌으며, '천사보다 약간 부족할' 뿐이라는 것을 알고 있다. 이것을 알고 있다면 다른 사람도 같다는 것을 알고 있을 것이다. 어떤 이라도 자신보다 낮게 보거나 높게 보아서는 안 된다. 당신의 허락 없이 누구도 당신을 열등하게 느끼도록 만들 수 없음을 알고 있다. 그리고 당신은 이런 일을 절대 허락하지 않는다. 다른 이들이 원하는 것을 가질 수 있도록 돕는다면 원하는 건 무엇이든 가질 수 있다는 것을 알고 있다. 정상엔 많은 방이 있지만 앉을 곳은 충분치 않다.

그래서 이것이야말로 인생에서 새로운 길의 시작이라는 것을 알고 있다. 그리고 그 길은 행복은 만족이 아니라 승리임을 보여 주고 있다. 가장 중요한 것은 시작이란 항상 시작으로 남아 있음을 깨닫고 받아들이는 것이다. 성공과 행복은 목적지가 아니라 흥미로움이 함께하는 끝없는 여행이기 때문이다. 새로운 시작은 당신으로 하여금 현재의 모습인 '얻는 사람'과 미래의 모습인 '주는 사람' 이 두 가지 처지에서 한다.

그래서 나는 이렇게 말하겠다. 시작하는 당신에게는 "환영합니다" 그리고 예전의 당신과 당신의 삶의 방식에게는 "안녕"이라고 말이다. 그리고 이 책을 '다른 방식으로' 끝맺을 것이다. 대다수 사람들은 헤어지거나 전화를 끊을 때 "좋은 하루 되세요"라고 한다. 멋지고 듣기 좋은 말이다. 그러나 인생이란 '좋은 하루' 이상의 것을 제공한다고 믿는다. 자신과 동료, 조국, 하는 일, 하나님을 믿는다면 당신의 '좋은 하루들'은 계속될 것이며, 최종적으로 당신을 정상에서 만날 수 있을 거라 확신한다. 진심으로 당신에게 이런 말을 하고 싶다.

## See you at the top
"정상에서 만납시다!"

# 『정상에서 만납시다』의
# 철학이 해낸 일

『정상에서 만납시다』가 출판된 지 25년이 넘었지만 이 책의 철학을 여러 곳에서 가르치고 있다. 그곳은 학교, 교도소, 직장, 군대, 교회, 감호소, 노숙자 보호소, 알코올중독자 갱생센터 등 다양하다. 그 결과는 대단하다. 댈러스에선 최근 3년 동안 연 평균 100명의 노숙자들이 이 철학을 배운 뒤 거리를 떠나 반듯한 일자리를 얻었다. 또 노스캐롤라이나의 샌드 힐에서는 상습적인 범죄 발생률이 40%에서 6%로 줄었다. 『정상에서 만납시다』의 철학을 학교에서 가르치자 약물 남용과 폭력, 기물 파손이 줄었고 성적이 올랐으며 부모, 교사, 학생의 관계가 개선되었다.

앞에서 이야기했듯이 산 안토니오의 컨버스 저슨과 마셜의 마셜 하이를 포함한 텍사스의 다양한 미식축구 팀이 "나는 할 수 있다/정상에서 만납시다" 철학을 사용한 프로그램을 체험한 후 놀라운 전환점을 보여주었다. D. W. 러틀리지 감독은 프로그램에 열심히 참여한 후 1988년 이래 주 챔피언십에서 네 번을 우승했으며 준우승도 세 번이나 차지했다. 그의 전체 기록은 놀랍게도 184승 23패 5무다. 텍사스 마셜의 데니스 파커 감독은 선수 시절 4년차이던 1949년 플레이오프게임에서는 승리하지 못했지만 1990년 주 챔피언십에서는 우승을 차지했다. 최근 4년 동안 그의 팀은 놀랍게도 45승 3패를 기록했고, 플레이오프에서는 14승 1패를 기록했다.

『정상에서 만납시다』의 철학은 기본적으로 자신을 성장시키라고 이야기한다. 그 후에 팀, 직장, 학교, 교회 그 밖의 것을 만들라고 가르친다. '아이 캔' 코스를 밟으면서 400만 명이 넘는 학생들이 『정상에서 만납시다』의 철학을 배웠다. 실제 내가 가는 모든 곳에서 각각 다른 삶을 살던 젊은이들이 '아이 캔' 코스가 자신의 삶에 미친 영향에 대해 열정적으로 설명한다. 그들은 건강해진 자기 이미지와 개선된 태도, 인생의 목표 그리고 친구, 가족, 조직 안에서 유대 관계가 나아졌다는 것을 이야기한다.

우리는 현재 러틀리지와 파커 감독이 저술한 『인생을 바꾸도록 지도하는 법』이란 프로그램을 추가로 보유하고 있다. 이 프로그램 대상은 운동선수로 스포츠 종목은 상관없다.

파커 감독의 말에 의하면 공을 어떻게 던지고 태클을 어떻게 해야 하는지 지도해 주어 고맙다고 찾아오는 선수는 없었지만, 균형 잡힌 성공을 만드는 법을 가르쳐 주어서 감사하다고 찾아오는 선수는 많았다고 한다.

아래의 결과를 당신은 원하는가?


· 파티가 시끌벅적할 때 떠나는 사람
·성숙한 모습으로 상식적으로 행동하는 것을 두려워하지 않는 사람
·폭력적인 상황을 멀리할 수 있는 사람
·자제력과 긍정적인 역할 모델을 내재하고 있는 사람

- 공부와 학문의 성과에 가치를 두는 사람
- 쉽게 포기하지 않고 성취하기 위해 더 노력하는 사람
- 동료들의 부정적인 억압에 맞설 힘을 가진 사람
- 타인이 보다 나은 선택을 할 수 있도록 도와주는 사람

직접 실천해 보자.